朝鮮後期
國王의
陵幸 硏究

이왕무 李旺茂　Lee Wang Moo

경기대학교 사학과 문학사(1994), 문학석사(1997)
한국학중앙연구원 한국학대학원 한국사학과 문학박사(2008)
동경대학교 총합문화연구과 객원연구원(2011-2012)
한국학중앙연구원 장서각에서 전임연구원으로 근무
현재 조선왕실사 연구를 진행

주요저서:『조선사회 이렇게 본다』(공저),『조선의 왕비로 살아가기』(공저),『조선의 세자로 살아가기』(공저),
　　　　『역주 감계사등록』(공저)
주요논문:「조선후기 국왕의 온행 연구」,「조선후기 국왕의 호위와 행행」,「조선후기 국왕의 종묘 행행 연구」,
　　　　「조선후기 국왕의 행행시 궁궐의 숙위와 유도군 연구」

조선시대사학회
연구총서　16

朝鮮後期 國王의 陵幸 硏究
조선후기 국왕의 능행 연구

이왕무

민속원

책머리에

　지금의 서울 시청 광장은 여가를 즐기는 시민과 푸른 잔디가 어우러지는 복합 문화 공간으로 기능하고 있습니다. 덕수궁 앞의 수문장 교대식을 시작으로 계절마다 시민들을 모이게 하는 이벤트가 성대하게 거행되고 있습니다. 불과 30년 전만해도 이곳 광장에서 국가 공식 행사가 의례적으로 거행되었다고 말하기에는 상전벽해라는 용어의 무게가 더 크게 느껴집니다. 그럼에도 필자의 눈에 보이는 시청광장은 60년대 존슨, 70년대 닉슨과 카터, 80년대 아프리카 등의 수반 및 한국 대통령들의 카퍼레이드가 펼쳐지던 공간으로 남아 있는 기억이 더 강합니다. 제가 종로의 광교에 거주하던 시절에 외국 대통령의 방한 카퍼레이드가 벌어지면 꼭 길에서 환영을 하다가 주워오던 종이 성조기가 지금도 눈에 선할 정도입니다. 당시에는 국빈의 카퍼레이드처럼 도심에서 볼 수 있는 화려한 행렬도 없었으며, 국가 의례만큼 대중들의 마음속에 깊이 각인되는 행사도 없었기 때문일 것입니다. 이런 사례는 오늘날 매년 영국에서도 벌어지고 있습니다.

5

2016년 6월 10일 런던에서는 엘리자베스 여왕의 탄신을 축하하기 위해 버킹엄 궁의 근위기병들이 열병식장으로 행진하여 연례적인 탄신 퍼레이드인 패전트리pageantry를 거행하였습니다. 여왕의 생일은 4월 21일이지만 국가적인 공식 탄신 행사는 보통 6월의 주말에 열렸습니다. 특히 금년은 여왕의 보령이 90세인 해로 영국 전국이 경사롭게 여겼습니다. 여왕은 부군과 왕자들을 대동해서 식장에 도착한 뒤 버킹엄 근위병들을 인스펙션하고 군악대의 열병을 지켜본 뒤 궁으로 돌아갑니다. 여왕과 근위병들의 화려한 제복과 의장들이 빛나는 장엄한 의례가 펼쳐지는 곳에는 영국인은 물론 전 세계인들까지 장사진을 이루었습니다. 영국 왕실 근위병의 상징인 붉은색과 검정색 제복에 털모자를 착용한 기병과 보병들이 질서정연하게 여왕을 정점으로 군악대의 연주에 따라 움직이는 모습은 권위적이고 위압적이라기보다 오히려 전통적이면서 유대감을 느끼게 만드는 공동체적 일치감을 줍니다. 근위병이 왕실만을 호위하는 상징적인 의장부대가 아니라 100회 이상 영국의 정치외교상의 이권이 걸린 전장의 선봉에서 전투에 참가한 정예부대이며 장교와 하사관들은 몇 대에 걸쳐 입대한 자들이 많은 것이 이유이기도 할 것입니다.

그렇다면 무엇이 그들을 전근대적이고 시대에 뒤쳐진 것이라고까지 말할 수 있는 왕조시대 의례에 충성하도록 하는 것일까요? 더욱이 공화 정치 체제를 지향하는 시민들이 여왕과 왕실의 퍼레이드에 매료되는 이유는 무엇일까요? 현대 인류 사회가 물질문명의 진화를 최고의 가치로 추구하고 알파고 같은 인공지능이 미래의 대안이라고 호평하고는 있지만, 과거로부터 사람들에게 각인된 무의식적 기억이 재구성 내지는 한순간에 변하는 것은 쉽지 않다고 보여주는 사례일 것입니다. 사회구성원들의 생활양식이 된 의례에 대해 논란의 여지가 발생하기 어렵기 때문이라고 봅니다.

사실 이점이 제가 조선시대 국왕의 행행幸行, 능행陵幸에 관심을 가지고 연구에 임하게 된 출발점이기도 합니다. 조선의 국왕들이 개국 초부터 말기까지 도성의 내외에서 행행 의례儀禮를 의례적依例的으로만 거행했다고 보는 것에 역사적 의미를 찾고자 한 것입니다. 자칫 국왕들이 수백 년간 지루하도록 유사한 의례를 반복적으로 거행한 것에 무슨 의미가 있는가라고 반문할 수도 있는 부분이기도 합니다. 반면에 늘 존재하면서 그냥 해야만 하는 일상의 하나가 되어버린 것이야말로 그 사회의 진면목을 보여주는 키워드라고 생각합니다. 특히 인류역사에서 조선왕조처럼 단일 왕실가족이 장기간 통치체제를 유지한 사례가 거의 없는 것을 감안한다면, 조선왕조의 통치체제에서 근간을 이루었던 의례 및 그 중에서도 행행 의례에 대한 연구는 무엇보다 중요한 요소라고 생각합니다.

　조선왕조 전 시기를 걸쳐 행행 의례처럼 지속되고 유지되었던 왕실 및 국가의례는 찾아보기 어렵습니다. 국왕이 왕조의 수반으로 주재하는 의례였기 때문입니다. 더욱이 조선왕조는 유교를 국교시하여 국왕과 지배층은 물론 사회 구성원 모두가 그 이념을 생활의 덕목으로 실행하고자 했습니다. 조선왕조 이전인 삼국시대 이래로 집권세력은 유교를 정치의 도구로 활용했습니다. 유교의 기본적인 덕목에서 체제를 유지하고 정당화 시킬 수 있는 예치禮治라는 개념을 적극 도입했습니다. 예치는 의례라는 구조로 정리되어 시행되었습니다. 의례의 기본 구조는 길례吉禮, 가례嘉禮, 군례軍禮, 흉례凶禮, 빈례賓禮라는 오례로 분류되어 국가와 사회의 주요한 행사에서 시행되었습니다. 오례에서 국왕이 주재하는 행사에는 반드시 행행 의례가 나타났습니다.

　오례에서도 국왕이 제사를 주재하는 길례에 행행이 집중되었으며, 그 대표적인 행행으로 국왕이 선대 능침에 행차하는 능행이었습니다. 조선후기로 갈수록 능침이 증가했고, 부왕에게 직접 보위를 받지 못한 국왕들이 생부와 생모를 추숭追崇하며 조성한 원묘園廟까지 추가되어 능행이 더욱 잦아질 수밖에 없었습니다. 조선후기에 국왕의 능행이 증가했음에도 그 절차와 과정은 큰 변화를 보이지 않았습니다. 사회경제적 변화에 따른 병장기와 의복의 차이는 나타났지만, 능행의 진행 절차인 의례는 세종대에 정비한 오례五禮儀에서 크게 벗어나지 않은 채 조선말기까지 유지되었습니다. 국왕의 행렬이 능침에 도달하는 능행로陵幸路를 보더라도 수백 년간 동일한 도로와 교량을 이용하였고, 호위병들은 언제나 같은 장소에서 시위를 하고 이동했습니다. 그럼에도 단 한 번의 국왕 위해危害 사건은 발생하지 않았습니다. 오히려 국왕의 능행이 거행되면 도성 내외에서 수만 명의 사람들이 몰려들어 행렬을 관광觀光하고 즐기는 군민일치君民一致적인 모습이 연출되기까지 했습니다. 왕조사회 구성원 누구나 참여할 수 있던 국가의 공식적인 기념일이었던 것입니다.

    필자는 의례의 기능에서 가장 중요한 포인트가 그것을 수용하는 사람들이 자발적으로 그 구조 안에 젖어든다는 점입니다. 새로운 의례가 시작될 때는 낯설고 어색하여 효용성이 떨어지는 존재로 보이지만 시간이 지나고 차수가 쌓이면, 의례는 전례前例에서 전례典禮로 변모하면서 때가 되면 반드시 거행해야 하는 자연스런 현상으로 변모한다는 논리입니다. 사회의 구성원이 자발적으로 통치자의 정치적 구조에 수용되는 것입니다. 의례를 창출한 자가 그것의 기능을 처음부터 기획했는지의 여부를 떠나서 왕조국가 구성원이 하나로 연결될 수 있는 매개체로 존재했던 것입니다.

    이런 배경에서 의례儀禮는 의례적依例的으로 반복되고 지속되는 성격을 지녔으며, 사람들로 하여금 의례의 가치를 일상에 내면화시키게 만드는 기능을 내포하고 있었습니다. 이런 의례의 특성 때문인지는 알 수 없으나 조선왕조의 국왕들은 능행을 비롯한 다양한 행행을 수시로 거행하였습니다. 그들은 구중궁궐에만 거주하던 닫힌 권력이 아니었습니다. 국왕들은 가능한 도성 내외를 다니면서 민정을 살피며 왕조국가의 인민들을 위무慰撫하는 열린 통치를 지향하였습니다. 능행은 그 자체가 효도라는 상징성을 지니고 있었으므로 국왕이 자신의 효심을 대중에게 공식적으로 알리는 의례였습니다. 조선왕조 국가의 국시라고 할 수 있는 유교에서 강조하던 효와 정확히 일치하는 행위이기도 합니다. 따라서 국왕의 능행은 왕위 계승의 정통성을 다지는 정치적인 행위이면서 왕조국가의 통치 이념을 반복적으로 자각시키던 고도의 통치술이라고 해석할 수 있을 것입니다.

왕조국가에서 국왕이 하는 일은 모든 것이 정치적이면서 통치와 연관되지 않은 것이 없을 것입니다. 국왕은 왕실가족과 관료집단의 단속에서부터 일반민들의 생활 보장에 이르기까지 자신의 이미지를 비추는 존재라고 생각합니다. 그러므로 국왕이 위의威儀를 드러내는 능행에서 비추어지는 모습은 화려한 복장과 깃발, 눈부신 병장기만이 아니라 그 의례를 거행하고 수용하는 사람들이 모두 수긍할 수 있는 내용이 내포되어야 하는 것입니다. 이런 점에서 양차의 대 전란을 치른 조선후기의 국왕들이 통치를 굳건히 하고 왕조의 영속성永續性을 유지하기 위해 능행을 선택한 것은 당연한 결과라고 말할 수 있겠습니다. 한편으로는 21세기를 살아가는 대한민국의 시점에서 볼 때, 과연 우리가 유지하고 물려줄 국가의 의례는 무엇인가라는 의문이 들기도 합니다.

필자는 이러한 생각을 바탕으로 여러 선학의 질정을 바라는 마음에서 감히 단행본을 출간하게 되었습니다. 이 책의 내용은 대부분 필자의 박사학위논문인 「조선후기 국왕의 능행 연구」를 수정하여 저술한 것입니다. 이제야 비로소 학계에 조그만 바둑돌 하나를 놓는다는 느낌입니다. 저는

이 책을 저술하기 위해 너무나 많은 분들의 지도와 배려를 받았습니다. 필자가 연구자의 길을 안내 받고 묵묵히 한 길에 매진하게 만든 선생님들에게 늘 감사의 마음을 전합니다. 학부시절부터 석사논문을 지도해 주신 조병로 교수님, 부족한 학문적 소양을 채워주신 이근수 교수님과 최홍규 교수님께 감사의 마음을 전합니다. 한국학중앙연구원 한국학대학원에 입학하여 조선시대 정치사를 거시적으로 볼 수 있는 안목을 키워주신 이성무 교수님에게는 늘 스승으로서의 가르침과 학덕에 감사의 마음을 지니고 있습니다. 또한 필자의 박사논문을 완성하도록 지도해주신 최진옥 교수님과 정구복 교수님, 김문식 교수님, 신명호 교수님, 심승구 교수님에게 항상 연구자로서의 존경과 감사의 인사를 전합니다. 또한 박사과정 기간에 김용숙 선생님이 당신의 최후까지 조선왕실에 대해 엄격히 가르쳐주신 것도 깊이 감사드립니다. 이외에도 민족문화추진회 국역연수원에서 정태현 선생님과 장재한 선생님께서 한문 해석과 고전 국역에 대한 지식 및 안목을 가르쳐주신 것에 대해 머리 숙여 인사드립니다. 두 분 선생님이 학자로서의 소양과 자세에 대해 가르쳐주신 점은 늘 기억하고 있습니다. 국사편찬위원회에서는 김철희 선생님과 홍찬유 선생님이 초서와 서간문을 가르쳐주셨으며, 박병호 교수님과 최승희 교수님께서는 조선시대 고문서에 대한 안목을 길러주신 것은 물론 조선시대사 전반에 대해서도 가르쳐주신 것도 늘 감사하고 있습니다. 이외에도 학문적으로 어려움이 있을 때마다 귀중한 도움을 주시는 학계의 선배와 후배 동료 연구자들에게 감사의 말씀을 드립니다. 특히 필자의 박사학위논문이 연구총서로 출간되도록 기획해주신 조선시대사학회 임원 여러분의 도움에 감사함을 전합니다.

이 책을 간행하면서 너무나 많은 분들에게 인사를 올렸습니다만 누구보다도 친가 부모님과 처가 부모님에게 깊은 감사와 존경의 마음을 올리겠습니다. 양가의 부모님이 성실하게 인생을 보내시는 것은 늘 저의 귀감이 되었기 때문입니다. 다만 제가 그것에 제대로 부응하지 못하는 것이 아닌가하는 송구한 마음을 지니고 있었습니다. 이제 이 작은 저술이나마 양가의 부모님께 올리면서 인사를 하고자 합니다. 항상 건강하시고 평안하시길 기원합니다. 역사 연구자의 대부분이 동일한 마음이겠습니다만, 필자도 가족에게는 늘 미안하고 감사하는 마음뿐입니다. 필자가 항상 묵묵히 연구자의 길에 매진할 수 있게 동반해주는 처에게도 깊이 머리 숙여 고마움을 전하며, 아빠를 응원하는 아이와 같이 사랑을 전하고 싶습니다.

끝으로 어려운 출판 여건 속에서도 학술서 간행을 도와주신 민속원의 홍종화 사장님께 감사를 드립니다. 또한 민속원 편집부에게도 감사의 마음을 전합니다.

2016년 6월 15일
저자 謹誌

목차
Contents

책머리에 • 5

I.
서론 15

II.
국가의례國家儀禮와 국왕의 행행幸行 29

1. 행행 의례의 수용과 정비 ·· 31
   1) 행행의 수용과 정착 _ 31
   2) 예서禮書와 법전法典의 행행의례 _ 47

2. 길례吉禮의 행행 의례와 구성 ·· 90
   1) 사직社稷 행행 _ 90
   2) 종묘宗廟 행행 _ 97
   3) 문묘文廟 행행 _ 106
   4) 능원陵園 행행 _ 113

III.
길례吉禮의 능행陵幸에 나타난 행행의 시대적 추이 123

1. 능행陵幸의 시대적 변화와 정례화 ·· 125
   1) 왕릉王陵의 조성과 능행의 정착 _ 125
   2) 국왕별 능행의 성격과 변화 _ 139

2. 원행園幸의 등장과 행행 의례화 ·· 171
   1) 영조대 이후 사친私親 추숭追崇과 원행의 정착 _ 171
   2) 원행園幸의 정례화와 능행과의 관계 _ 206

IV.
능행시 시위侍衛와 궁궐의 숙위宿衛체제　221

1. 능행시 시위진법侍衛陣法과 능행로陵行路의 정비 ·················· 223
　　1) 시위체제와 시위진법 _ 223
　　2) 능행로와 행궁行宮의 정비 _ 235

2. 능행시 궁궐의 숙위체제宿衛體制와 유도군留都軍 ·················· 256
　　1) 궁궐의 숙위宿衛와 수문守門 _ 256
　　2) 유도군留都軍의 편성과 숙위宿衛 _ 276

V.
능행 반차班次의 의장儀仗과 상징성　297

1. 행행 의장儀仗의 기원 ·················· 299
　　1) 의장儀仗의 개념과 구조 _ 299
　　2) 행행과 의장의 의례적 관계 _ 309

2. 반차도와 의장 체계 ·················· 312
　　1) 의궤의 반차도와 행행반차도 _ 313
　　2) 능행 반차의 의장 구성 _ 323

3. 의장에 나타난 능행의 상징성 ·················· 335
　　1) 의장기의 기원과 의미 _ 335
　　2) 의궤 반차도에 나타난 의장의 종류 _ 375

VI.
결론　389

참고문헌 • 399
찾아보기 • 405

I

서론

I. 서론

　　조선왕조의 국시는 유교이념을 사회화하는 예치사회禮治社會 구현이었다. 유교이념의 기본 구도는 사회구성원을 차별화된 신분을 기본으로 예禮를 통한 지배와 통제이다. 왕조국가에서는 국왕을 정점으로 한 구조 하에서 사회구성원을 차등적差等的으로 서열화하고 유교적 신분질서가 투영된 의례儀禮를 통해서 예치사회 건설을 목표로 했다.

　　유교이념에서 의례는 정치적으로 국왕과 지배층의 존재를 정당화 시키고 사회적으로 피지배층에 대한 지배논리를 정당화하여 왕조의 통치를 안정시키는 역할을 하였다. 의례는 왕조국가의 국왕에서 민인民人에 이르기까지 사회구성원의 존재를 천명天命에 의해 정해진 자연의 순리로 설명하였다. 사회구성원의 층위層位를 갈등과 극복의 대상이 아니라 자발적 적응과 순응의 존재로 생각했기 때문이다.[1] 체제에 대한 자발적 복종은 사회 피지배층과 지배층이 동시에 합의한 심성적 개념으로 정착되었고 그 실현

---

1)　董仲舒, 『春秋繁露』 권15, 順命.
　　天子受命於天, 諸侯受命於天子, 子受命於父, 臣妾受命於君, 妻受命於夫. 諸所受命者, 其尊皆天也.

이 의례였다.

　의례의 최상위에는 왕조국가의 수장인 국왕이 있었다. 국왕은 왕조의 의례인 오례五禮의 주재자였다. 국왕은 의례를 통해 권력행사의 정당성을 찾았으며 그 핵심은 오례에 있었다. 오례는 국왕만이 행사할 수 있는 왕조의 권력 그 자체를 상징하였다. 오례란 길례吉禮·가례嘉禮·빈례賓禮·군례軍禮·흉례凶禮이다. 왕실과 천지자연의 제사와 외교사절을 맞이하는 국가적인 행사에서부터 왕실구성원의 관례冠禮, 혼례婚禮, 상례喪禮에 이르기까지 국왕이 주재해서 거행하던 왕조국가의 대표적인 의례였다. 따라서 오례는 유교이념을 국왕의 권력 행사에 투영하고 체계화하여 이론화시킨 의례로서 왕조국가 의례의 중심이었다.

　국왕이 주재하던 오례에서 국왕이 궁궐을 벗어나 민인들에게 모습을 보이던 의례에 행행幸行이 있다. 길례의 제사, 가례의 친영親迎, 빈례의 영접迎接, 군례의 강무講武, 흉례의 발인發靷과 부묘祔廟 등은 국왕이 행행을 거행해야 하는 의례였다. 행행은 조선왕조만이 아니라 동북아시아 지역 제왕의 전통적인 정치행위였다. 고대 동북아시아에서 제왕이 영토내의 각 지역을 위무慰撫 혹은 통제하며 다니는 것을 행행이라고 호칭했다. 행행이라는 말 그대로 제왕의 거가車駕가 이르는 곳에서는 모두 행복을 입는다고 보았으며, 그 지역의 백성들도 거가가 임하기를 원하여 그 덕택德澤을 입는다고 하였다.[2]

　이런 역사적 배경 속에서 행행은 국가 의례의 중심인 오례의 한 의식이면서 국왕만이 거행할 수 있었던 의례였다. 그리고 국왕이 궁궐 밖에서

---

[2] 『승정원일기』 정조 3년, 8월 3일(갑인).
　上曰, 駕行必曰行幸者, 蓋自古傳稱之例語, 而嘗見古人文字, 亦載此說, 大抵行幸之謂者, 民幸其車駕之行臨也, 故民皆以此爲幸而然也.
　諸橋轍次, 『大漢和辭典』 권4, 522쪽.
　行幸, 幸者宜幸也, 世俗謂幸爲僥倖, 車駕所至, 民臣被其德澤, 以爲僥倖, 故曰幸也.

민인과의 만남을 자연스럽게 가질 수 있는 통로였다. 또한 국왕이 의장儀仗과 기치旗幟가 화려한 행행 대열 속에서 관료들과 시위군의 호위를 받고 위용을 떨치는 모습은 국왕의 위의威儀는 물론 지배층의 일면을 정형화된 형태로 보여주는 효과를 불러올 수 있었다. 마치 현대사회에서 대통령이 퍼레이드를 하며 군중의 시선을 한 몸에 받는 것과 같은 통시대적 정치현상이었다.

그런데 국왕이 궁궐 밖으로 이동하여 움직이는 모습을 행행이라는 한 단어에만 귀결시켜 사용할 수 있는가하는 의문을 가질 수 있다. 조선후기의 사료에서 행행은 거둥擧動, 친림親臨, 친행親行 등 다양한 용어로 표현되고 있어서 국왕의 궁궐 밖 움직임을 모두 행행으로 표현하는 것은 한계가 있다고 해석할 수 있기 때문이다. 특히 국왕의 움직임을 공간과 거리에 따라 구분할 때, 국왕이 궁궐을 벗어나는 것, 도성을 벗어나는 것, 기전畿甸을 벗어나는 것 등을 모두 행행으로 표현하기보다는 오히려 국왕의 목적지에 따라 거둥, 친림, 친행으로 하는 것이 행행의 모습을 더 정확하게 표현할 수 있다고 생각할 수도 있다.

반면 필자는 국왕의 대외적 행차를 행행 이외의 용어로 설명하는 것은 국왕의 오례 준행을 표현하기에 부족하다고 생각한다. 국왕이 궁궐 밖으로 움직이는 것을 사례에 따라 다양하게 표현한다면, 국왕이 도착하는 대상에 따른 의례의 내용과 결과에 대한 모습을 파악하기는 쉽겠지만 국왕의 존재가 대외적으로 드러나는 대표적인 의례를 전체적으로, 혹은 시대적으로 조망하지 못하는 우를 범할 수 있다.

행행은 왕조의 정치현상이며 역사적 용어라는 점을 주지해야 할 것이다. 국왕의 행행은 각 왕조별로 지속되고 계승되었으므로 통시대적인 국가의례의 변화상을 보이기 때문이다. 조선시대 사료에서도 국왕의 움직임을 행행으로 통일해서 표현하려던 것을 찾을 수 있다. 예를 들어 국왕의 이동을 도성都城 경계로 할 때, 도성을 벗어나는 경우에만 행행이라고 한다면 일정부분 맞을 수도 있지만 그렇지 않은 사례가 더 많이 나타난다. 왕조실록을 조선초기부터 보면, 태종이 경복궁 경회루에서 거행한 문무과 복시에 친림親臨한 것을 '행행幸行'이라고 했으며,[3] 세종이 강무講武를 거행한 것을 '행행行幸'이라고 했고,[4] 세조가 왕비와 함께 잠저潛邸에 가는 것을 '행행行幸'이라 하였으며,[5] 중종이 경복궁에서 창덕궁으로 이어移御하는 것을 '행행行幸'이라[6]고 기록하였다. 조선후기에도 동일한 양상이 나타나는데, 영조대의 사례를 보면, 종묘와 광화문에 가는 것을 '행행幸行'이라고 했고,[7] 성균관成均館 문묘文廟에 작헌례酌獻禮를 거행하러 가는 것을 '행행幸行'이라고 했으며,[8] 기우제를 지내기 위해 남단南壇에 갈 때도 '행행幸行'이라 했고,[9] 서강西江의 조선점검소漕船點檢所에 공무로 행차할 때도 '행행幸行'이라고 하였다.[10] 순조대에는 옹주의 집에 가는 것도 '행행幸行'이라고[11] 하여 시대에 관계없이 국왕의 움직임을 행행이라는 용어로 통일해서 사용하였다.

그러므로 국왕의 행동거지를 국가의례인 오례의 행례行禮 과정에서 설명할 때는 행행이 가장 적합한 용어라고 생각한다. 또한 행행이라는 개념으로 접근해야 조선초부터 말기까지 지속적으로 거행된 오례의 양상을 국가의례의 변화 속에서 찾을 수 있다. 다만 본서에서는 행행을 오례 전체에서 살펴보기에는 방대한 사료와 다양한 성격으로 인해 상당한 무리가 따른다고 생각하여 길례吉禮에서 국한하고 그 중에서도 능행陵幸을 중점적으로

---

3) 『태종실록』 태종 17년, 4월 8일(갑자).
4) 『세종실록』 세종 8년, 8월 1일(임술).
5) 『세조실록』 세조 10년, 1월 20일(계유).
6) 『중종실록』 중종 17년, 4월 25일(신축).
7) 『승정원일기』 영조 24년, 7월 2일(갑신); 『승정원일기』 영조 24년, 1월 27일(임자).
8) 『영조실록』 영조 2년, 11월 24일(임자).
9) 『영조실록』 영조 7년, 6월 11일(임인).
10) 『영조실록』 영조 49년, 4월 6일(갑오).
11) 『순조실록』 순조 7년, 6월 3일(계유).

다루고자 한다.

　오례의 길례는 천지자연과 조상신 등 각종 제사를 국가차원에서 지내는 것이다. 이때 국왕이 종묘와 사직, 문묘文廟, 능원陵園의 제사를 거행하면서 행행을 하는 것이다. 무엇보다도 길례의 행행은 국왕이 왕실의 종통宗統을 계승하고 국가를 보호하는 통치자라는 입장에서 제사를 주관하러 가는 길이다. 국왕이 제사의 주관자로 가는 행행은 왕권의 대외적 상징성을 나타냄과 동시에 국왕의 이미지를 신성시할 수 있게 한다. 길례 제사를 위한 행행은 매년 반복되고 왕대별로 지속되었으므로 행행이 지니고 있는 고유의 성격을 잘 드러내고 있다. 행행이 국왕 권위의 상징성과 통치체제의 정당성을 신료와 민인에게 시각적으로 드러내는 정치적 행위라는 관점에서 본다면 길례 행행만큼 중요한 사례는 없을 것이다.

　오례의 길례 행행에서 능행은 왕조의례 구현의 대표성을 지니면서 시대적 변화상을 잘 보여주는 주제이다. 능행은 선대왕과 왕비 능침의 제사를 비롯하여 전알展謁과 전배展拜를 하는 것으로 조선후기로 갈수록 증가하였다. 조선왕조에서 효孝와 충忠은 인간이 지향할 성정性情으로 개념화했으며 국왕에서부터 민인民人에 이르기까지 누구나 지켜야할 덕목이었다. 조선후기에는 임진왜란과 양차의 호란을 거치면서 혼란해진 사회기강의 확립을 위해서도 효와 충이 강조되는 실정이었다. 따라서 사왕嗣王이 선대왕의 능침에 능행하는 것은 길례의 행행 이전에 효를 행하는 차원에서 마땅히 거행해야 할 의례였다. 나아가 국왕의 입장에서 효의 실천을 위해 선대의 능침에 행행한다는 명분은 신료로서도 막을 수 없는 부분이었다. 그러므로 능행은 국왕이 국가의례에서 규정한 기간에만 거행할 수 있는 것이 아니라 효라는 유교적 덕목 하에서 언제든지 시도할 수 있는 행행이었다.

　능행은 조선후기에 반복적이고 지속적인 경향을 보이면서 오례의 행행 의례로 자리 잡는다. 물론 조선전기에도 세종대에 정리된 『오례의五禮儀』

에 근거하여 능행이 의례로 기능을 하였지만 조선후기와 같이 자주 거행되지는 않았다. 조선초기부터 수백 년간 오례의 의례를 바탕으로 시대적 형편에 맞추면서 쉼 없이 이어져 국왕의 의례로 자리 잡는 데는 시간이 필요했기 때문이다.

이런 배경에서 능행은 국가의례가 장기적으로 지속되면서 변화하던 양상을 보여주는 좋은 예일 것이다. 따라서 조선후기 능행 연구를 통해 국가의례가 국왕의 통치권을 의례적儀禮的으로 안정화시키는 과정과 동시에 효孝를 행하는 국왕 개인의 모습을 국가의례의 수준으로 상승시킨 결과를 밝힐 수 있을 것이다.

능행 연구는 크게 진행되지 못하였으며 기존의 능행 연구도 행행을 다루면서 부분적으로 언급하고 있다.[12] 대부분 특정 국왕만을 중심으로 기술하였기 때문에 조선후기 국왕들의 능행 경향이나 변화상을 파악하기는 어렵다. 예컨대 영조와 정조대를 중심으로 능행을 조명하여 18세기 왕권 신장의 배경을 설명하려는 경향이 강하게 나타난다. 그 결과 영조와 정조를 제외한 국왕들의 능행이 상대적으로 위축되고 왜곡되는 한계를 보이고 있다. 더욱이 능행이 길례 행행의 한 유형임에도 불구하고 행행이 지니는 국가 의례적 성격을 파악하지 않고 능행만을 언급하는 것은 능행의 성격을 올바로 파악하는 것이 아니다.

예를 들어 영조와 정조의 능행만을 강조하여 순조 이후 세도정치기는 왕권이 약해 능행도 점차 의례화依例化되어 왕권의 위상을 대외적으로 드러내는 정치적 기능을 상실했다고 보는 점이다.[13] 순조대 이후의 능행이

---

[12] 김문식, 「18세기 후반 정조능행의 의의」, 『한국학보』 88, 일지사, 1997; 김문식, 「1779년 정조의 능행과 남한산성」, 『한국실학연구』 8, 2004.
[13] 오수창, 「세도정치의 성립과 전개」, 『한국사』 32, 1997; 김세은, 「고종초기(1863~1876) 국왕권의 회복과 왕실행사」, 서울대 박사학위논문, 2003; 유미림, 「유교적 정치이상의 상실과 체제위기」, 『한국정치사상사』 백산서당, 2005, 491~513쪽.

선대와 비교하여 그 기능이 약화된 배경을 세도정권의 권력을 소수 계층의 전유물로 인식하였기 때문이다. 즉, 정치는 억압과 강제, 수탈과 저항이라는 대립적 구도로 파악한 결과이다.[14] 이렇게 왕권과 신권의 대립이라는 시각으로 능행을 본다면, 능행은 국왕의 독자적인 정치적 행위라고 보게 되어 의례가 권력층의 지배질서를 유기적 형태로 지탱한다는 것을 간과하게 된다. 예컨대 능행시 국왕을 중심으로 한 시위인원侍衛人員과 의장들의 배치구도는 북극성이 밤하늘에 빛나듯이 왕조의 권력구조를 채색된 시각으로 대변해준다. 따라서 국가의례의 시선에서 행행을 접근한다면, 세도정치기에도 왕권과 신권이 배타적인 관계가 아니라 상호 보완관계를 가졌으므로 능행 의례가 지속적으로 존재했다고 해석할 수 있는 것이다.

이와 같은 시각으로 본서에서는 국왕의 능행을 국가의례 차원에서 정치적으로는 의례儀禮, 사회적으로는 효孝라는 관점으로 접근하여 시대적으로 변모하고 정착하는 과정을 밝히고자 한다. 능행이 국가의례로서 왕권의 강화와 왕위 계승의 정통성을 알리는 정치적 기능을 한 것은 조선왕조 전체에 해당하면서도 조선후기에 더욱 부각되었다. 이것은 조선후기로 갈수록 증가한 왕릉과 왕위 계승이 방계傍系에서 이루어졌던 정치적 배경이 작용한 결과이기도 하다. 왕위 계승이 순조롭지 않던 경종, 영조, 정조, 순조 이후 세도정치기의 정치적 환경 속에서 거행된 능행에서 잘 나타나고 있다. 이들 사왕嗣王은 왕비의 소생이 아닌 입장에서 보위에 올랐기 때문에 자신이 선대의 종통宗統을 잇는 후예라는 것을 대내외적으로 정당화하는 수단의 하나로 능행을 사용하였다. 능행의 기본적인 정치적 성격이 국가의례로서 왕권을 대내외적으로 상징화시켜 나타내주기 때문이다. 더욱이 조선후기 사회에서 국왕이 선대의 종통을 잇는 자식의 입장에서 효라는 목적

---

14) 陳德奎, 「조선후기 정치사회의 권력구조에 관한 정치사적 인식」, 『19세기 한국 전통사회의 변모와 민중의식』, 민족문화연구소, 1982.

으로 능행을 감행하는 것은 누구도 반론을 제기하기 어려운 당연한 유교적 도리였기 때문이기도 하다.

그러므로 국왕의 능행은 정치적인 접근도 필요하지만 국가 의례적인 차원에서 접근해야만 그 성격이 더 명확하게 드러날 수 있다. 능행을 왕권강화의 차원이 아니라 국가의례적인 시각으로 보게 되면 조선초부터 정착되던 능행이 조선후기까지 지속적으로 반복되던 현상을 설명할 수 있어 능행 고유의 성격을 밝힐 수 있는 것이다. 그래야만 국왕과 국가의례의 관계를 설명할 수 있으며, 그에 따른 국가의례의 지속과 변화를 이해할 수 있다.

이에 본서에서는 시대적으로 숙종대 이후 순조대를 전후한 능행의 성격을 파악하여 시대적인 변화와 국가의례로서 정착되는 과정을 연구하려 한다. 각 장별 구성 내용을 설명하면 다음과 같다.

Ⅱ장에서는 국가의례인 오례에서 행행의 역사적 기원과 조선시대 국왕의 의례로 정착되는 과정을 설명하였다. 그리고 오례의 행행이 정비되는 과정과 의례서儀禮書와 법전法典에 어떻게 반영되었는지를 파악하려 했다. 또한 능행의 원류인 길례에 어떤 행행들이 있는지를 정리하여 능행과의 상호관계를 살펴보았다. 그에 따라 오례의 길례 행행인 능행이 어떻게 의례화 되었으며, 조선후기에도 지속적으로 설행되고 반복된 배경을 밝히고자 했다.

Ⅲ장에서는 조선후기 국왕의 능행이 시기적으로 어떻게 변화되었으며 그에 따라 나타난 현상들을 설명하였다. 임진왜란과 양차의 호란 이후에 정치사회적으로 안정기에 접어드는 숙종대를 기준으로 다시 정비된 능행과 각 국왕별 능행의 시기, 지역, 수치 등을 비교하여 조선후기 국왕들의 능행이 가지는 특징과 변화를 정리하였다. 특히 영조 이후 정조, 순조에 이르기까지 새롭게 나타나던 사친私親 궁원묘宮園廟에 대한 행행을 능행과 비교하여 국왕의 정치적 성향에 따라 능행이 증가되고 새롭게 정비되는

모습을 밝히고자 했다.

Ⅵ장에서는 능행시 국왕의 움직임을 도성 내외로 나누어 도성 밖으로 동원되던 능행 시위군의 체제를 군사 진법의 종류, 능행로의 배정, 행궁과 행재소의 설치 등을 통해 설명하였다. 이와 함께 능행시 도성내 궁궐을 수비하던 신료와 군사들의 숙위宿衛체제를 파악하여 능행시 국왕의 움직임에 따라 변화되던 도성내외의 움직임을 파악하였다. 숙위체제는 법전에 규정된 숙위 사항을 『경국대전』에서 『대전통편大典通編』으로 이어지는 과정에서 보았다. 또한 숙위군을 구성하던 유도군의 지휘체제와 편성도 살펴보았다. 특히 오군영의 설치에 따른 시위군의 변화와 정조대 시위체제의 강화를 중심으로 설명하였다.

Ⅴ장에서는 능행에서 동원되던 의장노부儀仗鹵簿의 유래와 함께 의장기들의 종류와 내용들을 의궤에 실린 행행 반차도와 각종 등록의 의장반차 내용과 비교하여 능행이 시각적으로 보여주던 상징적 의미를 밝히고자 했다. 이를 위해 역대 중국 황제와 고려조의 순행巡幸에 사용된 의장물의 변화를 비교해서 의장물의 상징성을 파악하고자 했다. 특히 능행의 의장반차에서 국왕을 상징하던 기물들의 유래와 변화를 찾아서 국왕의 대내외적인 상징물이 갖는 의미를 설명하였다.

이러한 본서의 내용을 뒷받침하기 위해 기존 연구에서 주로 사용한 연대기 자료를 재검토함과 동시에 능행 관련 전범典範인 『국조오례의國朝五禮儀』, 『국조속오례의國朝續五禮儀』 등을 각종 의궤儀軌와 등록謄錄과 비교하여 사용하였다. 그중 능행과 관련된 등록들은 시대적으로 지속되면서 변화되던 능행 의례의 변화 양상을 보여주고 있다. 특히 능행을 기획하던 관서 중에서 예조와 군영軍營에서 작성한 등록들은 능행의 사실들을 시대적으로 기록하고 있어서 예서禮書와 법전들의 내용과 비교하면 능행이 국가의례로서 변화되던 양상을 밝힐 수 있다.

예조에서 능행의 준비과정과 실제 모습을 기록한 등록으로는 장서각에 소장된 『의주등록儀註謄錄』(K2-4784~4800), 『의주속등록儀註續謄錄』(K2-2135) 이 대표적이다. 『의주등록』은 선조부터 순조까지, 『의주속등록』은 순조부터 고종대까지의 능행을 비롯한 행행의 각종 사례를 연대순으로 기록한 방대한 자료로서 능행의 시대적 변화 양상을 사실적으로 접근할 수 있다.

군영에서 작성한 등록은 오군영별로 작성하였던 군영등록軍營謄錄이 있다. 군영등록은 능행이 전범典範과 실제 일치하는 여부와 시대적으로 변화하는 모습이 정리된 자료이다. 예조에서 능행의 시기와 진행과정까지 전반적인 부분을 담당했다고는 하지만 능행에 동원되는 시위군병과 궁궐의 숙위는 군영에서 전담하였기 때문이다. 따라서 군영등록에 나타나는 능행시 진법과 시위군의 동원, 능행지에 따른 능행로의 선정과 도로 수치修治, 국왕이 능행시의 궁궐숙위 등을 예조의 『의주등록』과 비교하면 능행의 전모를 파악할 수 있다. 다음의 표는 본서에서 이용할 장서각 소장 능행 관련 군영등록을 정리한 것이다.

〈표 I-1〉 장서각 소장 능행 관련 군영등록

자료명	작성처	기간	소장처
『御營廳擧動謄錄』	御營廳	효종~고종	K2-3344, 장서각
『禁衛營擧動謄錄』	禁衛營	영조~고종	K2-3288, 장서각
『摠戎廳幸行謄錄』	摠戎廳	순조~헌종	K2-3383, 장서각
『扈衛廳謄錄』	扈衛廳	인조~순조	K2-3390, 장서각

위의 군영등록들은 장서각 유일본으로 모두 국왕의 행행에 관한 등록이다. 시대적으로도 인조에서 고종까지로 조선후기 국왕의 능행을 모두 포함하고 있어서 『의주등록』과의 비교가 용이하다. 특히 『어영청거둥등록御營廳擧動謄錄』은 효종대부터 고종대까지 수록하고 있어서 어영청이 능행시 담당한 역할과 내용을 시대적으로 볼 수 있다.

이와 함께 『주례周禮』를 비롯하여 당唐의 『개원례開元禮』와 명청의 행행 관련 전범典範들을 조선후기에 간행된 『오례서』의 능행 조항과 비교하여 유사성과 특수성을 드러내고자 했다. 또한 국왕의 행행이 기록되거나 그려져 있는 의궤의 반차도를 적극 이용하였다. 반차도는 당대에 거행된 행행을 파노라마처럼 보여주는 효과가 있으며, 동시에 천연색으로 되어있기 때문에 능행시 각종 의장물에 대한 연구를 심화할 수 있는 자료이다.

이외에 미국과 중국, 일본에서 진행된 관련 이론서들과 자료를 이용하였다. 미국과 일본에서는 행행을 의례Ritual의 범주에 넣어서 권력층의 퍼레이드로 설명하고 있다. 이에 대한 연구로는 George L. Moss[15], David I. Kertzer[16], T. Fujitani[17], 王佩环[18] 등의 저술을 대표적으로 들 수 있다. Moss는 권력을 장악한 지배층이 대중을 감화시키고 동원시키는 방법으로 국가의례를 이용한 것을 설명하고 있으며, Kertzer는 정치권력의 존재와 유지를 위해 의례가 인위적으로 조정되고 변화되는 모습을 그렸으며, Fujitani는 일본 메이지明治 정부가 천황을 국가적 수장으로 상징화시키기 위해 국가의례를 적극적으로 사용했음을 밝혔고, 王佩环은 역대 청나라 황제가 심양의 선대 능침에 순행하던 내용을 정리하여 황제의 능행 의례를 설명하였다. 이들 연구의 공통점은 대부분 정치사적인 접근보다는 사회사적인 시각으로 국가의례를 해석하고 있어서 기존 능행 연구에서 간과한 능행의 국가의례적 성격과 사회적 기능에 많은 점을 시사해 주었다.

---

15) *The Nationalizations of the Masses*, New American Library, 1975.
16) *Ritual, Politics & Power*, Yale University, 1988.
17) *Splendid Monarchy: Power and Pageantry in Modern Japan*, University of California Sandiego, 1996.
18) 『淸帝東巡』, 요녕대학출판사, 1991.

II

국가의례國家儀禮와 국왕의 행행幸行

1. 행행 의례의 수용과 정비
2. 길례吉禮의 행행 의례와 구성

II. 국가의례國家儀禮와
국왕의 행행幸行

1. 행행 의례의 수용과 정비

1) 행행의 수용과 정착

　행행幸行은 국왕이 궁궐의 외부로 나가는 것으로 종묘의 제례祭禮와 사가私家에 방문하는 것에서부터 도성都城과 왕토王土의 경계까지 그 범위와 사례가 다양하고 광범위하다.[1] 행행이 역사 기록으로 처음 등장하는 것은 하夏·은殷·주周 시대이다. 당시 천자가 각 지방의 제후를 만나러 가는 것을 순수巡狩, 제후가 천자를 보러가는 것을 술직述職이라고 하였다. 천자는 5년마다 순수를 하였으며 제후는 4년마다 술직을 하였다. 천자는 순수를 하면서 각 지방의 관리와 민인들을 통제하고 진무賑撫한다는 내용이었다.[2]

---

1) 행행은 천자의 수레가 車輅로 정비되면서 등장했다고도 볼 수 있다. 천자를 상징하는 수레가 등장했다는 것은 천자가 그것을 이용하여 이동할 때 행행의 목적성을 드러냈다고 볼 수 있기 때문이다.(『通典』 권64, 禮24, 嘉9, 天子車輅)
2) 『禮記』 권5, 王制 5.

한국사에서 행행은 삼국시대부터 나타나고 있는데,『삼국사기』의 광개토대왕과 진흥왕의 순수 기록 등에서 확인할 수 있다.『삼국사기』에는 총 135회의 순행 기록이 나타나는데, 그 비중은 신라 52회, 고구려 47회, 백제 36회 등이다.[3] 그 중『삼국사기』「본기」의 정치기사 중에서 순행만을 정리하면 축성築城과 수궁修宮, 순행巡幸, 관리임명, 제사 등의 순서로 나타나고 있다.[4]

이런 고대 행행의 기원과 유래는 오례五禮와 밀접한 관계를 가지고 있다. 오례란 국왕의 혼례와 장례 등의 각종 행사를 길례, 가례, 군례, 흉례, 빈례 등의 5가지 형태로 구분한 것이다.[5] 이 5가지 구분은『주례周禮』에 그 기원을 두고 있다. 따라서 오례의 기본적인 내용은 국왕이 궁궐 외부로 나가 의례를 주최하는 것이 대부분으로 행행이 등장할 여지를 제공해주고 있다.

그런데『주례』에 기초한 오례 구조는 중국 역대 왕조에서 지속적으로 유지되지는 않았다. 후한대에 음양오행陰陽五行의 사상적 체계를 완성한 이후에야 오례의 구조가 정착되었다. 이후『주례』에 기초한 오례는 수와 당대를 거쳐 국가의례로 정비되었다. 그 중 당대의 오례체계는『대당개원례大唐開元禮』로 정비되었다.『대당개원례』는 일반 서민들의 생활을 규제하는 의례 내용은 거의 없을 정도로 황실 의례 중심이었다. 또한『당육전唐六典』의 정리도『주례』를 체계적으로 계승한다는 취지에서 이루어져 당대에 오례의 기틀이 마련되었다고 할 수 있다.[6] 따라서 오례에 기초한 행행의

---

[3] 신형식,「순행을 통해 본 삼국시대의 왕」,『한국학보』21, 1981, 27쪽.
[4] 노용필,『신라 진흥왕 순수비 연구』, 일조각, 1996, 18~49쪽.
[5] 『尙書全解』, 修五禮.
[6] 『당육전』은 실제 사용하기 위해 법전으로 편찬하지 않고 현종이 군주의 威儀를 과시하기 위한 수단으로 편찬했다고 본다. 현종은『주례』의 육전제도가 태평시대를 상징하였으므로 자신의 치세도 盛世로 자임하기 위해『주례』와 같은 육전 형식으로『당육전』을 만들었다고 한다. 그리고『당육전』은 편찬 당시부터 당이 멸망할 때까지『육전』이라고만 칭한 것으

례의 준행은 당대 이후라고 보아도 무방할 것이다.

한국사에서도 오례의 예론禮論에 의해 왕권의 수립과 운영이 가능했던 시기는 삼국시대부터로 보고 있으며 그 절정은 조선시대로 보고 있다. 삼국시대의 제왕들은 국가제사를 통해 그들의 정치적 권위를 수식修飾하고 정치권력의 명분을 제공받고 있었다. 특히 신라 중대에 당의 오묘제五廟制가 수용된 것을 보더라도 한국 고대에도 오례는 왕권과 정치질서의 논리의 하나로 자리매김했다고 할 수 있다.[7]

삼국시대의 행행은 고려에서도 그대로 계승하였다. 고려의 행행은 오례에서 길례吉禮를 중심으로 하는 유교적 국가의례가 대부분을 차지하였다. 『고려사』에 실린 오례 관련 의례에서 환구圜丘, 방택方澤, 대사大祀, 중사中祀, 소사小祀 등의 제사에서 행행이 거행되었다.[8] 특히 고려의 제왕은 행행의 하나인 도성내 이어移御를 통해 왕권의 강화를 도모하기도 하였다. 의종의 경우 태조의 진전사원眞殿寺院이자 연등회가 열리는 봉은사와 부모의 진전사원과 종묘인 태묘太廟를 정기적으로 방문했으며 수창궁, 장원정 등의 별궁과 왕륜사 등의 호국사원과 재위기간 설립한 사찰 등을 자주 행차하였다.[9]

그런데 고려의 오례에서는 길례와 가례가 사상적으로 유교와 불교, 도교의 혼합적인 상태로 거행되었다. 국왕의 친제는 환구제圜丘祭와 태묘제太廟祭로 국한되어 있었으며[10] 그나마 국왕이 직접 거행한 것이 아니라 섭행하였다. 반면 도교적 색채가 강한 초제醮祭에는 번번이 친제가 이루어졌다.[11] 그리고 신료들에 의해 섭행되는 유교적 의례도 담당관들이 아예 참

로 보이며 오대 이후에는 『육전』, 『당육전』, 『대당육전』이 혼용되었다. (김택민 주편, 『譯註 唐六典』 상, 신서원, 2003, 15쪽)
7) 채미하, 「신라 종묘제의 수용과 그 의미」, 『역사학보』 176, 2002, 43~62쪽.
8) 『고려사』 권60, 「志」 14, 禮2 길례대사1·2.
9) 김창현, 「고려 의종의 移御와 그에 담긴 관념」, 『역사와 현실』 53, 2004.
10) 『고려사』 권59, 志13, 禮1; 『고려사』 권60, 志14, 禮2.

석하지 않거나 제물 등의 준비 작업이 미흡하여 소홀히 다루는 경우가 많았다.[12]

조선시대의 행행은 이러한 역사적 기원성을 내포한 채 거행되었다고 볼 수 있다. 조선이 역성혁명으로 전 왕조인 고려를 멸망시켰다고는 하지만 왕조의례는 계승하였으며 특히 행행의례는 전왕조의 체제를 그대로 답습했다고 해도 과언이 아니었다. 이점은 『고려사』에 실린 고려의 행행 의장 행렬을 조선과 비교해 보면 확연하게 드러난다.

조선전기 국왕이 종묘를 비롯한 각종 제사에 참여할 때 동원된 의장과 거행 형태는 유사하거나 거의 동일하게 일치하고 있다. 그리고 『明會典』이 조선보다 늦은 1497년 편찬에 착수하여 1502년에 완성된[13] 것도 조선초기 행행 의례의 정착이 고려의 것을 중심으로 해서 이루어졌다는 것을 짐작하게 하는 부분이다.

따라서 조선시대 행행 의례의 기원은 고려시대는 물론 삼국시대와 당·송, 주나라에까지 거슬러 올라갈 수 있으며, 그런 오랜 기간을 통해 정비되고 개선된 의례 형식이 가미되어 조선의 행행이 정착되었음을 알 수 있다. 그리고 이러한 행행은 조선전기의 법전 정비와 의례서 편찬에 발맞추어 한층 정밀한 국가의례로 자리잡게 된다.

반면 조선전기 국왕의 행행 의례가 처음부터 국가의례로 정착하지는 못했다. 1406년 거행된 태종의 행행에 대해 사간원에서는 명목 없는 거둥이라며 정지할 것을 요청하였다. 당시 행행을 거행하려던 태종과 그것을 저지하던 사간원 사이의 대화를 보면 다음과 같다.

---

11) 『고려사』 권61, 志15, 禮3.
12) 이완재·김송희, 「조선초기의 유교적 국가의례에 대한 연구」, 『한국사상사학』 10, 1998, 40~41쪽.
13) 김택민 주편, 『譯註 唐六典』 상, 신서원, 2003, 22쪽.

(전략) "행행은 임금의 大節이고, 誠信은 정치의 大寶입니다. 이달 10일에 車駕가 교외에 나가서 마음대로 내달리니, 험악한 흙탕길에 말이 만약 놀라서 넘어지는 불측한 근심이 있을까 두렵습니다. 전하가 마음대로 스스로 몸을 가볍게 가지시면 종묘와 사직은 어떻게 되겠습니까? 먼저 번에 몰래 행차하시던 날에 신 등이 上言하여 곧 유윤을 내리시고, 이내 다시 遊獵의 행차를 하시니, 이는 공자가 '옳은 일을 좋아하면서도 실행하지 않고, 바른 말을 좇으면서도 고치지 않는다'는 것입니다. 誠信의 실효를 거두지 못할까 두렵습니다. 예전 당나라 貞觀 때 魏徵이 十漸을 드려 경계하니, 태종이 그 말을 嘉納하여 드디어 유종의 미를 이루었습니다. 전하의 성덕으로 걸핏하면 三代의 정치를 법 받으면서, 오로지 허물을 고치는 한 가지 일만은 당 태종의 아래에 있기를 즐겨하십니까? 원하건대, 이제부터 전하는 몰래 행차하는 실수를 고치시고 말 달리기를 즐기시는 일을 경계하소서." (중략) "내가 일찍이 대간에게 명하기를, '죽이는 형벌과 國政의 큰일은 疏를 갖추어 아뢰고, 그 밖에 일은 詣闕하여 말하라'고 하였는데 이제 諫官이 긴요하지 않은 일을 가지고 여러 번 封章을 올리는 것은 무엇 때문인가?"14) (후략)

위에 언급한 태종과 신료의 대화는 사간원에서 행행을 반대한 내용이다. 이에 대해 태종은 의례에 입각한 행행을 하는 것이 아니라 국왕 개인의 유락遊樂인 사냥을 위해 도성을 벗어난 것이며, 그런 이유로 의례에 맞춰서 행행 대열을 갖추지 않았다는 이유이다. 또한 사간원은 국왕의 행행이 의례에 따라 움직여야 함을 역사적 전거를 들어 태종에게 설명했다. 그럼에도 태종은 사간원에서 지적한 부분에 대해서는 응답하지 않고 긴급하지 않은 사안으로 국왕을 번거롭게 한다며 사간원의 주장을 물리쳤다. 그러므로 태종대의 행행은 국가의례나 예법에 구애됨이 없이 국왕의 의중에 따라

---

14) 『태종실록』 태종 6년, 2월 12일(계유).

좌우될 수 있었다고 해석할 여지가 있다.

　그 이유는 조선왕조를 건국한 세력 간의 알력과 왕조 초기의 불안정한 정치 상황과 함께 어려서부터 제왕의 교육을 받지 않은 태종대까지는 국왕의 행행 의례는 물론 행동거지 전반에 걸쳐 국왕의 자의에 의해 결정되는 상황이었기 때문이라고 할 수 있다. 그 반증으로 세종대를 거쳐 성종대에 이르면서 법전과 예전 등의 전장典章정비가 이루어져 행행 의례도 정착되었고, 국왕의 행행도 의례에 따라 움직이게 되었기 때문이다.

　한편 일반적으로 유교 이념은 권력이 도덕적 규범주의 아래에서 작용하는 것을 지향하였다고 볼 수 있다. 국가의 통치는 강제적인 물리력이 아니라 윤리적인 덕을 바탕으로 사회 구성원의 교화를 목표로 했다는 논리이다.[15] 그런데 예禮는 이론과 실천이라는 양면적 기능을 가지고 있다. 예는 지식으로만 전수되는 것이 아니라 사회 공간속에서 실천하고 표현하여 만인이 동의하고 습득하는 특성을 지니고 있다.

　특히 왕조국가의 의례 시행에서는 법전보다 예전이 중요한 위치를 차지하고 있었다. 조선시대 국왕이 예를 바라보는 시각을 보면 그것이 잘 나타나고 있다. 조선의 국왕들은 예의 기본적인 구조를 정확히 보고 있었다. 예를 들어 숙종은 『대명집례大明集禮』의 서문을 친제親製하여 승정원에 내리면서 다음과 같이 말했다.

> "禮란 지극한 이치가 담겨있는 것이어서 일상 생활하는 事物에 있어 당연히 그렇게 해야 하는 것이고, 體와 用이 갖추어져 있어 작은 일이나 큰일이나 이에 의거하는 것이니, 天理의 節文이고 人事의 儀則이어서 잠시도 몸에서 떠나게 해서는 안된다."[16]

---

15) 박충석, 「조선주자학: 그 규범성과 역사성」, 『국가이념과 대외인식 - 17~19세기』, 아연, 2002, 351~354쪽.

숙종은 예를 일상생활 속에서 늘 준행해야 하는 인간의 도리로 보고 있다. 사실 예라는 것은 그 근본정신은 불변성不變性을 지니고 있으나 형식적인 면에 있어서는 시대와 상황에 따라 얼마든지 변할 수 있는 의례절차의 가변성可變性을 동시에 내포하고 있다. 예의 이념을 실천하지 않으면 그 의미를 지속적으로 전달내지는 상징화하기 어렵기 때문이다. 그래서 예는 지배층에 의해 성립된 지속적이고 보수성이 강한 사회인습이다. 다만 예는 시대의 역사성에 따라 변화한다는 자체의 논리를 지녔기 때문에 예의 설행設行 자체는 달라진 점이 없더라도 예를 시행할 때의 세부 절목에 있어서는 근례近例가 어느새 고례古例가 되기도 하는 것이다.[17] 따라서 예는 그 시대에 맞게 인식하는 것과 동시에 그 근저에 깃들어 있는 근본 원리를 인식하는 것이 중요하다. 이점을 조선의 국왕들이 간파하고 있었다고 본다.

조선왕조는 그 '예'를 통치의 기본 이념으로 삼은 국가였다. 조선왕조의 건국이념이 성리학이기는 하지만, 유학을 숭상하며 왕도정치를 지향했다는 점에서 정치의 근본은 예에 두었다. 국왕이 국가권력의 행사를 도덕국가의 범주에서 진행하려고 했음이다. 물론 그 근저에는 예를 조정하고 준행하는 것은 오로지 국왕에 의한 것임이 강조되었다. 즉 국왕에 의한 인치人治, 법에 의한 법치法治와 함께 예에 의한 예치禮治 사회를 구현하는 것을 지향했다고 볼 수 있다.[18]

조선후기에도 이러한 예에 대한 근본적인 생각과 구조는 바뀌지 않았다. 국왕의 행행에 관한 법전의 규정은 물론 의례서에 정해진 거행 절차가 크게 변하지 않은 것이 대변해주고 있다. 예컨대 종묘와 사직에 행행하여 지내는 제사의 절차와 과정은 도로와 인원의 변화만이 있을 뿐 기존의 행

---

16) 『숙종실록』 숙종 18년, 1월 21일(신미).
17) 금장태, 「유교의례의 구조와 성격」, 『종교연구』 16, 1998, 48~50쪽.
18) 박현모, 「경국대전의 정치학: 예치국가의 이념과 실제」, 『한국정치연구』 12, 2003, 120~126쪽.

행규정을 그대로 준수하고 있다. 이런 배경으로 조선 초기의 각종 의례 행사들이 예서에 정리되어 기록되는 단계에는 이르지 못했지만 『조선왕조실록』을 중심으로 연대기 자료를 살피면 광범위하게 의례가 준행되었음을 확인할 수 있다.[19]

그런데 예란 단기간에 습득하여 거행할 수 있는 제도가 아니었다. 예는 나날이 수행하고 강습講習함으로써 반복적 실천을 통해 심신에 익숙하게 할 것이 요구되었다. 반복을 통해 익숙하게 될 때라야만 예의 근본 원리로서 마땅함이 마음에 체득되어 정당성을 확보할 수 있으며, 동시에 예의 응용방법으로서 절도가 몸에 배어 의례절차가 적절하게 시행될 수 있다고 하였다.[20]

따라서 의례는 유교적 궁극존재의 질서를 의례절차 속에 반복적으로 구현함으로써, 인간의 행위와 삶을 근본원리나 궁극존재와 일치시켜 두고 정당화 시켜주는 역할을 하는 것으로 볼 수 있다. 즉 의례의 원리 내지 본질은 구체적 현실 속에서 다양하게 응용되고 변화될 수 있는 것이며, 현실의 상황과 조건이 다를 때에는 의례의 행동양식과 절차도 달라질 수밖에 없었던 것이다.[21]

이런 배경으로 예의 가변성은 예의 구조가 늘 각 시대의 사정에 따라 당대 지배층의 의도에 부합하는 방향으로 움직였음을 의미한다. 그러므로 예는 처음부터 정치적인 이유로 시작되었으며 지배층 중심의 의례로 발전할 수밖에 없었다.[22] 특히 유교를 통치술로 활용한 국가에서 제도와 전례

---

[19] 조선초기 경복궁의 건설에서도 예치사회 건설을 위한 노력의 모습을 볼 수 있다.(임민혁, 「조선초기 예치사회를 향한 수도 한성 건설계획」, 『서울학연구』 27, 2003)
[20] 주희, 『論語集註』, 「學而」.
　　禮者, 天理之節文, 人事之儀則也.
[21] 이봉규, 「왕권에 대한 禮治의 문제의식」, 『철학』 72, 2002, 32~38쪽.
[22] 이재룡, 「조선시대의 법제도와 유교적 민본주의」, 『동양사회사상』 3, 2000, 99~104쪽.

는 예의 근본 원리에 입각하여 법제화하는 것이 일반적이었으므로 예의 윤리 도덕적인 내면화보다는 정치적인 기능이 강조되는 것은 당연하였다. 바로 이 유교적으로 정비된 국가 조직체제가 예제禮制라고 할 수 있다.

일반적으로 국왕과 왕실을 중심으로 제정되는 예제는 국가체제 및 왕권의 확립과 불가분의 관계에 놓인다. 자연히 예제는 최고의 권위와 타당성을 지니는 규범질서로 간주되었고 국가통치를 위한 각종 제도와 백성의 생활을 규율할 수 있는 효과적인 규범 통제의 장치가 되었다. 이러한 예제는 언제나 중국의 역대 왕조에서 이용되었으며, 조선왕조에서도 동일하게 통치에 사용되었다.

조선왕조에서는 유교의 구성내용 중에서 가족주의를 국가와 사회의 유기체적 관계에 적용하려 하였다. 국가와 사회도 가족질서의 확장된 형태로 받아들이려고 했으며, 가족의 혈연적 유대를 의례적으로 신성화시킬 때 국가와 사회도 가족질서의 원리를 통하여 결속되고 신성화시킬 수 있다고 보았다. 따라서 그 사회제도와 질서를 법과 권력에 의한 지배에 앞서서 의례를 통해 정당화하고 신성화함으로써 견고한 안정성을 확립하고자 한 것이다. 의례의 이러한 종법적宗法的 계층질서는 바로 사회적 계층제도를 신성화시키고 규범적 정당성을 부여해 주는 기능을 발휘하였다.[23]

이와 같은 조선왕조 계승의 연속성을 확보해주는 유교적 가족주의는 왕실의 도덕성과 정당성을 지탱해 주는 중심으로 작용하였으며 그 수단으로 예제가 적극적으로 활용된 것이다. 조선초기의 국가의례가 본격적으로 유교적 체제에 맞추어 정비되기 시작한 것은 태종대부터로 볼 수 있다. 태조와 정종대는 왕권계승과 관련한 왕실 내부의 골육상전과 개국세력간의 분쟁으로 국가의례의 정비가 요원한 상황이었다.

당시 국가 의례의 대부분은 고려의 것을 답습하는 모습이었으며, 정도

---

[23] 금장태, 「유교의례의 구조와 성격」, 『종교연구』 16, 1998, 64~67쪽.

전을 중심으로 한 개국공신세력이 정치의 주도권을 가지고 있었기 때문에 국왕을 중심으로 하는 국가의례의 재정비는 이루어지지 못했다. 이후 왕자의 난을 통해 등극한 태종대에 이르러 본격적인 왕권강화의 일환으로 국가의례의 정비도 이루어지게 되었다. 태종은 재위 10년만인 1410년 의례상정소儀禮詳定所[24]를 설치하여 의례정비에 착수하게 한다. 이때 의례상정소에 참여한 허조許稠를 비롯한 관원들의 대부분은 태종의 정변에 동참하였던 인물이었다.[25]

그런데 의례상정소의 모든 활동은 예조와 합의하여 이루어진다는 특징이 있다. 특히 예제의 상정도 의례상정소에 명령을 하달하는 것이 아니라 예조에 내린 명령을 의례상정소와 상의하여 제정하는 경우가 더 많았다. 그리고 상정한 예제도 예조가 단독으로 보고하거나 예조와 함께 보고하였다. 따라서 예제를 주관하는 곳은 어디까지나 예조였음을 짐작하게 한다.[26]

이후 조선의 오례 체제는 세종대에 들어와 완비되는 형태를 보이기 시작하는데 그것이 『세종실록』「오례의五禮儀」이다. 『세종실록』「오례의」는 당과 송의 오례를 정리하기는 했지만 당의 『개원례開元禮』를 근간으로 하였다. 당의 오례가 황제권을 중심으로 한 것에 반해 송의 경우에는 사대부 『주자가례』가 반영된 체제였기 때문이다. 즉 왕실의 의례는 사적인 개인의 영역보다 한 단계 위라는 점을 감안한 결과라고 볼 수 있다.

「오례의」서문序文에는 조선왕조의 의례에 대한 시각이 잘 드러나 있다. 그 서문은 다음과 같다.

---

[24] 의례상정소는 세종 17년(1435) 폐지되었다.(『세종실록』 세종 17년, 11월 19일(병술))
[25] 이완재·김송희, 「조선초기의 유교적 국가의례에 대한 연구」, 『한국사상사학』 10, 1998, 35쪽.
[26] 임용한, 「조선 초기 儀禮詳定所의 운영과 기능」, 『실학사상연구』 24, 2002, 95쪽.

"建國 초기에 모든 사업을 시작하는데, 일이 많아서 나라의 禮文이 갖추어지지 못했다. 이에 태종께서 許稠에게 명하여 吉禮의 序例와 儀式을 撰述하게 했으나, 다른 것은 미처 찬술하지 못했다. 그래서 매번 큰일이 닥치면 禮官들이 임시로 재량하여 정한 것을 취하여 처리하게 되었다. 임금께서 이에 鄭陟과 卞孝文에게 명하여 嘉禮·賓禮·軍禮·凶禮 등의 禮를 撰定하게 하니, 本朝에서 이미 시행하던 典禮와 故事를 취하고, 아울러 唐·宋의 옛날 제도와 명나라[中朝]의 제도를 취하였다. 내용의 서술에 추가시키고 삭제하는 것은 모두 임금의 결단을 받았으며, 신미년(1451)에 완성하였다. 冠禮도 講究하였으나 성취하지는 못하였다. 그 이미 완성된 四禮와 허조가 찬술한 길례를 아울러 실록의 끝에 부록한다."27)

「오례의」 서문에서는 조선왕조 건국 초기의 혼란한 정치적 상황을 언급하고 있으며 왕실의 행사는 상황에 맞게 임시방편으로 거행하고 있다고 했다. 그리고 수차례에 걸쳐 정비한 의례의 내용은 중국과 조선왕조에 전래되던 것을 중심으로 한 것임을 보여준다. 이것은 조선의 의례가 새롭게 조성한 것이라기보다는 고려시대 이래로 내려오던 전래의 의례와 송, 원, 명을 중심으로 정비되었던 동북아시아 공통의 의례를 수용했다고 볼 수 있다. 또한 오례의 찬술 과정에 국왕이 직접 관여하고 있는 것이 주목된다. 오례가 단순한 의례서의 일종으로 작성한 것이 아니라 국가의례의 준범이었기 때문으로 생각되는 부분이다.

이와 같은 의례의 정비 과정에서 행행 의례도 함께 완비되어 갔다. 오례에서 제일 먼저 정비된 것은 길례吉禮였다. 길례는 천지자연과 선대 조상에게 올리는 제사가 대부분을 차지한다. 국왕이 직접 제사를 지내기 위해서는 궁궐을 벗어나 제단으로 가야 했으므로 자연히 행행 의례가 나타났

---

27) 『세종실록』「五禮儀」, 序文.

다. 그리고 왕대가 지날수록 능침陵寢이 증가하였으므로 행행 의례가 정비될 수밖에 없었다. 다만 『경국대전』과 『국조오례의』가 편찬되어 그 의례대로 설행되기 이전에는 국왕마다 행행의 거행이 자의적으로 이루어졌으며, 행행에 관련된 의례 조항도 각 국왕대의 상황에 따라 가변성을 보였다.

태조부터 중종대까지의 행행 의례의 변화를 살펴보면, 먼저 1395년 태조가 온천에 행행할 때 간관諫官 한상환韓尙桓 등은 다음과 같이 반대의사를 말하였다.

"신 등은 전하께서 장차 온천에 행행하려 하신다는 말을 들었사온데, 병을 고치려고 하시는 것이니 중지하시기를 바랄 수는 없겠으나, 온천이 新都에서 300여 리나 멀리 떨어져 있어, 바람과 이슬을 무릅쓰고 산을 넘고 내를 건너며 황무한 들판에서 輦을 멈추어야 하니, 병을 고치는 방법에도 좋지 못할까 합니다. 더구나 농사철이 한창인데, 행행하시는 곳마다 아무리 간략하게 한다 하더라도 어찌 방해가 되지 않겠습니까? 다시 한 번 생각하소서."[28]

위와 같은 간원의 지적에 대해 태조는 "병을 고치려고 하는 것인데, 다만 민폐만 말하고 내 병은 걱정하지 않으니, 무슨 말이냐?"[29]면서 거부하였다. 태조를 비롯한 건국 세력이 무장이었다는 점을 감안한다면 태종대까지 국왕이 궁궐 밖으로 나가는 것은 당연한 일이었다. 따라서 건국초에 병 치료를 위한 온행은 물론이며 사냥과 관광을 위한 행행의 설행이 수없이 발생하였는데 이것을 저지하려는 간원들의 반대가 늘 나타났다. 심지어 국왕의 행행을 제어하려고 자연재해를 이용하기도 했다. 태조의 온행이 있은 지 1개월 만에 대사헌 박경朴經 등이 행행시 천둥과 번개, 우박이 내

---

[28] 『태조실록』 태조 4년, 3월 18일(신해).
[29] 上同.

린 이유를 하늘에서 국왕으로 하여금 두려워하여 속히 수성개행修省改行하게 하려는 것이라고 설명하였다. 이에 태조는 "밤에 풍악을 잡히고, 거가車駕가 경솔히 나가고, 가전駕前에 여악을 데리고 가는 것을 내가 장차 고칠 것이다"라며 행행의 설행을 조심할 것이라고 답해서 간언이 효과를 보았다.[30] 신료들의 행행에 대한 간언은 행행시 동원되는 의장, 인원 등에까지 간여하였다. 물론 국초의 이러한 간관들의 건의는 행행 의례가 국가 의례로 정비되어 의례서로 간행되지 못한 이유 때문이기도 하다.[31]

태조대 의례화되어 정착되지 못한 행행은 태종대에 이르러 오례의에 따라 정착되는 과정을 거친다. 1401년(태종 1) 태종이 거가車駕 때에 각사各司가 연輦 앞에서 배례拜禮하는 것이 불편한 것이므로 없애라고 명하였다. 이에 예조의랑禮曹議郎 장자숭張子崇 등은 다음과 같이 말했다.

"삼가 古典을 상고하니, 王者가 三公·大臣을 보게 되면, 수레[輿]에 있을 때에는 내리고, 앉아 있을 때는 일어나는 것입니다. 각사가 배례하는 것은 국초에 고려의 舊制를 인습하던 것이니, 앞으로는 각사가 動駕하기 전에 함께 宮門 밖에 나아가고, 通禮門이 차례로 班을 인도하여 序立하였다가, 주상께서 殿에 坐起하시면, 각사가 行禮하기를 평상 의식과 같이 하고, 물러가서 함께 길 왼편에 序立하여, 輦이 이르면 몸을 굽히고, 지나가면 몸을 펴고 차례로 거가를 따르며, 還駕하실 때에는 문 밖에서 祗迎하기를 위의 의식과 같이 하면 禮에 합하는 것입니다."[32]

---

30) 『태조실록』 태조 4년, 4월 25일(무자).
31) 『정종실록』 정종 1년, 4월 16일(병진).
門下府上疏, 以爲人君擧動, 必備儀衛, 上允. 疏略曰擧動人君之大節, 不可不謹, 亦不可不嚴, 是以古之帝王, 雖當視朝聽政之時, 必出警入蹕, 以謹動靜必備儀仗, 以示尊嚴, 況當門外行幸之時, 安有不備儀仗, 又令百官不得侍從乎? 臣等竊聞, 今月十八日, 殿下幸于西郊, 以迎太上王, 不令百官侍從, 但以甲士侍衛, 其於警蹕謹嚴之禮何? 願自今如有行幸, 必命所之, 備儀衛具侍從, 以嚴動作, 垂範後世.

이때 논의된 행행시 각사의 배례는 오례의에 반영되어 있으며, 이렇게 행행 의례에 대한 논의의 반복은 오례의가 쉽게 정착하게 되는 계기가 되었다. 그런데 태종은 상황에 따라 행행 의례를 개편시켰다. 이에 사간원에서는 태종의 행행을 직접 견제하는 상소를 올렸다.

"행행은 人君의 大節로서 삼가하지 않을 수 없다고 합니다. (중략) 이달 16일에 군신들이 모두 조정에 모였었는데, 조회를 보지 않으시고 교외로 행행하시었으니, 신민의 바라는 것이 어떠하겠습니까? (중략) 원컨대 전하께서는 행행을 예법에 따라 하시어 신민의 소망에 부응하소서."33)

이때 태종은 그 주장을 그대로 받아들였다. 그리고 1403년 태종이 태상전太上殿에 갈 때 승여乘輿가 출발하려는 데도 백관百官이 모이지 않고 의장을 베풀지 않는 일이 벌어져 간관들이 그 잘못을 지적했는데, 이것은 태종이 태상전에 문안하는 것이 매일 혹은 한 달에 두어 번 거행되었으며 낮과 밤을 가리지 않고 외차外次에 이르러 문안하고 곧 돌아오는 등 행행 때마다 문안의 형태가 일정하지 않아서 각사가 번거롭게 움직여서 사무를 폐하는 염려를 없애기 위해 백관의 시위와 의장을 폐한 것이다.34)
그렇지만 태종이 신료들이 주장하는 행행 의례의 개편을 모두 받아들이지는 않았으며, 상황에 맞추어 자신의 의지대로 변경하기도 했다. 태종이 전면적으로 거부하는 경우도 있었다. 1406년 사간원에서는 다음과 같이 태종의 행행을 막으려고 하였다.

---

32) 『태종실록』 태종 1년, 7월 21일(무신).
33) 『태종실록』 태종 2년, 9월 17일(정유).
34) 『태종실록』 태종 3년, 2월 7일(갑인).

"擧動은 임금의 大節이고, 誠信은 정치의 大寶입니다. 이달 10일에 車駕가 교외에 나가서 마음대로 내달리니, 險阻한 흙탕길에 말이 만약 놀라서 꺼꾸러지는 근심이 있을까 두렵습니다. 전하가 마음대로 스스로 몸을 가볍게 가지시면 종묘와 사직은 어찌되겠습니까? 먼저 번에 몰래 행차하시던 날에 신 등이 上言하여 곧 유윤을 내리시고, 이내 다시 遊獵의 행차를 하시니 (중략) 誠信의 실효를 거두지 못할까 두렵습니다. (중략) 이제부터 전하는 몰래 행차하는 실수를 고치시고 말 달리기를 즐기시는 일을 경계하소서."[35]

태종은 사간원의 반대의사에 대해 중요하고 긴급하지 않은 일로 여러 번 봉장封章을 올리지 말라며 불쾌함을 감추지 않았다. 그리고 1407년 태종이 동교東郊에서 매사냥을 구경할 때에 조회朝會를 빠트리고, 2회에 걸쳐 시종侍從도 갖추지 않고 의장儀仗도 없이 행행하였는데, 이때 신료들은 태종의 행방을 알지 못했다. 그러자 간관이 행행 의례가 없이 나간 것과 춘빙春氷이 녹는 시절에 위험을 안고 사냥 가는 것은 인군이 할 일이 아니며, 이러한 예가 아닌 행동을 여러 번 반복하는 것은 옳지 않다고 지적하였다. 이에 태종은 어떠한 대답도 하지 않고 무시하는 태도를 보였다.[36]

또한 태종은 자신의 의지에 따라 거행한 사냥 등을 간관이 계속 지적하자 행행의 일원으로 참여하려는 사헌부의 의견을 물리치게 된다. 태종은 해주와 평산 등 도성에서 100리 이상 떨어진 곳에 행행하였음에도 사헌부 관원의 어가御駕 호종扈從을 들어 주지 않았다.[37] 이러한 태종의 태도는 곧 그 심중을 드러내는 결과를 가져왔다. 태종은 임실에 행행한 것에 대한

---

35) 『태종실록』 태종 6년, 2월 12일(계유).
36) 『태종실록』 태종 7년, 1월 29일(갑신).
37) 『태종실록』 태종 13년, 9월 9일(을유).

이유를 묻자 "이제 무사한 때를 당하여 나라의 임금이 한 번 나가서 놀이하고 사냥하는 것이 무엇이 해롭겠는가?"라며 행행에 임하는 마음을 내보이게 된다.[38]

국왕이 행행의 여부를 간관과 논쟁한 것과는 달리 행행 의례와 의장 제도를 개편하는 것은 활발히 진행되었다. 태종이 행행을 마치고 돌아오다가 누군가 의장에 충돌하는 일이 있었다. 병조에서는 이후 의장 안에 갑자기 뛰어드는 사람이 있게 되면, 사금위司禁衛·내금위內禁衛·내시위內侍衛·별시위別侍衛등 진무鎭撫·보패步牌·창패槍牌·갑사甲士 등은 처벌하고 충호위忠扈衛·사옹방司饔房·사복시司僕寺·유우소乳牛所의 관원·제원諸員과 세수간별감洗手間別監도 잡인雜人을 용납해 두고 고하지 않는 경우 동일하게 논죄하도록 했다.[39]

행행에 호가扈駕하는 군사도 정하게 되었는데, 시기별로 조금씩 증가되었다. 태종은 내금위절제사內禁衛節制使 1인, 내시위절제사內侍衛節制使 1인, 도진무都鎭撫 1인, 사금司禁 4인, 가전갑사駕前甲士·가후갑사駕後甲士·내금위內禁衛·내시위內侍衛 등을 시위군에 두었다.[40] 그리고 중외中外의 행행에는 창패槍牌가 시위에 합류하게 했다.[41] 세종대에 이르러서는 신하들의 시위하는 서차序次를 조정했는데, 어가 뒤에는 제일운창패第一運槍牌, 그 뒤는 병조, 다음에는 승정원 비신상호군備身上護軍·호군·부책대호군扶策大護軍, 내시행수內侍行首, 시신侍臣, 제이운창패第二運槍牌의 뒤는 각사各司가 차례로 시위 하였다.[42] 또한 행행 인원의 복장도 논의되었는데, 성문 밖으로 행행시에는 시위하는 각사가 정식대로 갓笠을 쓰게 하였다.[43]

---

38) 『태종실록』 태종 13년, 9월 20일(병신).
39) 『태종실록』 태종 15년, 2월 29일(정유).
40) 『태종실록』 태종 17년, 8월 22일(을사).
41) 『태종실록』 태종 18년, 8월 1일(무인).
42) 『세종실록』 세종 1년, 3월 4일(무신).
43) 『세종실록』 세종 6년, 4월 24일(기사).

그리고 행행시 궁궐의 숙위에 대한 것도 규정되었다. 환궁하는 동안에 만약 경복궁의 궁문을 열고 닫아야 할 일이 있으면, 수궁守宮하는 대군大君이 영추문延秋門에 입직한 재추宰樞와 함께 같이 개폐를 관장하게 했다.[44] 또한 행행시 숙소의 남쪽 가에는 병조·정원·선전관이 시위하고, 나머지 3면에는 내금위와 겸사복 등 금군이 담당하게 했다.[45]

이와 같이 태종과 세종을 거치면서 행행에 관한 규정은 자리 잡아 갔으며 그 내용들은 『경국대전』과 『국조오례의』에 정리되어 국가의례로 선포되기에 이른다. 따라서 태조대를 이어 태종대를 거치면서 국왕의 행행은 법제화, 의례화되는 과정에 연착륙하는 모습을 보이게 된다.

2) 예서禮書와 법전法典의 행행의례

행행은 국법에 의한 국제國制가 아니라 국왕의 의지가 반영되어 제정된 의례였기 때문에 대부분의 운영은 의례서가 전범典範이 되었다. 그렇지만 행행에 따른 국왕의 시위侍衛, 궁궐의 숙위宿衛, 도성의 방위防衛 등은 전적으로 법전에 제정된 규정에 의해 진행되었다. 그러므로 행행은 법전에 근거함과 동시에 의례서에 준하여 진행되었다.

(1) 예서禮書의 행행 내용과 구조

조선왕조는 국왕을 중심으로 왕실과 관료들이 신분제 체제하의 상호의존적인 독특한 기능적 결합 양상을 보인다. 국왕은 사회적 권위와 경제적 실력을 가진 관료들과 방대한 행정조직 속에서 경쟁관계를 조정하며 자신의 권력을 유지하였다. 국왕의 권력은 정태적 구조 하에서 이루

---

44) 『세종실록』 세종 26년, 윤7월 12일(기축).
45) 『세종실록』 세종 23년, 10월 9일(정미).

어진 것이 아니라 동태적 관계였다고 볼 수 있다. 국왕의 통치만으로 송나라의 주자성리학으로 무장한 관료들을 통제, 굴복시키기에는 한계가 있었다. 특히 왕조의 영속성을 부정할 수 있는 천명天命을 주장하던 신유학자Neo-Confucian들은 타도의 대상이 아닌 왕조의 협력자들로 만드는 것이 우선적이었다.[46]

이런 정치적 구도를 지속적으로 안정화시키고 유지시키던 것이 법과 의례를 동시에 준행할 수 있는 '예악형정禮樂刑政'이라고 할 수 있다. 특히 조선시대에 설행된 의례란 유교의 도학적 이상을 예의 실천을 통해 현실에 실현시키는 성리학적 사회의 구현이라고 볼 수 있다.[47] 그런데 조선초기에는 권력계층 대다수의 정치적 사고가 성리학적 구조를 완벽하게 소화할 수 있는 상태가 아니었다. 그리고 국가 통치에서 통치자의 수신修身을 기초로 하는 피치자의 교화라는 측면보다는, 정치사회의 질서를 확립하기 위한 객관적 규범으로서의 법제에 중점이 있었다.

그러므로 조선초기에 형성된 국가의례는 국왕의 수신이라는 측면보다는 왕권의 권위를 강조하는 의식儀式의 측면이 강조되었다. 이런 배경에서 개국 초기 재상 중심의 정치를 주장하던 사대부세력들에 의해 기반이 잡힌 것이 『경국대전』체제라면, 『국조오례의』체제는 왕권의 강화를 추구하던 태종과 세종, 세조 등 국왕에 의해 추진되었다는 점에서 구별된다. 오례는 국가체제의 전 분야에서 왕권을 최고의 위상으로 두고, 국왕에게 최고의 권위를 가질 수 있게 해 주었던 의례체계였다. 따라서 오례에 입각한 유교적 국가의례는 왕권의 강화라는 측면에서 고찰되어야할 문제이며 국왕에 의한 자의적인 운영의 측면도 상당히 허용되는 성격을 띠고 있었다.[48]

---

[46] 신유학자들의 정치관과 왕조체제에 대한 인식은 피터 볼의 연구가 참조된다.(『역사 속의 성리학』, 예문서원, 2010, 131~245쪽)
[47] 都民宰, 「조선전기 예학사상의 이념과 실천」, 『유교사상연구』 12, 1999, 129~134쪽; 금장태, 「유교의례의 구조와 성격」, 『종교연구』 6, 1998.

주지하다시피, 조선왕조의 개국자들은 국가의 통치 이념을 송宋·명明의 유교적 문화에서 찾으려 했다. 유교 문화에서도 예의 체계를 정치 현실에 적극적으로 도입하고자 하는 것이 목적이었다. 그들은 고려의 통치체제가 불교와 도교, 그리고 유교가 혼합된 것을 비판하면서 새로운 정치 질서의 내용을 유교의 예법에서 찾으려 했는데, 그것이 오례五禮였다. 조선은 고려시대에 이미 오례 운영의 경험이 있었으므로 이를 바탕으로 태조대부터 오례체제에 의해 예제를 운영하려고 했다.[49] 그러나 정리된 예서에 의거하여 유교적인 의례 체제를 갖춘 것은 세종대에 이루어진다. 확고한 예제의 틀을 마련하는 데는 의례에 대한 한층 심도 있는 이해가 요구되었기 때문이다. 그래서 고려와 중국의 예서와 사서를 연구하여 조선의 실정에 맞는 의례와 제도를 성립시키기까지는 시간이 소요되었다.

그런데 오례의 도입은 처음부터 용이하지 않았다. 역대 오례의 기본 구조가 동일하다고는 하나 예제가 시대상을 반영한다는 속성으로 볼 때 그 내용은 고려는 물론 중국과 커다란 차이가 있었다.[50] 조선 왕조의 정치적 기조가 유교이념에 따른 정부구조의 구축과 그 운영에 있었다고 하더라도 역사 현실에서 요구되는 정치적 명분과 실제, 즉 정치적 권위와 정치현실의 문제가 연결되었을 때 단순한 의례의 형식이 유교의 경전과 중국의 사서류史書類 등에 있다고 그것을 그대로 모방하고 답습할 수는 없었다. 이 모든 예제의 운영을 조선 왕조의 역사성 위에서 재조명할 필요가 있었으며 그것을 현실정치에 반영한 것이 『국조오례의』였다.[51]

---

48) 이완재·김송희, 「조선초기의 유교적 국가의례에 대한 연구」, 『한국사상사학』 10, 1998, 33~35쪽.
49) 태조대부터 法駕를 갖추어 太廟에 행행한 것을 보면 『국조오례의』가 정리되기 전에 고려에서 전래된 의례를 전례로 삼아 거행했음을 짐작하게 한다.(태조실록 태조 7년, 9월 12일)
50) 池斗煥, 「國朝五禮儀 編纂過程1; 吉禮 宗廟·社稷祭儀를 中心으로」, 『釜山史學』 9, 1985.
51) 李範稷, 「國朝五禮儀 成立에 대한 一考察」, 『역사학보』 122, 1989.

『국조오례의』는 송・원・명으로 이어지던 중원 제국의 의례와는 구별되는 조선의 독자적인 의례 운영 체계의 교본이라고 할 수 있다. 오례의의 주註는 세종대에 정비된 것이다. 당시 조선의 제도는 대부분 명나라에 의거했다고 하였지만, 습관과 풍속이 같지 않으며, 국왕들의 제도 시행도 일정하지 않아서 조선 왕조의 독자적인 의례 운영체계가 필요한 시점이었다. 그리고 오례의의 규범을 정하게 되면 후세에 전하여 자자손손이 대대로 준수하려는 것에 목적을 두고 있었다.[52]

물론 『국조오례의』 이전에 『세종실록』에 「오례의」가 포함되어 편찬되었다. 그런데 이 「오례의」는 세종이 주도한 것으로 『국조오례의』와 같이 군신간의 논의를 거쳐 편찬된 것이 아니었다. 그래서 세종의 사후에 신료들에 의해 실록에 「오례의」 첨부에 대한 논란이 발생하기도 하였다. 원래 세종은 변효문卞孝文과 정척鄭陟 등에게 「오례의주五禮儀注」를 편찬하기를 명했었다. 그런데 단종 즉위 초에 김종서 등은 「오례의」가 국론國論으로 정한 것이 아니며 변호문 등 몇몇 사람이 편찬한 것으로 정부의 고정考定을 거친 완성된 글이 아니기 때문에 실록에 편입하는 것은 불가하다고 했다. 반면 정인지 등은 국가를 다스리는 데 예악禮樂이 가장 중요한 것이므로 세종대의 예악을 전해야 되며, 더욱이 세종이 정력精力을 둔 일이었으니 마땅히 실록에 게재해야 한다고 주장하여 이를 관철시키게 된다.[53]

그럼에도 오례의의 근간을 이루는 것은 중국왕조의 『의례』였다. 오례의가 반포되고 설행되던 중종대인 1516년(중종 11) 상복의 준행과 음악의 사용을 논의하면서, 오례의주는 『의례』를 바탕으로 하였다는 것을 분명히 밝히고 있다.[54] 이에 오례의는 세조대 『세종실록』「오례의」가 간행된 것을

---

52) 『성종실록』 성종 14년, 12월 12일(신미).
53) 『단종실록』 단종 즉위년, 9월 13일(임인).
54) 『성종실록』 성종 11년, 1월 23일(을사).

계기로 일차적인 정리를 마쳤다. 세조는 오례의 간행을 위해 집현전 학사들이 지속적으로 오례의주를 정리하도록 하였으나 결국 성삼문 등의 역모로 인해 오례의주 연구를 중지 시킨다. 이어서 성종대에 이르러 『국조오례의』가 간행되었다. 『국조오례의』는 1474년(성종 5) 간행되었다. 『국조오례의』의 서문에는 다음과 같이 법전과의 관계를 설명하고 있다.

"세조장헌대왕께서는 化家爲國하여 법을 세우고 기강을 바로잡았으나 (중략) 갑자기 법률화하지는 못했다. 이에 조신에게 『경국대전』을 편찬케 하고 세종조에 개정한 오례의에 의하여 옛것을 상고하고 지금 것을 인증하여 모든 일에 시행하여 방해됨이 없도록 하며 그것을 오례의라고 하고 예전의 끝에 붙이도록 하였다."[55]

그러므로 『국조오례의』는 『경국대전』과 동일하게 그 편찬이 진행되었음을 알 수 있다. 서문의 다른 내용에는 집현전 문신들에게 오례의를 상세히 정하도록 명하고 있다. 세종대에 정리된 오례의는 두씨 『통전通典』을 모방하고 한편으로는 모든 서적을 참조하였는데 명의 『홍무예제』, 고려의 『고금상정례』 등을 이용했다. 오례의 기본 체제가 『통전』을 비롯하여 각 시대의 주요 예전을 모두 이용하였음을 알 수 있다.

특히 『통전』은 상세한 의주에 이르기까지 비교해서 인용되었는데, 성종대 왕비의 친잠의親蠶儀를 만든 것에서 확인할 수 있다.[56] 성종대 『국조오례의』가 간행되기 전에는 왕비의 친잠의례가 없었으므로 오례의에 의해 왕실의 새로운 의례가 이루어진 것이다. 결국 조선의 『국조오례의』는 전혀 새로운 편찬 기준에 의거하여 제작된 의례서가 아니라 과거의 전례를 참조

---

55) 『국조오례의』, 「서문」.
56) 『성종실록』 성종 12년, 1월 18일(계사).

하여 시대적 변화를 수용한 것임을 보여주고 있다.57) 나아가 세조는 문종과 단종으로 이어지는 기간에 관료들의 정치적 영향력 강화로 인해 상대적으로 왕권이 위축되었다는 명분으로 오례의 정비를 그 극복의 한 수단으로 이용하였음을 알 수 있다.

이런 배경으로 정비된『국조오례의』에 길례吉禮·가례嘉禮·빈례賓禮·군례軍禮·흉례凶禮 등의 오례에 따라 행행이 진행되었다. 길례 행행은 제사를 위한 것으로 종묘와 사직, 능원 등에 국왕이 가는 것이다. 가례 행행은 국왕의 친영親迎을 대표적으로 들 수 있다. 가례의 친영은 국왕이 왕비를 궁궐로 맞이하기 위해 별궁으로 가던 행행이었다. 가례의 친영은 국왕이 혼례를 치르지 않고 보위에 올랐을 때와 후처를 맞이할 때 거행되던 비정기적인 행행이었다. 가례는 거행 횟수가 적었지만 행행이라는 측면에서 보면 길례 다음으로 중요하다. 행행은 국왕이 중심이 되어 진행되던 의례로서 가례의 친영은 곧 국왕이 주인으로 거행되었다. 반면 빈례, 흉례는 국왕과 함께 외국사절, 선대 국왕과 왕비가 중심이 되어 진행되었기 때문이다.

그런데 빈례는 중국 봉건국가들이 제후를 영접하는데서 기원하였지만, 한대漢代 이후 조공국과의 관계를 맺으면서 정해진 일종의 국가 간 의례로 확대해석할 수 있다. 즉 중국 황제가 책봉국가의 외교사절을 맞이하는 것으로 우주의 중심인 황제의 권위를 대외적으로 확인시키는 의례이다.58)

빈례 행행에는 명국과 청국의 사신을 영접할 때 거행하던 연조정사의宴朝廷使儀를 비롯하여 즉위례와 같은 각종 의례를 위해 국왕이 태평관太平館 등에 행행하던 것이다. 외교사절을 맞는 빈례의 행행은 정초의 조사朝使를 맞이하는 정기적인 행행과 함께 명과 청국 황실의 제위와 결혼 등의 변화

---

57) 이범직,『韓國中世禮思想硏究-五禮를 中心으로』, 일조각, 1991, 377~380쪽.
58) 김성규,「宋代 東아시아에서 賓禮의 成立과 그 性格」,『동양사학연구』72, 2000, 54~55쪽.

에 따라 오던 사신을 영접하던 비정기적 행행으로 거행되었다. 조선초기 성종대까지 명에서 온 사신이 연평균 1회 이상이었으며 1636년부터 1880년까지 청에서 온 사신의 횟수가 169회였음을 감안하면 매년 거행되지 않은 것을 알 수 있다.[59] 그리고 국왕이 외교사절을 영접하는 것이지만 명과 청의 황제가 내린 조서를 받고 예를 갖추는 것이었다. 따라서 빈례 행행은 국왕이 의지에 따라 거행되거나 정례적으로 거행되는 것이 아니었으므로 일반적인 행행의 범주에 넣기는 어렵다.

군례는 군권의 최고 책임이 국왕에게 있음을 군례 의식을 통하여 나타내는 예제였다. 군례는 오례의 하나로『주례周禮』에서 비롯되었다.『주례』군례의 목적은 주왕실과 제후간의 질서를 유지하기 위한 것으로 그 내용은 대사지례大師之禮, 대균지례大均之禮, 대전지례大田之禮, 대역지례大役之禮, 대봉지례大封之禮 등의 5가지이다. 대사는 왕이 토벌시 군대의 동원에 대한 예법이다. 대균은 호구를 교정하고 세금을 조절하는 대평계사大平計事의 기능을 가지기 때문에 군례에 속한다. 대전은 국왕이 사냥시 군사를 훈련하고 수레와 무리를 살피는 것이다. 대역은 궁궐을 건설하는 등의 공사를 하는 것이다. 대봉은 국경을 정하고 군사를 동원해서 다시 정비하는 것을 말한다.[60] 이러한 고대의 군례가 당대에 정리되고 그것이 고려에 수용되었으며 조선시대에는 세종대에 이르러 오례의로 정립되었다.

군례 행행의 대표적인 사례는 대사례大射禮와 강무講武에서 볼 수 있다.『예기禮記』에 사례謝禮는 제사의 참가자를 선발하는 의례였다. 또한 사례射禮는 남자의 일로서 예악을 갖추어 행하며 덕행德行을 쌓는 것이었다.[61] 조선시대 대사례는 국왕과 군신이 한자리에 모여 활쏘기를 통해 상호간의

---

59) 김경록,「조선시대 사신접대와 영접도감」,『한국학보』117, 2004, 78~79쪽.
60) 『周禮今註今譯』, 상무인서관, 1972, 192~196쪽.
61) 『禮記』권30, 射儀.
　　射者男子之事也, 因而飾之以禮樂也, 故射之盡禮樂, 而可數爲以立德行者莫若射.

지배질서를 확인하고 화합을 조성하는 장이었다.[62] 강무는 국왕이 사냥을 하면서 군사훈련을 겸해서 군사적 능력을 배양하는 군사의례였다. 강무가 군사의례로 기틀을 마련한 것은 정도전이었으며, 강무의 講武儀로 정비된 것은 세종대였다.[63]

강무가 의례로 정비되는 데는 조선초 국왕들의 개인적 성향도 한 요인이었다. 조선을 건국한 이성계가 무장출신이라서 조선초기의 국왕들은 강무와 사냥으로 자주 야외에 행행하였기 때문이다.[64] 물론 조선후기에도 국왕 중에 강무와 사냥을 하려는 경우가 있었지만[65] 조선전기의 국왕들이 거행한 것에 비하면 그 수치가 매우 미약하다. 조선후기에는 강무보다는 대사례가 주를 이루어 시대적으로 군례의 행행이 조선전기는 강무, 조선후기는 대사례로 나뉠 수 있다. 그런데 조선후기의 대사례는 영조대에만 2회 거행되어 사실상 사라졌다.[66] 따라서 조선후기 국왕의 오례의에서 군례 행행은 군사훈련에 국한되었다고 할 수 있다. 물론 인조대와 영조대에 헌괵의獻馘儀 등의 군례가 거행되기는 했으나 일시적인 현상으로 조선후기 전체에 시행되지는 않았다.[67]

흉례 행행은 국왕이 왕실의 상장례喪葬禮에서 발인發靷과 부묘祔廟시 종묘나 능침에 가는 것이다. 조선시대 국상國喪은 단순히 예의 범위를 넘어 유교적 국가이념의 표방과 왕권의 정통성을 증명하는 역할을 하였다. 즉 선왕이 죽고 사왕嗣王이 즉위하면 사왕이 선왕의 국장國葬, 빈전殯殿, 산릉

---

62) 강신엽, 「조선시대 대사례의 시행과 그 운영」, 『조선시대사학보』 16, 2001, 6쪽; 신병주, 「영조대 大射禮의 실시와 大射禮儀軌」, 『한국학보』 106, 2002.
63) 김동진, 「조선전기 講武의 시행과 捕虎정책」, 『조선시대사학보』 40, 2007; 심승구, 「조선시대 사냥의 추이와 특성 - 講武와 捉虎를 중심으로 - 」, 『역사민속학』 24, 2007.
64) 『중종실록』 중종 20년, 2월 27일(병진).
65) 1658년(효종 9) 6월에 효종은 강무와 사냥을 거행하라고 명하지만 대신들의 반대로 무산된다.
66) 영조대 대사례는 1743년(영조 19) 윤4월, 1764년(영조 40) 2월에 2회만 거행되었다.
67) 헌곡의는 다음의 논문이 참조된다. 신진혜, 「英祖代 凱旋 儀禮의 整備와 그 意義 -『國朝續五禮儀』「宣露布·獻馘」 儀禮를 중심으로 - 」, 『태동고전연구』 34, 2015.

山陵 등의 의례를 성공적으로 거행함으로써 왕권이 안정적으로 승계되었음을 내외에 표방한 것이다.[68] 그런데 상장례는 인간의 수명과 질병여하에 관련되어 있으므로 일정한 시기를 정해져 거행할 수 있는 의례가 아니었다. 그러므로 흉례의 국왕 행행은 정례적이거나 정기적인 특수한 경우의 행행이라고 할 수 있다.

흉례 이외에도 특수한 행행으로 온행溫幸이 있다. 온행은 비정기적으로 거행되던 행행으로 국왕의 신체에 이상이 있는 경우 거행되었다. 따라서 그 사례가 오례의 어떤 행행보다도 드물다. 그렇지만 온행은 다른 오례의 행행보다 그 거행기간이 일반적 행행 같은 1~2일 정도가 소요되는 것이 아니라 적어도 보름이상 혹은 한달 이상이 소요되는 장기간의 행행이었다. 더욱이 온천이 있는 곳까지 가는 여정도 도성 주위에 행행하는 것과는 비교가 되지 않았다.[69]

온행은 도성을 벗어나 경기 이외의 지방으로 행행하기 때문에 보통 10일 이상이 소요되는 행행이다. 능행과 원행이 사전에 제반 관서에서 계획한 날짜와 순서에 따라 정기적으로 치러진 것에 반해 온행은 국왕의 건강 상태에 따라 거행되었다. 따라서 조선초부터 조선 후기까지 온행이 매 국왕마다 어떠한 정기적인 양상을 보일 수는 없다. 온행에 의례적 기능이 없다고는 할 수 없지만, 다른 행행에 비추어볼 때 상대적으로 비공식적・비의례적인 행사로 나타나게 된다. 더욱이 국왕의 병 치료를 위한 개인적인 행사이므로 대외적으로 폭넓게 공표할 내용도 아니었다.

그럼에도 불구하고 온행을 주목해야 할 점은 다른 행행과 달리 일반 민인民人에게 많은 영향을 미쳤다는 것이다. 온행이 거행된 온천 지역에만 과거 실시, 전세 탕감, 민원 해소 등 국왕의 개인적인 거둥으로 인해 다양

---

[68] 김은선, 「조선후기 왕릉 석인 조각 연구」, 『미술사학연구』 249, 2006, 114쪽.
[69] 이왕무, 「조선시대 국왕의 溫幸 연구」, 『국사관논총』 108, 2006, 187~192쪽.

한 영향을 미쳤기 때문이다. 국왕의 개인적인 병 치료가 그 지역사회의 변화를 일으킨 것이다. 국왕도 의례적 행차가 아닌 개인적 차원에서 진행된 것이므로 다른 거둥보다 절차상 자유로울 소지가 많았다. 거둥의 기간도 병의 차도와 관계가 있어서 일정하게 정해진 것이 아니었다. 1개월 이상을 궁궐 밖에서 국왕이 거처하는 경우는 변란 시기를 제외하면 온행 이외에 없다고 본다. 따라서 온행이 특수한 행행이기는 하지만 그 내용은 다른 행행과 비교할 때 더 중요한 모습을 지니기도 하는 것이다.

한편 『국조오례의』에서 행행 조항이 주목되는 시기가 중종대이다. 1517년 중종은 역대 국왕 중에서 최초로 오례의 가례嘉禮에서 친영親迎을 거행한 장본인이었다. 친영은 중종 이전의 국왕들이 시행한 적이 없으며, 조선 전래의 풍습도 아니었기 때문에 당시 사회에서는 생소한 의례였다.70) 중종은 본래부터 거행하지 않은 정당한 예문을 거행하는 것이 예를 무너뜨리는 것이 아니라며 오례의주五禮儀註에 첨가해서 후세에 준행토록 했다.71) 그런데 영의정 정광필 등은 전례를 들어 친영을 반대하는 입장을 보였다.

"친영은 漢·唐 이후의 왕들이 모두 거행하지 않았기 때문에 예관이 어떻게 할지 모르고 있습니다. 부득이 거행하기로 한다면, 반드시 이리저리 옛 사례를 찾아보아 새 예법을 만들어야 하는데, 예문에 어긋나게 될까 싶습니다. 신 등의 생각에, 성상께서 삼대 이전의 예법을 행하려고 하심은 매우 훌륭한 일이라고 여기나 오례의 의주는 곧 조종께서 一代의 예법으로 정해놓은 것이니, 비록 그대로 하더라도 해롭지 않을 듯합니다. 선유들도 한갓 의논만 했지 의거할 만한 법을 정해 놓은 것은 없으니, 마땅히 성상께서

---

70) 『중종실록』 중종 12년, 3월 15일(경인).
71) 『중종실록』 중종 12년, 3월 19일(갑오).

짐작하여 하소서."⁷²⁾

정광필은 친영의 절차보다는 이미 선왕이 정한 법이 있는데, 이를 버리고 다시 다른 예법을 거행함은 온당하지 못하다는 논리를 주장하였다. 이에 중종은 친영이 비록 오례의에는 실리지 않았지만 예법의 정당한 것이므로, 몸소 시행하여 백성들에게 모범이 되어야 한다며 친영의주親迎儀註를 만들고 태평관을 관소로 정하게 했다.⁷³⁾

중종대 수차의 논의 과정을 거쳐 결정된 국왕의 도성내 행행인 친영은 120여 년이 지난 인조대에 이르도록 세부사항이나 전례가 기록되지 않았다. 오례의에는 친영시 사자使者를 받들어 맞이하는 예만 실려 있고 친영의 절차는 의례서에 없었다. 그리고 역대 실록에도 소략하여 참고하기가 어려운 실정이었다.⁷⁴⁾ 따라서 오례의에서 왕세자 친영의親迎儀는 『통전』의 제후왕과 『대명회전大明會典』의 황태자 친영 의식 등에 의거하여 거행하게 했으며,⁷⁵⁾ 이후 조선후기에 이르면 친영이 오례의에 따라 이루어지는 계기가 되었다.⁷⁶⁾

국왕의 가례는 조선초부터 대한제국기인 1906년 순종과 순정황후의 가례까지 변함없이 진행되었는데, 역대 국왕별 가례 일시와 왕후의 집안을 정리해 보면 다음의 〈표 Ⅱ-1〉과 같다.

---

72) 『중종실록』 중종 12년, 3월 24일(기해).
73) 『중종실록』 중종 12년, 4월 9일(갑인).
74) 『인조실록』 인조 16년, 10월 11일(경자).
75) 『인조실록』 인조 16년, 11월 15일(계유).
76) 『숙종실록』 숙종 22년, 5월 19일(갑술).

〈표 II-1〉 조선시대 국왕과 왕후의 嘉禮 내역

王	王后	生沒年	姓 貫	父名	婚齡	가례년도	친영장소
太祖	神懿王后	1337~1391	安邊韓氏	韓卿			
	神德王后	?~1396	谷山康氏	康允成			
定宗	定安王后	1355~1412	慶州金氏	金天瑞			
太宗	元敬王后	1365~1420	麗興閔氏	閔霽	18	1382	
世宗	昭憲王后	1395~1446	靑松沈氏	沈溫	14	1408	
文宗	顯德王后	1418~1441	安東權氏	權傳	20	1437	
端宗	定順王后	1440~1521	礪山宋氏	宋玹壽	15	1454	
世祖	貞熹王后	1418~1483	坡平尹氏	尹璠	11	1428	
德宗	昭惠王后	1437~1504	淸州韓氏	韓確			
睿宗	章順王后	1445~1461	淸州韓氏	韓明澮	16	1460	嬪의 집
	安順王后	?~1498	淸州韓氏	韓伯倫		1462	
成宗	恭惠王后	1456~1474	淸州韓氏	韓明澮	12	1467	李琰의 집
	貞顯王后	1462~1530	坡平尹氏	尹壕	19	1480	
燕山君	廢妃愼氏	1472~1537	居昌愼氏	愼承善		1487	
中宗	端敬王后	1476~1557	居昌愼氏	愼守勤	13	1499	
	章敬王后	1491~1515	坡平尹氏	尹汝弼	17	1507	
	文定王后	1501~1565	坡平尹氏	尹任	17	1517	太平館
仁宗	仁聖王后	1541~1577	羅州朴氏	朴墉	11	1524	嬪의 집
明宗	仁順王后	1532~1575	靑松沈氏	沈鋼	14	1545	
宣祖	懿仁王后	1555~1600	羅州朴氏	朴應順	15	1569	
	仁穆王后	1584~1632	延安金氏	金悌男	19	1602	太平館
光海君	廢妃柳氏	1576~1623	文化柳氏	柳自新		1587	
元宗	仁獻王后	1578~1626	綾城具氏	具思孟			
仁祖	仁烈王后	1594~1635	淸州韓氏	韓浚謙	17	1610	
	莊烈王后	1624~1688	陽州趙氏	趙昌遠	15	1638	太平館
孝宗	仁宣王后	1618~1674	德水張氏	張維	14	1631	
顯宗	明聖王后	1642~1683	淸風金氏	金佑明	10	1651	

肅宗	仁敬王后	1661~1680	光城金氏	金萬基	11	1671	於義洞 別宮
	仁顯王后	1667~1701	麗興閔氏	閔維重	15	1681	於義洞 別宮
	仁元王后	1687~1757	慶州金氏	金柱臣	16	1702	於義洞 別宮
景宗	端懿王后	1686~1718	青松沈氏	沈浩	11	1696	
	宣懿王后	1705~1730	咸從魚氏	魚有龜	14	1718	於義洞 別宮
正祖	孝懿王后	1753~1821	清風金氏	金時默	10	1802	於義洞 別宮
純祖	純元王后	1789~1857	安東金氏	金祖根	14		於義洞 別宮
文祖	神貞王后	1808~1890	豊壤趙氏	趙萬永			於義洞 別宮
憲宗	孝顯王后	1828~1843	安東金氏	金祖根	10	1837	於義洞 別宮
	孝定王后	1831~1903	南陽洪氏	洪在龍	14	1844	於義洞 別宮
哲宗	哲仁王后	1837~1878	安東金氏	金文根	15	1851	於義洞 別宮
高宗	明成皇后	1851~1895	麗興閔氏	閔致祿	16	1866	雲峴宮
純宗	純明皇后	1872~1904	麗興閔氏	閔台鎬	11	1882	安國洞 別宮
	純貞皇后	1894~1966	海平尹氏	尹澤榮	13	1906	安國洞 別宮
英祖	貞聖王后	1692~1757	達城徐氏	徐宗悌	13	1704	
	貞純王后	1745~1805	慶州金氏	金漢耈	15	1759	於義洞 別宮
眞宗	孝順王后	1715~1751	豊壤趙氏	趙文命			於義洞 別宮
莊祖	敬懿王后	1735~1815	豊山洪氏	洪鳳漢		1762	於義洞 別宮

〈표 Ⅱ-1〉에서 가례를 치른 국왕이 22명인데 반해 왕후가 많은 것은, 출산과정이나 산후 조리 혹은 질병 등으로 사망하는 경우가 많았기 때문이다. 그리고 태조의 신의왕후는 보위에 오르기 전에 죽어서 제외했으며, 정변으로 왕위에 오른 정종·태종·세조는 가례를 치르지 않았으며, 반정으로 내몰린 연산군·광해군과 보위에 오른 중종[77]과 인조[78]도 포함시키지 않았고, 영조가 잠저 때 혼례를 올린 정성왕후도 누락시켰다. 반면 5명

---

77) 단경왕후만 제외하였다.
78) 인열왕후만 제외하였다.

인 추존왕의 왕후를 더하면 모두 39명의 여성이 내명부 주인으로 들어왔다. 이 중 인조의 사친私親인 원종은 세자시기를 거치지 않아서 왕실의 공식적인 가례를 치르지 않았기 때문에 왕실의 가례는 모두 38번 거행되었다고 할 수 있다.

가례의 행행은 예서와 의주儀註를 통해 진행과정을 알 수 있지만 가례의궤嘉禮儀軌에서 보다 정확하게 살필 수 있다. 가례의궤는 해당 국왕이나 세자의 가례 진행 일체와 그림까지 남기고 있어서 시대별 변화를 보여준다. 물론 왜란과 호란으로 조선 전기의 의궤는 유실되었으며 해당 시기의 의주도 없기 때문에 현재로서는 조선 전기의 상황은 실록에 의존할 수밖에 없는 실정이다. 다행히 조선 후기의 가례는 1627년(인조 5) 거행된 소현세자의 가례의궤가 현전하고 있어서 그 시기 이후 변화상을 보여주고 있는데, 특히 의궤에 수록된 채색반차도가 조선 후기 가례 연구의 단서가 되고 있다.[79]

가례반차도에서 국왕의 행행은 별궁別宮에서 비妃를 맞이하기 위해 친영의親迎儀를 치르는 것과 별궁에서 동뢰연同牢宴을 치르기 위해 궁궐로 향하는 부분으로 나타난다. 현전하는 국왕의 가례의궤 중 국왕이 등장하는 것은 1759년 영조와 정순왕후, 1802년 순조와 순원왕후, 1837년 헌종과 효현왕후, 1844년 헌종과 효정왕후, 1851년 철종과 철인왕후, 1866년 고종과 명성황후 등 6회이다.

그런데 조선 후기 국왕이 가례 때마다 친영을 하지 않은 것은, 본래

---

[79] 『소현세자 가례의궤』 장서각, K2-2592.
현전하는 국왕의 가례의궤는 인조와 장열왕후, 숙종과 인현왕후, 숙종과 인원왕후, 영조와 정순왕후, 순조와 순원왕후, 헌종과 효현왕후, 헌종과 효정왕후, 철종과 철인왕후, 고종과 명성황후 등 9종이 있으며, 세자의 가례의궤는 소현세자와 민회빈, 현종과 명성왕후, 숙종과 인경왕후, 경종과 단의왕후, 경종과 선의왕후, 진종과 효순왕후, 장조와 헌경왕후, 정조와 효의왕후, 문조와 신정왕후, 순종과 순명황후 등 10종이 있다.

『오례의』 가례에서 국왕은 친영을 하지 않고 사신을 보내 신부를 맞이하는 명사봉영命使奉迎이 있었기 때문으로 짐작된다. 『국조오례의』 「서례」를 보면, 국왕의 가례는 납채納采, 납징納徵, 고기告期, 책비冊妃, 친영親迎, 동뢰연同牢宴 등 육례六禮의 절차를 통해 이루어진다. 육례에서 국왕의 경우, 세자와 같이 별궁에 거둥하여 왕비를 맞이한 다음 궁궐로 돌아오는 친영을 하지 않고, 왕비가 국왕이 보낸 대리인인 사자와 함께 별궁에서 궁으로 들어온 다음 맞이하는 명사봉영을 거행하였다. 그렇기 때문에 조선 후기의 국왕들이 일괄적으로 친영을 거행하지 않았던 것으로 생각할 수 있는 것이다.

그럼에도 불구하고 이러한 『오례의』의 규정이 조선 후기는 물론 조선 전기에도 잘 시행되지 않아서, 단종(단종 2), 중종(중종 12), 선조(선조 35) 등은 친영을 하였다. 그리고 대부분의 『가례도감의궤』에 명사봉영이 아니라 친영이라고 나와 있으며, 가례 절차를 기록한 『의주』에도 친영이 압도적으로 많이 기록되어 있다.[80] 따라서 순조를 비롯한 조선 후기 국왕들의 가례시 행행은 친영을 위한 것이라고 해도 무방하다고 여겨진다.

이와 같은 성종대 『국조오례의』 오례의 행행은 선조대에 『국조오례의』가 재차 간행되면서 그 변모를 보였다.[81] 물론 『국조오례의』가 만세의 전범典範이라는 바탕에서 기술된 행행 규정은 크게 변하지 않았다. 오히려 행행시 사용하던 대여大興의 경우 조선후기로 갈수록 그 치장이 늘어나고 화려해지자 『국조오례의』에 실려 있는 것과 같지 않다고 하여 『국조오례의』의 원래 내용으로 환원하기도 하였다.[82]

그렇지만 『국조오례의』에 실린 규정을 준수하지 않고 역대 국왕들의

---

80) 『儀註謄錄』 장서각, K2-4792~K2-4800.
81) 『선조실록』 선조 3년, 7월 20일(병술).
82) 『효종실록』 효종 즉위년, 7월 17일(갑술).

선례에 따라 움직이는 경우도 있었다. 1649년 효종이 인조의 발인시 산릉에 능행하고자 했으나 예조에서 재궁梓宮을 발인할 때 연輦을 타고 시종하는 것이 『국조오례의』에 실려 있지만 선조宣祖 이후로는 이 예를 행하지 않았으므로 발인에서부터 현궁을 내릴 때까지 국왕이 시종하는 예를 행하지 말도록 주장하였다.[83]

이와 함께 『국조오례의』는 각 시대와 사회에 따라 적응하는 예를 반영하여 여러 차례 수정, 보완되기도 하였다. 예컨대 조선후기로 갈수록 『주자가례』와 같은 사대부의 예제가 강조되면서 가례적질서론家禮的秩序論이 우세한 경향을 보였고 이런 추세에서 영조대 왕권 강화의 일환으로 『속오례의續五禮儀』, 『속오례의보續五禮儀補』가 간행되었다. 가례적질서론이란 곧 왕실의 의례를 신료들의 등위等位에 포함시키는 것을 말한다. 현종과 숙종 시기에 제기된 상례를 보면 상당히 수긍되는 부분이다. 당시 송시열을 비롯한 노론의 주장은 국왕도 시류에 따라 공통적인 의례를 치러야 한다는 내용이다.[84]

그런데 이러한 시대적 동향을 국왕의 행행에 맞추어 본다면 잘 부합되지 않는다. 조선왕조의 신료들은 국왕의 행행을 가능한 저지하려했다. 농사철에 방해가 된다거나, 천재지변, 전염병 등 주로 민인民人에 대한 염려와 자연재해를 이유로 들었다. 그리고 도성 내가 아니라 화성華城과 온양 같은 곳으로 원거리 행행이 거행되면 재정적 부담은 물론이거니와 관료들이 육체적으로도 고된 시간을 보내야 하는 원인이 있었다. 반면 관료들에 의해 재위 기간 동안 궁궐 밖으로의 행행이 부자유스러웠던 국왕은 그다지 보이지 않는다. 전대미문의 전란을 겪어 국가 재정이 파탄에 이른 광해군 대에도 창덕궁·경운궁·인경궁 등에 수시로 행행하였기 때문이다.

---

83) 『효종실록』 효종 즉위년, 9월 14일(경오).
84) 李範稷, 『韓國中世禮思想硏究 – 五禮를 中心으로』 일조각, 1991, 406쪽.

설령 숙종같이 어린 나이에 보위에 올라 신권臣權에 의해 일시적으로 자신의 의지를 자유롭게 표출하는 것이 제약되는 경우도 있지만, 시간이 지나 성년이 되면 왕권의 강화가 눈에 띄게 나타난다. 이 중 행행을 통해 왕권이 신장되는 것을 엿볼 수 있다. 오례에 나타난 의례적 행행을 비롯하여 강무·온행 등 국왕의 개인적 기호에 따라 거행되는 것이 단적인 예이다. 특히 각 국왕의 생모生母에 대한 능행은 왕권의 강화는 물론이고 자신의 정통성을 확인시키는 행위이다. 따라서 각종 정치적 명분을 통한 신료들의 적극적인 반대에도 불구하고 행행이 지속적으로 거행되었던 것은 왕권의 상징성과 정당성을 대내외에 드러내려는 국왕의 의지라고 보겠다.

그런데 국왕의 행행에서 대표적인 것이 종묘와 사직 행행이라고 할 수 있다. 조선시대 국왕은 종법宗法에 의해 왕위를 계승하므로 종묘와 사직에 대한 제사는 그 정통성을 대외에 알리는 대표적 의식이었다. 그런데 종법에 의한 왕위의 계승은 국왕 각 개인의 능력과 성정性情의 차이에 따라 있었으며, 국정의 수행은 관료 집단의 지지가 없으면 정상적으로 이루어지지 못했다. 이러한 점을 보완하기 위해 이루어진 것이 행행과 같은 예치적 시스템이라고 할 수 있다.

동시에 국왕과 신료들이 화려한 복장과 위엄을 갖춘 행행의 대열은 정권의 정당성과 통치력을 과시하는 방법이었다. 왕조국가의 근간을 보여주는 계기가 되는 것이다. 이를테면 공통의 국민 공동체에 자신이 속한다고 상상할 수 있는 중요한 전제 조건은 시간을 공유하고 있다는 의식이다.[85] 궁성宮城 밖의 광대한 지리적 공간을 가로지르는 균질된 공허한 시간이 일면식도 없는 영토내 공동체의 구성원들에게 동시성을 공유하고 있다는 상상을 부여한 것이다. 국왕이 행행하는 동안 관광觀光하던 민인들은 자신이 조선국의 일원으로 절대적 왕권을 유지하는 사회의 한 구성원이라는

---

[85] 베네딕트 앤더슨, 『상상의 공동체』, 나남, 2002.

것을 인식했다고 해석될 수 있다.

　조선시대 국왕은 『국조오례의』에 근거하여 매년 정기적으로 사직·종묘·능원 등에 행행하여 길례吉禮를 거행하는 것이 상례였다. 길례의 제사는 천신天神에 지내는 것을 사祀라 하고 지기地祇에 지내는 것을 제祭라 하고, 인귀人鬼에 지내는 것을 향享이라 하고, 문성왕에게 지내는 것을 석전釋典이라고 하였다.[86]

　국왕의 행행이 거행되던 국가적인 제사는 크게 대사大祀·중사中祀·소사小祀로 구분된다. 대사는 사직·종묘·영녕전 등에 지내는 것이며, 중사는 풍운뇌우악해독風雲雷雨嶽海瀆·선농·선잠·우사雩祀·문선왕·역대시조의 제사 등이고, 소사는 영성靈星·노인성老人星·마조馬祖·명산대천·사한司寒·선목先牧·마사馬社·마보馬步·마제禡祭·영제禜祭·포제酺祭·칠사七祀·둑제纛祭·여제厲祭 등이다. 대사와 중사에는 국왕이 행행하여 거행하는 것이 일반이었다. 이 점은 『오례의』 재계齋戒조에서도 보이는데, 국왕이 예조로부터 대사의 경우 8일 전에, 중사는 6일 전에 보고 받고 산재散齋와 치재致齋를 하였다. 소사는 제사 3일전에 제관들이 진행하여 국왕이 참석하지 않는 것이 규정이다.[87] 그리고 사직·종묘제의 아헌관은 왕세자, 종헌관은 영의정 등이 담당하였으므로 국왕의 행행은 당연하였다.

　『국조오례의』에 의하면 제사는 상일常日에 거행되는 것과 무상일無常日의 두 경우가 있다. 중춘·중추의 상무일上戊日[88] 및 납일臘日에는 사직제를, 삭망과 정조正朝·한식·단오·추석·동지에는 종묘·문소전文昭殿·의묘懿廟·산릉山陵에 제사를 지내는 것 등이 상일제사이다. 매달 10일, 맹월孟月 상순上旬에는 종묘·문소전·의묘·산릉에 제향하고, 봄가을의 맹

---

86) 『국조오례의』, 「서례」 권1, 길례, 辨祀條.
87) 『국조오례의』, 「서례」 권1, 길례, 齋戒條.
88) 上戊는 그달 첫 번째 戊日이다.

월 상순에는 영녕전에 제향하고, 중춘과 중추에 풍운뇌우악해독風雲雷雨嶽海瀆에 제사지내는 것 등이 무상일 제사이다.[89] 이처럼 국왕의 의례적 행행은 오례의에 그 범위와 사항이 규정되어 있었다.

국왕의 행행 규모도 제사의 규모에 따라 조금의 차이를 보이지만 대부분 동일하게 거행되었다. 다만 의장儀仗에서 법가法駕·대가大駕·소가小駕 의장으로 구분된다. 법가의장은 문소전·선농·문선왕에게 제향하고, 관사觀射와 무과전시武科殿試에 사용한다. 소가의장은 능에 참배할 때와 모든 문 밖의 행행에 사용하였다.[90] 국왕별로 진행된 행행 중에서 선왕들의 능침에 능행하는 것이 가장 많으므로 조선후기 국왕의 행행은 대부분 소가의장이라고 하겠다.

그런데 순조대 법가·대가·소가의 논의를 보면, 대가의장大駕儀仗은 조칙詔勅을 맞이하고 묘사廟社에 제향할 때에 사용하고, 법가의장法駕儀仗은 진전眞殿이나 문묘文廟에 작헌酌獻한다든지 선농사단先農射壇에 사용하며, 소가의장小駕儀仗은 도성 내외內外를 행행할 때 사용한다고 하였다.[91] 따라서 국왕별로 혹은 시대적으로 행행의 규모는 조금씩 달라질 여지가 있었다.

특히 행행이 법가·대가·소가로 나뉘어 진행되어야 함에도 불구하고 법가의장이 많이 사용되었다. 법가는 종묘 행행을 비롯하여 사가私家에 행행[92]하는 것에 이르기까지 다양한 행행에 이용되었다. 종묘 행행에 법가의장이 사용된 것은 건국초기인 태조부터 시작하여,[93] 태종,[94] 세조대에 이르기까지 거행되었다. 세조는 환구단에 제사를 지낼 때도 법가의장으로 행행

---

89) 『국조오례의』, 「서례」 권1, 길례, 시일조.
90) 『국조오례의』 권2, 가례, 鹵簿.
91) 『순조실록』 순조 27년, 2월 18일(갑자).
92) 『효종실록』 효종 9년, 6월 3일(기사).
93) 『태조실록』 태조 7년, 9월 12일(갑신).
94) 『태종실록』 태종 11년, 10월 3일(신묘).

하였다.⁹⁵⁾ 그리고 세종은 대신의 집에 상례를 치르려고 행행했을 때 법가의장을 하였으며,⁹⁶⁾ 인조대에 이르면 대비에게 문안할 때도 법가의장을 사용하였다.⁹⁷⁾ 또한 효종대는 능행에서도 법가를 사용할 것을 주장하기도 하였다.⁹⁸⁾

그렇지만 반드시 법가의장이 국왕마다 사용된 것은 아니었다. 영조는 사직단에 제사를 지내거나⁹⁹⁾ 선농단先農壇에 친제親祭하고, 친경례親耕禮를 거행할 때 법가를 이용하였고,¹⁰⁰⁾ 종묘 행행과¹⁰¹⁾ 기우제¹⁰²⁾에는 소가의장을 사용하여 시대적으로 법가에서 소가로 변화된 양상을 보이기도 하였다.

특히 영조대는 『속오례의續五禮儀』의 간행과 관련하여 대가, 법가, 소가의 의장에 대한 논의가 있었다. 1744년(영조 20) 영조에게 『속오례의』의 식례式例를 보고하는 자리에서 원래 대가·법가·소가의 의장이 서로 같지 않았는데 지금은 의장고儀仗庫에서 대가와 소가의 의장만을 사용할 뿐 법가의장은 사용하지 않고 있으니 다시 『오례의』에 있는 대로 준행할 것으로 결정하였다.¹⁰³⁾ 이러한 논의에도 불구하고 영조 이후에 법가의장은 잘 사용되지 않았다. 다만 정조대 현륭원 원행시 법가의장이 사용되기도 하였다.¹⁰⁴⁾

---

95) 『세조실록』 세조 8년, 1월 13일(무신).
96) 『세종실록』 세종 1년, 12월 19일(기축).
97) 『승정원일기』 인조 8년, 3월 20일(경자).
98) 『승정원일기』 효종 8년, 9월 9일(무신).
99) 『영조실록』 영조 1년, 7월 21일(병진).
100) 『영조실록』 영조 15년, 1월 27(갑술).
101) 『영조실록』 영조 36년, 5월 25일(무진).
102) 『영조실록』 영조 36년, 5월 27일(경오).
103) 『승정원일기』 영조 20년, 8월 14일(무오).
　(전략)光紹曰, 古有大駕法駕小駕, 儀仗各自不同, 而今則法駕之儀, 全闕之矣, 上曰, 予未能詳知其所達矣, 光紹曰, 宗廟社稷等吉行, 以大駕儀仗行之, 文廟永禧殿等行幸, 以法駕儀仗之, 至於城內外小小行幸, 則以小駕儀仗行之, 而古有三等儀仗, 今則儀仗庫, 分作二等, 只用大小駕儀仗而已, 法駕儀仗, 初不用之, 而此皆由於承訛襲謬而然矣, 序禮卷, 不可以其謬例而錄之, 故不爲載之矣, 上曰, 然則以五禮儀定式, 分付遵行, 可也.

그리고 1805년 정순왕후의 국휼國恤에서 발인의장이 대가의장에서 소가의장으로 바뀌었다. 영조대에도 대가의장으로 거행하던 발인의장이 순조대는 소가의장으로 변하여 국왕마다 오례의에 근거하던 오례 의장이 변화되었다. 정순왕후의 발인에서 국장도감은 『오례의』와 『상례보편喪禮補編』에 내상內喪의 발인 때 도가導駕하는 것에 대해 모두 명백하게 기재하지 않고 있으며, 1674년 인선왕후仁宣王后의 국휼國恤 때에는 1632년 인목왕후仁穆王后의 『국휼등록國恤謄錄』에 소가小駕로 했던 것을 전례로 하여 소가로 결정한 것이다.[105]

이와 같이 국왕별로 법가·대가·소가가 구별되지 않고 자주 혼용되고 바뀐 배경에는 능행시 국왕의 복색이 한 이유이기도 했다. 『오례의五禮儀』의 「배릉의주拜陵儀註」를 보면, 출궁할 때는 국왕이 곤룡포를 입고 배종관陪從官들은 시복時服을 입게 되어 있었다. 그런데 국왕들은 곤룡포보다 융복戎服을 자주 착용하였다. 융복의 착용은 성종대 『국조오례의』 선포 직후에도 이루어졌다.

성종은 1477년(성종 8) 광릉光陵에서 융복을 입고 환궁하였다. 그 후 명종대에도 능행시 융복의 착용은 계속되었는데, 중종대에 출궁할 때 연을 타고 환궁할 때 말을 타는 것이 중종대까지 관례가 되었기 때문이었다. 명종의 경우, 융복의 착용을 금하고 다시 오례의의 규정대로 하자는 논의에 대해 선조先朝에서 이미 행하여 온 전례를 가볍게 고칠 수 없으며, 건원릉과 헌릉에 친제한 뒤 환궁하는 것처럼 원거리 능행은 여정이 길기 때문에 융복을 착용하고 말을 타는 것이 빠르다고 하였다. 그러므로 능행시에는 선대의 전례에 따라 출궁할 때는 연을 타고 환궁할 때는 말을 타며 배종관은 융복을 입는 것을 규례로 삼아 행하도록 하였다.[106]

---

104) 『정조실록』 정조 13년 7월 27일(신해).
105) 『순조실록』 순조 5년, 6월 1일(계축).

그렇지만 조선후기에도 국왕의 능행시 융복 차림이 계속 논란의 대상이었다. 능원에 참배하는 것은 제사의 의례이므로 군대식으로 의용儀容이 뒤섞여서는 안된다는 논리였다. 신료들은 오례의 능을 참배하는 예절대로 법복法服을 착용하고 법가法駕를 사용해야 한다고 주장했다.[107] 그렇지만 국왕들은 조선전기와 같이 선대 국왕의 전례를 무시할 수 없다며 지속적으로 융복을 착용하였다.[108]

위와 같이 국왕별로 행행에서 복색의 차이가 있는 것은 『국조오례의』와 『국조속오례의』의 능행시 절차를 비교하면 명확하게 나타난다. 『국조오례의』의 능행 절차에 경복궁 홍례문弘禮門 밖에 소가노부小駕鹵簿를 설치하고 국왕과 백관은 시복時服을 착용하는 것으로 되어 있다.[109] 반면 『국조속오례의』에는 창덕궁 진선문進善門 밖에 노부를 설치하고 융복을 갖추는 것으로 하고 있다.[110] 『국조속오례의』는 1744년(영조 20)에 편찬되었으므로 영조대에 이르러 시복時服과 융복을 착용하는 문제가 오례의의 개편에 따라 융복으로 확정되게 된 것이다.

국왕의 능행시 복색만이 아니라 능행시 사용하던 의장도 『국조속오례의』에 이르러 다시 정비된다. 능행의 의장은 소가노부였다. 노부는 행행 의장에서 의례적 상징물이었다. 노부를 통해 능행의 규모와 형태를 알 수 있으며, 의례 대상에 따른 차이도 드러난다. 오례의에 나타난 국왕의 능행시 사용한 소가노부 의장을 보면 다음의 〈표 Ⅱ-2〉와 같다.

---

106) 『명종실록』 명종 12년, 3월 10일(계해).
107) 『승정원일기』 효종 8년, 9월 9일(무신).
108) 『효종실록』 효종 8년, 9월 10일(기유).
109) 『국조오례의』 「吉禮」, 拜陵儀.
110) 『국조속오례의』 「吉禮」, 幸陵儀.

〈표 II-2〉 五禮의 小駕鹵簿의 변화

	儀仗鹵簿	국조오례의	국조속오례의		儀仗鹵簿	국조오례의	국조속오례의
1	紅門大旗			31	銀立瓜	2	2
2	白虎旗	1	1	32	金立瓜		
3	玄武旗	1	1	33	金橫瓜	2	2
4	朱雀旗	1	1	34	銀橫瓜		
5	靑龍旗	1	1	35	銀斫子	1	1
6	丁巳旗			36	金斫子	1	1
7	丁未旗			37	罕		
8	丁酉旗			38	旌節	1	1
9	丁卯旗			39	旄	1	1
10	丁亥旗			40	金鉞斧	2	2
11	丁丑旗			41	銀鉞斧	1	1
12	玄鶴旗	1	1	42	鳳扇	2	2
13	龍馬旗	1	1	43	靑扇		2
14	角端旗			44	陽傘	1(靑陽繖)	1(靑陽繖)
15	白鶴旗	1	1	45	靑盖	2	2
16	三角旗	1	1	46	紅盖	1	2
17	豹骨朶子	2	2	47	雀扇	2	2
18	熊骨朶子	2	2	48	龍扇	2	2
19	令字旗	2	2	49	纛旗		1
20	金字旗	1	1	50	蛟龍旗		1
21	鼓字旗	1	1	51	黃龍旗		
22	哥舒棒	4	4	52	駕鶴仙人旗		
23	金鐙子	4	4	53	天下太平旗		
24	銀鐙子			54	碧鳳旗	1	1
25	銀粧刀	1	1	55	君王千歲旗		
26	金粧刀	1	1	56	水晶杖	1	1
27	玄武幢			57	紅陽繖	1	1
28	白虎幢			58	日繖		
29	朱雀幢			59	繖扇		
30	靑龍幢			60	後殿大旗		

〈표 Ⅱ-2〉에서 『국조오례의』와 『국조속오례의』의 소가노부는 의장의 구성에서는 큰 차이가 없어 보인다. 60개의 의장노부에서 홍문대기紅門大旗, 육정기六丁旗(정사기丁巳旗·정미기丁未旗·정유기丁酉旗·정묘기丁卯旗·정해기丁亥旗·정축기丁丑旗), 은등자銀鐙子, 현무동玄武幢, 백호동, 주작동, 청룡동, 금립과金立瓜, 은횡과銀橫瓜, 한罕, 황룡기, 가구선인기駕龜仙人旗, 천하태평기, 군왕천세기君王千歲旗, 일산日繖, 산선繖扇, 후전대기後殿大旗 등의 22개 의장이 없고, 38개의 의장을 동일하게 포함하고 있다. 43의 청선靑扇, 49의 둑기纛旗, 50의 교룡기蛟龍旗는 『국조속오례의』에만 나타나고 있다. 소가노부에서 누락된 22개의 의장은 대가와 법가에 포함된 것으로 『국조오례의』와 『국조속오례의』의 대가와 법가노부에서 확인할 수 있다.[111]

그런데 영조대 새롭게 소가노부에 포함된 것 중에서 주목할 것이 둑기와 교룡기이다. 조선후기 국왕의 행행에서 도성내외를 불문하고 나타나는 것이 둑기와 교룡기이다. 둑기와 교룡기는 국왕이 위치하고 있다는 것을 대외적으로 확인할 수 있는 상징적인 의장기다. 이 둑기는 『국조오례의』에 보이지 않으며, 『국조속오례의』에서만 보인다.[112] 따라서 둑기와 교룡기가 국왕의 행행에 포함된 것을 확인할 수 있다면 그 외의 의장을 보지 않더라도 영조대를 전후한 조선후기 국왕의 행행임을 짐작할 수 있다.

다음의 〈그림〉은 교룡기와 둑기를 소개한 것이다. 이 그림은 1760년(영조 36) 영조가 청계천에서 준천濬川할 때 행행하여 관련자들의 노고를 치하하면서 음식물을 내리던 장면을 묘사한 내용의 일부분이다.

---

[111] 『국조오례의』, 「서례」·『국조속오례의』 「서례」, 권2, 嘉禮, 鹵簿.
[112] 『國朝續五禮儀 序例』, 嘉禮, 鹵簿.

영조대 교룡기와 둑기[113]

위의 그림에서 교룡기와 둑기는 여러 명이 시위하고 있다. 다소 축약되고 비율이 맞지 않는 부분도 있다. 그럼에도 『국조속오례의』 「서례」의 형명도설에 실린 교룡기와 둑기의 형태와 동일하게 묘사하였다. 깃대의 상단이 모두 삼지창인 것이 그렇다. 『국조오례의』에서는 교룡기에는 창이 없으며 둑기는 일지창이다.

이와 같이 오례의를 통해 조선후기에 변화된 행행의 모습을 볼 수도 있지만 그대로 유지되는 지속성을 찾을 수도 있다. 대개 행행은 택일, 노정, 참여인원, 의장 등으로 그 진행과정을 구분할 수 있다. 택일은 일관日官에 의해 길일을 정하는 것이다. 노정은 당일 환궁의 여부, 행행할 곳의

---

113) 「어제준천제명첩」, 1760(영조 36), 경남대학교 사내문고.

행재소 여부, 교량과 도로의 수치修治 상황 등을 표시한다. 참여인원은 시위侍衛 인원이라고도 할 수 있는데, 관료 외에는 대부분 병조 소속 군병이 동원되어 호위하는 것을 말한다.[114] 의장은 국왕의 상징과 위엄을 나타내는 기물들을 동원하는 것이다.

이와 같이 행행의 외관상 드러나는 4가지 사항을 파악하면 어떤 행행이라도 그 규모와 특징을 알 수 있다. 행행의 거리를 궁성 기준으로 원근을 고려하여 당일 환궁京擧動하거나 경숙經宿하는 행행으로 나누어 그 진행 과정을 순서대로 구분한다면 다음과 같다.

■ 근거리 행행[115]
① 擇日
② 軍令: 병조에서 궁궐부터 행행지 사이 거리와 당일 환궁의 여부를 알림
③ 隨駕軍과 留營軍의 선정
④ 留都軍의 領率자 선정
⑤ 隨駕軍兵의 복색과 군율, 절차, 출환궁시의 부대 동원 등을 정함
⑥ 幸行 전일 각 陵幸 담당 부서로 傳令, 隨駕 군병에게 犒饋, 도로정비
⑦ 幸行

■ 원거리 행행
① 擇日
② 군령: 병조에서 궁궐부터 주정소, 행궁, 행행지까지의 거리와 환궁 날짜를 알림

---

[114] 『경국대전』 병전, 侍衛.
[115] 도성내 행행은 근거리, 도성외는 원거리로 설정했다.(『국조오례의』, 『국조속오례의』, 『摠戎廳幸行謄錄』, 『御營廳擧動謄錄』을 정리함)

③ 隨駕軍과 留營軍의 선정
④ 留都軍의 領率자 선정
⑤ 隨駕軍兵의 복색과 군율, 절차, 출환궁시의 도로 사항 등을 정함
⑥ 幸行 전일 각 陵幸 담당 부서로 傳令, 隨駕 군병에게 犒饋
⑦ 幸行

위의 근거리·원거리 행행의 진행 과정을 보면 대체로 행행의 순서가 행행 지역에 따른 거리의 원근에 구애받지 않고 있다. 국왕의 시위군과 궁성의 유도군, 행행 참가자의 동원, 행행 지역의 도로 상황 등이 동일하게 다루어지고 있다. 일반적으로 원거리 이동시 필요한 인원과 물품의 준비를 감안하면, 외적인 규모의 차이는 발생하겠지만 내적인 형태의 차이는 나타나지 않는다. 행행 당일의 절차는 『국조오례의』에 국왕이 거둥하는 춘추春秋 및 납일臘日의 사직제·종묘 향사享祀, 선농제, 석전제釋奠制 등에 시공간적으로 상세히 기록되어 있다.

시간별 행행 참가 관원과 시위군의 상황을 보려면, 국왕의 행행에 시행되는 삼엄三嚴체제를 주목해야 한다. 국왕이 궁궐에서 나와 행행지까지 이동하는 시간적 상황과 행행 참여 인원의 움직임을 보여주는 것이 엄시각嚴時刻이다. 엄시각은 엄고嚴鼓에 의해 울리는데, 초엄初嚴에 어가御駕를 호위하는 수가隨駕 군병이 신지信地에 모이기를 기다린 후, 이엄二嚴에 결진結陣하고, 삼엄三嚴에 행진行陣하는 군사 행동이기도 하다.[116] 이 삼엄체제를 기준으로 수백 명의 인원이 행행 대열 속에서 시공간적으로 움직인 것이다. 행행의 각 임무를 지닌 사람들과 의례에 따라 정해진 행행의 모듈은 다음의 사직제 거가출궁車駕出宮과 같이 나타난다.[117]

---
116) 『대전통편』 병전, 시위조.
117) 『세종실록』 오례의, 『국조오례의』 「서례」와 『속오례의』의 길례, 거가출궁조에서 관직과 건

【국조오례의 서례 길례 친제 사직 車駕出宮】

○ 出宮 3일전 攸司가 內外에 선포하여 각기 그 직무에 임하게 한다.

○ 제사 1일전 通禮院에서 陪祭할 종친과 文武群官의 位를 궐문 밖에 설치하는데,

○ 문관은 동쪽, 무관은 서쪽에서 마주보며 重行으로 하되 북쪽을 上으로 한다.

○ 제사일에 晝漏의 上水 1刻에 북을 쳐서 1嚴을 삼는다.

○ 陪祭할 群官은 朝服을 갖추고, 兵曹에서 大駕의 鹵簿를 궐문 밖에 진열한다.[118]

○ 3刻에 북을 쳐서 2嚴을 삼고, 좌통례가 합문 밖에서 꿇어앉아 중엄을 아뢴다.

○ 배제할 군관이 모두 궐문 밖[119]에 모이고,【祭官은 먼저 祭所로 나아간다.】

○ 여러 衛의 소속이 각기 그 隊를 독려하여 殿庭에 들어가서 늘어선다.

○ 5각에 북을 쳐서 3嚴을 삼고, 좌통례가 꿇어앉아서 外辦을 아뢰면,

○ 국왕이 冠袍를 갖추고 輿에 타고 나와 西階로 내려온다.

○ 좌통례가 輅 앞에서 꿇어앉아 車駕의 進發을 啓請한다.

○ 거가가 움직이면, 좌우통례가 양쪽에서 인도하여 나온다.

○ 거가가 궐문 밖을 나와서 侍臣의 上馬所에 도착한다.

○ 좌통례가 문무 시신의 上馬를 청하고, 贊儀가 傳喝하여 말에 오르게 한다.

○ 문무 侍臣이 말에 오르기를 마치면, 좌통례가 어가가 進發할 것을 啓

물의 명칭 등을 비교 정리했다.
118) 경복궁은 弘禮門, 창덕궁은 進善門 밖에 鹵簿를 두었다.
119) 경복궁은 광화문, 창덕궁은 돈화문이다.

請한다.
○ 대가가 대문 밖에 이르면 좌통례가 국왕이 輦에서 輿로 갈아탈 것을 啓請한다.
○ 거가가 齋宮에 도착할 때면, 문무 시신이 말에서 내려 나누어 서서 鞠躬하고,
○ 거가가 재궁의 남문 밖에 이르러 輅는 돌려서 남향한다.
○ 좌통례가 輅 앞으로 나아가서 輅에서 내릴 것을 啓請하고 돌아와 侍立하면,
○ 국왕이 輅에서 내려 여를 타고 재궁의 幄次로 들어간다.[120]

위의 시간별 내용에서 행행에 참가하는 인원 전체가 점과 선이 연결되듯이 의례적 절차에 얽혀져 있다. 국왕이 정점이 되어 그의 행동거지에 따라, 혹은 그의 행위를 이끌어내기도 하는 동적인 모습이 위의 출궁조에 나타나고 있다. 역대의 국왕 누구라도, 행행 지역과 거리에 관계없이 동일한 모습의 행행 대열에서 벗어나지 못했음을 보여준다. 의례 행위의 기본 구조인 안정적 질서의 순환이 나타나는 것이기도 하다. 오늘날 퍼레이드라고도 볼 수 있는 행행의 내외면적 모습은 국초에 정해진 오례의에서 벗어나지 않았으며, 지루하게 반복되는 의식을 시간의 흐름 속에 드리우고 있다. 장기지속의 역사와 같이 행행의 모듈은 구성 인원의 변화만 보일 뿐 세부적인 내용의 변화는 없다고 할 수 있는 것이다.[121]

『국조오례의』와 『국조속오례의』를 비교하지 않더라도 현전하는 행행 관련 기록인 어영청과 총융청 등의 거동擧動 등록을 보면 효종부터 고종

---

[120] 親祭 사직의 車駕還宮은 出宮 의식을 반대로 되풀이 한다.
[121] 현전하는 반차도를 보게 되면 구한말까지 구성원의 의복과 기물이 크게 바뀌지 않고 있다. 다만 화약무기, 신군복 등의 변화가 있다.

까지 행행 절차가 큰 변화 없이 지속되고 있다. 왕조별 반복적인 행행 의식의 절차는 국왕은 물론 참여 인원에게 행행이라는 의례를 지배층의 차별성을 정당화시키는 것과 동시에 지배층으로의 접근을 제약하는 문화적 현상으로도 존재하게 된다. 또한 행행의 구조는 국왕의 권위를 과시함은 물론이며 왕권을 상징화하고 개념화하는 데 늘 이용되었다. 이러한 행행 의례의 기본 구조를 제공한 것이 오례의였던 것이다.

(2) 법전法典의 행행 조항과 내용[122]

조선은 건국 초부터 중앙집권적 관료체제를 모색하는 과정에서『조선경국전朝鮮經國典』,『경제육전經濟六典』그리고『경국대전經國大典』으로 이어지는 법 체제의 정비를 거치면서 유교 이념에 걸 맞는 법치 구조를 구축하였다.[123] 그 중『경국대전』은 왕권의 강화와 이를 뒷받침하는 통일적인 법전 체제를 갖추고 있었다. 그것은 국왕을 중심으로 정치, 경제, 군사, 사회의 모든 권력을 중앙에 집중시키는 중앙집권적 정치체제를 지향하는 토대였다.[124] 그리고『경국대전』은 예주법종禮主法從의 사상을 담고 있어서 예치주의를 정치적으로 실현하려는 의도를 지닌 법전이라고 볼 수 있다. 따라서『경국대전』은 국왕의 행행이 의례적으로 거행할 수 있는 기본 요건을 지니고 있었다.[125]

---

[122] 조선조의 법전은 태조가 처음으로 法制를 마련할 적에 原典과 續典 두 가지가 있었으며, 세종은 이 두 법전을 모방하여『經濟六典』을 저술하였으며, 세조는 崔恒과 金國光 등에게『經國大典』을 편찬케 했는데, 성종에 이르러서야 완성되었고, 또 이어서『大典續錄』을 간행하였다. 중종대는『後續錄』이 있었으며, 숙종대는『輯錄通考』가 있었고, 영조는 金在魯 등에게『續大典』을 撰述하게 했으며, 정조는 金致仁 등에게『大典通編』을 편찬하도록 하여 조선초부터 후기까지 지속적으로 법전의 편찬이 있었음을 알 수 있다.(『정조실록』정조 9년, 9월 11일(정사)) 본서에서는 그 중 대표적인『경국대전』과『속대전』,『대전통편』을 이용하고자 한다.
[123] 박현모,「경국대전의 정치학; 禮治국가의 이념과 실제」,『한국정치연구』12, 2003, 126쪽.
[124] 도현철,「조선의 건국과 유교문화의 확대」,『동방학지』124, 2004, 195~197쪽.

그런데 태조부터 단종까지 60여 년간은 각종 교지와 조례 등을 모아서 증보해 나가는 『경제육전』의 시대였다.[125] 이때 편찬된 법전은 현전하지 않고 있으며 실록에 그 편린들이 남아 있을 뿐이다.[127] 이 기간 동안 조선왕조는 정치, 사회, 경제 분야에서 고려적인 성격을 벗어나 신왕조에 걸맞는 체제를 정비해 나갔다.[128]

그럼에도 불구하고 『경제육전』에는 고려의 제도와 법률이 상당수 포함되어 있었다. 이는 당대까지도 고려의 풍습을 무시할 수 없는 정치, 사회적 분위기가 조성되어 있음을 짐작하게 하는 동시에 조선왕조의 통치가 고려의 법제도를 능가할 정도의 우월성을 지니지 못했다는 한계를 보였다고 할 수 있다.[129]

따라서 이후 세조대 시작된 『경국대전』의 편찬 시도는 고려왕조 체제와 단절하겠다는 집권층의 의지가 내포되었음을 보여주며[130] 통치 유지에 보다 합리적인 방법을 모색한 결과로 볼 수 있겠다.[131] 그리고 국왕을 정점으로 하는 중앙집권적 전제정치의 필연적 요청에 의해 편찬되었다고 하겠다. 국가의 법적 기초가 세워지고 통치규범체계가 마련된 것이다.[132]

세조는 즉위 초부터 법제의 개혁을 위해 상정소詳定所를 설치함과 동

---

125) 조우영, 「예와 법의 정치사상 - 경국대전」, 『한국정치사상사』, 백산서당, 2005, 261~279쪽.
126) 『경제육전』에는 행행과 관련하여 「병전」에 行巡, 入直, 門開閉 등 3개 조항만이 나타나고 있는데, 이들 조항도 행행에 직접 연관된 것이 아니라 궁궐의 방어에 연관된 것이다.(국학연구원, 『經濟六典輯錄』, 신서원, 1993; 윤국일, 『경제육전과 경국대전』, 신서원, 1998)
127) 『경제육전』은 永世에 전할 법전으로 자손만대로 지켜야 할 것이라고 하여 임시적인 성격의 법으로 보지 않았다.(『세종실록』 권42, 세종 10년, 11월 29일(정축))
128) 한충희, 「朝鮮初期 國政運營體制와 國政運營」, 『조선사연구』 14, 2005.
129) 儀仗과 法制는 한결같이 고려의 故事에 의거하게 한 태조의 敎書에서도 그 단면을 볼 수 있다.(『태조실록』 태조 1년, 7월 28일(정미))
130) 정호훈, 「조선전기 법전의 정비와 『경국대전』의 성립」, 『조선건국과 경국대전체제의 형성』 혜안, 2004, 66~69쪽.
131) 『경국대전연구』, 과학백과사전출판사, 1986, 5쪽.
132) 심재우, 「조선시대 법전 편찬과 형사정책의 변화」, 『진단학보』 96, 2003, 245~246쪽.

시에 육전六典체제를 갖춘 『경국대전』 편찬에 박차를 가했다.[133] 이후 『경국대전』의 편찬이 마무리 단계인 수교讎校에 이른 것은 1465년(세조 11)이며,[134] 그 체제를 완비한 것은 예종 원년인 1469년이었고[135] 반포는 성종대인 1474년(성종 5)부터였다.[136] 『경국대전』이 반포된 이 시기를 기준으로 국왕의 정치행위인 행행의 규정도 조선왕조에 맞게 정리되었다고 볼 수 있다. 『경국대전』의 편찬은 태조 이래 계속된 조선왕조의 체제 정비가 법제적으로 일단락되었다는 의미이기 때문이다.[137] 현전하는 연대기 자료를 보면 각종 법전이 정비되기 이전의 행행 관련 조항이 마련되지 않았던 점을 보더라도 『경국대전』의 정비는 행행에 큰 영향을 미치는 일이었다.

태조부터 국왕들의 병 치료를 위한 온천행, 사냥 등이 끊임없이 거행되었으나, 그 행행의 구성과 절차를 위한 세부 절목은 마련되지 못하였다. 1392년 태조는 즉위하자마자 8월 23일(임신) 평주平州 온천에 행행하였다. 태조가 평주에 온행할 때의 수행원은 대간臺諫, 중방重房, 통례문通禮門, 사관史官 각 1명과 의흥친군위義興親軍衛가 시종侍從하는 것이 전부였다. 당시의 시대적 상황을 고려할 때 조선왕조의 의례 기준을 장만할 여력이 없었던 것을 감안하면 고려조의 행행 의장을 그대로 답습했다고 추정할 수 있다.[138] 이후 법전과 의례서의 정비가 이루어지기 전에 거행된 국왕들의 행행도 이런 상황에서 크게 벗어나지 못하고 있었다.

이런 상황에서 국왕의 기호에 맞추어 행행이 거행되었으므로 법전의 정비 이전의 행행은 일정한 의례 절차에 의해 결정되고 진행되지 않았다고 볼 수 있다.[139] 그래서 행행의 거행은 법전의 편찬과 더욱더 깊은 상관성을

---

133) 『예종실록』 예종 1년, 9월 27일(정미).
134) 『세조실록』 세조 11년, 5월 21일(정묘).
135) 『예종실록』 예종 1년, 9월 27일(정미).
136) 『성종실록』 성종 5년, 1월 2일(무자).
137) 박현모, 앞의 논문, 104~105쪽.
138) 『태조실록』 태조 1년, 8월 21일(경오).

지녔다고 보는 것이다. 행행의 일정한 규정이 없는 상황에서 마련된 법전의 행행 조항은 이후 전개된 행행에 일정한 구속력과 영향력을 발휘했으리라 보기 때문이다.

특히 행행이 법전의 편찬과 긴밀한 연관성을 지니는 이유는 법전의 행행 규정이 조선후기에 이르도록 큰 가감 없이 거행되었기 때문이다. 조선후기 역대 국왕들의 행행은 조선초기의 국왕들과 달리 그 비중이 상대적으로 많을 수밖에 없었는데, 능행과 원행이 그렇다. 능행과 원행은 선대왕과 왕비, 생부와 생모의 능묘陵墓에 대한 행행이므로 왕조의 역사가 흐를 수록 그 횟수가 증가하는 것은 당연하였다. 더욱이 임진왜란 이후『삼강행실도』의 간행 등과 같이 효孝를 강조하는 사회적 분위기[140)]에서도 국왕의 능행과 원행, 제사 참여는 증가될 수밖에 없었다.

그런데 이렇듯 증가하는 조선후기 국왕들의 행행에 적용되던 법전의 행행 조항들은『경국대전』이 편찬된 이후의 조선전기와 비교할 때 큰 변화가 보이지는 않지만 새롭게 보완된 조항들이 있다. 조선후기의 대표적인 법전은『속대전』과『대전통편』이다.『속대전』은 임란과 양차의 호란을 거치면서『경국대전』에 부합하지 않거나 변화된 정치, 사회적 환경에 발맞춘 결과였다.

『속대전』은『경국대전』이후의 모든 법조문이 망라되어 조선후기 사회의 변화상을 집대성했다고 생각할 수 있다. 반면『대전통편』에 증보된 내용들은 주로 영조 후반과 정조 초반의 정치사회 현실을 반영하는 것이다. 또한『대전통편』은 그 자체로서의 의미보다는 조선전기 국가체제의 근간인『경국대전』과 조선후기 체제의 근간인『속대전』을 합본하고 부족한 사항을 증보했다고 볼 수 있다.

---

139) 이점은 의례서의 간행과도 동일한 궤를 이루고 있다.
140) 김백철, 「조선후기 영조대『속대전』위상의 재검토」,『역사학보』194, 2007, 80~82쪽.

『속대전』의 편찬은 숙종대부터 시작되었다. 1688년(숙종 14) 『속대전』 편찬이 거론되면서 1698년 『수교집록受敎輯錄』, 1706년 『전록통고典錄通考』 등이 정비되었다. 영조는 숙종대 법전의 정비를 더욱 체계화하고 조종祖宗의 법전을 계술한다는 논리로 『속대전』을 편찬하기에 이른다.[141]

『속대전』에서 먼저 보이는 행행 조항은 이전吏典의 관서 조항에 능침陵寢이다. 능침은 태조의 선조인 덕릉德陵부터 화릉和陵까지 8개 능과 건원릉健元陵부터 영릉永陵까지 34개 등 모두 42개 능침의 소재와 소속인원이 정리되었다. 조선후기로 갈수록 증가되던 능침과 그에 따른 능행의 거행이 『속대전』에 반영되었다고 하겠다.

능행이 법전에 반영되는 모습은 정조대 편찬된 『대전통편』 각릉各陵 조항 다음에 원園의 소재와 배속인원을 정리한 것에서도 확인할 수 있다. 그리고 예전禮典에 친림관왕묘親臨關王廟가 포함되어 있어서 임진왜란 이후 도성 부근에 조성된 관왕묘에 대한 국왕의 행행이 시대적으로 정착되었음을 알 수 있다.

『속대전』에 기재된 능침과 묘들에 대한 의례는 변화되거나 새롭게 나타난 행행의 흔적으로도 볼 수 있다. 『속대전』 예전禮典에는 능침에 대한 전알展謁을 매년 봄과 가을에 예조에서 계품啓稟하는 조항이 있다. 능침의 전알은 곧 국왕의 능행으로 봄에는 2월, 가을에는 8월로 되어 있다. 이것은 국왕의 능행이 『속대전』을 편찬한 영조대에 이르면 법제적으로 규정화되어 매년 거행하는 행행으로 완전히 정착되었음을 보여주는 것이다.

그리고 『속대전』 병전의 입직入直에는 궁궐 외부 담장의 사방 4소所에 배치되는 인원을 보여주고 있다. 각 소所에는 오위장五衛將과 부장部將이 1명씩 배속되었다. 그리고 동소東所의 위장은 충의위忠義衛 3~6명과 충순위忠順衛 2명, 남소南所의 위장은 충찬위忠贊衛 2명 등을 거느리고 있으며,

---

[141] 『영조실록』 영조 6년, 12월 19일(계축).

궁궐의 수직守直을 담당한 부장은 매일 이상 유무를 병조에 보고하도록 하였다. 또한 도성내외의 행행에서 궁궐문의 개폐는 자지慈旨, 내지內旨, 휘지徽旨에 따라 거행되었으며 표신標信은 행재소에 요청하였다.

특히 행행시 동원하던 시위군의 변화를 법전에 명기하고 있는 것이 주목되고 있다. 능행시 시위조항에는 어가를 호위하는 시위군의 규모를 정하고 있다. 능행시 도성을 벗어나 재실齋室이나 행궁에서 숙박하는 경숙經宿 행행에 동원되는 협연포수挾輦砲手는 200명으로 하였다. 그러므로 영조대 이후 도성을 벗어난 능행에서 어가를 시위하던 협연포수의 인원은 법전으로 정해서 200명이었음을 알 수 있다. 그리고 군기조항에서 행행시 어전御前 순시령기巡視令旗를 홍단자紅緞字에 청단靑緞으로 제작하며, 어전전배군御前前排軍과 협연군挾輦軍의 복색은 홍호의紅號衣를 착용한다고 하고, 어전御前 촉롱燭籠은 홍사紅紗 바탕에 상하는 청사靑紗로 한다고 하여 행행시 이용되던 각종 의장기의 변화가 나타나고 있다.

이와 같이 『속대전』에는 행행의 대상과 일시, 행행시 궁궐의 숙위, 행행시 시위군의 동원과 의장에 이르기까지 다양한 부분에 걸쳐 그 변화상이 보인다. 그런데 조선후기 법전에서 행행 조항의 보완과 변화는 정조대 간행된 『대전통편』에 더욱 확대되어 나타난다.

『대전통편』은 1785년(정조 9) 반포된 조선후기의 대표적 법전으로 『경국대전』 이후 정조대까지 편찬되고 간행되었던 각종 법령을 정리한 것이다. 정조대 『대전통편』이 편찬된 배경은 국가적으로 예악禮樂과 형정刑政의 재편을 국가의 시무時務라고 생각했기 때문이다. 정조는 법전과 각종 의례서의 간행을 통해 국가 체제의 정비와 강화를 꾀했던 것으로 보인다. 이런 배경으로 정조는 1778년(정조 2) 『흠휼전칙欽恤典則』을 편찬하고, 1781년 『추관지秋官志』를 증보하였으며 1785년 『대전통편』을 간행한 것이다.[142]

『대전통편』의 변화된 행행 조항의 시행 여부는 정조의 능행에서 확인된다. 예컨대 『대전통편』의 행행시 궁궐문 개폐를 놓고 본다면 1789년 창릉昌陵과 홍릉弘陵 능행 사례를 들 수 있다. 당시 성문을 지키던 장병들이 『대전통편』에 "능에 행차하여 밤을 지내게 될 때는 성문을 유문留門함에 있어 반드시 신전과 표신이 함께 와야 자전께 분부 내리시길 청하여 신표를 조사 확인하고 나서 문을 열어준다."라는 규정에 따라 선전관의 출입을 막은 일이 발생하였다. 정조는 『대전통편』의 조항을 어긴 선전관을 파면하도록 해서 행행시 궁궐문 개폐에 『대전통편』의 새로운 행행 규정을 엄수하는 모습을 보였다.[143]

이외에 『대전통편』의 예전에는 국왕이 원묘園廟에 친향親享과 작헌례酌獻禮할 때 산재散齋는 2일, 치재致齋는 1일로 정해져 있다. 『경국대전』에는 국왕이 종묘와 사직 행행시 산재 4일과 치재 3일, 능침 행행에는 산재 2일과 치재 1일로 되어 있다. 능침과 묘廟는 제사와 연관이 깊으며, 국왕이 제사에 참여하는 것은 곧 행행의 거행이기도 하였다. 그러므로 산재와 치재의 일수를 지정한 것은 행행의 일자와 진행 과정을 미리 결정할 수 있는 근거를 마련한 것이다. 그러므로 『대전통편』에 원묘園廟의 산재와 치재를 능침과 동일한 형태로 규정한 것은 정조대 능원의 위상을 상징적으로 보여주는 것이며 증가된 원묘에 대한 행행을 의례적으로 공식화한 모습으로도 볼 수 있다.

그러므로 『대전통편』의 반포는 『경국대전』 이래 조선전기부터 지속적으로 반영되었던 행행 의례의 규범을 개편하는 일이었다. 『대전통편』이 편찬되기 이전인 1744년(영조 20)에 찬술撰述된 『속대전』에서도 행행 규정이 의장과 입직入直 부분에서 변화되고 있지만 상대적으로 미약하다.[144]

---

[142] 심재우, 앞의 논문, 254~255쪽.
[143] 『정조실록』 정조 13년, 2월 14일(신축).
[144] 『속대전』에는 행행시 유도에 관한 「입직」에서 오위장의 궁궐 동서남북의 四所 수직 사항, 빈 궁궐의 수직부장 보고건, 도총부낭관 2명의 야간 순찰 상황 보고건, 성내 동가시 궐문

물론 『속대전』은 『경국대전』 편찬 이후 새롭게 시행된 법률을 정비하여 정리한 대전 형태의 법전이다. 『속대전』은 숙종대부터 『경국대전』 이후의 법령들을 체계화하는 방편으로 구상되어 『수교집록』(1698)과 『전록통고』(1706)으로 구체화 되었으며, 영조대 완성된 것이다. 또한 숙종대의 『수교집록』, 『전록통고』, 그리고 특히 『속대전』은 영조가 탕평정치의 소산으로 왕권을 강화하고 정국을 안정시키며 민생의 안녕을 바라던 정치적 이상이 가미된 것이라고도 해석할 수 있다.[145]

그럼에도 불구하고 『대전통편』의 행행 규정이 『속대전』보다 주목되는 점은 『대전통편』에 증보된 내용들이 주로 영조 후반과 정조 초반의 정치사회 현실을 반영하는 내용들이기 때문이다. 그리고 조선전기 왕조국가 법체제의 근간인 『경국대전』과 조선후기 법체제의 근간이던 『속대전』을 합본하고 부족한 사항을 증보한 것에 큰 의미가 있는 것이다.[146]

더욱이 행행 조항에 있어서 『경국대전』과 『대전통편』은 조선전기와 후기의 변화상을 그대로 반영하고 있다. 『경국대전』과 『대전통편』에 규정된 행행 조항을 비교하면 1~2개의 차이를 보이지만 대체로 크게는 입직入直, 시위侍衛, 행순行巡 등 3개, 작게는 번차도목番次都目의 군영, 계생기啓省記, 군영아문軍營衙門, 수문장청守門將廳, 적간摘奸, 문개폐門開閉, 금화禁火, 각전수문장各殿守門將 등 11개로 구분할 수 있다. 이 중 군영아문은 『속대전』과 『대전통편』에만 나타나고 있으며 그 외의 법 조항은 『경국대전』과 동일하다. 다만 임진왜란 이후 법궁法宮인 경복궁이 소실되어 창덕궁과 경희궁을 국왕의 처소로 수시로 사용하였기 때문에 숙위와 입직에 대한 장소가 바뀌

개폐에 대한 慈旨, 인정전 親臨時 별군직 동원 등 5개항이 있어서 『대전통편』보다 상대적으로 적다.
145) 정호훈, 「18세기 전반 탕평정치의 추진과 『속대전』의 편찬」, 『조선후기 체제변동과 속대전』, 혜안, 2005, 451쪽.
146) 김백철, 앞의 논문, 83쪽.

었다. 법전의 숙위와 입직 조항은 큰 변화가 없었지만 그 조항이 적용되는 공간은 변경되었다. 따라서 『속대전』과 『대전통편』에 기재된 숙위와 입직은 경복궁에 관련된 것이 있을 수 없으며 창덕궁과 경희궁에 적용된 것으로 보아야 한다.

이와 함께 임진왜란 이후 창설된 각 군영의 등장으로 인해 행행시 시위군과 궁궐의 숙위군이 이들로 교체됨에 따라 법전에 동원되던 군사의 종류도 변경되게 된다. 『대전통편』의 시위와 숙위 조항을 보면 다음과 같다.

> 《增》 壯勇衛 12명은 明政殿의 西側月廊 銅龍門 안에 입직한다. 장용위 2명은 입직 군병 중에서 별도로 선출한 5명을 인솔하고 주야간을 막론하고 建陽門을 파수한다 《補》 壯勇衛가 명정전 月廊에 입직하는 것은 지금은 폐지하고 훈련도감의 別武士 2명이 건양문 守兵 10명을 선출하여 건양문을 파수한다.[147]

위의 『대전통편』 입직 조항에서 명정전과 건양문은 창경궁의 전각과 문을 나타내는 것이며, 장용위는 선조 이후 선발된 무예출신武藝出身을 말한다. 정조대 무예출신은 명정전의 서쪽 월랑月廊에 입직했는데, 이들이 대대隊를 편성하여 입직을 하게 된 경위를 보면, 먼저 1629년(인조 7)에 훈련도감 출신으로 청廳을 설치한 고사故事를 계술繼述한 것이며, 둘째 1691년(숙종 17)에 무예별감武藝別監의 출신을 국출신청局出身廳에 전속轉屬시킨 고사를 계술한 것이며, 셋째 1728년(영조 4)에 금위영 출신으로서 별기위別騎衛를 설치한 고사를 계술한 것이다.[148]

---

147) 『대전통편』 병전, 入直.
148) 『정조실록』 정조 9년, 7월 2일(기유).

그리고 수문守門에 대한 규정에서도 위치와 공간의 차이가 나타나고 있다. 국왕의 행행시 궁궐을 숙위하는 군병들의 위치가 변경되어 있다.

《補》金虎門과 弘化門의 入直軍士 각 6명과 銅龍門의 입직군사 2명은 罷漏부터 날이 밝을 때까지 각자의 管轄區域 內를 輪番으로 순찰한다.[149]

위의 규정에서 보이는 금호문金虎門과 홍화문弘化門은 창덕궁과 창경궁의 문들로서 홍화문은 창경궁의 정문이기도 하다. 임진왜란 이후 왕실의 법궁이 경복궁에서 창덕궁으로 바뀌어서 시위와 숙위에 대한 규정이 그에 따라 조정되었음을 알 수 있다. 따라서 『대전통편』에 담긴 행행 조항은 시대의 변화에 맞추어 재조정된 내용이 실려 있음을 짐작하게 한다.

이외에 행행의 진행 과정에서도 변화된 법전의 조항이 보인다. 그 대표적인 것이 국왕의 시위군이다. 법전에서는 "국왕이 산릉에 참배할 때 및 교외郊外에 숙박하는 행행이 있을 때에는 연輦의 좌우를 호위하는 포수砲手 200명이 수종隨從하며 (중략) 창창槍을 장비裝備한 군사는 전부 금위영禁衛營에 속하되 훈련도감의 경우에 따라 파총把摠과 초관哨官 각 1명이 이를 분솔分率하여 시위한다."[150]라고 하여 조선전기에는 존재할 수 없는 군병과 군영인 포수와 훈련도감이 등장하고 있다.

그런데 『경국대전』과 『속대전』, 『대전통편』은 물론 각종 조선시대 법조항에서 공통적으로 나타나는 점은 행행에 직접 관련된 부분이 명시되어 있지 않다는 것이다. 행행이 거행될 때 동원되는 관원과 군병의 수치, 의장물과 군기의 종류 및 수량, 행행로, 주정소와 행궁의 설치처럼 행행에 직접적으로 관련된 것은 기재되어 있지 않다.

---

149) 『대전통편』 병전, 行巡.
150) 『대전통편』 병전, 侍衛.

물론 국왕이 행행으로 도성 밖에서 경숙經宿하는 경우 궁궐과 도성의 방어를 위한 수궁대장守宮大將 등의 임명과 동원 등에 관한 조항은 규정되어 있다. 법전에서는 국왕이 궁성 외에 행행하여 숙박할 때에는 병조가 수궁대장을 상신임명上申任命하여 궁궐 내에 숙직하고 수궁대장은 또 종사관從事官 1명을 상신임명하여 문신시종文臣侍從이 궁궐 장원墻垣 안쪽을 순찰하도록 하였다.151)

이외에도 행행을 포함한 국왕에 관련된 각종 의례를 거행할 때 시간의 경과와 진행을 재단하던 엄嚴 시각에 대한 규정도 법전에 나타나고 있다. 국왕이 왕실과 국가 의례를 거행할 때는 삼엄三嚴을 기준으로 진행하였다. 행행에 있어서 수종隨從하는 군병을 예로 든다면, 초엄初嚴에 미리 정해진 위치에 집합하여 대기하며, 이엄二嚴에는 진형陣形을 결성하고, 삼엄三嚴에는 행군行軍하는 순서로 규정되어 있다.152)

위에 나열한 법전의 행행 관련 조항의 공통점은 행행시 국왕이 무엇을 어떻게 거행하는가 하는 직접적인 내용이 없다는 것이다. 그리고 위의 행행 조항에서도 세부적인 사항은 포함되어 있지 않다. 행행시 동원되던 신료와 군사들이 삼엄에 맞추어 움직이는 것은 알 수 있지만 궁궐의 명칭과 움직이는 동선 등은 보이지 않는다. 또한 궁궐의 전각에 배치되는 군병의 위치도 정확히 지정되지 않고 있다.

더욱이 핵심적인 사항은 행행시 국왕의 행동거지에 대한 내용이 전혀 보이지 않는다는 것이다. 행행시 국왕의 움직임에 대한 법전의 내용은, 예를 들어 "국왕이 경희궁慶熙宮에 행행할 때에 춘당대春塘臺에서 무과시험을 시행하면 그 시관試官의 인원을 별도로 생기省記한다."153)의 형태로 국왕

---

151) 『대전통편』 병전, 入直.
152) 『대전통편』 병전, 疊鼓.
153) 『대전통편』 병전, 入直.

의 행행시 주변의 변화에 대한 것이 주를 이루고 있다.

이점은 국왕의 행행과 가장 밀접한 관련이 있는 법전의 시위侍衛 조항에서 잘 알 수 있다. 『경국대전』과 『대전통편』의 시위조항에서 동일하게 나타나고 있는데,

《原》 대개 국왕의 親臨下에 거행되는 大閱·講武·巡幸·打圍 및 국왕의 親行하는 제사 등 행사 때에 응당해야 할 侍衛 조건에 관해 병조가 국왕의 명을 받들어 公文을 각기 담당 군영에 전달하되 왕세자가 거둥할 때에 응당해야 할 조건에 관해서도 왕의 명령을 받는다. 왕이 제사를 親行할 때에는 旗·鼓 등을 장비한 侍衛軍은 祭壇 외에 머무르고 廟나 陵에서 제사지내는 경우에는 그 門外에 머무른다. 大小의 朝賀 때나 宴會 때에는 衛將은 각기 부하를 인솔하여 宮庭에 整列하고 병조와 都摠府 이하 관직으로서 軍務를 띤 자 및 司僕은 국왕의 측근에 侍立하고 內禁衛와 別侍衛는 궁정 계단 위에 整列한다.154)

위의 법전 조항은 행행의 대표적인 대열大閱·강무講武·순행巡幸·타위打圍 등에 대한 것이며, 조선전기부터 후기에 이르기까지 동일하게 진행되었던 내용이다. 그런 시대적 변화가 있었음에도 법전의 조항은 변하지 않았다. 국왕이 행행에 임했을 때 배종하는 신료와 군병들의 위치와 임무 등이 정해져 있지만, 다른 법전의 행행 조항과 마찬가지로 국왕의 행동거지에 관련된 내용은 보이지 않는다. 그러므로 법전에는 행행 관련 조항이 나타나고는 있지만 국왕이 거행하는 내용은 없다고 하겠다.

위에서 언급한 『경국대전』, 『속대전』, 『대전통편』의 행행 관련 조항들을 비교하여 시대적 변화를 정리하면 다음의 〈표 Ⅱ-3〉과 같다.

---

154) 『경국대전』·『대전통편』 병전, 侍衛.

〈표 Ⅱ-3〉『經國大典』,『續大典』,『大典通編』의 행행 조항 변화

	경국대전	속대전	대전통편
親臨	無	關王廟	
陵寢	無	各陵	各園, 各廟
祭禮	有	有	園廟
奉審	有	每年 2月·8月, 毓祥宮 每年 季春	宗廟·景慕宮
入直	有	宮闕 四所宿衛	壯勇衛 入直
行巡	有	五軍營 行巡	都摠府 郎官 無時夜巡
省記	有	都城內外 幸行時 闕門 開閉	幸行時 闕門 標信
侍衛	有	別軍職 侍衛	別抄軍 挾輦

위의 〈표 Ⅱ-3〉은 조선전기부터 후기까지 간행된 법전들에서 행행과 관련된 조항들을 정리한 것이다. 각 법전에는 행행이 직접 언급되거나 독립된 조항으로 나와 있지는 않지만 산재되어 있는 행행 관련 부분들을 모으면 〈표 Ⅱ-3〉과 같이 법전에 나타난 행행의 시대적 변화를 볼 수 있다.

먼저 시대적으로『경국대전』과『속대전』,『대전통편』과 차이가 나는 것은 행행과 관련된 각 조항의 유무이다.『경국대전』에는 친림과 능침에 대한 행행 조항이 없는 대신에『속대전』과『대전통편』에서는 관왕묘를 비롯하여 역대 국왕과 왕비의 능침, 원묘園廟에 대한 내용이 나타나고 있다. 반면『경국대전』에 실린 제례, 봉심, 입직, 행순, 생기, 시위에 관한 행행 조항이『속대전』과『대전통편』에 그대로 이어지면서 시대적 변화에 따른 새로운 행행 내용이 첨가되었다. 제례에서 원묘園廟는 조선후기 국왕들의 왕위계승에서 사친私親의 비중이 커지면서 발생한 것으로 봉심에서 영조의 사친 육상궁과 정조의 사친 경모궁에 대한 내용이 그것을 입증해 주고 있다.

입직에서는『속대전』에서 행행시 궁궐 수비가 4소所를 두어 강화되고 있으며,『대전통편』에서는 입직군에 장용위가 추가되고 있다. 행순에는 오

군영이 궁궐과 행행의 시위군으로 등장하고 순찰 장교가 증가되었음을 알 수 있다. 생기에는 도성 내외의 행행시 궁궐문의 개폐 여부를 새롭게 변경하였다. 시위에는 별군직과 별초군이 새롭게 증가되었다.

영조대의 『속대전』과 정조대 『대전통편』에 보이는 행행의 전체적인 변화상은 능행과 사친에 대한 행행의 정착과 시위군의 증가이다. 이점은 아래에서 논할 오례의 능행에서도 확인되는 사실이다. 인조 이후 사친에 대한 추숭과 행행이 영조와 정조대에 이르러 법제화되는 모습을 확인하는 것이다. 그리고 시위군에 오군영군을 비롯한 새로운 군병이 추가되고 있으며, 『속대전』의 관왕묘 친림은 임진왜란 이후 정착된 관제關帝에 대한 신앙이 국가적으로 정착되어 국왕의 행행에 포함되었음을 보여주고 있다.

반면 〈표 Ⅱ-3〉에 나타난 행행 조항의 변화는 8개로서 큰 변화라고 하기에는 적은 사항이다. 물론 수치상으로만 적을 뿐 각 조항의 내용은 능원처럼 행행에서 큰 부분을 차지하는 사항으로서 단순한 수치만의 비교는 곤란하다. 그럼에도 위에서 언급한 능행과 사친, 시위군병 등을 제외하면 행행의 시대적 변화상을 법전에서 밝히는 것은 부족하다. 오히려 『경국대전』에 명시된 행행 조항이 『대전통편』까지 대부분 유지되었다고 보는 시각이 시대적 변화상을 읽는데 도움을 줄 것이다. 실제 〈표 Ⅱ-3〉에서 정리한 행행 조항들을 제외하면 『경국대전』의 내용이 그대로 『대전통편』까지 이어지고 있다.

이와 같이 『경국대전』과 『속대전』, 『대전통편』까지 법전들에 나타난 행행의 모습을 통해 시대적으로 변화되고 유지되던 행행의 형태를 볼 수 있다. 법전에서 확인할 수 있는 행행의 시대적 특징은 오례의를 설행하는 와중에 거행하던 각종 행행에서 길례인 능행이 조선후기로 갈수록 그 중심이 되고 있으며, 국왕의 왕통王統 계승에 맞추어 강조되던 사친 궁묘宮廟의 행행에 대한 규정이 새롭게 정비된 점이겠다.

2. 길례吉禮의 행행 의례와 구성

오례의주五禮儀注의 길례에 "대사大祀나 중사中祀에는 하루 앞서 재소齋所에 묵으면서 재계齋戒한다."했으며,[155] 배릉의주拜陵儀註에는 능침까지의 출환궁出還宮 절차가 있어서 길례가 행행의 대표적인 오례의 하나였음을 보여주고 있다. 길례에서 행행이 이루어지는 대표적인 제사는 사직과 종묘, 문묘 행행, 그리고 국왕과 왕비들의 능침에 대한 능행이 주를 이룬다.

조선시대 국왕들의 행행에서 사직과 종묘, 문묘의 행행과 함께 능행이 차지하는 비중이 대다수인 것에서도 길례가 오례의 행행에서 중심이었음을 알 수 있다. 사직과 종묘, 문묘의 행행은 역대의 국왕들이 보위에 오르면 기본적으로 거치는 과정이었으며, 능행은 국왕의 종통宗統을 확인하고 그 정통성을 대외에 알리는 수단으로 늘 사용되었기 때문이다.

1) 사직社稷 행행

조선의 건국과 함께 사직과 종묘는 왕실의 안녕과 권위를 위해 궁궐에 앞서 영건營建되었다. 국왕이 사직과 종묘에 친림親臨한 것은 그 영건에 맞추어 진행되었으므로 왕조의 건국과 함께 행행이 이루어졌다고 할 수 있다. 그래서 태조가 1392년 10월 개경에 종묘를 건축하는 것을 시찰하기 시작한 이후부터 사직 행행이 거행되었다고 볼 수 있다.[156] 또한 한양으로 천도한 뒤 종묘를 다시 건축하여 이안도감移安都監을 설치한 이후[157]부터 종묘 제례를 위한 행행이 본격적으로 시작되었다.

---

155) 『중종실록』 중종 21년, 8월 6일(정사).
156) 『태조실록』 태조 1년, 10월 21일(기사).
157) 『태조실록』 태조 4년, 윤9월 1일(임술).

그런데 사직 행행은 1395년(태조 4) 사직단社稷壇[158]을 영조營造[159]한 이후 세조대까지 거행되지 않았다. 원래 유교의 의례 중에서 제사는 그 중심이라고 할 만큼 큰 비중을 차지하고 있다. 그 제사의 가장 기본적인 대상은 천지자연이었으며 조선과 같은 동아시아 농경 국가의 숭상대상은 사직社稷으로 대표하는 지신地神과 곡신穀神이었다.[160] 따라서 사직단은 춘추전국시대는 물론 삼국과 고려로부터 조선에 이르기까지 국가의 중요한 제사 설행 장소로 존재하였으며 의례상 종묘보다 높은 등급의 제사 대상이었다.[161] 그럼에도 불구하고 조선전기에 사직 행행은 종묘에 비해 그 횟수가 빈약하였다.

조선초기부터 사직은 종묘와 함께 조선왕조의 정통성과 왕조의 권위를 드러내는 대표적인 국가 제사가 거행되던 장소였음에도 국왕이 직접 사직에 행행하여 제사를 지낸 것은 세조대에 이르러서였다. 세조는 1455년(세조 1) 가을 사직에 행행하여 제사하고 환궁하였다. 세조의 사직 행행은 조선이 건국한 이후 처음으로 국왕이 직접 사직에 행행하여 제사를 지낸 것으로서 그 자체가 정치적인 면을 지니지 않을 수 없었다. 세조는 사직제를 치른 후 정인지와 신숙주를 비롯한 신료들에게 말 등을 하사하는 것은 물론 대사령을 반포하기까지 하였다.[162] 그러므로 사직제는 물론 사직 행행도 대외적인 정치적 연출이었음을 짐작하게 한다.[163]

세조는 사직 행행을 위해 제례의 의식 절차를 새롭게 개정했으며, 행행과 관련된 규정을 바꾸기도 하였다. 당시 개정한 「친제사직의주親祭社稷儀

---

[158] 일반적으로 壇은 노천 제사용의 높은 기단 모양의 臺의 형태이며, 廟는 궁전 형식의 제사건축물로 발전되어 왔다.(김영모·임의제, 「조선시대 종묘와 사직의 구성관념에 관한 연구」, 『한국정원학회지』 38, 2001, 5쪽)
[159] 『태조실록』 태조 4년, 1월 29일(갑자).
[160] 김해영, 『조선초기 제사전례 연구』, 집문당, 2003.
[161] 이영춘, 「社稷祭의 起源과 變遷」, 『인하사학』 10, 2003, 381~402쪽.
[162] 『세조실록』 세조 1년, 8월 5일(무신).
[163] 한형주, 『朝鮮初期 國家祭禮 硏究』, 일조각, 2002, 64~98쪽.

註」를 보면, 국왕이 출궁과 환궁시 가마를 이용할 때 승로乘輅와 강로降輅인 것을 승련乘輦과 강련降輦으로 변경했다.[164] 로輅란 하은주시대부터 사용하던 제왕의 수레를 말하는 것[165]으로 국왕의 행행에 사용하던 가마를 지칭하기에는 마땅하지 않았다. 그리고 세조대까지 로輅를 사용했다고 볼 수도 있지만 조선의 지형, 특히 도로 사정이 수레를 이용하기에 적당하지 않다는 점을 감안한다면 가마를 이용했다고 보는 것이 옳을 것이다.

세조가 사직 행행을 정치적으로 이용했다는 것은 이후 재위기간 중 더 이상 사직에 친림하지 않은 사실을 통해서도 알 수 있다. 반면 세조 이외의 국왕들의 사직 행행도 그 빈도가 상대적으로 다른 행행에 비해 작게 보이기 때문에 굳이 세조만이 사직 행행을 철저하게 정치적 수단으로 사용했다고 보기는 어렵다. 오히려 세조가 계유정난 이후 정국의 돌파를 위해 사직 행행을 하였다고 보는 것이 좋다고 본다.

이런 배경으로 사직 행행은 조선전기부터 후기까지 행행에서 큰 비중을 차지하지는 못했으며 종묘에 비하면 매우 미약하게 진행되었다고 하겠다. 다만 행행의 진행 절차는 다른 능원묘에 가는 것과 동일하였다.[166] 앞에서 언급했듯이 국왕의 행행은 택일擇日 → 군령軍令 → 시위군侍衛軍·유도군留都軍 선정과 동원 → 도로 정비 등으로 이어졌으며 사직 행행도 이와 동일하게 거행되었다.[167] 그런데 사직 행행의 절차가 여타의 행행과 큰 차이가 없는 것과는 달리 그 중요성은 조선후기로 갈수록 조선전기와 비교해 크게 변경되지 않았다. 다음의 〈표 Ⅱ-4〉는 조선후기 국왕들의 사직 행행의 빈도와 시기를 정리한 것으로 사직 행행의 횟수가 국왕의 재위년과 비교하면 상대적으로 매우 적다는 것을 알 수 있다.

---

164) 『세조실록』 세조 1권, 1년 7월 23일(병신).
165) 『通典』 권64, 「天子車輅」.
166) 『御營廳擧動謄錄』 권1~2, 장서각, K2-3344.
167) 『御營廳擧動謄錄』 권1~58, 장서각, K2-3344.

〈표 Ⅱ-4〉 조선후기 국왕의 社稷 행행 시기

	인조(26)	효종(10)	현종(15)	숙종(46)	경종(4)	영조(52)	정조(24)	순조(34)	헌종(15)	철종(14)
1	1623.4	1650. 7		1675.5		1725.7	1781. 1	1804.2	1838.6	1852.1
2	1624.5	1650.11		1677.6		1726.1	1783.12	1810.1	1842.8	1860.1
3	1628.5	1651. 5		1685.7		1727.1	1784. 1	1811.4	1846.1	
4	1629.5	1652. 4		1696.1		1733.1	1784.12	1811.5		
5	1631.5	1656. 5		1699.6		1734.1	1785. 1	1811.5		
6	1635.2			1701.5		1734.7	1786. 1			
7	1638.5			1708.2		1737.7	1786. 1			
8	1639.5			1708.5		1738.1	1789. 1			
9						1738.5	1791. 1			
10						1739.5	1791. 1			
11						1739.8	1791.12			
12						1740.1	1792. 1			
13						1742.7	1793. 1			
14						1753.5	1794. 1			
15						1756.2	1794. 7			
16						1759.윤6	1794. 7			
17						1760.6	1795. 1			
18						1762.6	1796. 1			
19						1764.5	1798. 1			
20							1800. 1			
계	8	5	0	8	0	19	20	5	3	2

〈표 Ⅱ-4〉에서 현종과 경종은 사직 행행을 전혀 거행하지 않고 있으며, 최다 행행 횟수는 정조의 20회와 영조의 19회를 들 수 있다. 그리고 대부분의 국왕은 8회 미만에 머무르고 있어서 재위 기간과 비교한다면 연중 1회도 사직 행행을 거행하지 않았다고 볼 수 있으며, 숙종의 경우 재위 46년 동안 8회만을 거행하여 6년에 1회만 사직 행행을 시행하고 있다.[168]

이러한 수치는 오례에 근거하여 매년 춘추에 거행되던 사직대제조차도 국왕이 행행하지 않았다는 것을 의미하고 있다. 따라서 국왕의 입장에서 사직이 차지하는 비중은 종묘와 능원에 비해 상대적으로 미미한 대상이며 수준이었음을 짐작하게 한다.

그렇지만 사직 행행에 대한 관심도와 정성이 다른 행행에 비해 부족한 것은 아니었던 것으로 보인다. 국왕 중에서 재위기간 가장 많은 사직 행행을 한 영조와 정조는 육체적인 한계와 기후의 불리함을 무릅쓰고 나서는 것은 물론 행행 절차의 개편까지 설정하고 있다. 1726년(영조 2) 1월초, 실록의 기록에는 밤 추위가 맹렬하여 시신侍臣이 바로 서있기도 힘들고 위사衛士가 얼어 죽기도 하는 상황이었지만, 영조는 방한모를 물리치고 밤새도록 새벽에 이르기까지 엄숙히 선채로 게으른 모습이 없이 기곡제를 마치고 환궁하였다.[169]

이런 영조의 모습은 1727년과 1733년(영조 9) 1월초에 다시 재현된다. 1727년 1월 3일에 거행된 사직 행행은 야간에 거행하고 4일 돌아오는 일정으로 날씨가 추워서 시위 군병에게 박의薄衣와 유의襦衣를 지급함과 동시에 급탄給炭을 할 정도였다.[170] 그리고 1733년 영조는 또 다시 혹한의 날씨와 건강상의 문제로 신료들의 반대에도 불구하고 정월의 사직 행행을 거행하였다. 이때 영조는 정월의 추위에 목욕재계沐浴齋戒하고 기곡제祈穀祭를 친히 거행하는 모습을 보였다.[171]

이런 영조의 모습은 이듬해인 1734년 정월 기곡제에서도 동일하게 나타나서 기후와 계절에 관계없이 국왕의 의지에 따라 사직 행행이 거행되었음을 짐작하게 한다. 이때 영조는 기곡제를 지내기 위해 동가動駕할 때에 백관百官은 야주개夜晝介에 이르러 말에서 내려 보행步行으로 따르고, 회가

---

168) 『御營廳擧動謄錄』 권1~3, 장서각, K2-3344.
169) 『영조실록』 영조 2년, 1월 8일(신축).
170) 『御營廳擧動謄錄』 권3, 정미 1월 1일, 병조절목.
171) 『영조실록』 영조 9년, 1월 9일(신묘).

回駕할 때에는 종침교宗沈橋에 이르러 말을 탈 것이며 시위하는 장사將士들은 하마下馬하지 말 것을 영구히 항식恒式으로 정하도록 명하여 사직 행행에 관한 새로운 규정을 정하고 있다.172)

사직 행행에 대한 영조의 관심은 이전에도 보이는데, 1731년 5월 기우제를 지내기 위해 행행에 나서면서 행행 의장을 개편하였다. 이때 영조는 고취鼓吹를 물리치고 보련步輦을 타고 산선繖扇을 제거했으며, 대신 이외의 백관들은 모두 걸어서 따르라고 명하였다. 영조는 여러 신료들이 날씨로 인해 일산日傘을 사용할 것을 청했지만 받아들이지 않고 기우제를 거행하였다.173) 행행 의장의 개편은 1734년 기우제에서도 보이는데, 당시 영조는 원유관遠遊冠과 강사포絳紗袍를 갖추고 보련步輦을 타고서, 의장儀仗을 줄이고 일산日傘은 펴지 말 것을 명하였다. 이에 승지와 옥당玉堂이 더운 날씨에 덮개가 없으면 반드시 성체聖體를 손상시킬 것이라 하여 극력 반대했지만 허락하지 않았다.174)

정조의 경우에도 사직 행행의 의례를 영조대에 준해서 따르기도 하였는데, 시위侍衛 및 시신侍臣·승사承史는 종침교鍾沈橋로 말을 타고 가도록 한 것이 대표적이다.175) 정조의 사직 행행은 재위 5년부터 시작되어 서거하는 해까지 이루어지는데, 보통 재위 15~20년까지는 매년 정초에 사직단에서 재숙齋宿하고 기곡제祈穀祭를 거행하였으며 그 외에는 2~3년 만에 한 번씩 행행하였다.176) 위의 〈표 Ⅱ-4〉에서 정조의 사직 행행이 20회 거행된 시기에서 2회를 제외하고는 모두 12월과 1월에 집중되어 있어서 추운 날씨를 고려하지 않고 진행하였다.

---

172) 『승정원일기』 영조 10년, 1월 4일(신사).
173) 『영조실록』 영조 7년, 5월 22일(갑신).
174) 『영조실록』 영조 10년, 7월 29일(임인).
175) 『정조실록』 정조 5년, 1월 7일(경진).
176) 『정조실록』 정조 1년~24년.

그런데 정조의 사직 행행은 기후와 풍흉의 조건 여하에 따라 거행되기도 하였다. 정조는 1794년(정조 18)의 극심한 가뭄으로 사직단에서 6번의 기우제를 거행하였으며 그 중 5·6 차례의 기우제는 친림하여 시행할 정도였다. 그러므로 매년 초에 거행되었던 기곡제와 비교할 때 정조의 사직 행행은 기후와 농사의 형편에 따라 거행되었음을 짐작할 수 있다.

한편으로 영조와 정조대의 사직 행행 수치가 높은 점을 정월에 거행하던 기곡제祈穀祭의 설행 때문이라고 볼 수도 있다.[177] 사직에서 처음 기곡제가 거행된 것은 1683년(숙종 9)이며,[178] 국왕이 처음 기곡제를 거행하기 위해 사직에 행행한 것은 1695년(숙종 22) 1월이었다.[179]

이후 영조대를 거쳐 1787년(정조 11) 기곡제는 국가의 대사大祀로 정립되어 춘추 대제와 납대제臘大祭와 동일한 정기제로 사직에서 거행하였다.[180] 영조와 정조대에는 기곡제가 친제親祭로 격상되어 사직제와 동일한 의례 선상에 놓이게 된 것이다. 그래서 영조와 정조의 사직 행행이 증가되고 정월에 집중된 것은 기곡제의 친행과 밀접한 관계가 있었다고 볼 수 있다.

그런데 영조와 정조대의 사직 행행에 대한 관심과 개편은 이후 국왕들에게서 전혀 나타나지 않고 있다. 아래의 〈표 Ⅱ-4〉에서 보면 정조의 뒤를 이은 순조는 재위기간 35년을 통틀어 5회의 사직 행행을 거행하고 있을 따름이다. 순조가 보위에 오르면서 제일 먼저 거행한 행행은 1802년 도성내 종묘 친림에서 시작되었다. 오례의 기준으로 보면 사직이 종묘보다 앞

---

[177] 이욱, 「조선후기 祈穀祭 設行의 의미」, 『장서각』 4, 2000, 159~161쪽.
[178] 『승정원일기』 숙종 9년, 1월 23일(을축).
　　禮曹啓曰, 社稷祈穀祭事, 因諸大臣收議, 依議施行事, 命下矣, 行祭吉日, 令日官推擇, 則今正月二十八日, 爲吉云, 以此日擧行, 而若循祈雨祭之例, 則宰臣重臣先行後, 或特遣大臣, 而今此祈穀祭, 實是法典所載, 遣重臣設行, 何如? 傳曰, 特遣大臣設行, 可也.
[179] 『숙종실록』 숙종 22년, 1월 4일(신유).
[180] 『社稷署儀軌』 권5, 故事.

서지만 왕위 계승의 정통성을 알리는 것으로는 종묘가 우선이었기 때문으로 생각된다.[181]

그리고 영조와 정조대 이후부터 국왕이 기곡제를 위해 사직에 주로 행행한 것도 순조, 헌종, 철종대에는 잘 거행되지 않았다. 〈표 Ⅱ-4〉에서 순조는 5회의 사직 행행에서 정월 기곡제를 1회, 헌종은 3회중 1회, 철종은 2회를 거행하고 있다. 따라서 영조와 정조대에 기곡제의 친제親祭를 위해 사직 행행을 자주 거행한 형태는 순조부터 나타나지 않는 것이다. 결국 조선후기 국왕의 사직 행행이 가장 활발하게 거행된 것은 영조와 정조대였으며 이때를 전후하여 더 이상 사직 행행은 국왕의 행행에서 큰 비중을 차지하지 못한 셈이다.

2) 종묘宗廟 행행

종묘는 왕실조상과 선대 국왕들의 신위를 모신 곳으로 국가적 차원에서 보면 그 어떤 궁실이나 공간보다 성스러운 곳이었다. 이에 임진왜란 이후 제일 먼저 영건된 것이 종묘였으며 역대 국왕의 행행에서 다수를 점하는 것도 종묘였다는 점에서 그것을 잘 반증해주고 있다.[182] 다음의 〈표 Ⅱ-5〉는 조선후기 국왕의 종묘 행행 시기를 정리한 것으로 사직과 비교할 때 그 비중을 잘 보여주고 있다.

---

[181] 『국조오례의』 권1, 吉禮.
[182] 신명호, 「장서각 소장 자료와 종묘의 역사」, 『장서각』 4, 2000, 57~84쪽.

〈표 II-5〉 조선 후기 국왕의 宗廟 행행 시기

	인조(26)	효종(10)	현종(15)	숙종(46)	경종(4)	영조(52)	정조(24)	순조(34)	헌종(15)	철종(14)
1	1623.4	1651.2	1661.7	1676.10	1722.8	1726.10	1778.7	1802.8	1837.1	1850.1
2	1624.2	1652.4	1669.10	1681.6	1723.1	1727.1	1778.10	1803.1	1837.8	1851.10
3	1625.7	1653.4		1683.1		1727.4	1779.1	1803.4	1838.2	1852.1
4	1628.4			1683.6		1727.7	1779.4	1803.7	1838.8	1852.4
5	1632.1			1686.2		1728.1	1779.12	1804.1	1839.2	1852.7
6	1635.3			1687.1		1728.7	1780.1	1804.4	1839.8	1852.10
7	1637.5			1687.4		1729.2	1780.7	1807.7	1840.2	1853.1
8				1691.1		1729.4	1780.10	1808.1	1840.9	1853.7
9				1692.1		1729.7	1780.10	1808.7	1841.2	1853.10
10				1693.1		1730.1	1781.1	1808.10	1841.4	1854.1
11				1695.1		1730.4	1781.4	1809.4	1841.7	1854.4
12				1695.4		1733.1	1781.7	1809.7	1843.2	1854.윤7
13				1696.1		1733.7	1781.10	1809.10	1843.4	1854.10
14				1696.10		1734.1	1781.12	1810.1	1843.윤7	1855.4
15				1698.1		1734.4	1781.12	1810.4	1844.2	1855.7
16				1698.4		1734.8	1782.1	1810.7	1844.3	1856.1
17				1698.12		1735.1	1782.7	1811.2	1844.4	1856.7
18				1699.4		1735.7	1782.12	1811.4	1844.7	1857.1
19				1700.1		1736.1	1782.12	1811.7	1844.10	1857.7
20				1700.4		1736.4	1783.1	1812.1	1845.1	1857.12
21				1701.1		1737.7	1783.10	1812.8	1845.4	1858.5
22				1701.4		1737.12	1783.12	1813.1	1845.8	1859.10
23				1702.1		1738.1	1784.1	1813.8	1846.1	1860.1
24				1702.4		1738.7	1784.7	1814.1	1846.4	1860.4
25				1702.7		1739.1	1784.9	1814.7	1846.6	1860.9
26				1703.7		1739.4	1785.1	1815.8	1846.8	1861.1
27				1704.1		1739.5	1785.7	1816.3	1846.10	1861.8
28				1705.1		1739.7	1785.10	1816.7	1847.1	1861.10
29				1705.4		1740.1	1785.10	1817.1	1847.4	1862.1
30				1705.7		1740.4	1786.8	1817.2	1847.7	1862.윤8
31				1706.1		1740.5	1787.1	1817.7	1848.1	1862.10

32				1706.7	1740.6	1787.7	1818.1	1848.3	1863.1
33				1707.1	1740.7	1787.12	1818.8	1848.7	1863.6
34				1707.4	1741.1	1788.7	1819.1	1849.윤4	
35				1707.8	1741.4	1788.10	1819.4		
36				1708.1	1741.4	1789.1	1819.8		
37				1708.5	1742.1	1789.12	1819.11		
38				1708.7	1742.4	1790.2	1820.1		
39				1709.1	1742.4	1790.7	1820.7		
40				1709.4	1742.6	1790.12	1821.1		
41				1709.9	1742.7	1791.1	1823.7		
42				1710.윤7	1743.1	1791.4	1824.1		
43				1711.8	1743.4	1791.8	1824.4		
44				1712.1	1743.4	1792.1	1824.7		
45				1713.8	1743.윤4	1792.7	1825.1		
46					1744.7	1793.1	1825.7		
47					1745.1	1793.4	1825.10		
48					1745.3	1793.8	1826.1		
49					1745.4	1794.1	1826.7		
50					1745.7	1794.4	1827.1		
51					1745.10	1794.9	1827.8		
52					1746.1	1795.1	1828.1		
53					1746.4	1795.윤2	1828.7		
54					1746.7	1795.7	1829.1		
55					1747.1	1796.1	1829.7		
56					1747.4	1796.7	1830.1		
57					1747.7	1797.1	1830.8		
58					1748.1	1797.4	1830.10		
59					1749.1	1797.8	1831.1		
60					1749.7	1798.4	1831.8		
61					1750.1	1798.8	1832.8		
62					1750.4	1799.7	1832.10		
63					1750.4	1799.10	1833.1		
64					1750.7	18001	1833.4		

	인조(26)	효종(10)	현종(15)	숙종(46)	경종(4)	영조(52)	정조(24)	순조(34)	헌종(15)	철종(14)
65						1751.1	1800.2	1833.8		
66						1751.4		1834.1		
67						1751.7		1834.8		
68						1752.2				
69						1752.7				
70						1753.4				
71						1753.7				
72						1754.10				
73						1755.1				
74						1755.4				
75						1755.7				
76						1755.10				
77						1756.4				
78						1756.7				
79						1757.1				
80						1759.윤6				
81						1759.7				
82						1760.1				
83						1760.4				
84						1760.5				
85						1760.5				
86						1760.7				
87						1761.1				
88						1761.7				
89						1761.7				
90						1761.7				
91						1761.10				
92						1761.10				
93						1762.1				
94						1762.4				
95						1762.4				
96						1762.6				

97						1762.7				
98						1762.12				
99						1763.1				
100						1763.4				
101						1763.7				
102						1764.4				
103						1764.5				
104						1764.6				
105						1764.7				
106						1765.7				
107						1767.1				
108						1770.1				
109						1770.8				
110						1771.1				
111						1772.1				
112						1772.1				
113						1772.11				
계	7	3	2	45	2	113	65	67	34	33

※ 『조선왕조실록』과 『御營廳擧動謄錄』에서 인조부터 철종대를 정리하였다. 국왕별 (　)는 재위년이다.

위의 〈표 Ⅱ-5〉에서 각 국왕별 종묘 행행을 보면 첫째, 국왕별 행행의 회수가 큰 편차를 보이고 있으며, 둘째, 행행이 영조·정조·순조의 3대에 걸쳐 집중적으로 행행이 거행되었고, 셋째, 영조의 종묘 행행이 지나치게 높은 수치를 보이는 점이며, 넷째, 대부분의 행행 시기가 정조正朝와 함께 봄과 가을에 거행된 종묘의 춘향대제와 추향대제에 집중되었다는 것이고, 다섯째, 겨울인 정월 정조의 행행이 많이 나타나고 있다는 점 등이다.

첫째, 각 국왕별로 종묘 행행의 수치를 재위년과 비교해 보면, 인조 26년간 7회, 효종 10년간 3회, 현종 15년간 2회, 숙종 46년간 45회, 경종 4년간 2회, 영조 52년간 113회, 정조 24년간 65회, 순조 34년간 67회, 헌종 15년간 34회, 철종 14년간 33회 등이다. 행행의 빈도가 높은 정도에 따라 정리하면 영조 → 순조 → 정조 → 숙종 → 헌종 → 철종 → 인조 → 효종 → 현종 → 경종의 순으로 나타난다.

그러나 각 국왕의 재위년과 행행의 빈도를 비교해서 보면 숙종의 경우 재위년이 46년인데 45회의 종묘 행행을 거행한 반면 순조는 재위 34년간 67회를 하였기 때문에 순조대의 종묘 행행이 숙종대보다 더 자주 거행했다고 할 수 있겠다. 이런 점을 감안하여 역대 국왕의 종묘 행행 빈도수의 편차를 정리한다면 정조 → 영조 → 철종 → 헌종 → 순조 → 숙종 → 효종 → 인조 → 경종 → 현종 순으로 줄어들고 있다.

따라서 조선 후기 국왕의 종묘 행행은 영조를 기점으로 활발하게 거행되었으며, 이후 정조, 순조, 헌종, 철종대에 이르기까지 재위년도에 비해 자주 종묘에 임했고, 영조 이전은 숙종을 제외하면 미미한 수준임을 알 수 있다. 그 이유는 인조대 양차의 호란을 겪고 숙종대에 와서야 청나라가 명나라의 잔여세력을 완전히 소탕시키고 중원에 통일제국을 이룩하여 조선의 정치, 군사체제도 안정화에 들어가는 대내외적 요인[183]이 있었기 때문이라고 보인다. 이에 힘입어 영조 이후는 안정된 정치 체제하에 외부의 침략에 대한 두려움이 없는 상황 하에서 국가 의례인 행행의 거행이 쉬웠기 때문이라고 할 수 있겠다.

둘째, 종묘 행행이 영조・정조・순조대에 집중적으로 나타나고 있는 것은 첫 번째 내용인 영조 이후의 종묘 행행이 활발한 배경과 동일 선상에서 파악할 수 있다. 이들 세 왕의 종묘 행행은 조선후기의 국왕 중에서 숙종을 제외하면 재위년과 비교하여 그 빈도가 높게 나타나며, 행행의 증가와 감소의 분기점을 이루고 있다. 그렇지만 종묘의 행행이 영조대를 기

---

[183] 배우성, 「17・18세기 청에 대한 인식과 북방영토의식의 변화」, 『한국사연구』 99・100, 1997; 이근호, 「숙종대 중앙군영의 변화와 수도방위체제의 성립」, 『조선후기 수도방위체제』, 서울학연구소, 1998; 기시모토 미오・미야지마 히로시(김현영・문순실 역), 『조선과 중국 근대 오백년을 가다』, 역사비평사, 2003.

점으로 정점을 이루었다가 이후 감소하는 추세라고 보기에는 영조 이전 국왕들의 행행 횟수가 증가하거나 혹은 일정한 패턴을 나타내지 못하고 있다. 다만 영조 이후 국왕들은 행행 횟수가 감소하는 경향을 보이기는 하지만, 이것도 각 국왕의 재위년과 비교하면 일정한 추세를 보인다고 하기에는 부족하다.

바로 이런 이유로 셋째, 영조의 종묘 행행이 다른 국왕들에 비해 지나치게 높은 배경을 설명할 수 있다. 영조의 재위년이 52년이었던 것을 감안한다면 다른 국왕들의 재위년은 숙종을 제외하면 상대가 되지 않을 정도로 짧다. 재위기간이 비슷한 숙종도 종묘 행행의 회수를 가지고 보면 영조와는 비교할 수 없을 정도로 빈약하다. 다만 영조 이후의 국왕들과 비교하면 그들의 재위년과 행행 회수를 비교할 때 보통 1년에 2회 이상이었음을 알 수 있다.

영조의 종묘 행행이 113회이므로 52년의 재위년과 비교하면 매년 2회 이상인 것을 알 수 있으므로 영조만이 종묘 행행을 많이 했다고 보기는 어렵다. 오히려 재위년과 행행 수치를 비교하면 정조가 65회의 행행을 24년의 재위기간 중에 거행하여 1년에 거의 3회에 가까운 행행을 하였다고 할 수 있다. 따라서 위의 〈표 Ⅱ-5〉의 수치로 보면 영조의 종묘 행행이 지나치게 많은 것으로 나타나지만, 다른 국왕들과 비교하면 일반적인 추세였다고 하겠다.

넷째, 종묘 행행 시기가 대부분 1월에 몰려 있거나, 종묘의 춘향春享·추향대제秋享大祭가 거행되던 봄과 가을에 집중된 것은 종묘의 기능과 상징성을 잘 나타내주는 부분이다. 종묘에서 연례적으로 거행하던 제사는 사계절에 따라 춘향대제, 하향대제, 추향대제, 동향대제가 있다. 위의 〈표 Ⅱ-5〉에서 국왕들은 하향대제와 동향대제보다는 춘향대제와 추향대제에 참여하는 횟수가 많음을 확인할 수 있다. 국왕이 한 해의 시작을 종묘에 알리고 봄과 가을에 천신薦新하는 행위는 통치자의 권한과 지위를 대표적으로 보여주는 것이기 때문이다.[184] 그래서 국왕들은 이 시기에 반복적으로 행행을 거행하고 있다.

다섯째, 추운 계절인 정월 정조正朝의 행행이 많이 나타나고 있다는 점이다. 정조正朝의 행행이 잦은 것은 종묘가 사직과 함께 국가 제사의 상위에 위치하고 있었던 점을 감안할 때 오히려 당연한 결과일 것이다. 국왕별로 거행된 정월 정조正朝 종묘 행행을 보면, 인조(1), 효종(0), 현종(0), 경종(1)과 같이 저조하거나 없는 경우를 제외하고 재위년과 행행수치를 비교할 때 숙종 46년: 45회 중 18회, 영조 52년: 113회 중 29회, 정조 24년: 65회 중 17회, 순조 34년: 67회 중 22회, 헌종 15년: 34회 중 5회, 철종 14년: 33회 중 10회와 같이 10~30%에 달하고 있다. 국왕이 종묘대제인 춘향·하향·추향·동향대제에 임한 시기와 비교해보아도 정조正朝에 거행된 종묘 행행이 많다.

따라서 국왕이 정조正朝에 종묘로 행행한 것이 특별한 의미와 상징을 가지고 있었거나 한해의 시작이라는 연례행사로 자리 잡았기 때문에 위와 같은 수치가 나타났다고 하겠다. 그리고 위의 수치에서 겨울에 해당하는 11·12월과 2월 등 3개월을 합해서 본다면 날씨에 크게 좌우되지 않고 종묘 행행이 거행되었음을 알 수 있다.

이외에 〈표 Ⅱ-5〉에서 인조와 현종은 재위년에 비해 행행 빈도가 제일 낮으며, 영조대를 기점으로 종묘 행행은 점차 그 수치가 줄어들고 있고, 영조의 재위 38년인 1762년의 종묘 행행은 6회로서 역대 국왕 중에서 한해에 제일 많은 종묘 행행을 거행하고 있는 것들이 주목된다. 이런 현상은 각 국왕별 신체적 기능과 정치적 상황이 상이한 만큼 종묘 행행의 시대적 모습으로 보기보다는 당대에 국한된 것으로 접근하는 것이 좋을 듯하다.

---

[184] 한형주, 「조선초기 종묘의 五廟祭와 祭享儀式의 성립」, 『명지사론』 11·12, 2000, 315~360쪽.

위와 같은 〈표 Ⅱ-4〉와 〈표 Ⅱ-5〉에 나타난 국왕의 사직과 종묘 행행을 비교하면 다음의 〈표 Ⅱ-6〉과 같다.

〈표 Ⅱ-6〉 조선후기 국왕의 社稷과 宗廟 행행의 회수

	인조(26)	효종(10)	현종(15)	숙종(46)	경종(4)	영조(52)	정조(24)	순조(34)	헌종(15)	철종(14)
사직	8	5	0	8	0	19	20	5	3	2
종묘	7	3	2	45	2	113	65	67	34	33
계	15	8	2	53	2	132	85	72	37	35

〈표 Ⅱ-6〉에서 재위 중 사직 행행을 제일 많이 한 국왕은 정조와 영조이며 재위년과 비교한다면 효종이 정조 다음으로 많다. 종묘의 경우는 영조와 순조이지만 재위년을 비교한다면 정조와 헌종, 철종, 숙종 등이 순조보다 앞서고 있다. 따라서 〈표 Ⅱ-6〉의 통계적인 수치만으로 조선후기 국왕의 종묘와 사직 행행의 어떠한 경향성을 파악하는 것은 각 국왕의 재위년에 따라 수치가 다르기 때문에 쉽지 않다. 다만 〈표 Ⅱ-6〉에서 주목되는 부분은 조선후기 국왕의 도성내 행행에서 사직보다 종묘가 차지하는 비중이 월등히 높다는 점이다.

먼저 다른 국왕에 비해 상대적으로 재위년이 길었던 숙종과 영조, 순조를 비교하면, 숙종은 사직 8회와 종묘 45회, 영조는 종묘 113회와 사직 19회, 순조는 사직 5회와 종묘 67회 등이다. 사직과 종묘 행행의 비율이 숙종은 5배정도이지만 영조와 순조는 10배의 차이가 나타나고 있다. 물론 인조는 사직 8회와 종묘 7회, 효종은 사직 5회와 종묘 3회로 종묘보다 사직 행행의 횟수가 많아서 조선후기 국왕의 종묘 행행이 사직보다 항상 많지만은 않았음을 보여준다. 그렇지만 양차의 호란을 겪은 인조부터 신체가 허약해서 온양에 자주 행행했던 현종을 지나 숙종대 이후의 도성내 행행 경향성을 본다면 종묘 행행의 수치가 훨씬 높다는 것을 알 수 있다.

특히 영조와 함께 세도정치기라고 하는 정조 이후의 국왕들은 재위년

과의 비교는 물론 사직과 종묘 행행의 비율이 10배 이상 나타나고 있다. 영조는 재위년이 길며(52년) 궁궐 밖 행차를 즐겨했던 국왕이었으므로 굳이 종묘만이 아니더라도 도성내에 위치했던 생모인 숙빈 최씨의 사당인 육상궁에 대한 행행을 100회 이상 거행하였다.[185] 그러므로 영조의 종묘 행행만을 놓고 숙종대 이후 국왕의 도성내 행행에서 종묘가 차지하는 비율이 사직에 비해 월등히 높았다고 주장하기에는 무리가 있다.

그러나 영조 이후 정조와 세도정치기의 국왕들이 사직보다 종묘에 행행하는 수치와 연결선상에서 보거나, 영조 이후 국왕들의 사직 행행의 수치가 현격하게 감소하고 있다는 점을 동시에 본다면 조선후기 국왕의 도성내 행행 지역에서 종묘가 사직보다 앞선다는 것을 알 수 있다.

한편 종묘 행행이 도성내의 행행임에도 능행과 원행처럼 도성을 벗어나는 경우와 마찬가지로 산봉우리와 같은 고지대에 척후斥候를 두거나 행행로 양 옆의 통로에 복병伏兵을 동원한 것이 특징이다. 영조대 종묘 행행에서는 금위영에서 고봉高峰 척후斥候와 통로通路 복병伏兵을 담당하였으며, 낮에는 깃발을 들어서 신호를 하였으며, 일몰 후에는 횃불로 안전의 여부를 전달하고 있다.[186] 그러므로 도성을 벗어난다는 여부를 떠나서 시위 군병의 동원이 이루어졌음을 알 수 있다.

3) 문묘文廟 행행

유교정치를 표방하던 조선왕조에서는 왕조의 창업과 함께 문묘의 의례를 정비하여 정치적, 사회적 상징성을 높였다.[187] 조선왕조의 문묘 제사는

---

[185] 이왕무, 「영조의 私親宮・園 조성과 행행」, 『장서각』 15, 2006, 115~116쪽.
[186] 『御營廳擧動謄錄』 권3, 丁未(1727) 4월 5일, 「병조절목」.
[187] 지두환, 「朝鮮前期 文廟儀禮의 整備過程」, 『한국사연구』 75, 1991, 89~112쪽; 김해영, 「조선초기 문묘 향사제에 대하여」, 『조선시대사학보』 15, 2000, 25~60쪽; 이기동, 「문묘제례의

태조의 명에 의해 1392년 8월 8일 대학사였던 민제閔霽가 거행하던 것에서 시작되었다.[188] 태조는 문묘가 완공되기 전인 1397년(태조 6) 역소役所를 방문하여 관원과 인부들을 위무慰撫하였다.

국왕이 문묘에 행차하는 것도 행행이라고 하였다.[189] 국왕이 위의를 갖추고 정식으로 문묘에 처음 행행한 것은 1406년(태종 6) 11월 13일이었다. 태종은 문묘에 행차하여 곤면袞冕 차림에 평천관平天冠을 쓰고 전奠을 문선왕文宣王에게 드리는 제사를 지내고, 성균관 관원과 학생들에게 공궤供饋하였다. 당시 문묘는 아직 완공되기 전이었으므로[190] 태종의 문묘 행행은 이례적이었다고 할 수 있다. 1407년 3월 문묘의 완성과 함께 7월에는 국왕이 문묘에 행행하는 절차를 완성하였다.

이때 태종은 문묘에 행행하는 배경에 대해 설명한다. 태종은 하륜河崙에게 "내가 국학國學의 강경講經을 보고 선비를 시취試取하고자 하는데, 경의 뜻으로서는 어떻다고 여기는가?"라고 하였는데, 이에 하륜은 "친히 국학國學에 나아가는 것은 인군人君의 성사盛事입니다."라고 하면서 역대 국왕들이 문묘에 친히 나아갔던 내용을 말하였다.[191] 태종과 하륜의 대화에서 알 수 있는 것은 국왕이 문묘에 행행하는 것이 공자에 대한 제사만이 목적이 아니라 과거를 시행하여 인재를 선발하는데 있음을 알 수 있다.

그런데 조선 초기 국왕의 문묘 행행 사례를 보면 태종은 1406년(태종 6) 11월과 1407년 3월과 7월·1414년 7월 등의 4회, 세종은 1429년(세종 11) 5월과 1434년 3월의 2회로서 문묘 행행의 수치가 매우 낮다. 세종은

철학적 기반」, 『유교문화연구』 8, 2004, 1~20쪽.
[188] 『태조실록』 태조 1년, 8월 8일(정사).
[189] 『승정원일기』 숙종 13년, 9월 21일.
　　丙申 上幸成均館, 謁先聖, 行酌獻禮.
[190] 『태종실록』 태종 7년, 3월 21일(을해).
[191] 『태종실록』 태종 7년, 7월 11일(임오).

예악禮樂을 표방하며 유교적 도덕정치를 실현하려한 국왕[192)]으로 알려졌음에도 재위기간 중 단 2회의 문묘 행행을 거행하였다.[193)]

　이후 세조는 재위 14년간 1회, 성종은 25년간 6회, 중종은 39년간 8회, 선조는 40년간 2회 등의 문묘 행행을 거행하였다.[194)] 이러한 조선 전기 국왕의 문묘 행행은 그 횟수나 목적이 임진왜란을 거쳐 인조 이후 조선후기의 국왕들에게도 유사하게 전개된다. 인조의 문묘 행행은 1623년(인조 1) 5월에 시작하여, 1624년 10월, 그리고 15년 후인 1639년(인조 17) 3월에 거행되었다. 1639년은 병자호란을 겪은 지 3년 후로서 당시 인조는 성균관에 거둥하여 알성謁聖하고 작헌례酌獻禮를 행한 다음, 명륜당明倫堂에서 선비를 시험 보여 권줍 등 7인을 취하였으며, 하련대下輦臺에서 무예를 시험 보여 김사길金士吉 등 11명을 취하고 그날로 방방放榜하였다.[195)]

　인조가 재위 26년간 3회의 문묘 행행을 거행한 것과 같이 인조 이후의 국왕들도 재위년에 비해 10% 전후의 비율로 문묘 행행을 거행하는 경향을 보였다.

- 인조: 1623년(인조 1) 5월 2일, 1624년 10월 19일, 1639년 3월 10일.
- 효종: 1651년(효종 2) 9월 18일, 1653년 8월 17일, 1657년 9월 17일.
- 현종: 1661년(현종 2) 9월 24일.
- 숙종: 1677년(숙종 3) 3월 26일, 1681년 9월 10일, 1686년 4월 3일, 1687년 9월 21일, 1691년 8월 10일, 1693년 8월 11일, 1694년 8월 4일, 1698년 9월 11일, 1702년 3월 25일, 1705년 4월 28일, 1709년 8월 11일.
- 경종: 1722년(경종 2) 9월 15일.

---

192) 이성무, 『(개정증보)조선의 사회와 사상』, 일조각, 2004, 88~94쪽.
193) 『세종실록』 세종 11년, 5월 26일(신미); 『세종실록』 세종 16년, 3월 8일(을유).
194) 『조선왕조실록』을 정리하였다.
195) 『인조실록』 인조 17년, 3월 10일(정묘).

- 영조: 1726년(영조 2) 11월 24일, 1732년 3월 18일, 1733년 2월 12일, 1736년 10월 2일, 1742년 4월 13일, 1746년 윤3월 4일, 1749년 3월 16일, 1750년 9월 10일, 1756년 2월 26일, 1759년 7월 25일, 1762년 3월 20일, 1765년 3월 28일, 1767년 9월 18일.
- 정조: 1778년(정조 2) 7월 27일, 1782년 3월 10일, 1785년 3월 11일, 1789년 2월 26일, 1790년 1월 1일과 2월 23일과 2월 25일, 1794년 2월 26일, 1799년 9월 30일.
- 순조: 1803년(순조 3) 4월 10일, 1807년 9월 10일, 1811년 7월 25일, 1825년 4월 21일.
- 헌종: 1838년(헌종 4) 4월 13일.
- 철종: 1851년(철종 2) 10월 19일, 1862년 3월 15일.

국왕들의 문묘 행행이 시작되는 것은 즉위한 후 1~3년 사이가 대부분으로 인조, 숙종, 순조, 헌종을 제외하면 모두 재위 2년에 문묘 행행을 거행하였다. 국왕들의 행행은 보위에 오른 해에 바로 거행하지는 않았으며 매년 반복되지도 않았다. 즉위 1년 만에 문묘에 행행한 것은 인조가 유일하다. 헌종은 즉위 4년 만에 문묘 행행을 거행하여 제일 늦은 것과 동시에 현종, 경종과 함께 재위기간 단 1회만 문묘에 행행하였다. 반면 정조는 재위 14년인 1790년 한 해에만 3회의 문묘 행행을 거행하였다. 그리고 영조는 재위 2년인 1726년 처음 문묘에 행행한 시기가 11월 24일로서 국왕 중에서 유일하게 겨울에도 행행을 거행하였다.

이와 같이 인조 이후 국왕들의 문묘 행행은 일정한 기간이나 주기를 보이며 거행되지 않았으며 특별한 날을 선정하지도 않았다. 다만 인조 이후 국왕들의 문묘 행행이 대부분 봄과 가을에 집중되어 있는 것이 주목된다. 이것은 문묘가 곧 공자의 묘廟인 곳으로 2월과 8월에 석전제를 지내기 때문에 당연한 일이기도 하였다.

국왕들의 행행이 거행된 시기를 보면, 봄인 2월부터 4월 사이가 22회이며 가을인 7월부터 10월은 18회로서 전체 48회 중에서 40회로서 90%에 달하는 비율이다. 그러므로 조선후기 국왕의 문묘 행행은 봄과 가을에 걸쳐 거행하였음을 알 수 있다. 이것은 문묘의 제사와 함께 문무과 시험을 보기위한 한 방편이었음을 짐작하게 한다.

특히 조선후기 국왕들의 문묘 행행에서 특징적인 것은 조선전기의 국왕과 마찬가지로 문묘에서 작헌례와 함께 대부분 인재 등용을 위한 과거를 시행한 것이다. 따라서 봄과 가을의 문묘 행행이 문묘의 제사일 때문만이 아니라 과거의 시행도 함께 고려하는 것이 좋겠다. 그리고 문무과 시험 장소와 과목의 특성상 문묘에서는 문과를 시험하였으며 궁궐로 돌아올回鑾 때는 창경궁의 춘당대에서 무과 시험을 보는 것이 일반적이었다.

당시 국왕들은 창경궁 동문인 집춘문集春門을 통해 문묘에 이르러 작헌례酌獻禮를 행한 뒤 명륜당明倫堂에서 시취試取하고, 다시 집춘문을 거쳐 춘당대로 와서 무과 시험을 치렀다.[196] 그러므로 조선후기에 국왕이 문묘에 행행한다고 하면 문무과 시험이 거행된다는 것을 의미하기도 하였으며, 시험에 참여하는 선비들이 한양과 지방의 각처에서 모였으므로[197] 날씨가 그날의 행사를 좌우할 수 있었으므로 봄과 가을에 집중적으로 문묘 행행이 거행될 수밖에 없었던 것이다.

다음의 〈표 Ⅱ-7〉은 조선후기 국왕의 문묘 행행과 시취試取 여부를 정리한 것이다.

---

[196] 『조선왕조실록』 현종 2년, 9월 24일(경자); 숙종 24년, 9월 11일(임오); 영조 18년, 4월 13일(임인); 정조 2년, 7월 27일(갑인); 순조 3년, 4월 10일(갑술).
[197] 『숙종실록』 숙종 12년, 4월 3일(정해).
上幸成均館, 謁先聖行酌獻禮. 行禮訖, 仍還幕次, 將試士于明倫堂, 時京外章甫, 聞風坌集.

〈표 Ⅱ-7〉 조선후기 국왕의 文廟 행행과 試取 여부

	인조(26)	효종(10)	현종(15)	숙종(46)	경종(4)	영조(52)	정조(24)	순조(34)	헌종(15)	철종(14)	계
문묘	3	3	1	11	1	13	9	4	1	2	49
試取	3	3	1	11	1	13	7	3	0	1	43

※ 『조선왕조실록』과 『御營廳擧動謄錄』을 정리하였다.

〈표 Ⅱ-7〉에서 국왕별 행행 회수의 차이와 변화에 있어서 일정한 형태의 증가세나 감소세가 나타나지 않는다. 국왕별 행행 회수는 숙종과 영조, 정조를 제외하고 재위년과 비교해 보면 대부분 10% 이내인 것을 알 수 있다. 그리고 숙종에서 정조까지 문묘 행행의 회수가 재위년과 비교할 때 20~50%에 가깝도록 높은 것을 알 수 있다. 특히 영조와 정조는 종묘와 사직 행행에서와 같이 다른 국왕들에 비해 높은 수치를 나타내고 있다.

국왕별로 재위기간 중 4회 미만의 문묘 행행을 거행한 것이 전체 11명 중에서 7명으로 80%에 육박하고 있다. 이 중 전쟁을 겪은 인조나, 재위기간이 짧았던 경종의 경우를 예외로 본다 해도 순조(34년)의 4회와 헌종(15년)의 1회, 철종(15년)의 2회는 재위기간에 비해 너무 적다고 밖에 볼 수 없겠다. 그리고 문묘의 행행에 제사와 함께 거행하던 시취試取의 경우 정조 이후로 누락되는 경우가 발생하고 있다. 헌종은 단 1회의 문묘 행행에서 다른 국왕들이 대부분 거행하던 시취試取도 하지 않았다.

그러므로 〈표 Ⅱ-7〉의 문묘 행행 수치의 변화만을 놓고 본다면 정조 이후 세도정치기에 접어들면서 행행 횟수와 시취試取가 감소 추세에 들어갔다고 볼 수 있다. 숙종대 이후 정조까지 증가하던 행행 수치와 시취가 순조부터 급감하거나 없어지고 있다. 다음의 〈표 Ⅱ-8〉은 조선후기 국왕의 종묘와 사직, 문묘의 행행을 정리한 것이다.

〈표 Ⅱ-8〉 조선후기 국왕의 都城內 행행 회수

	인조(26)	효종(10)	현종(15)	숙종(46)	경종(4)	영조(52)	정조(24)	순조(34)	헌종(15)	철종(14)	계
사직	8	5	0	8	0	19	20	5	3	2	70
종묘	7	3	2	45	2	113	65	67	34	33	371
문묘	3	3	1	11	1	13	9	3	1	2	49

〈표 Ⅱ-8〉의 국왕별 종묘와 사직의 행행 회수를 문묘에 대비해보면 동일하게 도성내에서 거행하던 행행이었음에도 문묘 행행만이 숙종 이후부터 큰 폭으로 감소하고 있음을 볼 수 있다. 앞서 숙종대 이후 종묘와 사직의 행행이 증가하는 배경을 청나라의 중원 장악과 연결시킨 것과 비교한다면 문묘 행행은 예외적인 현상이다. 종묘와 사직을 놓고 보면 도성내 행행이 전체적으로 증가하는 것이 추세임에도 문묘만은 오히려 역행하여 감소 추세를 보이는 것이다.

〈표 Ⅱ-8〉에서 문묘만이 아니라 사직 행행도 정조 이후 감소추세를 보이기는 마찬가지이다. 오히려 현종과 경종은 재위년간 1회의 사직 행행도 하지 않은 반면 문묘 행행은 1회 거행하였다. 그렇지만 인조부터 철종까지 사직과 문묘의 행행 회수를 보면 전체적으로 사직 행행이 문묘보다 더 많이 거행되었음을 알 수 있다. 또한 정조 이후부터는 사직과 문묘에 대한 행행이 종묘와 비교하지 않아도 국왕들의 재위년과 비교할 때 급속하게 감소하고 있다.

결과적으로 종묘 행행만이 국왕의 재위년과 비교할 때 숙종대 이후부터 지속적으로 증가되고 있음을 알 수 있다. 그러므로 조선후기 국왕의 도성내 행행에서 종묘→사직→문묘 순으로 그 비중이나 상징성을 자리매김 할 수 있겠다.

한편 문묘에 행행하는 시위侍衛 형태도 종묘와 사직에 행행하는 것과 동일하게 거행되었다. 문묘에 행행하는 도로는 창경궁의 동문인 집춘문을 통해 문묘에 이르는 것으로 다른 도성내 행행보다 국왕이 대중에게 드러나는 부분이 적었기 때문에 시위군을 동원하는 것이 물력의 낭비일수도 있었다.

그럼에도 불구하고 문묘 행행에는 종묘와 사직에 행행하는 것과 마찬가지로 군병들이 동원되었으며 시위체제도 동일하였다.[198] 도성내의 행행이므로 훈련도감과 어영청, 금위영이 중심이 되어 시위군을 담당하였다.[199] 그리고 도성내의 행행임에도 불구하고 능행과 원행처럼 도성을 벗어나는 경우와 마찬가지로 고봉高峰 척후斥候와 통로通路 복병伏兵을 두어 낮에는 깃발, 일몰 후에는 횃불로 안전의 여부를 전달하였다.[200]

또한 문묘의 제사에 참석하기 전 재숙齋宿하는 경우에는 행행시 숙위와 동일하게 시위가 이루어졌다. 1803년 순조의 문묘 행행에서는 춘당대에서 재숙하고 거행하였으므로 행행시 시위군이 야간에도 그 임무를 지속하였다. 당시 순조는 4월 10일의 문묘 알성시 행행에 동원된 협연군 300명 중에서 100명은 재숙시에도 시위하게 하였다.[201]

4) 능원陵園 행행

조선후기 국왕의 길례 행행에서 가장 많은 비중을 차지하는 것이 능陵과 원園에 대한 행행이다. 능원 행행은 국초부터 거행되었다. 태조는 즉위 후에 4대 조상을 도조度祖, 익조翼祖, 목조穆祖, 환조桓祖로 추존하고 함경도에 있던 묘소를 왕릉으로 조성하여 능행陵幸이 거행될 수 있는 바탕을 마련하였다.[202] 그리고 4대 조상의 부인들도 모두 왕비로 추숭하여 환조의 비

---

198) 『御營廳擧動謄錄』 권2, 辛未(1691) 8월 4일.
199) 『御營廳擧動謄錄』 권1, 丙寅 4월 1일, 「병조절목」.
200) 『御營廳擧動謄錄』 권2, 癸酉(1693) 8월 6일, 「병조절목」.
201) 『御營廳擧動謄錄』 권19, 癸亥(1803) 3월 10일.

묘소는 화릉和陵, 도조의 비는 순릉純陵, 익조의 비는 숙릉淑陵, 목조의 비는 안릉安陵으로 하였다. 이들 4대 왕과 왕비의 능에는 능지기와 권무權務 2인과 수릉호守陵戶를 두었으며 재궁齋宮을 세웠다.203) 또한 이들 능침의 재궁에는 사찰의 승려들에게 삭료朔料를 주면서 관리하게 하였다.204)

이외에 태종은 고려왕조의 역대 국왕들의 능침을 보호하고 관리하는 정책을 펴서 왕릉의 권위와 상징성을 역사적으로 정착시키는 계기를 마련하였다. 태종은 고려 태조의 현릉顯陵에 3호戶를, 혜종惠宗・성종成宗・현종顯宗・문종文宗・충경왕忠敬王・충렬왕忠烈王・공민왕恭愍王의 능침에 2호戶씩을 배치하여 수호하게 하였다. 이들 민호民戶에게는 전지田地 1결結을 주었으며 삼림을 채취하는 것을 금지하고 화재를 예방하도록 하였다.205) 그러므로 태조와 태종대를 거치면서 왕릉의 대외적 권위와 상징성을 내세우는 것과 함께 왕조에 관계없이 왕릉을 보호하는 정책을 마련하여 왕조의 신성성을 유지하는 기틀을 다졌던 것이다.

조선초부터 왕릉에 대한 권위와 보호하기 위한 장치를 마련하였음에도 선대왕의 능침을 소홀히 하는 모습도 나타나고 있다. 함경도에 위치한 정릉定陵, 화릉和陵, 의릉義陵, 순릉純陵에 능행을 한 국왕은 1명도 없었다. 도성을 기준으로 네 곳의 능침이 위치한 함경도는 다른 능침과 비교해서 거리상 너무 먼 것이 제일 큰 이유라고 볼 수 있다. 그렇지만 세종, 세조, 숙종, 현종 등이 온천에 목욕 하러간 온행溫幸을 예로 들면 원거리에 위치하고 있다는 것은 큰 문제라고 볼 수 없다. 더욱이 유교를 국시로 삼고

---

202) 『태조실록』 태조 1년, 7월 28일(정미); 『태조실록』 태조 1년, 8월 8일(정사).
   (전략)遣令殿下于東北面, 祭四代陵室, 以告卽位, 仍上陵號, 皇考曰定陵, 皇妣曰和陵, 皇祖曰義陵, 皇祖妣曰純陵, 皇曾祖曰智陵, 皇曾祖妣曰淑陵, 皇高祖曰德陵, 皇高祖妣曰安陵.
203) 『태조실록』 태조 1년, 10월 28일(병자).
204) 『세종실록』 세종 6년, 4월 21일(병인).
205) 『태종실록』 태종 6년, 3월 24일(갑인).

효孝를 강조하던 예치사회에서 단 1회도 국왕의 능행이 없었다는 것은 흥미로운 사실이다.

그러므로 조선시대 국왕의 능행이 시작된 것은 태조의 건원릉이 조성된 1408년 9월 9일이다. 이때의 능행은 제사가 아니라 발인시發靷時 국왕이 재궁梓宮을 모시고 간 것으로 일반적인 능행에서 동원하던 의장반차儀仗班次와는 차이가 있었다. 태종은 정종과 함께 소연素輦을 이용하여 건원릉까지 가서 태조의 재궁을 안장하는 것을 확인하고 돌아 왔다.[206] 태종이 건원릉에 발인이 아닌 의례적인 능행을 한 것은 1409년(태종 9) 5월 건원릉에서 직접 별제別祭를 거행할 때였다. 당시 태종은 별제를 지낸 뒤 능실陵室을 둘러보고, 성석린成石璘이 쓴 비문碑文을 살펴보았다.[207]

이런 배경으로 조선시대 국왕의 능행은 1409년 5월 태종의 건원릉 능행이 시작인 것이다. 태종은 동년 12월 27일 재차 능행하였으며, 1410년 8월 3일 면상免喪을 고하기 위해 또 한 차례의 건원릉 능행을 거행하였다. 태종만이 아니라 정종도 건원릉 능행을 거행하였다. 정종은 태조의 발인 이후 1410년 9월 건원릉에서 직접 제사지내고 풍양豊壤 들에서 사냥을 하고 다음날 광나루에 영접 나온 태종을 맞이하여 잔치를 베풀고 밤에 돌아왔다.[208] 의례라는 관점에서 보면 능행은 물론 능침에 제사를 지내고 오면서 잔치를 벌이고 유락遊樂을 하는 경우는 매우 예에 어긋나는 것이다. 실제 조선후기 국왕들의 능행에서는 찾을 수 없는 부분이다.

이와 같이 국왕이 건원릉에 능행을 하고 돌아오는 길에 유락遊樂하는 모습은 태종대를 비롯하여 조선전기 국왕의 능행에서 자주 나타난다. 태종은 1411년 한식 때 건원릉에 제사를 지내고 동교東郊에서 사냥을 구경하였

---

[206] 『태종실록』 태종 8년, 9월 9일(갑인).
[207] 『태종실록』 태종 9년, 5월 26일(정유).
[208] 『태종실록』 태종 10년, 9월 2일(병인).

으며,[209] 1412년 추석에도 건원릉에 추석제秋夕祭를 행하고 돌아오는 길에 살곶이箭串 교외에서 매사냥을 하였다.[210] 세조는 1457년(세조 3) 건원릉에 망제望祭를 친히 행하고 아차산峨嵯山에서 사냥을 구경하였다.[211] 중종대에도 건원릉에 능행을 하고 돌아오면서 사냥하는 모습은 그대로 이어졌지만 사냥에 대한 논의가 이루어졌다. 1513년(중종 8) 승정원에서 왕릉 참배 후 사냥하는 문제를 상주하였다. 당시 국왕과 승정원에서 오고간 내용은 다음과 같다.

"평시에 다른 곳에서 사냥한다면, 拜陵한 뒤에 할 것이 없으나, 峨嵯山은 건원릉·顯陵과 산맥이 서로 이어졌는데, 새 顯陵에는 아직 親祭하지 않고서 먼저 능과 가까운 곳에서 사냥하는 것은 미안할 듯합니다. 당초에 예조가 아뢴 것도 배릉을 먼저 하려 한 것입니다. 신 등의 의견에는 13일에 배릉하고 16일에 일제히 走鴨山 泉岾에서 몰이하고, 그 뒤에 2~3일 걸러서 일제히 아차산 등지에서 몰이하면 마땅하겠습니다. 또 齊陵의 修築이 13일에 있는데, 제릉은 곧 太祖王后의 능이니, 이날 건원릉에 참배하는 것이 더욱 情理에 합당합니다. 먼저 배릉한 뒤에 사냥하면 매우 物情에 맞기 때문에, 감히 여쭈는 것입니다."(중략) "대체로 사냥은 반드시 배릉한 뒤에 해야 하는 것은 아니다. 또 옛적에는 陵山에서 몰이하더라도 먼저 사유를 고하여 제사한 뒤에 사냥하는 것이 준례였다. 그러나 이번에는 마침 배릉할 일이 있으므로, 배릉한 뒤에 사냥하는 것을 차례로 거행할 것인데, 병조가 이미 行移 하여 군사를 징집하였으므로 軍令이 한결같지 않을 뿐만 아니라 가진 식량도 모자라니, 아차산에서 몰이하더라도 합당하지 않은데 陵山에서 몰이하는 것

---

[209] 『태종실록』 태종 11년, 3월 5일(을축).
[210] 『태종실록』 태종 12년, 8월 11일(계해).
[211] 『세조실록』 세조 3년, 5월 15일(정축).

이 옳은가? 능산에서 몰이한다면 먼저 사유를 고하여 제사지내야 할 것인가? 부득이 拜陵한 뒤에 한다면, 이제 어긋나는 듯 하나 다음으로 날짜를 물릴 것인가? 부득이 배릉한 뒤에 한다면, 이제 어긋나는 듯 하나 다음으로 날짜를 물릴 것인가? 그 가부를 병조·예조의 당상 전원이 闕庭에 모여 의논하여 아뢰도록 하라."212)

중종과 승정원 사이에 오고간 내용 중에서 능행과 사냥의 관계에 대한 것을 정리하면 능행에서 사냥을 하는 것은 문제가 되지 않으며 다만 사냥을 하게 된 사연을 해당 능침에 고유하면 문제가 없다는 것이다. 특히 승정원에서 말한 내용 중에 능행을 하고나서 사냥하는 곳이 능침과 먼 곳에 위치하면 고유하지 않아도 된다고 하였다. 이것은 능행과 사냥은 별개의 문제라는 시각에서 나온 결과라고 볼 수 있다. 그리고 사냥을 하는 방법이 몰이군을 동원하여 산림을 뒤지는 것으로 능침 주위가 소란스럽게 하는 것임에도 문제 삼지 않는 것을 보면 능행시 사냥을 겸하는 것이 일반적이었음을 알 수 있다.

그러므로 조선초부터 국왕이 능행을 하고 나서 사냥을 하거나 원유遠遊하던 것이 중종대까지 그대로 존속한 것은 물론이고 군신간에 능행시의 사냥이 문제라는 의식도 없었다는 것을 알 수 있다. 이런 조선전기 능행의 모습은 조선후기에서는 전혀 찾아 볼 수 없다. 능행시 과거를 설행하거나 군사훈련을 하는 경우는 있지만 사냥을 하는 국왕은 보이지 않는다. 다만 3년 상을 마치고 능침에 참배할 때 시위군인 금군禁軍의 활솜씨를 시험하는 것과 같은 군사훈련을 동반하는 경우는 있었다.

이와 함께 1661년(현종 2) 현종이 숙종의 영릉寧陵 능행에서 보면, 현종은 능침 주위를 세 차례 돌며 봉심奉審하다가 섬돌 밑에 이르러 땅에 엎드

---

212) 『중종실록』 중종 8년, 10월 4일(무술).

러서 눈물을 흘리는 소회를 드러냈다. 이어서 건원릉·현릉·목릉을 참배하고, 돌아오는 길에 돌곶이石串에 이르러 금군의 활솜씨를 시험하였다. 이때 활쏘기는 두 개의 지푸라기 인형을 세우게 한 뒤 방포放砲를 신호로 금군이 말을 달리며 쏘게 하였으며, 활쏘기의 결과에 따라 포상하는 것이었다.213) 현종의 능행시 군사훈련과 조선전기 국왕의 능행시 사냥을 비교하면 그 일의 내용이 국왕의 기호나 취향에 맞춰진 것이 아니라 능행에 동원된 군사들을 단련시키고 포상하는 것으로 바뀌고 있다.

더욱이 조선후기로 갈수록 군사훈련을 병행하는 일도 차츰 줄어 들 수밖에 없었다. 동구릉과 서오릉처럼 한 지역에 여러 능침이 있는 곳으로 능행을 가게 되면 인정상 한 지역 내에 소재한 능침들을 모두 둘러봐야하는 사정이 있었으므로 다른 일을 하고 도성으로 돌아올 시간적 여유가 없었기 때문이다. 따라서 조선전기에 국왕이 능행을 마치고 도성 외의 넓은 산야에서 심신을 단련하거나 군사훈련의 일환으로 벌이던 사냥이 조선후기에 나타나지 않은 것은 의례적 엄숙함과 명분이 작용한 것도 있었겠지만 도성으로의 당일 환궁 여부에 따라 좌우되었기 때문이라고 보는 것이 좋겠다.

무엇보다 조선 전후기를 막론하고 국왕의 능행에서 나타나는 것이 민인들에 대한 위무慰撫이다. 국왕은 능행의 과정에서 해당 지역의 농사의 형편, 세금의 부과 여부와 부담정도 등을 지역 관원이나 민인에게 알아보았다. 더욱이 능행 과정에서 해당 지역민이 노고를 치하하는 일환으로 그 지역민에 한해 과거를 설행하거나 진휼賑恤을 베풀기도 하였다. 이 점이 능행과 같은 행행이 지닌 고유기능이라고도 할 수 있다.

그리고 국왕이 능행시 위무하는 것에 대한 반향으로 국왕이 능행을 마치고 도성으로 돌아오는 과정에 민인들이 운집하여 국왕을 환영하며 칭송

---

213) 『현종실록』 현종 2년, 8월 28일(갑술).

하는 모습에 주목할 필요가 있다. 조선후기 영정조대 이후 국왕의 능행에서 관광민인觀光民人이 항상 나타나듯이 시대에 관계없이 조선전기 국왕의 능행에서도 민인들의 반향이 나타나고 있었다. 세종은 1441년(세종 23) 4월 말부터 5월 2일까지 온양 온천에 왕비와 함께 온행을 하고 5월 5일 단오에 귀경하면서 헌릉獻陵에 배릉예拜陵禮를 하였다. 당시 세종은 삼전도三田渡를 거쳐 도성으로 돌아 왔다. 삼전도에서는 3군軍의 장수들이 각각 군사를 거느리고 포구浦口의 북쪽에서 진열하고 있다가 대가를 따라 도성으로 향했다. 능행 대열은 노부鹵簿의 위의威儀를 드러내며 고취鼓吹와 고각鼓角을 울려 행렬의 장엄함을 나타내었다.

세종의 행렬이 흥인문興仁門을 지나면서 백관을 비롯하여 민인들이 장사진을 이루었다. 이때 학생들은 국왕을 칭송하는 가요를 다음과 같이 불렀다.

"주상 전하께서 神聖한 자질로써 형통하고 아름다운 運을 잡으시니, 백성이 편안하고 물건이 풍부합니다. 예의가 갖추어지고 음악이 조화하니 모든 업적이 다 빛나고 사방이 즐거하는데, 아직도 다스림이 흡족하지 못함을 염려하여 매양 軫念에 겨를이 없으시니, 聖慮가 憂勤에 지나치셨습니다.(중략) 시골 늙은이들은 기쁘게 바라보기를 天日을 우러러보듯 하고, 도성 사람들은 기다리는 것을 괴롭게 여겨 가뭄에 雲霓를 바라보듯 하였는데, 바로 5월 초5일에 거가가 돌아오시니, 城闕에서 기쁨이 넘칩니다. 신 등은 태학에서 기름을 받아 菁莪의 덕화를 입었는데, 임금께서 돌아오심을 바라보니 기쁨을 이기지 못하여 머리를 조아려 頌歌를 바칩니다."(중략) "밝으신 우리 임금님이여, 龍德으로 御天하시니, 크게 조상의 武德을 이어 우리 朝鮮에 임하셨네."[214]

---

214) 『세종실록』 세종 23년, 5월 5일(경자).

세종의 능행 대열을 맞이하는 학생들이 부른 가요는 능행과 같은 국왕의 행행을 민인들이 어떻게 바라보았는가 하는 시각을 잘 설명해 주고 있다. 민인들이 강제적이거나 의도적으로 모였다고 해도 능행에서 돌아오는 국왕을 맞이하는 모습은 조선후기 정조의 화성 원행을 비롯하여 국왕들의 능행에서 자주 나타나는 것이므로 일반적인 현상이었다고 볼 수 있는 것이다. 그러므로 국왕의 능행이 능침이 많지 않던 조선전기부터 정례적으로 빈번하게 거행되었다고 할 수는 없겠지만 그 진행과정과 사회적 현상은 조선후기까지 동일한 형상으로 나타났다고 할 수 있다.

조선전기에 국왕의 능행이 공식적으로 자리 잡은 것은 의례서에서 확인할 수 있다. 능행이 의례적으로 보이는 것은 세종대 오례의가 정리되면서부터이다. 『세종실록』「오례의」길례 서례에 정조正朝・한식寒食・단오端午・추석秋夕・동지冬至・납일臘日에 건원릉과 제릉에 제향祭享하고, 삭망朔望에 여러 산릉에 제향 하는 내용이 실려 있다. 국왕이 선대왕에 대한 제사를 치르기 위해 능침에 가는 것이 능행이다. 그러므로 「오례의」에 제사일이 정해진 것은 능행이 정례적으로 자리 잡은 것을 의미하는 것이다. 이와 같이 세종대에 정리된 능행은 성종대『국조오례의』가 집대성되면서 조선후기 국왕들이 의례적인 능행을 매년 거행하게 되는 계기를 마련하게 되었다.

『국조오례의』「길례」의 56개 조항에서 능행에 관련된 조항은 배릉의拜陵儀와 사시급속절삭망향제릉의四時及俗節朔望享諸陵儀 2개이다. 배릉의拜陵儀와 사시급속절삭망향제릉의四時及俗節朔望享諸陵儀를 제외한 54개의 조항은 사직과 종묘, 문묘, 천지자연 등에 대한 제사가 대부분을 차지하고 있다. 그리고『국조오례의』서례序例의 길례는 전체 21개 조항에서 변사辨祀, 시일時日, 축판祝板, 재계齋戒, 재관齋官, 거가출궁車駕出宮, 거가환궁車駕還宮, 제복도설祭服圖說 등 8개가 능행에 관련된 것이다. 이러한 조선전기의 능행 관련 규정은 조선후기에『국조속오례의國朝續五禮儀』가 편찬되면서 변화를 보인다.

『국조속오례의』「길례」에서 능원陵園에 관한 규정은 전체 22개 조항에서 행능의幸陵儀와 배소령묘의拜昭寧廟儀의 2개이다. 조선전기의 『국조오례의』와 비교하면 길례의 조항이 절반 이하로 감소 추세를 보이지만 능원의 조항은 여전히 2개일 뿐이다. 배릉의가 행능의가 되었으며 사시급속절삭망향제릉의四時及俗節朔望享諸陵儀가 없어지고 배소령묘의가 새롭게 만들어졌다. 소령묘는 영조의 생모生母 숙빈최씨淑嬪崔氏의 묘소로 영조 재위 중에 원園으로 승격되었기 때문에 능원 조항에 포함시켰다.

『국조오례의』와 『국조속오례의』의 능원 조항의 비교에서 가장 큰 차이는 배릉의가 행능의가 되었다는 것이다. 배릉의와 행능의는 국왕이 능침에 행행하는 절차를 담당부서와 인원의 움직임에 맞추어 정리한 것으로 내용상 큰 차이를 보이지 않는다. 따라서 『국조속오례의』「길례」에서 변화된 능원 조항은 1개라고 할 수 있다.

그렇지만 조선후기 국왕의 능행이라는 개념에서 본다면 용어상의 변화는 큰 의미를 함축하고 있다. 국왕의 행행에서 능행이 『국조오례의』의 규정에 수용되고 정착되었음을 알려 주는 것이기 때문이다. 행행幸行의 행幸은 국왕이 궁궐 밖을 벗어나 일정 장소에 임한다는 의미를 지닌 단어이다. 그러므로 『국조속오례의』에서 배릉의가 행능의로 변화된 것은 행행의 하나인 능행이 의례적으로 완전하게 정립되었음을 상징하는 것임을 알 수 있다.

이외에 『국조속오례의』「서례」의 길례는 전체 10개 조항에서 변사辨祀, 시일時日, 축판祝板, 재계齋戒, 재관齋官, 묘사도설廟祠圖說, 찬실준뢰도설饌實樽罍圖說(산릉기신山陵忌辰) 등 7개가 능에 관한 것으로 『국조속오례의』에서와 마찬가지로 『국조오례의』「서례」보다 절반 이하로 조항이 줄어들었다. 그런데 『국조오례의』와 『국조오례의』「서례」 내용에서 『국조속오례의』와 『국조속오례의』「서례」에 누락된 부분 중에서 의례상 없어진 것도 있지만 능행과 관련된 조항은 그대로 유지되고 증가되었다는 점에 주목해야 한다.

　능행 의례에 새롭게 첨가되는 조항이 있어서 능행 의례가 변화되었다고 볼 수도 있는 부분이지만 전체적으로 능행 의례의 진행과정을 본다면 『국조속오례의』 능행 조항에 나타나듯이 조선전기와 비교할 때 큰 줄기는 그대로 유지되었다는 점이다. 능행이 오례의 하나인 길례의 한 의례이지만 국왕의 행행 의례로서 지속적으로 사용된 것이 부각되는 것이다. 능행 의례가 다른 오례의 의례와 달리 지속적으로 사용되었다는 점은 능행이 국왕의 위의威儀와 권력을 대외적으로 표방시키는데 큰 역할을 하였다는 것을 보여주는 것이다.

III

길례吉禮의 능행陵幸에 나타난 행행의 시대적 추이

1. 능행陵幸의 시대적 변화와 정례화
2. 원행園幸의 등장과 행행 의례화

III. 길례吉禮의 능행陵幸에 나타난 행행의 시대적 추이

1. 능행陵幸의 시대적 변화와 정례화

1) 왕릉王陵의 조성과 능행의 정착

조선은 중국 역대 왕조와 달리 국왕이 승하하면 왕릉을 조성하기 시작하여 보통 6개월 이내에 완성하였다. 왕릉의 규모는 조선초기부터 한나라의 제도를 그대로 수용하여 사방 161보로 정하였는데,[1] 조선후기에는 건원릉만 200보로 하고 나머지는 능침은 150보로 하였다.[2] 지형적으로 조선의 왕릉은 삼국시대 이래로 모두 산지에 조성되었으며 풍수의 논의에 따라 위치가 정해진 것이 특징이었다.[3] 그러므로 왕릉을 조성하는 공사를 산릉山陵이라고 했으며 그 담당 관서를 산릉도감山陵都監이라고 명칭한 것이다.

---

1) 『태종실록』 태종 6년, 11월 1일(정사).
2) 『현종실록』 현종 3년, 6월 12일(계축).
3) 『세종실록』 세종 15년, 7월 26일(정축).

왕릉의 조성은 산릉도감의 산릉사山陵使가 참초제斬草祭와 개토제開土祭를 필두로 능이 위치할 곳의 풍수와 좌향坐向을 결정한 뒤에 공역을 시작하였다.[4] 왕릉이 조성되는 택지의 선정은 주로 경기도내에서 이루어졌다. 산릉지가 지나치게 원거리인 경우 왕릉 조성은 물론 능행이 어려울 수 있으며, 왕릉에 파견된 관리들이 폐단을 일으킬 소지가 있었다.[5] 이에 따라 왕릉의 택지擇地는 도성을 둘러싼 100리 이내에서 결정되었다. 조선시대 왕릉의 분포를 보면 양주의 동구릉과 광릉光陵, 광주의 헌릉獻陵과 인릉仁陵, 고양의 서오릉, 김포의 장릉章陵, 화성의 융릉隆陵과 건릉健陵 등은 모두 도성에서 백리 이내에 위치하고 있음을 알 수 있다. 물론 세종의 영릉英陵과 효종의 영릉寧陵은 여주에 위치하고 있어서 백리를 벗어나고 있지만 풍수의 길흉설에 따라 천장遷葬하거나 조성한 것이다.[6]

왕릉의 조성에는 신료만이 아니라 국왕도 참여하여 능의 좌향坐向은 물론 주석柱石과 면우석面隅石 등의 석물 배치도 결정하였다. 다만 능역에 조성되는 문인석·무인석·장명등 등의 석물과 배치는 대부분 전례에 따라 이루어지는 것이 일반적이었다.[7] 그리고 왕릉을 조성한 후의 능역에 대한 관리도 국왕이 지시했는데, 주로 능행시에 본 것을 위주로 해당 관원을 문책하거나 능역의 경계를 강화하게 했다.[8]

능행은 위와 같은 과정으로 조성된 선대왕과 왕비의 능침에 국왕이 거둥하여 전알, 전배, 작헌례 등을 거행하는 것을 말한다.[9] 능행은 국왕이 보위에 오르면 의례적으로 거행해야 할 일이었다.[10] 조선왕조에서 능침이

---

[4] 『태종실록』 태종 8년, 8월 25일(경자).
[5] 『성종실록』 성종 8년, 3월 8일(을해).
[6] 이범직, 「조선시대 왕릉의 조성 및 그 문헌」, 『한국사상과 문화』 36, 2007, 246~248쪽.
[7] 『순조실록』 순조 5년, 1월 27일(임자).
[8] 『정조실록』 정조 16년, 9월 11일(정미).
[9] 『영조실록』 영조 4년, 8월 7일(을유).
[10] 『중종실록』 중종 4년, 4월 7일(무진).

조성되는 시기는 태조가 서거한 이후부터로서 능행도 이때를 기준으로 시작되었다고 볼 수 있다. 능행은 1408년(태종 8) 태종이 정종과 건원릉에 행행하여 동지제를 거행한 것을 기점으로 시작되었다.[11] 물론 태조가 그 선대의 조상 묘소와 신덕왕후神德王后의 정릉貞陵에 간 것을 능행이라고 할 수도 있겠으나 조선왕조가 개창된 이후를 기준으로 본다면 정종과 태종대부터 건원릉 능행이 시작되었다고 볼 수 있다.

건원능이 조성된 이후부터 역대 국왕의 능침이 지속적으로 조성되었고 이에 따라 국왕들의 능행도 지속적으로 반복되었다. 국왕의 능행에 대한 행행 의례는 세종대에 그 기본이 정비되었다. 세종의 즉위년인 1418년 예조에서는 국왕의 능침 참배에 대한 의식을 정리하였다. 예조에서는 국왕이 왕릉에 참배하기 위해 궁궐을 떠나는 절차를 다음과 같이 하였다.

① 3일 전에 국왕과 행사 참여 관원은 모두 깨끗이 재계하고, 正寢에서 잠을 잔다.
② 2일 전에 大臣을 보내어 宗廟에 고한다.
③ 1일 전에 忠扈衛에서 大次는 陵所의 가까운 곳, 小次는 陵室의 곁에 설치한다.
④ 날이 밝기 전 1刻에 어가가 궁에서 나오면, 繖扇과 儀仗 및 護衛가 인도한다.
⑤ 山陵이 멀면, 하루 앞서 行宮에 이르러 재계하고 유숙한다.[12]

세종초에 정비된 ⑤에 이르는 능행의 기본적인 절차는 조선후기까지 그 형태가 계속 유지되었는데 『국조오례의』와 『춘관통고』, 『배릉의주등록

---

11) 『태종실록』 태종 8년, 11월 26일(경오).
12) 『세종실록』 세종 즉위년, 12월 17일(임진).

拜陵儀註謄錄』에 나타나는 능행 사례를 보면 알 수 있다. 다만 출궁 시각은 계절마다 일출 시각에 맞추어 조정되었다.[13]

먼저『국조오례의』길례에 수록된 배릉의拜陵儀를 보면 다음과 같다.

① 出宮 3일 전 예조에서 內外에 선포하여 담당업무를 준비한다.
② 2일 전에 大臣을 보내어 宗廟에 고한다.
③ 초엄에 병조에서 諸衛를 독촉하여 小駕 노부를 홍례문 밖에 진열하게 한다.
④ 2엄에 제위는 각각 그 대를 독촉하여 근정전에 들어와 선다.
⑤ 사복시정은 輦을 근정문 밖에 輿를 사정전 합문 밖에 남향으로 대령시킨다.
⑥ 좌통례가 外辦을 아뢰면, 국왕이 翼善冠과 袞龍袍를 갖추고 輿를 타고 나온다.
⑦ 근정문 밖에서 국왕이 여에서 輅로 오르며 좌통례가 車駕의 進發을 啓請한다.
⑧ 거가가 움직이면, 좌우통례가 양쪽에서 인도하여 나온다.
⑨ 국왕이 궁궐 밖으로 나오면 문무 시신이 말에 올라 능으로 출발한다.[14]

정조대 정비된『춘관통고』에 실린「행능의幸陵儀」를 보면 다음과 같다.

① 初嚴에 병조에서 창덕궁 進善門 밖에 노부를 설치하고 유도백관과 배종백관이 융복차림으로 朝房에 모인다.
② 2엄에 사복시에서 仁政門 밖에 말과 輿를 두고 백관은 돈화문 밖에

---

13) 『승정원일기』효종 7년, 9월 9일(갑인).
14) 『국조오례의』,「길례」, 拜陵儀.

侍立한다.
③ 좌통례가 2엄을 아뢰며, 여러 衛의 소속이 인정전 殿庭에 늘어선다.
④ 3엄에 판통례가 外辦을 아뢰면, 국왕이 융복에 輿를 타고 나오며 繖扇은 평소와 같다.
⑤ 大駕가 인정문 밖에 이르면 좌통례가 輿에서 내려 말로 갈아 탈것을 아뢴다.
⑥ 좌우통례가 인도하며 作門을 이루어 돈화문을 나온다.
⑦ 좌통례가 시위군의 승마를 위해 잠시 멈출 것을 아뢴다.
⑧ 시위군이 승마를 하면 좌통례가 어가의 進發을 아뢴다.
⑨ 대가가 궁궐 밖으로 나오면 유도백관과 배종백관이 祗送한다.[15]

순조대 간행된 『배릉의주등록拜陵儀註謄錄』에 실린 건원릉 능행의 「배릉시출환궁의拜陵時出還宮儀」를 보면 다음과 같다.

① 初嚴에 병조에서 창덕궁 仁政門 밖에 노부를 설치하고 유도백관과 배종백관이 융복차림으로 朝房에 모인다.
② 2엄에 사복시에서 仁政門 밖에 말과 輿를 두고 백관은 돈화문 밖에 侍立한다.
③ 좌통례가 2엄을 아뢰며, 여러 衛의 소속이 인정전 殿庭에 늘어선다.
④ 3엄에 판통례가 外辦을 아뢰면, 국왕이 戎服에 輿를 타고 나오며 繖扇은 평소와 같다.
⑤ 大駕가 인정문 밖에 이르면 좌통례가 輿에서 내려 말로 갈아 탈것을 아뢴다.
⑥ 좌우통례가 인도하며 돈화문을 나온다.

---

15) 『춘관통고』, 권23 「길례」, 幸陵儀.

⑦ 좌통례가 시위군의 승마를 위해 잠시 멈출 것을 아뢴다.
⑧ 시위군이 승마를 하면 좌통례가 어가의 進發을 아뢴다.
⑨ 대가가 궁궐 밖으로 나오면 유도백관과 배종백관이 祗送한다.[16]

먼저 『국조오례의』의 길례에 나오는 능행시 출궁 모습에서 세종초에 시작된 배릉 의식이 의례적으로 자리 잡기 시작하였음을 보여주고 있다. 세종초에는 의례적인 모습이기 보다는 국왕이 일반적으로 행차하는데 동원되는 인원과 움직임을 알 수 있다. 능행의 진행을 알리는 삼엄이 보이지 않으며 판통례가 절차를 알리고 보고하는 역할을 하고 있다. 다만 『국조오례의』와 『춘관통고』에는 생략되었지만 3일 전에 재계하고 종묘에 고하고, 주정소를 설치하는 것은 동일하게 진행되고 있다.

반면 『국조오례의』와 『춘관통고』에는 판통례의 역할을 좌통례가 하고 있으며 그 진행 과정은 동일하다. 『국조오례의』의 ⑨개 절차가 『춘관통고』의 ⑨개와 거의 일치하고 있어서 성종대 정비된 능행 절차가 정조대에도 지속적으로 유지되었음을 알 수 있다. 특히 『춘관통고』와 『배릉의주등록拜陵儀註謄錄』에 실린 능행 절차는 거의 동일한 내용을 담고 있어서 정조대에 정리된 능행 의례가 조선말기까지 지속되었음을 시사해주고 있다.

그러므로 능행은 조선전기부터 그 기본 체제가 갖추어지고 능행에 동원되는 의장물의 의장제도가 정비[17]된 뒤 『오례의』에 의해 체제가 정비되자 국가의 의례체제로 자리 잡았다. 그리고 양차의 전란을 겪은 후에 정조대에 이르러 『오례의』를 근거로 『춘관통고』에 능행 의례를 다시 정리한 뒤 조선후기까지 유지하였던 것이다.

그런데 국가 의례 이전에 능행은 국왕에게 선대왕과 왕비에 대한 효도

---

16) 『拜陵儀註謄錄』, 「健元陵拜陵時出還宮儀」, 장서각, K2-4796.
17) 『세종실록』 세종 4년, 9월 6일(경진).

와 유학을 국시로 하던 조선왕조의 자연스런 의례적 행사라고 볼 수 있다.[18] 일례로 1677년 숙종이 선왕인 현종의 숭릉崇陵을 전알展謁하고 곡했는데, 도승지 정석鄭晳 등이 3년상을 마친 후의 곡이므로 예가 아니라고 말함에도 불구하고 한참만에야 곡을 그쳤다.[19] 의례에 정해진 순서와 내용에 따라 능침이 이루어졌다기보다는 효심의 발로라고 볼 수 있는 대목이겠다. 그렇다면 국왕들이 능행을 왕조말기까지 수없이 반복해서 거행하던 모습은 단순히 효와 예에 따른 결과물이라고 밖에 결론지을 수 없을 것이다.

그렇지만 능행을 효孝와 예禮에 의한 결과물이라고만 보면 능행 이외의 행행들도 동일한 선상에서 해석하는 결과를 가져올 것이다. 효와 예란 인간적인 감정에 의해 거행되는 행사는 능행 이외에도 얼마든지 존재한다는 것을 감안한다면, 능행에 대한 역사적 접근, 역사적 해석의 가치도 별 의미가 없는 상태가 될 수 있다. 또한 효와 예의 기준에서 본다면 왕대비와 왕비들이 능행에 참여하지 못하는 부분은 설명이 쉽지 않다. 더욱이 행행 시 국왕들의 효에 대한 시각도 신료와 일반인과는 차이가 있어서, 국왕은 종사를 보존하고 백성을 보살피는 연장선에서 효가 이루어진다고 보았다.[20]

특히 왕실 여성들의 능행 참여는 신료들에 의해 저지되었다. 1676년 8월 현종비 명성왕후明聖王后는 숙종과 함께 숭릉에 능행하여 상처한 마음을 풀려고 하였다. 당시 숙종은 신료들과의 정사를 파하는 자리에서 삼공三公만을 머물도록 명하고는 "자전慈殿께서 이번 능행 때에 숭릉에 함께

---

[18] 『승정원일기』 영조 4년, 8월 7일(을유).
(전략)上曰(중략) 父母在, 昏定晨省, 父母歿, 春秋展拜.
[19] 『숙종실록』 숙종 3년, 3월 17일(계사).
[20] 『승정원일기』 영조 6년, 2월 3일(임인).
(전략)帝王之孝, 實與匹庶不同, 必也. 安宗社保生民, 方爲達孝.

가시어 지통至痛하신 정을 풀어 보시려고 하는데, 대개 3년 상을 마치면 더욱 무시無時로 전알展謁할 수 없기 때문에 이번에 꼭 가시려고 하시니, 경卿들은 어떻게 생각하는가?"라고 하였다. 이에 삼공이 합사合辭하여 대답하기를, "국조國朝 300년 동안에 이러한 예가 없었으며, 또 고사故事에서도 듣지 못했습니다. 더구나 자전께서는 큰 병환 끝에 새로 차도가 계시는 터이라 결코 30리의 길을 왕환往還하실 수 없습니다. 또 이미 능 아래에 가시게 되면, 애통하시고 상심하심이 만배萬倍나 되어 손상이 반드시 클 것이니, 후회한들 어떻게 하겠습니까? 신 등은 결코 뜻을 받들 수 없습니다."라고 하였다.

그러자 숙종은 자신도 그러한 내용으로 자전을 설득하였으나 명성왕후가 체읍涕泣하면서 굳게 고집하여 만약 능행에 동행하지 않으면 병에 걸릴까 걱정된다는 반응을 보였다. 이러한 숙종의 태도에 허적 등은 단호하게 거절할 것을 재차 진언하였다. 그리고 숙종은 허적 등의 의견대로 다시금 자전의 마음을 돌리려고 하였으며, 그 결과를 가지고 그날 저녁에 다시 영상領相과 좌상左相을 만나서 "내가 경들의 말대로 진달하였더니, 자전께서 하교하시기를, '전일에 내가 일신一身의 병으로도 수일數日의 노정路程이 소요되는 온천에 간적이 있었는데, 지금 이 능침에 전알하려는 것은 통박痛迫한 지극한 情에서 나온 것이니, 어떻게 그만두겠는가?' 하시니, 경들의 생각은 어떠한가?"라고 하였다. 이처럼 숙종과 명성왕후의 능행 참여는 간절한 것이었음에도 허적 등은 "온천에 거둥하시는 것은 이미 전례가 있고, 또 이는 병을 치유하는 방도입니다마는, 이번 행행은 원래 고례古例도 없고, 또 반드시 손상을 더하시게 될 것인데, 신 등이 어떻게 감히 뜻을 받들겠습니까?"라고 하였으며, 결국 그 논의는 정침되었다.[21]

---

21) 『승정원일기』 숙종 2년, 8월 20일(경오).
  同日酉時, 上御經筵廳, 又引見領議政許積, 左議政權大運, 同副承旨禹昌績, 假注書朴慶後, 記

이와 같이 왕실 여성의 능행은 철저하게 신료들에 의해 봉쇄되고 있다. 숙종이 명성왕후의 온행 전례를 들어가면서 능행의 참여를 유도했지만 전례가 없다는 의견에 따라 없었던 일로 정리되고 있다. 온행은 대부분 도성에서 원거리에 위치하고 있으므로 대다수의 능침에 비해 왕복 시간이 훨씬 많으며 여정도 장거리이므로 신체적인 무리가 큰 행행이다. 따라서 온행을 다녀왔던 대비의 의지를 신체적인 문제점으로 막지 못하던 신료들은 결국 전례에 없다는 이유 하나만으로 숙종의 의지를 막았던 셈이다.

그렇다면 과연 능행은 여성이 참여할 여지가 없는 특별한 남성 국왕만이 참여하는 것인가 하는 의구심을 갖게 한다. 실제로 조선전기에 정현왕후貞顯王后가 선릉宣陵을, 정희왕후貞熹王后는 광릉光陵에 능행한 일이 있기 때문이다. 물론 중종대부터 대비의 능행을 반대하는 신료들이 등장[22]하였으며, 양차의 전란을 겪은 조선사회가 숙종대 이후부터는 남녀와 귀천의 차별이 심해지던 상황이었으므로 허적과 같은 의견이 이해할 수 있는 부분이라고는 하지만 굳이 여성이라는 이유만으로 능행에 참여할 수 없다는 것은 궁핍한 해석인 것이다. 보다 능행의 본질적인 이유가 있어서가 아닌가 하는 의문이 생기는 부분이다. 능행은 남자인 국왕만이 가야하는 의례로 생각하였던 것으로 생각할 수도 있다.

그러므로 능행에 관한 별도의 접근과 해석이 필요한 것이며, 이것에

事官李漢命李玄錫入侍. 上曰以卿等所陳之辭, 告達於慈殿, 則答以雖曰無古例, 此固情禮當然之事, 且以吾之病缺比今日尤重, 而猶能往來於溫泉, 則今豈不能行乎? 慈敎如是堅執, 今將若之何? 大運曰, 若奉往則至情所在, 有過哀而致傷者矣. 上曰, 至情所在, 必欲親往而後已, 奈何? 若不得奉往, 則在缺悲痛, 尤有以致傷矣. 積曰, 此事最難處矣, 溫幸事, 臣亦想之而未及陳矣, 大槪溫幸, 非但祖宗朝有已行之例, 且以病患, 爲沐浴奉往, 則固出於萬萬不獲已之擧, 而此則異於溫幸, 若或奉往, 則三十里往還之際, 勞動必多, 陵上陟降之際, 哀痛亦切, 則其所致傷, 又如何哉? 今則決不可奉往, 若又以此反復開陳, 期於回聽, 而終又不從, 則明日又命招臣等, 更詢下情, 宜置矣. 大運曰, 臣等之不欲奉往者, 只慮宿患之添祇也, 古例有無, 反爲輕矣. 上曰, 第更爲開陳, 若又不從, 則當更招卿等問議矣. 遂罷出.

22) 『중종실록』 중종 26년, 3월 6일(신묘).

대한 대답은 숙종을 비롯한 여러 국왕의 능행에서 간간히 발견할 수 있다. 먼저 숙종은 1693년 2월의 능행에서 목릉穆陵을 알현謁見하고는 건원릉·휘릉徽陵·숭릉崇陵·현릉顯陵을 두루 배알拜謁하고, 되돌아오다가 인장리茵匠里 고개에 이르러 백성들이 모여드는 것을 보고 말을 멈추게 하고, 불러 모아서 위로하며 유시諭示하였다. 이때 대신들이 주정소晝停所에서 시행하도록 청하자, 숙종은 주정소에 이르러, 장전帳殿으로 나아가 부로父老들을 불러들이게 하고, 다음과 같은 수찰手札로 유시를 내리고 능행에 따른 처분을 유사有司에게 명하였다.

"내가 부덕한 몸으로 왕위를 욕되게 하면서부터 홍수와 가뭄, 바람과 서리가 해마다 재앙을 이루어 마침내 농사를 망치게 하여, 우리 백성들로 하여금 일찍이 하루라도 평안히 살게 하는 즐거움을 누리지 못하게 하였다. 만약 지난해와 같은 흉년이라면, 近古에 드문 일이다. 그러나 畿甸은 나라의 근본이 되는 지역인데, 다른 곳에 비하여 가장 혹심하였다. 절후가 화창한 봄철에 이르러 만물이 모두 雨露의 은택에 젖는데, 애처로운 우리 백성들은 유독 굶주리고 곤궁한 지경에 떨어지게 되니, 그 까닭을 깊게 생각해 보면, 내가 君師의 책임을 다하지 못한 데서 그런 것이다. 상심이 내 몸에 있는 듯하니, 맛있는 음식이 어떻게 편안하겠는가? 부역을 감해 주고 진출하는데 관계된 정치는 이미 講究하였다. 그러나 지금 園陵을 알현하는 예를 마치고 鑾輿를 돌리면서 田野를 돌아다보니, 내 몸이 다친 듯 하는 슬픈 마음이 가슴 속에 더욱 간절하므로, 수레를 멈추도록 하고 특별히 그대들을 불러서 마음속의 말을 털어놓는다."(중략) "畿甸 안의 각 고을에서 금년 봄에 거둬들이는 쌀과 田稅로 바치는 쌀·콩은 사람들로 하여금 가을까지 기다려, 시기를 물려서 바치게 하고, 그 중에 전세로 이미 바친 고을은 특별히 해당 관청의 곡식을 移轉하여 대신 지급하라. 楊州는 陵寢이 한 고을에 많이 있으며, 廣州는 이번 행행에 또한 분주한 노고가 많았으니, 도리상 후하게 진휼하는 것이 마땅하다. 양주는 정묘년에 대출한 糶穀은 특별히 탕감해 주고, 광주는 전세로 바치는 쌀・콩도 해당 관청으로 하여금 稟旨하여 변통해서 진휼하는 뜻을 보이도록 하라. 아! 너희 士民들은 나의 至誠으로 구휼하려고 하는 뜻을 몸 받아서, 이리저리 흩어지지 말도록 하고, 각자 자기 집안을 보존하고 농사에 힘을 다하여, 가을을 기대하는 것이 내가 바라는 것이다."23)

숙종의 유시와 처분은 능행의 의미를 다양하게 접근하여 광범히 하게 해석해 볼 수 있는 점이 많다. 능행은 궁궐은 물론 도성을 벗어나 농촌을 거쳐 가는 여정이므로 자연스럽게 민인과의 접촉이 생기게 된다. 왕조시대에 일반 백성이 국왕과 만나는 것은 물론이고 자신들의 처지를 상주하는 것도 쉽지 않았던 실정에서 능행은 손쉬운 군민君民 간 만남의 장이 벌어지는 곳이다.24) 능행이 단순한 효와 예에 의해 의례적依例的으로만 치러지던 왕실행사의 하나가 아니었음을 내포하는 부분이다.

숙종과 같은 사례는 정조의 능행에서도 보인다. 1781년(정조 5) 정조의 능행에서 국왕의 단호한 의지를 엿볼 수 있다. 정조는 건원릉・목릉・현릉에 전배展拜할 때 동반東班과 서반西班에서 참배 하지 않은 관원들을 엄하게 문책했다. 정조는 왕조의 기강을 문제로 들면서 사헌부에서 보고한 내용을 바탕으로 각 능에서 벌어진 상황을 열거하였다. 건원릉에 전배할 때는 동반과 서반에서 겨우 열두 서너 사람 안팎이었으며, 숭릉의 전배에 이르러서는 대관大官・소관小官을 막론하고 반행班行이 텅 비어 있었다면서 관원들을 질책하고 우의정 이휘지李徽之를 파직시키는 문책을 단행하였다.25)

---

23) 『숙종실록』 숙종 19년, 2월 20일(갑오).
24) 이태진, 「18세기 한국사에서의 民의 사회적・정치적 位相」, 『진단학보』 88, 1999, 259~261쪽.
25) 『정조실록』 정조 5년, 1월 28일(신축).

이러한 정조의 태도는 이후의 능행에서도 발견할 수 있다. 정조는 1792년(정조 16) 가을 능행으로 인해 백성들의 생업을 방해하거나 생활에 피해를 주지 않기 위해 능행로를 돌아서 갈 것과 횃불을 세우는 일 및 호망虎網과 포장布帳 등의 일을 모두 제거할 것을 명하였다. 그리고 대가大駕를 수행하는 모든 신하들에게 각자가 밥을 싸가지고 가되 두 그릇을 넘지 못하도록 명하였다.26) 또한 1788년(정조 12) 가을에 정조는 한강을 건너 선릉과 정릉에 능행할 때 선창船艙이 완비하지 않은 것을 엄하게 질책하였다. 정조 이전의 국왕들도 능행 와중에 행행로의 정비가 제대로 되지 않았을 경우 대부분 담당자를 문책하고 관원을 교체하였다. 1745년(영조 21) 영조가 장릉長陵에 나아가서 배알하고 공릉恭陵과 순릉順陵을 두루 배알하여 능을 봉심奉審하고, 효장묘孝章廟에도 들러 가려 하였는데, 심천深川에 이르러 냇물이 넘치고 교량이 무너져 있었다. 이에 영조는 권적을 파직시키고, 서명구徐命九를 경기 감사로 삼는 조치를 취하였다.27)

따라서 정조의 조치가 특별한 경우는 아니었다. 당시 정조의 어가御駕가 한강을 건너기 위해 서빙고 나룻가에 이르렀는데, 경기 관찰사 홍수보洪秀輔가 강물이 갑자기 불어나 선창의 홍살문 안팎이 거의 정강이에 찰 정도로 물이 찼으므로 강을 건너기 어렵다고 하였다. 이에 좌의정 이성원李性源을 비롯한 제신들이 강물은 불어나고 시간은 저녁에 이르고 있으니 회가回駕를 하던지 막차幕次를 옮겨 다음날 능행을 거행할 것을 청했다.

이때 우의정 채제공이 국왕의 체통을 강조하면서 효종대의 전례를 들어 책임자의 처벌과 함께 서둘러 선창을 만들게 할 것을 청했다. 그러자 정조는 채제공의 말을 옳다고 하며 장신將臣들이 직접 선창 축조를 감독하게 했으며 경기도 관찰사와 부윤들을 파직시켰다. 그리고 파직된 경기도

---

26) 『정조실록』 정조 16년, 9월 7일(계묘).
27) 『영조실록』 영조 21년, 8월 19일(무오).

관찰사와 부윤도 선창 축조의 감독을 맡게 하였으며, 이때 과천·광주의 주민들과 좌우에서 구경하던 사람들과 어가를 수행하던 군병들이 조정의 명령이 없었는데도 죽음을 무릅쓰고 앞 다투어 공사로 달려가서, 남은 배들을 선창의 물이 솟는 곳으로 끌어다가 차곡차곡 붙여 놓고 배안의 물건들을 배 위에 빽빽이 펴자 공사가 끝나게 되었다. 정조는 어가가 선창에 이르러 말을 타고 편안히 건너, 정릉으로 가서 작헌례를 행하고 이어 선릉으로 가서 전배하였으며, 재실로 돌아와 묵었다.[28]

이와 같은 1788년 가을 정조의 선릉과 정릉 능행은 미담美談이라고 할 정도의 군민일치로 화합되는 장으로 작용하였다고 하겠다. 어가의 도강을 위해 군민이 자발적으로 선창 축조에 나서는 모습은 단순한 지배와 복종만이 존재하는 권력구조라고 보기에는 유교의 가족주의적 권력구조가 더 가깝게 느껴지는 부분이다. 결국 권력은 일방적인 지배와 복종의 구조 하에서 작용되는 것이 아니라 지배자와 피지배자 간의 쌍방향적인 입장에서 합의점을 이루어야만 장기적으로 지속되는 성격을 가졌다는 이론[29]하에서 정조의 능행은 정확하게 그 부분을 입증하고 있는 셈이다.

그런 배경으로 국왕들의 능행에서 매번 나타나는 것이 어가 행렬을 구경나온 백성들을 정식定式에 의거해서 저지하지 말라는 "관광사녀의정식이금사觀光士女依定式弛禁事"[30] 조항이다. 행행로가 비좁고 관광인이 많아서 어가 행렬이 움직이기 어려운 경우에도 해산시키지 않았다. 1717년 숙종은 대가大駕가 과천果川 지경에 이르렀을 때, 좁은 길에서 관광하는 백성이

---

[28] 『정조실록』 정조 12년, 9월 6일(갑자).
[29] 권력체계는 모두 그 조직의 정당성에 믿음을 쌓게 하고 믿음을 촉진시키려고 애쓴다. 피지배자들이 정권과 그 당국자에게 복종하고 그 결정에 따르는 것이 옳으며 타당하다고 확신할 때 정권과 그 당국자가 정치적 정당성을 고수하고 있다고 말할 수 있다. 이것을 실행에 옮기는 수단으로 '권위의 일상화'를 들 수 있으며 그 대표적인 것이 국가의례의 지속적인 설행이다.(하워드 웨슬러(임대희 역), 『비단같고 주옥같은 정치』, 고즈윈, 2005)
[30] 『御營廳擧動謄錄』 권1~58.

매우 많아서 나졸邏卒이 쫓으려하자 "모두 나의 백성이므로 쫓아서는 안된다."라며 금하지 말라고 명하였다.31)

능행과 관련된 기록을 보면 국왕의 행차를 보려는 관광인은 구름처럼 모인다고 하며,32) 주간은 물론 야간에도 등불이나 횃불을 들고 국왕의 귀환을 구경하며 맞이하는 백성들이 자주 등장하고 있다. 그리고 능행 지역이 영릉寧陵처럼 원거리일 경우 더 많은 관광민인이 모였다.33) 또한 그들을 위해 임시로 야간통행 금지를 해제하기도 했으며,34) 관광인들이 모두 도성으로 들어온 이후 문을 닫도록 하기까지 했다.35) 심지어 영조대는 각종 휴대물을 손이나 등에 지고서 길가에까지 나와서 구경하려다 시위 군인은 물론 의장 반열과 뒤섞여 대열이 엉망이 되는 경우가 있었다.36)

관광사녀들에 의해 능행의 대열이 엉망이 되는 경우가 발생했음에도, 영조를 비롯한 역대 국왕들은 별다른 제지는 물론 관광사녀의 운집을 오히려 장려하기까지 하였다. 이런 국왕의 반응과는 달리 신료들은 능행에 관광사녀들이 운집하는 것을 매번 지적하고 물리칠 것을 주장하였다.37) 물론 능행을 구경하려고 모인 민인들에게 가마의 휘장들을 들어 올려서 국왕의 모습을 드러낼 것을 주장하는 경우38)도 있었지만 대부분은 관광인의 운집을 물리칠 것을 청하였다.

---

31) 『승정원일기』, 숙종 43년, 3월 3일(무오).
　　傳曰, 到果川境, 民人等觀光者, 邏卒等持杖驅逐, 皆吾百姓, 而如是毆打, 殊甚不當, 故纔已禁斷矣, 自今以後, 路傍觀光之民, 切勿驅逐事, 更加申飭.
32) 『승정원일기』 영조 21년, 8월 20일(기미).
33) 『승정원일기』 정조 3년, 8월 6일(정사).
34) 『정조실록』 정조 16년, 2월 25일(갑자).
35) 『승정원일기』 영조 29년, 8월 9일(신묘).
36) 『승정원일기』 영조 13년, 8월 23일(기묘).
37) 『승정원일기』 경종 2년, 8월 28일(신사);『승정원일기』 영조 10년, 2월 28일(갑술);『승정원일기』 정조 3년, 8월 3일(갑인).
38) 『승정원일기』 영조 9년, 9월 11일(기축).

여기서 능행에 임하는 국왕과 신료의 시각이 차이가 있음을 볼 수 있겠다. 통치자의 덕성, 즉 너그러움을 한없이 베푸는 국왕의 모습을 생각한다면, 능행은 국왕이 민인을 직접 대면하고자하는 장으로 적극 활용하였음을 짐작하게 한다. 반대로 신료들은 국왕의 위의를 손상시키는 현상을 예방하고 원활한 능행의 거행을 위해 관광인의 접근을 차단하려고 했음을 알 수 있겠다. 따라서 능행을 좀 더 적극적인 왕실의 행사, 나아가 국왕의 통치 행위의 연장선상에서 이용한 것은 국왕 그 자신들이었음을 역설적으로 확인할 수 있다.

물론 위와 같이 능행이 국왕과 신료, 민인간의 장이 되는 경우도 있지만, 국왕 개인의 취향과 의지만으로 거행되는 경우도 있었다. 1735년(영조 11) 6월, 영조는 신료들에게 지난 밤 꿈속에서 숙종에게 배례하는 꿈을 꾸었기 때문에 가을철 명릉 능행을 미리 정하게 하였다. 그리고 실제로 8월 11일 명릉 행행을 거행하였다.[39]

그런데 영조의 1735년 6월 능행과 같은 경우는 영조를 제외한 다른 국왕들에게서는 찾아 볼 수 없는 매우 이례적인 행동으로서 조선후기 국왕의 능행 전체에서 나타났던 보편적인 현상이라고 볼 수는 없겠다. 오히려 조선후기 국왕들의 능행은 위와 같이 관광민인들과 어울리면서 역대의 국왕들에 대한 효심을 대외적으로 드러냈으며, 국가의례이지만 강압적인 것이 아니라 자연스러운 분위기로 정례화 되었다고 할 수 있겠다.

2) 국왕별 능행의 성격과 변화

조선후기로 갈수록 국왕의 능행이 증가하는 것은 일반적인 현상이다. 선대왕과 왕비가 늘어날수록 능침이 증가하고 그에 따른 제사와 능행도

---

39) 『영조실록』 영조 11년, 6월 19일(정해).

잦아질 수밖에 없다. 그러므로 국왕의 능행은 시대가 내려갈수록 증가되고 국왕들도 후대로 갈수록 늘어난 능침에 맞추어 능행을 하는 것이 일반적인 현상일 것이다. 그렇다면 조선후기 국왕의 능행이 내용이나 성격이 시대의 변화에 따라 큰 차이 없이 대부분 동일한 것이므로 특별히 주목할 만한 것이 없다고 생각할 수 있다.

철종을 기준으로 태조의 건원릉健元陵에서 헌종의 경릉景陵까지 22개의 능침이 있으며 이 능침들 외에도 역대 왕비들의 능침까지 합한다면 철종은 보름, 혹은 매주에 걸쳐 능행을 거행하는 것이 오례의 의례를 기준으로 하거나 효라는 입장에서나 당연한 순리일 것이다. 그렇지만 숙종대 이후의 국왕들은 시대별로 증가된 능침에 맞추어 능행을 하지 않았다. 역대의 국왕과 왕비의 능침은 물론 오례에 규정된 봄과 가을의 정기 능행도 주기적으로 거행하지 않았다. 국왕별 신체적인 조건과 시기적으로 자연재해를 염두 해둘 수도 있겠지만 그런 경우를 모두 감안한다고 해도 전체적인 국왕별 능행의 패턴은 예상과 다르게 나타나고 있다.

〈표 Ⅲ-1〉 조선 후기 국왕의 陵幸 수치

	인조(26)	효종(10)	현종(15)	숙종(47)	경종(4)	영조(52)	정조(24)	순조(34)	헌종(15)	철종(14)	계
健元陵	1	1	2	8		6	9	7	1	2	37
厚陵				1		1					2
獻陵				1		2	1			5	9
英陵				1			1				2
顯陵	1	1	2	8		2	7				21
莊陵											0
光陵		1	1	1		1	1			4	9
昌陵				1		4	5	3			13
宣陵				2		3	2				7
靖陵				2		3	1				6
孝陵		1		1		1	1			1	5

康陵		1		2		1	1			5
穆陵	3	2	2	6		4	6	1	1	25
長陵		2		1		4	2		2	2	13
寧陵			3	1		1	1				6
崇陵				12		4	6	1		1	24
明陵					3	25	8	9	1	2	48
懿陵						15	1	5	2		23
元陵							10	9	4	2	25
健陵								9	2	3	14
仁陵									2	12	14
景陵										5	5
계	5	9	10	48	3	77	63	44	15	39	313

※ 『조선왕조실록』과 『승정원일기』, 『御營廳擧動謄錄』을 정리하였다.

〈표 Ⅲ-1〉은 인조대부터 철종대까지 국왕들의 능행 대상과 회수를 정리한 것으로 시대별 능행의 실태를 확인할 수 있다. 〈표 Ⅲ-1〉에서 인조부터 철종대까지 국왕들의 능행 회수는 모두 313회로 나타나고 있다. 313회의 능행 중에서 국왕들의 능행이 자주 거행된 곳을 기준으로 정리하면, 명릉 48회 → 건원릉 37회 → 목릉과 원릉 25회 → 숭릉 24회 → 의릉 23회 → 현릉 21회 → 건릉과 인릉의 14회 → 헌릉과 광릉의 9회 → 선릉 7회 → 정릉과 영릉寧陵의 6회 → 효릉과 강릉·경릉의 5회 → 후릉과 영릉英陵의 2회 등의 순으로 나타났다. 이중 가장 많은 능행이 거행된 능침은 48회의 명릉과 37회의 건원릉이며 단종의 장릉은 단 한 번도 능행이 거행되지 않았다.

그런데 각 능침에 대한 능행을 종합해서 합산하는 것은 국왕별로 집중되거나 분산된 능행 회수를 정확하게 파악하지 못하는 오류를 범할 수 있다. 문종의 현릉 능행의 경우 숙종 9회와 정조 7회의 수치가 전체 22회에서 70%를 차지하고 있다. 창릉의 경우에도 영조 4회, 정조 5회, 순조 3회가 전체 13회의 90% 이상이며, 숭릉도 숙종 11회, 정조 6회가 전체 23회의

60% 이상을 차지한다. 따라서 능침의 능행 수치만으로 시대적 차이와 변화를 논하기에는 부족하다.

그리고 국왕들의 능행은 역대 국왕들의 능침 전부에 해당되는 것이 아니라 국왕별로 몇 몇 능침에 집중되어 있다. 명릉이 48회의 능행이 이루어진 것에 비해 후릉과 영릉英陵은 2회에 불과하다. 국왕별로 보면, 인조는 선조의 목릉, 효종은 목릉과 장릉, 현종은 영릉, 숙종은 숭릉과 문종의 현릉, 영조는 명릉과 의릉, 정조는 건원릉과 원릉, 순조는 건릉과 원릉·명릉, 헌종은 원릉, 철종은 인릉에 대한 능행이 다른 곳보다 많이 나타나고 있다.

명릉 능행이 가장 높은 수치를 보이는데, 영조가 25회로 제일 많은 능행을 거행하였다. 그리고 각 국왕의 능행에서 공통적으로 나타나는 것은 선대왕의 능침에 대한 능행이 보위 기간 중 거행한 능행에서 제일 높은 수치를 보인다는 점이다. 효종은 목릉, 현종은 장릉, 숙종은 숭릉, 경종은 명릉, 영조는 명릉과 의릉, 정조는 원릉, 순조는 건릉 등으로 능행에 나서는 능침이 선대왕이 주를 이루고 있다. 다만 헌종은 영조의 원릉, 철종은 순조의 인릉 등 선왕의 능침이 아닌 곳에 능행을 가고 있다. 그리고 경종은 보위 기간 중 부친인 숙종의 능침인 명릉에만 가고 다른 능침에 대한 능행은 거행하지 않고 있다.

조선왕조에서 보위에 오른 국왕이 선왕의 능침에 잦은 능행을 가는 것은 사왕嗣王인 아들의 당연한 효심이라고 할 수도 있겠지만 영조와 경종의 사이처럼 형제인 경우와 정조와 영조처럼 조손祖孫 사이인 경우는 다르다. 더욱이 왕비의 능침은 생모인가의 여부에 따라 능행의 수치가 크게 좌우된다. 대다수의 국왕이 생모의 원묘園墓에 행행하는 것이 왕비의 능침에 능행하는 것보다 많이 나타나기 때문이다. 그러므로 국왕의 능행 수치가 선대왕에 집중적으로 나타난다는 것을 효심만으로 볼 것이 아니라 사왕嗣王의 왕위 계승에 대한 정통성을 알리기 위한 방도의 하나로 보는 것이 옳을 것이다.

다음으로 국왕 중에서 능행을 많이 거행한 것을 기준으로 보면, 영조 77 → 정조 63 → 숙종 48 → 순조 44 → 철종 39 → 헌종 15 → 현종 10 → 효종 9 → 인조 5 → 경종 3 등의 순이다. 국왕별로 능행의 수치를 나누어 보면 시대별로 능행이 증가되는 추세는 아니다. 그런데 능행의 수치가 가장 높은 영조의 77회는 철종의 39회보다 높은 것이지만, 두 국왕의 재위년인 영조 52년과 철종 14년을 대비하면 철종의 능행 39회가 재위년에 비해 영조보다 높은 것을 알 수 있다. 따라서 각 국왕의 재위년과 비교하여 능행의 수치를 나눈다면 조금 다른 결과가 나온다. 철종(14) 39 → 정조(24) 63 → 영조(52) 77 → 순조(34) 44 → 헌종(15) 15 → 숙종(47) 48 → 효종(10) 9 → 현종(15) 10 → 인조(26) 5회 등으로 구분된다. 그러므로 능행의 수치와 재위년 사이의 비교를 거쳐야만 국왕별 능행 성향과 시대적 능행의 추이를 분석할 수 있다.

그리고 국왕들의 능행이 정조대를 기준으로 그 형태가 현격하게 변화하고 있음을 볼 수 있다. 특히 정조 이후의 국왕들은 조선전기 국왕들의 능침에 능행하는 수치가 현저하게 줄어드는 반면, 명릉에서 인릉까지는 지속적으로 거행하고 있다. 이는 경종이 명릉에만 능행을 거행한 것과 함께 정조 이후의 국왕들이 당대를 기준으로 4대의 국왕 능침에만 집중적으로 능행을 거행하는 경향이라고 하겠다. 순조는 명릉(숙종)·의릉(경종)·원릉(영조)·건릉(정조), 헌종은 의릉·원릉·건릉·인릉(순조), 철종은 원릉·건릉·인릉·경릉(헌종)에 대한 능행을 다른 능침에 비해 자주 거행하고 있다.

위의 〈표 Ⅲ-1〉과 같이 조선후기 국왕들의 능행은 각 시대마다 약간의 편차를 보이기는 하지만 대체적으로 선대왕에 대한 제사, 곧 효를 목적으로 능행이 거행되었음을 짐작할 수 있다. 다만 숙종 이후부터 능행이 정착되어 자주 거행되는 것을 알 수 있으며, 정례적으로 진행되었음을 짐작할 수 있겠다. 그리고 각 국왕별 능행 시기를 보면 알 수 있겠지만, 동구릉이나 서오릉처럼 여러 능침들이 한 권역[40]에 있는 경우 여러 날에 걸쳐 진행된 것이 아니라 1회의 능행에서 거행[41]되었음을 생각한다면, 위의 〈표 Ⅲ-1〉에 나타난 국왕들의 능행 수치는 약간의 편차가 있을 수 있다. 다음의 표들은 국왕별 능행지역과 시기를 정리한 것으로 인조 이후부터 철종대까지 능행 지역과 시기의 변화를 볼 수 있다.[42]

〈표 Ⅲ-2〉 인조(1623~1649)의 능행지역과 시기

	건원릉	후릉	헌릉	영릉	현릉	장릉	광릉	창릉	선릉	정릉	효릉	강릉	목릉
1	1624.9.4				1624.9.4								1624. 9. 4
2													1630.11.11
계	1				1								2

〈표 Ⅲ-2〉를 보면 인조의 능행은 가을에만 거행되고 있다. 재위 중 거행된 4회의 능행은 1624년(인조 2) 9월과 1630년(인조 8) 11월에 집중되었다. 그런데 1624년 9월의 3회 행행은 동일한 날에 거행한 것이므로 실제 인조의 재위년간 능행은 2회인 셈이다. 물론 인조대는 양차의 호란으로 인해 능행과 같은 국왕의 행사를 국가적으로 수행할 여력이 되지 못했다. 그래서 인조의 재위년간 능행의 횟수가 다른 국왕에 비해 적을 수밖에 없다. 인조의 등극년인 1623년부터 정묘호란 1627년, 병자호란 1636년까지의 시기를 전후로 감안한다면 당연한 결과이겠다. 따라서 인조의 능행은 역대의 국왕과 달리 특수한 상황에서 거행되었으며 그 수치도 비정상적이었다.

---

40) 『숙종실록』 숙종 18년, 2월 27일(정미).
　　(전략)上曰, 列聖陵寢, 多在於楊洲一邑.
41) 『숙종실록』 숙종 원년, 3월 12일(경오).
42) 『조선왕조실록』, 『승정원일기』, 『儀註謄錄』, 『御營廳擧動謄錄』을 정리하였다.

물론 인조의 능행 횟수만 적을 따름이지 사친私親인 정원대원군定遠大院君의 묘에 행행한 것은 많이 보인다. 특히 인조는 정원대원군만이 아니라 그 생모인 연주부부인連珠府夫人 구씨具氏(계운궁啓運宮, 육경원毓慶園)에게도 왕친王親의 예를 올리려고 하였다. 당시 인조는 덕흥대원군에 대한 제사를 지내면서 정원대원군과 연주부부인을 함께 지내려고 하였다.

인조는 "(중략) 같은 사당 내에 모시고 있으면서 어떤 분에게는 행하고 어떤 분에게는 행하지 않는다는 것은 인정이나 예의상 모두 미안한 일이니, 거행하지 않으면 안 될 듯싶다." 하니, 예조판서 이정구는 "선비先妣의 경우는 대수도 더 멀고 사가의 부인일 뿐이니, 고제를 아울러 병행하기는 어려울 듯합니다."라고 하였다.[43]

이런 이정구의 의견에도 불구하고 인조는 사친에 대한 논의를 거쳐 5월 29일 정원대원군의 사묘私廟에 행행하였다. 이때의 행행은 능행과 같은 형태였으며, 전례 없이 사친묘에 전날 행행하여 제실에 재숙하는 모습을 보였다.[44] 이와 같이 왕위 계승이 인조와 같이 반정이거나 혹은 경종, 영조, 정조, 순조 등과 같이 후궁의 태생인 경우에는 사친을 추숭하기 위한 방도로 능행이 선택되기도 하였다.

그런데 인조의 경우 정원대원군과 그 부인을 추숭하는 동안에 호란이 발생하여 더 이상 능행이 자주 거행되지는 못했다. 반면 인조 이후 국내외의 정치가 안정기에 접어든 영조, 정조, 순조대는 사친에 대한 추숭과 함께 잦은 행행이 이루어져서 인조대부터 보이던 사친에 대한 국왕의 행행이 의례화 되는 것을 확인할 수 있다.

---

43) 『인조실록』 인조 1년, 5월 7일(병신).
44) 『인조실록』 인조 1년, 5월 29일(무오).

〈표 Ⅲ-3〉 효종(1649~1659)의 능행지역과 시기

	건원릉	후릉	헌릉	영릉	현릉	장릉	광릉	창릉	선릉	정릉	효릉	강릉	목릉	장릉
1	1652.9.8				1652.9.8		1656.9.10				1657.9.11	1655.3.27	1652.9.8	1650.9.25
2													1653.9.11	1651.9.9
계	1				1		1				1	1	2	2

위의 〈표 Ⅲ-3〉에서 효종은 등극 이듬해인 1650년부터 장릉을 시작으로 재위 11년간 7개의 능침에 9회 능행하였다. 그 중 건원릉, 현릉, 목릉과 효릉, 목릉은 동일한 날 거행한 능행이므로 모두 7회의 능행을 거행한 것이다. 건원릉, 현릉, 목릉과 효릉, 목릉의 능행이 동일한날 거행된 것은 능소 지역에 여러 능침이 있는 곳이기 때문에 정리情理상 한 곳만을 들리지 못하고 능역의 능침을 모두 거친 결과이다.

이런 현상은 조선후기 국왕의 능행에서 일반적으로 나타나는 현상이기도 하다. 특히 건원릉을 중심으로 한 동구릉과 명릉을 중심으로 한 서오릉이 도성의 좌우에 자리 잡은 뒤로는 각각의 능소陵所에 위치한 능침들을 모두 둘러보는 것이 상례常例로 정착되는 양상을 보였다. 특히 서오릉보다 동구릉에 위치한 능침들은 모두 한 구역 내에 위치하고 있어서 이 지역에 능행한 경우에는 대부분 모든 능침을 둘러보았다.

효종의 능행이 선대인 인조와 비교할 때 크게 차이나는 것은 민가에서 거행하던 4대봉사와 유사한 능행의 형태이다. 효종의 능행을 보면, 효릉-강릉-목릉-장릉으로 이어지는 4대에 대한 능행이 나타나고 있다. 물론 재위 11년간 효릉과 강릉의 능행은 단 1회에 그치고 있으며, 한해에 4개 능침에 능행한 것이 아니라 몇 년에 걸쳐 나누어 둘러보고 있는 것은 4대봉사의 한 일면이라고 하기에는 설득력이 부족하다. 그러나 인조와 비교하면 능행의 기본적인 형태인 선대 국왕을 4대까지 봉사하는 모습을 가지려고 노력한 것이라고 볼 수도 있을 것이다.

그런데 1656년(효종 7) 효종의 광릉 능행을 통해 국왕의 능행이 어떤 형태로 정해지고 진행되는지를 알 수 있는 단서를 찾을 수 있다. 1656년 1월 예조에서는 당해년도 봄철에 능행을 거행할 능침과 시기를 효종에게 문의하였다. 예조에서 국왕에게 당해년도의 능행 지역과 시기를 묻는 것은 국왕마다 매년 의례적으로 진행되던 일이었다. 이에 따라 효종은 헌릉獻陵에 전알하고 싶지만 한강을 건너는 것이 어려우므로 광릉으로 할 것을 지시한다.[45]

효종이 광릉을 선택한 이유가 능행시 지리적인 여건 때문인 셈이다. 그런데 예조에서는 오히려 광릉이 한강을 건너는 어려움이 없는 곳이지만 1일 동안 다녀올 수 있는 거리에 있지 않아서 경숙經宿해야 하므로 효릉, 창릉, 경릉처럼 1식정息程에 위치한 능침으로 정할 것을 요청하였다. 이에 효종은 효릉으로 결정하였으며,[46] 광릉에 대한 언급은 없었다.

그런데 봄의 능행에서 제외된 광릉은 가을에 다시 거론되어 능행이 거행된다. 당시 광릉에는 국왕이 능행해서 머물거나 경숙할 재실이 없었다. 그래서 능행시 경숙할 재실과 담장 등 주변시설을 수축하는 공사를 대대적으로 진행하게 된다.[47] 그리고 9월 10일 효종은 광릉 능행을 거행하였다. 효종은 광릉에서 돌아오던 11일 고암鼓岩에서 예고 없이 관병식觀兵式을 하고 돌아왔다.[48]

---

[45] 『승정원일기』 효종 7년, 1월 27일(병오).
  禮曹啓曰, 每年春則二三月, 秋則八九月, 各陵展謁事, 定爲恒式, 啓稟擧行事, 下敎矣, 今春陵幸, 當以何陵, 又以何月擇日擧行乎? 敢此仰稟. 傳曰, 當爲展謁於獻陵, 而江外之行, 似難疊行, 今番則光陵爲之, 而開月晦間, 擇日擧行.
[46] 『승정원일기』 효종 7년, 2월 1일(경술).
  禮曹啓曰, 曹啓辭, 光陵距京都似遠, 經宿與否定奪事草記, 傳曰, 經宿似爲有弊, 一日之內, 可以往還陵寢, 議啓, 日子則姑爲以此爲定, 臨時更觀日候, 進退可也事, 傳敎矣, 江外雖近京諸陵, 而此則連年疊行, 似爲有弊, 曾有下敎無已, 則孝陵, 只一息程, 昌陵敬陵, 雖是祧遷陵寢, 亦在不遠, 而某陵擧動, 自下不敢擅便, 伏惟上裁. 傳曰, 孝陵爲之, 可也.
[47] 『승정원일기』 효종 7년, 8월 28일(계묘).

이처럼 효종의 광릉 능행은 특별한 이유나 논의를 거쳐 거행된 것이 아니라 년초에 국왕이 거행하려다 하지 못했다는 것만으로 거행되고 있다. 그리고 광릉이 제외되고 효릉이 결정된 것도 단순히 거리상의 문제였다는 것을 본다면, 국왕의 능행 대상과 지역이 매년 바뀌며 국왕의 의중에 따라 좌우되었음을 알 수 있다. 국왕의 의중이 좌우했다는 것은 1657년 봄의 능행이 다시 거론될 때 효종이 헌릉에 가는 것이 당연하다고 한 것에서도 확인할 수 있다.[49]

이외에 효종의 재위 11년간 거행된 능행에서 주목되는 것은 인조의 장릉 능행이다. 효종은 장릉을 보위에 오른 이듬해인 1650년과 1651년 2년간 2회에 걸쳐 거행하였다. 능행 횟수가 2회뿐인 것이 장릉은 다른 능침들에 비해 접근하기 어려운 김포에 위치하고 있었기 때문이라고 볼 수도 있다. 김포라는 지리적 여건으로 능행이 취소되는 것은 다른 국왕들에게서도 보인다.[50] 더욱이 1651년 장릉 능행시에는 도중에 큰비가 내려서 겨우 능소에 도착하는 지경이었다.[51] 그런데 장릉 능행의 시기가 집권초기에만 나타나고 그 외의 시기에는 없는 것은 잘 이해가 되지 않는다.

효종과 같이 선왕에 대한 능행의 횟수가 2회 이하인 경우는 인조와 헌종뿐이다. 그 외의 국왕은 능행의 수치에서 선왕의 능침에 대한 부분이 대부분 가장 높은 비율로 나타나고 있다. 더욱이 재위기간이 짧고 신체적으로 허약하였던 경종도 선왕인 숙종의 능침인 명릉 능행을 보위기간 지속적으로 거행하고 있다. 그리고 인조는 양차의 호란으로 능행은 물론 일반적인 국가 의례도 거행하기 쉽지 않았던 정치적 사정을 감안하면, 효종과 헌종만이 선왕의 능행에 소홀히 한 셈이다.

---

48) 『효종실록』 효종 7년, 9월 11일(병진).
49) 『승정원일기』 효종 8년, 1월 12일(을묘).
50) 『승정원일기』 숙종 5년, 8월 8일(경오).
51) 『승정원일기』 효종 2년, 9월 9일(계미).

그런데 헌종은 관례를 치르기 전인 1834년 8세의 나이로 보위에 올랐기 때문에 효종과 달리 재위 초기부터 능행을 자유롭게 거행하기는 쉽지 않았던 것을 고려할 필요가 있다. 그래서 헌종의 인릉 능행이 1842년에 시작되고 1847년에 다시 거행된다. 효종이 재위초기부터 거행하고 그 이후에 장릉 능행을 거행하지 않은 것과는 다른 형태인 것이다. 다만 국내적으로 1651년 12월 김자점의 역모 사건의 여파와 남한산성을 비롯한 관방체제의 강화, 그리고 대외적으로는 나선정벌 등 일련의 정치, 군사적 여파 속에서 능행을 거행할 여유가 상대적으로 없었기 때문이라고 밖에 추측할 따름이다. 특히 능행은 많은 시위 군병의 동원이 있어야 가능한 군사적 행동이었으므로 청나라의 감시를 염두에 둘 수밖에 없었다고 본다.

〈표 Ⅲ-4〉 현종(1659~1674)의 능행지역과 시기

	건원릉	후릉	헌릉	영릉	현릉	장릉	광릉	창릉	선릉	정릉	효릉	강릉	목릉	장릉	영릉
1	1661.8.28				1661.8.28		1664.9.15						1661.8.28		1660.8.27
2	1662.9.9				1662.9.9								1662.9.9		1661.8.28
3															1662.9.9
계	2				2		1						2		3

현종은 재위 16년간 건원릉, 현릉, 광릉, 목릉, 영릉 등 5개의 능침에 능행을 거행하였다. 다른 국왕들과 마찬가지로 동일한 능역에 포함된 동구릉의 건원릉 이하 능침들에 능행을 하고 있다. 그런데 현종은 1660년, 1661년, 1662년, 1664년까지만 능행을 거행하고 서거하는 1674년까지 10여 년간 더 이상 능행을 하지 않았다. 효종대부터 자리 잡던 4대 봉사도 제대로 시행하지 않았음은 물론 효종의 능침인 영릉 능행도 3회에 그치고 있다.

더욱이 건원릉, 현릉, 목릉의 능행은 영릉 행행에 이어서 거행하였던

것이기 때문에 재위 16년간 총 능행 횟수는 3회로 15년간의 재위년과 비교할 때 2%에 불과하다. 그리고 현종은 선왕인 효종의 영릉 능행도 집권 초기인 1660년부터 1662년까지 3년간 3회만을 실시하였으며, 1664년 광릉 능행을 마지막으로 거행한 이후에 더 이상 능행을 거행하지 않았다.

현종의 능행에서 홍미로운 점은 1664년 광릉 능행이다. 광릉은 기존에 현종이 다녀온 능침들보다 거리상으로 먼 곳에 위치하고 있으며 재위기간 중 단 1회만 능행을 거행한 곳이다. 또한 능행을 전후해서 광릉에 대한 별다른 기사를 볼 수 없어서 능행의 연유를 밝히기는 어렵다.

그런데 현종의 능행이 15년간의 재위기간에 비해 적으며, 10여 년간 능행을 거행하지 않은 이유는 두 가지 정도로 파악된다. 먼저 현종이 능행을 하지 않으려는 태도였다. 현종은 봄과 가을에 정기적으로 능침에 행행하던 것도 별다른 이유 없이 정지시키기도 했다.[52] 현종은 재위기간 동안 예조에서 정식적으로 봄과 가을의 정례적인 능행을 요청해도 수시로 능행을 정지시켰다.[53] 그리고 현종이 평소에 병환이 많아서 약방에서 끊임없이 능행의 정지를 요청한 것에서도 그 이유를 찾을 수 있겠다.[54]

물론 다른 국왕들의 경우에도 약방이나 신료들이 건강을 위해 능행을 자제하거나 정지할 것을 요청하기도 했지만 현종처럼 매번 그 요청을 받아들인 것은 보이지 않는다. 그리고 봄과 가을의 능행을 거행하지 않고 온양에 1달 이상 병치료를 위해 온행을 거행한 것에서도 알 수 있다. 연대기 자료의 현종대 행행에 관련된 기사는 대부분 온양에 온행 가는 것이 대부분이다.[55] 그러므로 현종대 능행은 국왕의 신체적 상황에 따라 그 시행 여부는 물론 재위기간 전체에 걸쳐 거행되지 않을 수 있음을 입증해 주고 있다.

---

52) 『승정원일기』 현종 7년, 8월 17일(을축).
53) 『승정원일기』 현종 8년, 8월 7일(기묘);『승정원일기』 현종 10년, 2월 29일(임진).
54) 『현종실록』 현종 5년, 3월 6일(무진);『승정원일기』 현종 14년, 9월 30일(병신).
55) 『온행등록』 장서각, K2-2896.

<표 III-5> 숙종(1674~1720)의 능행지역과 시기

	건원릉	후릉	헌릉	영릉	현릉	장릉	광릉	창릉	선릉	정릉	효릉	강릉	목릉	장릉	영릉	숭릉
1	1676.9.4	1693.8.30	1694.2.25	1688.2.28	1677.3.17		1692.2.26	1696.8.9	1692.8.20	1692.8.20	1695.2.18	1687.8.27	1677.3.17	1687.10.9	1688.2.28	1675.8.21
2	1677.3.17				1686.3.16				1707.8.24	1707.8.24		1711.8.19	1686.3.16			1676.8.26
3	1686.3.16				1690.8.28								1693.2.20			1677.3.17
4	1693.2.20				1693.2.20								1700.8.8			1685.8.28
5	1698.8.24				1698.8.24								1704.8.19			1686.3.16
6	1700.8.8				1700.8.8								1708.8.9			1689.3.10
7	1704.8.19				1704.8.19											1690.8.28
8	1708.8.9				1708.8.9											1693.2.20
9																1698.8.24
10																1700.8.8
11																1704.8.19
12																1708.8.9
계	6	1	1	1	6		1	1	2	2	1	2	6			12

위의 <표 Ⅲ-5>에서 숙종은 재위 47년간 48회의 능행을 거행하고 있다. 보위에 오른 이듬해인 1675년 숭릉을 시작으로 건원릉부터 역대 국왕의 능침에 장릉을 제외하고 빠짐없이 1회 이상 능행을 거행하였다. 능행의 횟수를 보면, 숭릉 12회 → 건원릉과 현릉 8회 → 목릉 6회 등의 순으로 되어 있다. 장릉이 제외된 것은 단종이 노산군으로 강등되었던 역사적 사실

과 현실적으로 강원도 영월까지 능행을 한다는 것이 인력이나 물질적으로 쉽지 않았기 때문으로 짐작할 따름이다. 물론 단종의 장릉을 제외하면 거리에 능침의 위치에 관계없이 모든 곳에 임하고 있다. 다만 장릉과 비교해서 볼 것이 현릉이다. 현릉은 문종의 능침으로 장릉과 연관시켜 노산군이 단종으로 추숭된 1698년[56] 이후 자주 능행을 거행한 것으로 생각할 수 있는 부분이다.

그런데 현릉의 능행 일자를 다른 능침과 비교하면 그렇지 않다. 현릉 능행은 단 한 번도 독자적으로 거행된 적이 없으며 매번 건원릉과 목릉, 숭릉과 동시에 진행되었다. 이것은 현릉의 주변에 건원릉과 목릉, 숭릉이 위치하고 있었기 때문에 발생한 현상이다. 그리고 현릉 능행이 목적으로 이루어진 것이 아니라 건원릉과 숭릉에 가는 와중에 거행되었다. 따라서 현릉의 능행이 다른 능보다 많은 것이 정치적인 이유가 아니라 단지 주변의 능침에 왔을 때 인정상 방문한 것으로 볼 수 있다.[57]

이런 현상은 1688년 2월의 영릉英陵과 영릉寧陵의 능행에서 보인다. 그리고 영릉과 영릉은 여주에 함께 위치하였지만, 숙종대 도성을 벗어나 있는 능침 중에 김포의 장릉과 함께 가장 먼 곳이었다. 따라서 여주로의 능행은 장릉으로 가는 절차만이 아니라 온양으로 온행 가는 사례가 이용되었다.[58] 동일한 능역의 능침을 거치는 것은 1692년 8월의 선릉과 정릉의 행

---

56) 『숙종실록』 숙종 24년, 11월 6일(정축).
57) 『승정원일기』 숙종 3년, 3월 12일(무자).
 (缺)以禮曹言啓曰, 今此崇陵展謁後, 健元陵缺展謁事, 分付該曹事, 命下矣, 自前陵幸時缺一山之內, 缺有展謁之禮, 故先朝辛丑年缺寧陵幸時謄錄, 則先詣顯陵, 次詣健元陵, 次詣缺陵, 次詣寧陵, 行展謁禮, 蓋因其地勢便順, 不拘於先後之次也, 今此陵幸節目, 何以磨鍊乎? 敢此仰稟. 傳曰, 依例爲之.
58) 『승정원일기』 숙종 14년, 2월 10일(계축).
 禮曹啓曰, 卽接京畿監司移文, 則今此寧陵陵幸日期, 不遠而前例無他考據, 不得不憑依溫陽行幸時謄錄, 參酌加減, 以爲奉行之計, 而溫幸時, 各站物膳供上, 因其時楊前定奪, 自本道從略進排, 茶啖則初旣磨鍊, 分付各站, 而因傳敎不爲設行矣, 今番行幸時, 宿所與晝停, 陵所供上茶啖

행에서도 나타났다. 두 능침이 한강 이남에 위치하고 있었으므로 동일 두 능침에 간 것이다.

그런데 동일한 능역은 아니지만 한강 이남에 위치한 태종의 헌릉은 선릉과 정릉의 능행시 거치지 않고 있다. 헌릉은 숙종대에 1694년(숙종 20) 2월 1회만 능행을 거행하였다. 헌릉 능행에는 다른 능역을 거치는 경우는 없었지만 부근의 인빈묘仁嬪墓와 용성대군묘龍城大君墓를 봉심하여 동일한 지역 내의 능침에 거치는 경향을 보였다.[59]

이외에 목릉도 헌릉과 마찬가지로 건원릉과 숭릉 능행을 하는 도중에 능행한 경우이다. 다만 1693년 2월만은 목릉이 능행의 목적지였다. 더욱이 1676년(숙종 2) 건원릉 능행은 동구릉 내에 위치한 능침은 제외하고 거행된 것으로 건원릉만이 능행의 대상이었다.

숙종의 능행이 처음 시작된 것이 1675년 숭릉이며 1676년 8월 두 번째로 숭릉을, 그리고 9월에 세 번째로 건원릉에 능행하였다. 1676년 9월 건원릉 능행이 주목되는 것은 이때만 주변의 능침에 행행하지 않고 건원릉만 능행의 대상이었다는 점이다. 숙종의 네 번째 능행이 이루어지는 1677년 능행은 건원릉을 비롯하여 동구릉 내의 현릉, 목릉, 숭릉도 포함되었다. 또한 숙종이 마지막으로 능행을 거행한 1708년(숙종 34)에는 건원릉만이 아니라 주변의 현릉, 목릉, 숭릉이 포함되어 있다. 그러므로 1676년 9월 건원릉 능행은 일반적으로 동구릉 내의 능침들에 가는 것과 다른 의미를 내포한다고 할 수 있다.

숙종은 보위에 오른 다음해인 1675년 숭릉, 1676년 8월 숭릉, 그리고

等事, 豫爲定奪分付, 然後可以措備, 急速指揮云, 供上與茶啖進排, 旣有章陵長陵陵幸時膳錄, 則不可以道路之稍遠, 引用溫陽時前例, 似當, 依兩陵幸幸時例, 以京各司進排, 以除畿邑一分之弊, 而事係上供, 該曹不敢擅便, 上裁, 何如? 傳曰, 令京各司進排事, 可也.

59) 『승정원일기』 숙종 18년, 2월 26일(병오).
傳曰, 仁嬪墓所及龍城大君墓, 俱在陵所經之處, 遣官致祭事, 分付.

9월에 건원릉에 가는 순서는 곧 숙종이 사왕嗣王의 입장에서 선왕을 만나고 왕실의 조종朝宗인 태조릉에 능행하여 왕위계승의 정통성을 대외적으로 밝히는 수순이었다고 보겠다. 물론 이러한 능행 형태는 숙종만이 아니라 다른 국왕에서도 쉽게 발견할 수 있는 것이다. 따라서 사왕嗣王이 보위에 오르면 능행을 통해 왕통王統을 새롭게 대내외에 알렸음을 알 수 있다.

물론 선대왕의 능침에 가는 것을 정치적으로만 해석하는 것은 무리가 있을 수 있다. 숙종은 1677년 숭릉 능행에서 3년 상이 지났음에도 전알展謁하고 한참 동안 곡을 하였다.60) 숙종의 왕위에 대한 정치적인 표현이라고 하기에는 개인적인 효심의 발로라고 보는 것이 옳을 것이다. 그럼에도 능행이 내포하는 정치적인 부분을 부각시키려는 것은 반복적이면서 유사한 능행의 절차와 진행이 국왕마다 조금씩 다르고 가끔은 전혀 다른 의미를 나타내기 때문이다.

숙종의 능행에서 새롭게 나타나는 능행이 후릉이다. 후릉은 정종의 능침으로 1681년(숙종 7) 묘호가 정해지고 이때에 이르러 국왕이 처음으로 능행을 거행하였다. 후릉 능행은 숙종 이전에는 없었으며, 숙종 이후에도 1740년(영조 16) 영조만이 거행하고 있다. 그러므로 조선시대 정종의 능침에 거둥한 국왕은 숙종과 영조 단 2명이며 횟수도 단 2회 뿐이었다. 이것은 정종의 왕위 계승과 정통성에 대한 조선왕실과 신료들의 시각을 간접적으로 보여주는 것이라고 생각된다.

숙종의 능행에서 동구릉과 서오릉과 같이 동일한 능역에 능침이 위치하지 않고 단 1회만 능행이 거행된 곳은 후릉, 헌릉, 영릉英陵, 광릉, 창릉, 효릉, 장릉長陵, 영릉寧陵 등 8개 능침이다. 이 중 후릉처럼 능호의 변동이 있거나, 영릉英陵과 영릉寧陵처럼 같은 능역에 있지도 않은 5개 능침은 모두 독자적인 능행이 이루어진 곳이다. 헌릉을 비롯한 5개의 능침에 능행이

---

60) 『숙종실록』 숙종 3년, 3월 17일(계사).

이루어진 이유는 알 수 없지만 숙종대 이전에는 나타나지 않던 능행의 증가에 포함되고 있다.

그렇지만 숙종의 능행이 선대보다 증가하고 다양하게 전개되었으나 능행의 시행일자와 목적지를 비교하면 숙종의 재위년간 능행을 거행한 수치는 19회가 된다. 숙종의 47년 보위기간 중에서 도성을 벗어난 능행이 19회인 것이다. 이런 수치는 숙종만이 아니라 모든 국왕에게 해당되는 사항이다. 단순히 재위년간 거행된 능행 횟수만을 정리한 것에서는 볼 수 없는 실제적인 국왕의 도성 외 능행 수치이다.

〈표 Ⅲ-6〉 경종(1720~1724)의 능행지역과 시기

	건원릉	후릉	헌릉	영릉	현릉	장릉	광릉	창릉	선릉	정릉	효릉	강릉	목릉	장릉	영릉	숭릉	명릉
1																	1721.2.26
2																	1722.2. 9
3																	1722.8.24
계																	3

경종은 보위에 오를 때부터 건강이 좋지 못해서[61]인지는 몰라도 재위 4년간 단 3회의 능행만을 거행하였다. 능행 지역도 명릉에만 국한되었으며, 건원릉을 비롯하여 다른 능침에는 전혀 능행을 거행하지 않았다. 조선 후기 국왕 중에서 이렇게 능행 지역이 한곳으로만 집중되어 나타나는 경우는 경종이 유일하다.

---

61) 『승정원일기』 경종 1년, 10월 10일(정묘).
　　備忘記, 予有奇疾, 十餘年之來, 差復無期, 乃先朝之軫念, 酬應萬機誠難矣, 往在丁酉, 有聽政之命, 則靜攝中爲其調便耳, 至於予躬, 他不暇顧, 及自登極以來, 夙夜憂懼, 近日症勢, 尤爲沈痼, 酬應亦難, 政事多滯, 言念國事, 心懷采增, 今世弟年壯英明, 若使聽政, 則國事可有依托, 予得安意調便, 大小國事, 令世弟裁斷焉.

경종의 재위기간을 기준으로 보면, 명릉의 행행은 1721년과 1722년에 만 있으며, 1723년과 1724년은 거행하지 않았다. 경종의 병약한 신체와 건강상태를 단정적으로 보여주는 대목일 것이다. 그러므로 경종의 능행은 국왕의 건강 상황의 여하에 따라서 도성을 벗어난 능행의 횟수는 물론 그 시행 자체가 불가능할 수 있음을 보여주는 사례이겠다.

그런데 경종의 능행이 단 3회이기는 하지만 국왕의 능침 이외에 다른 능침에도 전혀 능행하지 않은 것은 아니다. 1721년 경종은 명릉 능행에서 연잉군延礽君을 배종하게 하고 돌아오는 길에 숙종의 비인 인경왕후仁敬王后의 익릉翼陵에도 들러서 전알하였다.[62] 이외에 경종은 역대의 국왕들이 사친을 추숭했듯이 생모인 희빈 장씨를 옥산부대빈玉山府大嬪으로 추숭하 면서[63] 사묘私廟에 행행하면서 선조가 생부인 덕흥대원군의 사묘에 행행한 것과 같은 절차로 거행하였다.[64] 옥산부대빈玉山府大嬪의 사묘에 행행한 날 은 많은 비가 내려 신료들이 반대의 의사를 개진했음에도 그대로 거행되었 다.[65]

이와 같이 경종의 능행은 국왕의 능침만을 국한해서 보면 선왕인 명릉 만 거론할 수 있겠지만, 신체적인 조건에 의해 명릉만 능행했다는 것은 옳지 않겠다. 오히려 비가 오는 와중에도 사친인 대빈묘大賓廟에 전배展拜 한것을 고려한다면 재위기간 내에 명릉만 능행했다고 보기는 어렵다. 물론

---

[62] 『승정원일기』 경종 1년, 2월 26일(정사).
(전략)且考前例, 則崇陵展謁時, 健元陵亦無展謁之事, 故自禮曹草記定奪, 昌敬兩陵, 則以遣大 臣攝行事磨鍊, 而諸議皆以爲, 翼陵則與此相望之地, 而事同一陵, 親祭後, 以時服展謁, 似合情 禮, 諸宰之意, 亦皆如此, 故敢禀. 上曰, 唯.
[63] 『경종실록』 경종 2년, 10월 10일(임술).
[64] 『경종실록』 경종 3년, 6월 9일(병진).
[65] 『승정원일기』 경종 3년, 6월 9일(병진).
政院啓曰, 今日大嬪祠宇展拜擧動時刻臨迫, 而積雨通宵, 餘勢崇朝, 伏惟此時, 霑濕羽旄, 勞動 法駕, 不瑕有傷於聖體調將之道乎? 差退日字, 俟晴動駕, 實合事宜, 臣等待罪近密, 不勝區區憂 慮, 惶恐敢啓. 傳曰, 勿爲差退.

〈표 III-7〉 영조(1724~1776)의 능행지역과 시기

	건원릉	후릉	헌릉	영릉	현릉	장릉	광릉	창릉	선릉	정릉	효릉	강릉	목릉	장릉	영릉	숭릉	명릉	의릉
1	1726.9.4	1740.9.1	1733.9.10		1761.2.4		1755.2.18	1754.8.15	1728.9.1	1728.9.1	1741.8.28	1738.8.19	1747.8.19	1731.8.17	1730.2.27	1727.8.16	1726.10.20	1725.1.16
2	1737.8.19		1718.3.21		1764.2.25			1756.8.1	1742.8.16	1742.8.16			1753.8.9	1731.9.26		1747.8.19	1732.8.16	1725.8.27
3	1747.8.19							1759.3.27	1746.8.10	1746.8.10			1761.2.4	1745.8.19		1753.8.9	1735.8.11	1726.2.12
4	1753.8.9							1760.3.26					1764.2.25	1749.2.10		1761.2.4	1740.3.11	1727.2.2
5	1761.2.4															1764.2.25	1744.8.7	1730.11.10
6	1764.2.25																1748.8.10	1732.1.25
7																	1751.8.6	1734.2.13
8																	1754.7.30	1737.8.19
9																	1756.8.1	1747.8.19
10																	1758.1.25	1750.8.20
11																	1758.8.1	1752.8.25
12																	1759.3.26	1753.8.9
13																	1759.8.15	1759.9.30
14																	1760.3.25	1761.2.4
15																	1760.6.7	1761.8.24
16																	1761.8.13	
17																	1761.8.15	
18																	1762.8.15	
19																	1764.8.15	
20																	1765.8.1	
21																	1766.8.9	
22																	1767.8.20	
23																	1769.8.10	
24																	1770.9.1	
25																	1771.8.20	
계	6	1	2		2		1	4	3	2	1	1	4	4	1	5	25	15

건원릉을 비롯해서 역대 국왕들이 대부분 능행을 거행한 곳이 제외되고는 있지만 경종의 재위기간이 짧았고 건강도 문제가 있었기 때문에 명릉과 익릉, 대빈묘 정도만 행행했다고 할 수 있다.

영조는 능원陵園의 행행을 사람의 정리情理상 당연한 일이라며 재위기간 수많은 능행을 거행하였다.[66] 영조는 52년이라는 긴 재위기간 동안 자신의 왕위 계승 정통성을 숙종과 경종을 잇는 '삼종혈맥三宗血脈'이라는 말을 통해 자주 강조하였다.[67] 그래서 명릉과 의릉에 능행하는 것은 '삼종'을 잇는 자신의 의무라면서, 명릉과 의릉에 대한 마음은 한이 없다고까지 하였다.[68] 이런 영조의 언사는 능행에 적극적으로 반영되어 재위기간 동안 명릉과 의릉에 능행이 가장 많이 나타나고 있다. 영조는 재위 말년까지 능행을 거행하여 의릉은 1761년(영조 37), 명릉은 1771년(영조 47)까지 지속하고 있다. 특히 명릉은 1764년 이후 다른 능침에 대한 능행이 정지된 이후에도 지속되고 있다.

또한 명릉과 의릉의 능행 경향은 다른 능침과 차이를 보이는 부분이 있다. 명릉의 행행 시기를 보면, 1758년 1월과 8월, 1759년 3월과 8월, 1760년 3월과 6월, 1761년 8월의 경우 1년에 2회의 능행을 거행하고 있으며, 의릉은 1725년부터 1727년까지 매년 능행을 하고 있는 것이 다른 능행과 차별되는 부분이다. 매년 2회의 능행이 거행된 시기를 보면 매번 봄과 가을이다. 이 점은 다른 능행의 시기와도 일치하는 것으로 봄과 가을에 능침에 가는 것으로 정해진 의례에 정확히 부합되는 것이다.[69]

그리고 명릉과 의릉에 능행한 시기를 다른 능침에 능행한 것과 비교하면, 거의 일치하지 않는다. 대부분 명릉과 의릉이 능행의 주 목적지였음을

---

66) 『승정원일기』 영조 9년, 8월 21일(기사).
67) 『승정원일기』 영조 9년, 12월 9일(병진).
68) 『승정원일기』 영조 9년, 8월 21일(기사).
69) 『국조오례의』, 「길례」, 時日.

보여주고 있다. 또한 명릉과 의릉이 위치한 지역 부근에 다른 능침이 위치하지 않은 것도 한 이유라고 할 수 있다.[70] 물론 명릉은 서오릉의 하나로 부근에 창릉, 경릉, 익릉, 홍릉 등이 있다. 그럼에도 영조의 창릉과 명릉의 능행 시기가 일치하지 않고 있어서 명릉이 능행의 목적임을 보여준다.[71] 이런 영조의 능행 형태는 다른 국왕에서는 잘 나타나지 않는다. 따라서 이를 통해 간접적으로나마 영조가 경종의 뒤를 이은 후 '삼종'을 강조한 면을 현실적으로 드러낸 과정이라고 할 수 있다.

영조의 능행은 1725년 1월 의릉부터 시작하여 동년 8월 의릉, 1726년 2월 의릉, 동년 9월의 건원릉 등으로 진행되었다. 특히 의릉 능행은 영조의 즉위 초부터 집중적으로 거행되어 재위기간 능행의 첫 번째부터 세 번째까지 이어지고 있다. 그리고 의릉 다음의 능행지가 건원릉으로 다른 국왕들과 마찬가지로 왕위의 종통을 잇고 있음을 드러내는 것으로 볼 수 있다. 건원릉 능행이 1737년 8월 이후 4번의 능행이 모두 목릉, 숭릉, 의릉과 동일하게 진행되고 있는 것에서 확인된다.

영조의 능행은 다방면에서 선대의 국왕들과 다르게 나타난다. 선릉과 정릉의 능행을 3회 실시하였으며, 장릉, 명릉, 의릉과 같이 한해에 동일한 능침을 봄과 가을에 두 번 방문하는 것과 헌릉, 현릉, 창릉, 선릉, 정릉, 목릉, 장릉처럼 선대왕들이 1회 이하 능행하던 곳을 2회 이상 가는 경우를 들 수 있다. 물론 영조가 선릉과 정릉을 3회 능행한 것은 재위기간이 다른 국왕보다 길었기 때문이라고도 볼 수 있겠지만, 선릉과 정릉의 능행시기를 보면 그렇지 않다.

선릉과 정릉의 능행 시기는 1728년(영조 4), 1742년(영조 18), 1746년(영조

---

70) 明陵은 오늘날 고양시 서오릉에 위치하고 부근에 창릉이 있으며, 懿陵은 서울시 석관동에 위치하고 있고, 의릉의 부근에는 다른 능침이 없다.
71) 『儀註謄錄』 권2, 「明陵拜陵時出還宮儀」, 장서각, K2-4796.

22)으로 영조의 재위 초반이거나 한 시기에 집중되어 있으므로 다른 국왕들도 거행할 수 있는 시기라고 할 수 있다. 이외에 능행이 없던 곳에 가는 경우도 재위기간이 길었다는 이유로 볼 수도 있지만 후릉 1740년, 현릉 1761·1764년, 창릉 1754·1756·1759·1760년, 효릉 1741년, 강릉 1738년 등으로 재위 기간 전체에 걸쳐 퍼져 있지 않다.

무엇보다 영조의 능행에서 주목되고 특징으로 부각되는 것은 동일한 능침에 동일한 시기에 2회 이상 능행을 거행한 경우일 것이다. 장릉의 1731년 8월과 9월, 명릉의 1758년 1월과 8월·1759년 3월과 8월·1760년 3월과 6월·1761년 8월 13일과 15일, 의릉의 1725년 1월과 8월·1761년 2월과 8월 등이다. 그 중 명릉에서 1761년 8월 13일과 15일의 능행은 영조를 전후한 국왕들에서 볼 수 없는 능행이다. 이점은 영조의 사친인 육상궁 행행에서도 확인되는 점이다.

물론 명릉과 의릉의 능행은 영조가 삼종의 혈맥이라고 하는 특수한 배경이 작용해서 거행된 것이라고 할 수도 있겠다. 그럼에도 불구하고 명릉과 의릉같은 경우는 조선시대 국왕의 능행에서 전대미문의 사례일 것이다. 더욱이 영조의 집권 초기 거행된 능행에서 의릉이 1~3번째에 거행되었다는 점도 영조대 능행의 큰 특징이다.

영조는 만년에도 능행을 지속하고 있는데, 영조는 궁궐 밖으로 움직이는 것을 운동이라는 표현을 사용하기도 했다. 영조는 운동을 하지 않으면 근력이 떨어지는데, 자신은 움직이면 병들지 않으며 오히려 편안하면 병든다는 논리로 행행의 필요성을 설명하였다.[72] 이 점은 영조가 재위기간 동안 다른 국왕들에 비해 많은 도성 내외의 행행을 거행한 것에서 잘 알 수 있다.

영조의 능행에서 1730년(영조 6) 영릉寧陵 능행은 매우 특별한 의미가

---

[72] 『승정원일기』 영조 6년, 2월 2일(신축).

담겨있다. 영조의 영릉 능행은 처음부터 신료들의 반대에 부닥쳤다. 당시 지진이 발생한 이유로 신료들은 역대 고사를 예로 들면서 재변이 있는데도 능행을 거행하는 것은 제왕으로서 삼가야 한다며 능행을 막았다. 영조는 신료들의 반대의사를 정면으로 거부하며 자신이 능행에 나서는 것은 선대왕에 대한 지극한 정성인데 재변을 이유로 막는 것은 '주약신강主弱臣强'의 의사가 나타난 것이라며 능행을 강행하였다.[73] 이러한 영조의 모습은 능행을 비롯한 행행이 함축하고 있는 정치적 의미를 바로 드러낸 것이겠다. 즉 능행은 역대 국왕의 의지가 작용하여 거행되던 것임을 엿볼 수 있는 것이다.

그런데 영조의 능행에서 의문스런 점이 영릉英陵에 능행하지 않은 것이다. 장릉莊陵은 조선시대 어느 국왕도 능행하지 않은 곳이므로 특별히 논할 것이 없겠으나, 영릉英陵은 세종의 능침으로 영조가 이곳에 가지 않았다는 것은 이상하다. 왜냐하면 다른 국왕들이 잘 가지 않았던 후릉 능행을 거행한 것과 영릉寧陵에 능행하면서 부근에 있던 영릉英陵에 가지 않았기 때문이다. 이런 의문에 대해 영조는 영릉寧陵에 능행 갔다가 영릉英陵에 가지 못한 것을 뼈가 깎이듯 매우 마음이 아픈 일이라며 영릉英陵 능행을 하지 못한 마음을 나타내었다.[74] 그러므로 영조 재위년간 영릉英陵이 누락된 것은 장릉莊陵과 동일한 선상에서 해석할 것이 아니며, 다만 시기와 형편이 맞지 않았던 불가피한 현상이라고 보겠다.

이외에 영조는 다른 국왕의 능행과 마찬가지로 행행 지역에 위치한 능침을 동시에 방문하고 있다. 건원릉·목릉·숭릉과 선릉·정릉의 능행 시기가 일치하며 이들이 동일한 능역에 있음을 알 수 있다. 이런 국왕들의 능행 경향은 조선후기로 갈수록 증가되는데, 왕실의 능침이 증가되면 될수

---

[73] 『승정원일기』 영조 6년, 2월 5일(갑진).
[74] 『승정원일기』 영조 9년, 8월 21일(기사).

록 이어지던 현상이었다. 그리고 영조대 능행에서 간과하면 안 되는 것이 사친인 육상궁毓祥宮과 소녕원昭寧園 원행이다. 아래의 사친 추숭에서도 언급하고 있지만 영조대는 사친 추숭과 함께 건립한 육상궁과 소녕원에 대한 행행을 그 어떤 사단원묘社壇園廟보다 자주 거행하였다.[75]

특히 영조는 능행시 인근에 육상궁과 소녕원이 있거나 혹은 능행시 육상궁과 소녕원을 거치기 위해 능행로를 조정하는 경우도 있었다. 그러므로 영조의 능행을 설명할 때는 육상궁과 소녕원과의 연관성을 염두에 두고 보아야 할 것이다.

〈표 III-8〉 정조(1777~1800)의 능행지역과 시기

	건원릉	후릉	헌릉	영릉	현릉	장릉	광릉	창릉	선릉	정릉	효릉	강릉	목릉	장릉	영릉	숭릉	명릉	의릉	원릉
1	1778. 3.13		1799. 8.19	1779. 8.5	1779. 2.10		1792. 9.10	1781. 8.15	1788. 9.6	1788. 9.6	1786. 2.25	1785. 2.10	1781. 1.27	1789. 2.13	1779. 8.5	1779. 2.10	1778. 8.19	1783. 8.26	1776. 8.21
2	1779. 2.10				1783. 8.25			1785. 9.4	1792. 9.7				1783. 8.25	1797. 8.15		1781. 1.27	1780. 2.3		1778. 3.13
3	1781. 1.27				1784. 2.19			1791. 2.26					1784. 2.19			1784. 2.19	1781. 8.15		1779. 2.10
4	1783. 8.25				1787. 2.6			1794. 9.28					1787. 2.6			1787. 2.6	1785. 9.4		1781. 1.27
5	1784. 2.19				1790. 10.2			1798. 8.29					1790. 10.2			1790. 10.2	1787. 8.15		1783. 8.25
6	1787. 2.6				1793. 9.4								1800. 3.21			1793. 9.4	1791. 2.26		1784. 2.19
7	1790. 10.2				1800. 3.21											1800. 3.21	1794. 9.28		1787. 2.6
8	1793. 9.4																1798. 8.29		1790. 10.2
9	1800. 3.21																		1793. 9.4
10																			1800. 3.21
계	9		1	1	7		1	6	2	1	1	1	6	2	1	7	8	1	10

75) 『儀註謄錄』 권1~4, 「毓祥宮 展拜儀, 毓祥宮 親享儀」, 장서각, K2-4795.

정조의 능행도 선대왕들처럼 오례에 의거한 대로 대부분 봄과 가을에 거행되고 있다. 후릉과 장릉을 제외한 능침에 능행을 가고 있다. 그리고 다른 국왕들과 마찬가지로 능행 지역에 위치한 다른 능침에도 동일하게 두루 거치는 현상을 보인다. 그런데 정조와 같이 조선후기의 국왕은 동일한 능역내의 능침을 거치는 것이 쉽지 않았음을 볼 수 있다. 정조가 능행 1회에 거치된 능침은 5개로 나타나고 있다. 건원릉, 현릉, 목릉, 숭릉, 원릉의 능행 일자가 동일하게 나타나고 있어서 모두 하루에 방문한 곳임을 알 수 있다.

그런데 건원릉 등이 동구릉에 함께 위치하고 있다고는 하지만 국왕이 하루에 5개의 능침을 방문하고 예를 갖추는 능행이 쉬운 일은 아니다. 행행에 동원되는 인원과 반차, 해당 지역 관민의 동원 등은 물론 능침에서 거행할 각종 의식을 고려한다면 매우 고된 일정이다. 이점은 오늘날 이 지역의 능침을 하루에 방문해도 동일하게 확인할 수 있다. 동일한 시기에 능침을 방문하는 경우는 명릉과 창릉, 선릉과 정릉에서도 확인된다.

명릉과 창릉은 서오릉에 위치하여 하루에 충분히 거칠 수 있는 지역이다. 또한 선릉과 정릉도 하루 동안에 거치고 있지만 한강을 건너면 한 지역 내에 인접해 있으며, 불과 2개의 능침이기 때문에 건원릉이 위치한 동구릉 능역과 비교할 수 없다. 따라서 능행이 왕조의 후대로 갈수록 국왕은 물론 신료들에게 고되고 벅찬 일임을 짐작할 수 있다.

정조의 능행에서 주목되는 것은 먼저 원릉 능행이다. 원릉 행행은 즉위년인 1776년을 기점으로 2~3년 안에 지속적으로 이루어지고 있다. 물론 1793년(정조 17) 이후 1800년까지 6년간의 공백이 있지만 다른 능침과 비교한다면 정조년간 지속적으로 능행이 이루어졌다. 둘째, 영조대와 달리 의릉에 대한 능행이 감소되어 1회밖에 거행하지 않았으며, 1회의 능행도 재위 7년째에 거행하고 있다. 그러므로 능행이 선대 국왕 4대에 집중적으로 이루어지던 경향이 변형되는 모습을 보인다. 이 점은 영조대 삼종의 혈맥을 강조하여 경종의 의릉에 능행하던 대의명분이 정조대에는 더 이상 의미가 없어졌음을 나타내는 것이기도 하겠다.

셋째, 건원릉과 원릉의 능행이 지속적으로 동시에 거행된다는 점이다. 1778년 3월을 시작으로 1800년 3월까지 매년 동일한 시기에 능행이 이루어졌는데, 정조가 승하하는 1800년까지 능행한 것도 역대 국왕들 중에 드문 경우이다. 물론 건원릉과 원릉이 동구릉 내에 위치하고 있었기 때문이라고 볼 수도 있다. 그렇다면 건원릉과 원릉 외에 동구릉에 위치한 능침에 대한 능행도 나타나야 하는데 그렇지 않다. 그리고 현릉과 목릉의 능행도 건원릉·원릉과 함께 이루어졌지만 능행의 횟수에서 차이가 있다.

정조는 건원릉과 원릉을 능행하면서 "금년 봄 배알 때는 맨 먼저 건원릉을 배알하고 다음 원릉에 배알한 후 친히 제를 올릴 것이다. 그리고 이번 제의 의절은 성조聖祖·성후聖后가 행하셨던 예절을 그대로 따를 것이며 또 숭릉도 배알하고 그 국내에 있는 각 능소도 똑같이 배알할 것이니, 새달 안으로 날을 잡는 것으로 예조는 알고 있으라."고 하여 건원릉 능행을 제일로 여겼음을 보여주고 있다. 그러므로 건원릉과 원릉을 동시에 능행한다는 것은 대외적으로 정조의 왕위 정통성을 정조 자신에게까지 이어지고 있음을 보이는 방법이겠다.[76]

넷째, 선대 국왕들이 소략적으로 능행을 한 현릉과 창릉, 목릉에 대한 능행 수치가 높다는 점이다. 특히 문종의 현릉 능행은 선대 국왕에서 전혀 찾아 볼 수 없는 것은 물론이고 후대의 국왕에서도 보이지 않는 사례이다. 현릉이 동구릉 내에 위치하고 있기 때문이라고 하기에는 정조를 전후한 국왕들의 건원릉과 원릉 능행에서 현릉 능행을 하지 않기 때문에 설득력이 없다. 이점은 세조의 광릉 능행이 1회라는 점과 비교하면 쉽게 그 원인을 찾을 수도 있다. 숙종 이후 추숭된 단종의 왕위 정통성에 대한 것과 세조를

---

76) 『정조실록』 정조 24년, 2월 4일(정해).

비롯한 계유정난에 대한 후대의 평가가 이렇게 능행으로 드러난 것이라고 추측할 따름이다.

마지막으로 영조와 같이 장릉莊陵을 제외하고 모든 능침에 능행을 거행하는 것이다. 이점도 정조대를 기점으로 후대의 국왕에서는 사라지는 부분이다. 숙종에서 정조대에 이르면서 다양하게 국왕의 능행이 이루어지던 것이 정조 이후로 일부 국왕에 국한되는 모습으로 변형되고 있다. 따라서 정조대는 국왕의 능행 패턴이 새롭게 변화되는 기점이었다고 하겠다.

이와 함께 정조 능행에서 특이한 점은 1792년 선릉 능행에서 정릉을 거치지 않고 있는데 이것은 오류라고 생각할 수 있다. 선릉과 정릉은 한강을 건너야 도달하는 능침으로 쉽게 갈 수 없는 곳이며, 기존의 국왕들이 선릉 능행에서 항상 정릉까지 능행했기 때문이다.

순조의 능행은 3년상을 마치는 1804년부터 시작되었다. 순조의 능행 44회는 재위 35년에 비한다면 적은 수치라고 볼 수 있다. 더욱이 전체 능침에 대한 능행 수치가 아니라 8개의 능침에 국한된 것은 변화된 능행의 모습이라고 할 수 있다. 특히 선왕인 정조의 능침이 있는 건릉 행행이 9회인 점이 주목된다. 건릉은 화성에 소재하기 때문에 한강을 건너 선릉・정릉에 가는 것과는 달리 더 많은 시간과 물력이 필요한 능행지였다.[77]

그리고 순조의 능행은 영조와 정조대에 다양하게 거행되던 것이 상대적으로 국한된 능침에 대해서만 거행되고 있다. 건원릉과 명릉 같이 동구릉과 서오릉에 동일한 능역 내에 포함된 능침들에 대한 능행도 동시에 거행되지 않고 있다. 건원릉・원릉과 창릉과 명릉에 대한 능행의 시기가 일치하는 부분도 있지만 전체적으로 보면 능행시기의 일치성도 보이지 않는다. 그리고 전체 능행의 시기에서도 일관된 모습이 나타나지 않으며 재위

---

77) 파주의 장릉, 여주의 영릉・영릉 등이 화성보다 거리상으로 큰 차이를 보이지는 않지만 능행 수치에서 비교할 수 없을 정도로 건능 능행이 많이 거행되었다.

초반, 중반, 종반을 나누어 보아도 특별히 집중적으로 능행이 거행되는 경향을 볼 수 없다.

〈표 Ⅲ-9〉 순조(1800~1834)의 능행지역과 시기

	건원릉	후릉	헌릉	영릉	현릉	장릉	광릉	창릉	선릉	정릉	효릉	강릉	목릉	장릉	영릉	숭릉	명릉	의릉	원릉	건릉
1	1803.8.16							1808.3.13					1832.9.6			1820.9.11	1804.2.19	1809.2.13	1803.8.16	1804.8.29
2	1807.3.12							1811.3.10									1809.9.6	1830.9.6	1805.7.30	1806.2.20
3	1812.10.7							1829.8.27									1811.3.10	1831.2.19	1806.8.16	1807.8.28
4	1819.3.22																1816.8.19	1831.8.19	1807.3.12	1810.8.29
5	1825.9.10																1817.9.2	1832.2.19	1814.8.15	1817.2.27
6	1827.9.21																1818.9.4		1818.2.20	1821.2.20
7	1832.9.6																1826.8.28		1819.3.22	1822.2.20
8																	1828.9.9		1827.9.21	1826.2.23
9																	1834.9.17		1832.9.6	1828.2.23
계	7							3					1			1	9	5	9	9

순조대 능행이 성대 국왕과 변화된 원인을 1811년 12월부터 1812년 4월까지 발생한 홍경래난의 영향으로 접근해 볼 수도 있겠다. 물론 1812년 10월의 건원릉과 1814년 8월의 원릉 능행이 홍경래난 이후에 거행되기도 했다. 그러나 건원릉의 경우는 난을 진압하고 보고하는 형태로 볼 수 있겠으며, 1814년 원릉 능행이후에는 1년에 한번이나 몇 년에 1회씩만 능행이 거행되고 있기 때문에 홍경래난의 영향이 없다고 보기는 어려울 것이다.

그럼에도 순조의 능행에서 주목할 것은 명릉에서 건릉으로 이어지는 4대조에 대한 능행이 의릉의 수치만 예외로 정확하게 9회가 거행되었다는 점이다. 물론 명릉과 원릉, 건릉의 능행 시기는 동일하게 나타나지 않는다. 건릉의 위치가 화성이었다는 점을 감안한다면 현실적으로 능행 시기가 동일할 수 없는 것이다. 그렇지만 능행이 시조인 태조의 건원릉을 시작으로 4대에 걸쳐 순조에 이어지는 모습은 정통적正統的으로 보위를 승계한 국왕의 모습을 나타내는 것이라고도 할 수 있다.

이와 함께 순조의 능행 수치가 정조대에 비해 많이 축소된 것은 사친私親 궁원宮園에 대한 행행의 증가와도 연결해서 보아야 할 것이다. 조선후기 국왕의 사친 추숭은 인조대부터 진행되어 영조대 육상궁, 정조대 경모궁을 거쳐 순조대 휘경원과 경우궁을 설치하면서 최고조에 이르게 된다. 사친 추숭과 국왕의 능행은 별개가 아니라 동일한 선상에서 이해할 부분이다. 국왕의 능행이 사친 궁원에 가는 횟수보다 적게 되는 현상이 바로 그것이다. 영조의 육상궁과 소녕원, 정조의 경모궁과 현륭원, 순조의 경우궁과 휘경원에 대한 행행은 곧 국왕의 능행과 같은 규모와 절차로 거행되었기 때문이다.[78]

이외에 순조대 능행의 특징은 능행시 복색에 대한 규정이 새롭게 제정된 것이다. 순조대 이전에도 능행시 복색에 대한 논의가 있었지만 순조대에 이르러 제정된 것이 고종대까지 이어졌기 때문이다. 순조는 1815년(순조 15) 예조에서 기존의 역대 등록을 참고하여 능행시 국왕의 복색을 천담복淺淡服으로 하였다.[79] 그 후 1830년에 다시 국왕은 면복冕服을, 백관百官으로 4품 이상은 조복朝服을, 5품 이하는 흑단령黑團領을 갖추게 하였다. 그런데 영조대는 1729년(영조 5) 2월 순릉順陵 능행에서 처음으로

---

78) 이왕무, 「영조의 私親宮·園 조성과 행행」, 『장서각』 15, 2006.
79) 『순조실록』 순조 15년, 12월 28일(무인).

시사복視事服을 마련하라고 했었다.[80] 순조 이전 국왕의 복색은 능행 도중에는 융복戎服을 입었지만, 능소陵所에서는 배종하는 신하들과 같은 천담복淺淡服을 착용하였다.[81]

다음으로 헌종대 능행의 특징은 무엇보다 선대왕들에 비해 능행의 수치가 비교할 수 없을 만큼 줄었다는 점이다. 특히 건원릉 능행의 감소는 조선후기 국왕의 능행에서 점차 증가되던 추세에서 반전되는 전환점으로 나타나고 있다. 헌종이 9세에 집권하여 보위 초기에 능행을 거행할 여력이 없었기 때문에 재위기간 내의 행행 수치가 적다고도 할 수 있겠지만, 그럼에도 불구하고 선대 국왕들과 비교하면 능행의 패턴을 산출할 수 있는 기본적인 형태가 보이지 않는다. 그리고 선대에서는 나타나지 않았던 윤달 능행이 1841년 원릉 능행에 처음으로 나타나고 있는 점이 특이하다.

〈표 Ⅲ-10〉 헌종(1834~1849)의 능행지역과 시기

	건원릉	후릉	헌릉	영릉	현릉	장릉	광릉	창릉	선릉	정릉	효릉	강릉	목릉	장릉	영릉	숭릉	명릉	의릉	원릉	건릉	인릉
1	1840.3.16												1848.2.18	1842.3.11			1841.8.15	1842.9.10	1840.3.16	1843.3.16	1842.3.11
2														1847.2.22			1846.5.6	1841.윤3.4	1846.2.21	1847.2.22	
3																			1844.8.28		
4																			1848.2.18		
계	1												1	2			1	2	4	2	2

---

80) 『순조실록』 순조 30년, 7월 4일(기미).
81) 『영조실록』 영조 9년, 9월 10일(무자).

헌종대 능행의 모습을 살피면, 먼저 순조대와 마찬가지로 선대왕들의 전체 능침에 대한 능행이 이루어지지 않고 몇몇 능침에 국한되어 거행되었다. 그리고 동구릉과 서오릉 같은 동일한 능역 내에 포함된 능침들에 대한 능행도 거행하지 않았다. 물론 건원릉・원릉과 장릉長陵과 인릉에 대한 능행의 시기가 일치하지만 전체적으로 보면 일관된 모습이 나타나지 않는다. 다만 헌종 재위 후반기에 능행이 집중적으로 거행되고 있는 것이 주목되는 경향이다. 이점은 헌종이 9세에 보위에 올라 능행을 자주 거행할 수 있었던 시기가 재위기간 전체로 볼 때 부족하다는 논리를 입증하는 부분이다. 또한 4대 선조에 대한 능행도 재위 초기부터 거행하지 않고 재위 후반기인 1840년대에 들어서야 거행하고 있는 것도 그것을 반증해 주고 있다.

따라서 헌종대 능행의 변화와 특징은 순조대와 동일하게 능행 지역이 축소되고 몇몇 능침에 집중적으로 능행을 거행했으며, 재위 후반기에 능행을 시작했다는 점이다. 선대왕들처럼 순조의 3년상을 마치고 인릉에 능행하지 않고 8년만인 1842년(헌종 8)에 가서야 능행을 하고 있다. 그런데 재위 후반기에 가서야 능행을 거행하던 헌종의 능행 경향은 전후의 국왕들에게서 보이지 않는다. 철종대에는 오히려 4대 능침은 물론 다양한 더 많은 능침에 대한 능행을 거행하기 때문이다. 그러므로 헌종대의 능행은 헌종시기에만 나타나는 모습이라고 할 수 있다.

철종대에도 헌종대와 마찬가지로 동일한 능역 내에 포함된 능침들에 대한 능행이 거행되지 않았다. 동일한 시기에 능행이 거행된 것은 1851년(철종 2) 윤8월의 건원릉, 원릉, 경릉의 경우 1번뿐이다. 다른 능침에 대한 능행이 헌종대보다 다양하고 증가되기는 하였다. 그러나 조선후기 국왕들이 일반적으로 자주 능행을 거행하였던 건원릉, 명릉, 원릉에 대한 능행의 수치도 현저하게 감소되었다. 그리고 헌종대를 이어 윤달에 능행을 거행하고 있는데, 광릉, 원릉, 경릉에서 나타나고 있다.

<표 III-11> 철종(1849~1863)의 능행지역과 시기

	건원릉	후릉	헌릉	영릉	현릉	장릉	광릉	창릉	선릉	정릉	효릉	강릉	목릉	장릉	영릉	숭릉	명릉	의릉	원릉	건릉	인릉	경릉
1	1851. 윤8.18	1856. 2.20					1855. 9.18				1855. 8.6					1854. 8.19	1852. 8.20		1851. 윤8.18	1852. 2.26	1850. 3.11	1850. 8.27
2	1855. 3.11	1857. 2.26					1856. 4.11									1861. 9.15			1860. 윤3.7	1855. 2.28	1851. 3.16	1851. 윤8.18
3		1859. 7.17					1860. 윤3.8													1860. 3.17	1855. 8.5	1854. 8.19
4		1859. 8.17					1863. 3.4														1857. 2.26	1860. 윤3.7
5		1862. 9.18																			1857. 12.17	1863. 3.3
6																					1858. 1.17	
7																					1858. 8.11	
8																					1859. 2.13	
9																					1859. 8.17	
10																					1860. 3.18	
11																					1861. 2.6	
12																					1862. 9.18	
계	2	5					4			1						1	2		2	3	12	5

　　이와 함께 철종대 능행에서 특별히 주목되는 것은 인릉이다. 인릉 능행은 선대왕인 헌종의 경릉보다 5개월이 빠른 1850년 3월에 거행하고 있다. 이런 능행의 형태는 조선후기 국왕의 능행에서 유일하게 나타나는 부분이다. 일반적으로 사왕嗣王은 선왕의 능침이 완성되면 제일 먼저 그곳의 능행

을 거행하였다. 그러므로 현종의 산릉이 완성된 1850년 8월에 철종의 능행이 처음 시작되는 것이 상식적인 일이었음에도 순조의 능침인 인릉 능행이 먼저 거행된 것이다.

철종이 보위에 오른 것이 다른 국왕과 달리 많은 사연이 있기는 하지만, 일단 보위에 오르면 국왕이 거행해야 할 일반적인 의례의 형태가 있음에도 불구하고 철종의 능행은 예외적인 모습을 보이고 있다. 더욱이 인릉에 대한 능행 수치도 다른 능침에 비할 바가 아니며 선왕의 능침보다도 많으며, 그 시기도 재위 말년인 1862년까지 거행되고 있다. 또한 인릉을 제외하면 재위 15년간의 능행 수치는 25회로서 인릉의 12회와 비교하면, 인릉의 능행이 수치가 매우 높음을 알 수 있다.

위와 같은 조선후기 국왕들의 다양한 능행 경향은 일반적인 모습과 변화되고 특수한 모습을 모두 포함하는 양상을 나타내고 있다. 따라서 전체 시기를 일관되게 흐르는 경향성을 찾아내기는 쉽지 않다. 다만 국왕별로 상이한 정치, 사회적 현상에 따른 영향이거나 국왕들의 기호라고 볼 수밖에 없는 부분이겠다.

2. 원행園幸의 등장과 행행 의례화

1) 영조대 이후 사친私親 추숭追崇과 원행의 정착

조선후기 국왕의 원행에서 대표적인 것은 영조 이후의 소녕원과 현륭원, 휘경원 원행이다. 조선시대 국왕의 왕위계승은 유교적 절차에 따라 적장자가 보위에 오르는 것이 상례常禮였다. 그런데 이러한 상례는 건국 초부터 제대로 이행되지 않았다. 태종에 의한 왕자의 난, 세조의 계유정난 등 국초부터 발생한 정변政變으로 인해 정상적인 왕위계승이 이루어지지 못했다. 더욱이 예종·인종·명종 등 계후繼後가 없이 서거하는 경우 왕위 계승은 자연히 방계로 이어질 수밖에 없었다. 또한 중종과 같이 반정으로 보위에 오르는 경우에도 같은 양상을 보였다. 이러한 왕위 계승의 양상은 왜란과 호란을 거쳐 조선 후기에도 지속되었는데 인조반정, 소현세자의 급서急逝와 효종의 등극, 경종의 급서急逝와 영조의 등극 등이 그것이다.

그 중 영조의 등극 이후 정조, 순조, 헌종 등으로 이어지는 국왕의 계승은 왕실에서 정한 사왕嗣王이 보위에 오르는 유교의 이상적인 적통嫡統이었다. 그런데 영조, 정조, 순조의 왕위 계승과 관련하여 특이한 현상은 이들이 모두 부모의 한 부분이 왕통王統에 결점을 지녔다는 점이다. 영조의 생모는 숙빈최씨淑嬪崔氏, 순조의 생모는 수빈박씨綏嬪朴氏 등으로 모두 후궁의 출생이라는 혈통적 한계가 있었으며, 정조의 부친은 영조에게 죽임을 당한 사도세자로서 왕위계승에서 정치적으로 불리한 입장이었다. 이런 혈통적, 정치적 한계점을 지닌 세 국왕이 등극하여 왕권의 강화를 위해 추진한 일 중 두드러지는 것이 사친私親의 추숭追崇이었다. 추숭 방법으로는 존호를 올리는 것과 사당 및 묘소를 궁宮과 원園으로 조성하는 것이 일반적이었다.

위와 같은 배경에서 조성된 영조, 정조, 순조의 사친궁私親宮·원園이 육상궁毓祥宮·소녕원昭寧園, 경모궁景慕宮·현륭원顯隆園, 경우궁景祐宮·휘경원徽慶園 등이다. 행행은 국왕이 정치적 권위를 신료와 민인에게 대외적으로 직접 보여줄 수 있는 국가적 정치행사이기도 하였다. 국왕은 행행을 통해 왕실의 적통嫡統을 계승한 후임자임을 천명하는 동시에 당대의 정치적 권위와 지배를 대내외에 상징적으로 확인하는 효과를 보려한 것으로 볼 수 있다. 이러한 행행을 통한 국왕의 정치적 움직임에는 왕실의례의 장려壯麗함 속에 도착하는 행행의 목적지도 예외일 수 없었다.

(1) 영조의 숙빈최씨淑嬪崔氏 추숭追崇

조선시대 왕실 의례에서 추숭은 국왕의 정통성과 왕실의 권위를 아울러 격상시키는 방법이었다. 국왕의 추숭은 조선 전기부터 시작되어 성종의 의경세자, 선조의 덕흥군德興君 등에 대한 사례를 들 수 있다. 임진왜란 이후에는 광해군의 공빈, 인조의 원종[82]·계운궁啓運宮 등에 대한 추숭을 시작으로 영조, 정조, 순조, 헌종 등 조선 후기의 왕대에 집중적으로 사친의 추숭이 진행되었다.[83]

특히 광해군대의 추숭은 선대와 달리 생모生母에 대한 지위를 격상시키려 했다는데 주목할 필요가 있다. 그러므로 영조가 생모인 숙빈 최씨를 추숭하는 방식은 오히려 광해군대에 진행되었던 공빈恭嬪 사례[84]가 같은 반열의 후궁이었다는 점에서 유사성을 보인다고 할 수 있다.

이런 배경하에 영조는 전례前例를 거울삼아 사친의 추숭을 거행했다고 생각할 수 있다. 영조는 1694년(숙종 20, 갑술년) 9월 13일 무인에 창덕궁 보경당寶慶堂에서 탄생하였다. 1699(숙종 25, 기묘년)에 연잉군延礽君에 봉封해졌고, 1720년(경종 원년元年) 왕세제王世弟로 책봉冊封되었으며, 갑진년인 1724년에 즉위하여 병신년인 1776년에 승하했으니, 왕위王位에 있은 지가 52년이고 수명은 83세였다. 영조의 수명이 길었던 만큼 육친에 대한 애정이 표출될 상황이 마련될 수밖에 없었음도 감안할 부분이다.

그렇다고 영조가 즉위 초부터 사친 추숭을 마음대로 전개할 입장은 아니었던 것으로 생각된다. 오히려 신료들에 의해 사친의 추숭이 시작되었다. 영조가 보위에 오른 지 20여일이 지난 1724년 9월, 예조판서 이진검李眞儉이 공제公除 기간이 이미 지났다 하여 사친을 존봉尊奉하는 예禮를 청하자, 영조는 "어머니는 아들의 귀貴한 것을 따라 귀해진다고 선유先儒가 이를 논하였으나, 맹무백孟武伯이 효孝를 물었을 적에 공자는, '부모의 뜻을

---

82) 이현진, 「仁祖代 元宗追崇論의 推移와 性格」, 『북악사론』 7, 2000.
83) 『春官志』 「私親廟」에는 德宗을 추숭의 첫 사례로 기록하고 있다.
84) 광해군은 恭嬪金氏를 추존하여 慈淑端仁恭聖王后로 삼았으며 陵은 成陵이라 하였다.

어기지 말라'고 하였다. 나의 사친私親은 평소에 소심하고 신중하였으므로 반드시 선왕이 내린 작호爵號를 마음으로 편하게 여길 것이니, 나도 소심하고 신중한 것으로 사친에게 보답하여 인빈仁嬪의 고사故事에 견주게 하는 것이 옳을 것이다."라면서 숙빈최씨에 대한 추숭을 하지 않겠다는 조심스런 의중을 보였다.

이에 우의정 이광좌李光佐는 "예로부터 제왕帝王들은 매양 이러한 의리義理에 대해서 명확하게 분변하지 않았는데 지금 전하께서는 환하게 밝히시어 여러 신하들이 감복感服하는 것입니다. 그러나 사당을 세워 관官에서 제사를 지내고 묘역墓域을 넓히고 수호인守護人을 두는 것은 한결같이 인빈의 전례에 따르는 것이 마땅할 것입니다."라고 하자 영조는 그의 말을 반기면서 "그렇게 하라. 사당은 내가 불초함으로 인하여 3년이 지나도록 세우지 못했다. 그러나 지금은 흉년이 들어 백성이 곤궁한데다가 나라에 대장大葬이 있으니 인산因山 후에 백성의 힘이 조금 펴지기를 기다리는 것이 좋을 것이다."라고 하여 사친 추숭의 당위성을 신료들에게서 이끌어 내는데 도달하게 된다.[85] 이후 2개월 후에 영조의 잠저潛邸 때 구궁舊宮을 숙빈의 사우祠宇로 삼으라고 명했다가, 이광좌를 비롯한 신료들의 주장으로 육상묘를 조성하게 된다.[86]

영조는 즉위 초에 숙빈 최씨가 왕비가 아니라서 종묘 신위에 부묘祔廟할 수 없으므로 1724년에 사당의 부지를 선정하게 해서 이듬해인 1725년 12월에 23일, 경복궁 서북쪽 북악산 아래인 북부北部 순화방順化坊에 숙빈淑嬪의 사당인 숙빈묘淑嬪廟를 완성하였다. 그리고 영조의 재위 29년 후인 1753년에 묘호廟號를 고쳐 정하여 육상궁毓祥宮이라고 하였으며, 소령묘昭寧墓는 소녕원昭寧園으로 승격시켰다.[87] 따라서 영조가 숙빈의 사당을 궁宮

---

85) 『영조실록』 영조 즉위년, 9월 21일(신유).
86) 『영조실록』 영조 즉위년, 11월 20일(경신).

으로 승격시키는 시기가 재위 30여년이 지나서야 가능했던 것은 시대적 상황 때문이라고 본다.[88]

나아가 1753년 6월 25일, 영조는 숙빈의 묘묘廟는 궁궁宮, 묘묘墓는 원원園으로 승격시킴과 동시에 숙빈 최씨에게 '화경和敬'이라고 추시追諡하였다. 영조는 시임 대신·원임 대신, 관각館閣의 당상, 육조의 참판 이상의 관원을 명초命招하여 입시해서 시호를 의논하게 하였다. 영부사 김재로金在魯, 판부사 김약로金若魯, 좌의정 이천보李天輔, 우의정 김상로金尙魯 등이 입시한 가운데 '화경和敬'을 제시하자 영조는 '화경'이라는 글자가 진실로 자신의 뜻에 맞는다며 마땅히 육상궁毓祥宮에 나아가 고유제告由祭를 지내고 친히 신주를 쓰겠다고 하였다.[89] 이에 영조는 6월 26일 육상궁에 행행하여 고유제를 거행하였으며, 8월 5일 육상궁의 상책인의上冊印儀를 위한 소지小識를 작성하게 한 뒤 8월 6일 죽책竹冊과 은인銀印을 올린다.

그런데 8월 5일의 상책인의上冊印儀는 영조의 엄한 하교가 있어서 시행된 결과라 볼 수 있다. 6월 26일 육상궁에 고유제를 지낸 뒤 정확히 한 달 뒤에 영조는 책인冊印의 제작과 상시도감上諡都監, 봉원도감封園都監의 부설을 명한다. 이때 영조는 "내가 장차 자성慈聖께 고할 것이다. 내가 사

---

[87] 1744년(영조 20)이라는 기록[『영조실록』 영조 1년, 12월 23일(병술)]도 있으나 연대기 자료를 비교해본 결과 1753년(영조 29)이 옳다고 본다. 『승정원일기』 영조 29년, 6월 25일(기유) 이후에도 毓祥廟라는 기록이 실록과 일기에 간간이 나오지만 1769년(영조 45)을 마지막으로 사라진다.
[88] 영조는 즉위 후 1725년 탕평책의 실시, 1728년 戊申亂, 효장세자의 죽음, 1730년 京城에 紅疹으로 수만 명 사망, 1732~1733년 전국적인 전염병과 기근, 1735년 전국적인 해일과 홍수, 1743년 전염병으로 7만여 명 사망, 1746년 전염병 창궐, 1749년 전염병으로 60여만 명 사망, 1750년 전염병으로 40여만 명 사망, 1752년 왕세손 죽음 등 신변에서부터 국정에 이르기까지 안정적인 일상을 보내기에도 벅찬 시간의 연속이었다. 이러한 배경으로 즉위한지 30년째인 1753년에 이르러서야 私親인 숙빈 최씨의 추숭을 시작하게 된 것으로 짐작된다.
[89] 『승정원일기』 영조 29년, 6월 25일(기유).

친私親을 위하여 감히 옥인玉印을 바랄 수는 없더라도 어찌 은인銀印을 만들 수 없겠는가?"라며 입시한 좌의정 이천보李天輔・우의정 김상로金尙魯 등을 엄하게 꾸짖으면서 책인의冊印儀를 명한다. 또한 영조는 "책인冊印을 올리는 것은 다음달 초엿샛날에 거행하되, 하루 전에 내가 몸소 본궁本宮에 나아가서 새벽에 고유제告由祭를 행하고 이튿날 아침에 인印을 올린 뒤에 이어서 제사를 행하겠다. 고유제는 속제俗祭의 의식에 의하고 책인을 올리는 의식은 효순궁孝純宮의 의식에 의하며 제사를 행하는 의식은 시제時祭에 따라 하라. 은인장銀印欌과 죽책궤竹冊櫃는 전례에 의하여 거행하라는 일로 도감都監에 분부하고, 책인을 올릴 때에는 다만 본궁에서 고유제를 행하라는 일로 분부하고, 책인을 만든 뒤에는 세장細仗과 고취鼓吹가 본궁에 배종陪從하여 나아가라는 일로 분부하라."90)고 하며 책인의冊印儀의 세세한 부분까지 정해서 명하였다.

영조는 육상궁에 올리는 인印은 은인銀印으로 하며, 죽책문竹冊文은 대제학 조관빈趙觀彬이 짓도록 하였다.91) 그런데 조관빈은 당시 영조의 심중을 일련의 하교를 통해 알았을 것임에도 죽책문의 작성을 단연히 거부한다. 조관빈은 영조가 죽책문을 지으라고 명한 다음날 다음과 같이 반대의사를 올렸다.

"(전략) 시호를 올리는 일은 실로 우리 大朝께서 追報하는 지극한 효성에서 나왔으니, 대개 신하들로서 누구인들 工役을 감독하는 일에 힘을 다하지 않겠습니까마는, 가만히 생각건대, 竹冊이 玉冊에 비하여 비록 輕重이 있기는 하나, 國朝의 대소 冊文은 承統한 妃嬪이 아니면 일찍이 이런 일이 없었습니다. 혹 조금이라도 列朝의 典禮에 어그러지는 것이 있는데 다시 깊이

---

90) 『영조실록』 영조 29년, 7월 27일(경진).
91) 『영조실록』 영조 29년, 7월 28일(신사).

생각하지 않고 명에 따라 지어 바친다면, 이는 국가를 저버리는 것입니다. 삼가 바라건대, 대조께 여쭈어 제때에 裁處하소서."[92]

　　조관빈이 영조에게 올린 글의 요지는 승통承統한 비빈妃嬪이 아닌 숙빈 최씨의 신분적 한계를 정확하게 설명하여 죽책의 부당함을 지적한 것이다. 영조가 추숭하려는 생모의 모습을 정확하게 조정의 논의에 부각시킨 셈이다. 이러한 조관빈의 처사는 당연히 영조의 노여움을 사게 되었으며, 영조가 직접 내사복內司僕에 나아가 조관빈을 친국親鞫하는 사태에 이르렀다. 조관빈은 경만하고 용렬하다며 죄가 되는 줄을 몰랐다고 공초供招하였으며, 영조는 그를 삼수부三水府에 위리안치하게 했다. 또한 조관빈을 옹호하던 판돈녕判敦寧 박문수朴文秀와 문안하는 사람들도 파직시키라고 명하였다. 이러한 곡절 끝에 육상궁의 죽책문은 좌의정 이천보李天輔가 짓게 되었다. 이천보는 육상궁의 책인의冊印儀를 마친 뒤 조관빈의 석방을 청해 그해 11월 말 귀양에서 풀려났다.

　　이와 같이 숙빈최씨에 대한 추숭은 신료들 사이에서도 찬성하는 분위기가 아니었음을 짐작할 수 있다. 따라서 영조의 강한 의지가 없었으면 추진되기 어려웠을 것으로 보인다. 숙빈최씨의 지위를 명확히 드러내면 낼수록 영조의 태생적 한계도 동시에 부각되는 일이었다.

　　이런 상황에서 영조는 육상궁 행행과 추숭 의례를 통해 생모의 지위를 높일 수밖에 없었다고 본다. 그리고 예법상 할 수 없는 부분은 자식으로서의 효를 강조하며 진행시켰다.

　　영조는 8월 5일 육상궁에 행행하려고 할 때 책인冊印에 관해 논의를 하던 중 육상궁에 대한 소감을 드러낸다. 영조는 출궁出宮할 때에 도승지都承旨 이철보李喆輔에게 상책인의上冊印儀 소지小識를 쓰게 하였다. 이때 영조

---

[92] 『영조실록』 영조 29년, 7월 29일(임오).

가 책인冊印의 유래를 묻자, 내국제조內局提調 원경하元景夏가 한漢·송宋·명明대에 다 책인이 있었는데, 송나라 진관陳瓘이 지은 황태후皇太后의 책문冊文에 "낳아서 기르느라 애쓰신 망극한 은혜"라고 했다고 하자, 영조는 "근 30년 동안 행하지 않은 일을 오늘에야 행하는 것은 또한 기다리는 것이 있기 때문이다."며 행행의 행차를 멈추고 다시 궁문宮門 안으로 들어가 여輿를 멈추고 또 도승지에게 명하여 진책인의進冊印儀의 소지小識를 읽게 하고 전배례展拜禮를 행한다. 이어서 육상궁에 행행하여 고유제告由祭를 치르고, 풍월헌風月軒에 나아가 "중궁전中宮殿에는 두 번 존호尊號를 올렸으나, 사친에게는 이제껏 결여되었으므로, 오늘의 책인 등 물건은 친히 땀을 흘리며 궤櫃에 담았으니, 하늘이 위에 있고 열조列祖께서 분명히 굽어보시는데, 내가 사친을 위하여 어찌 예禮에 지나치는 일을 하겠는가."라며 육상궁에 대한 영조의 소감, 즉 효심을 직접 나타내었다.[93]

육상궁 상책인上冊印은 1753년(영조 29) 8월 6일 새벽에 영조의 친림 하에 진행되었다. 이때 진행된 상책인의上冊印儀에 참여한 인원은 찬성贊成(상책인관上冊印官 박문수朴文秀), 독책관讀冊官, 독인관讀印官, 봉책관捧冊官, 봉인관捧印官 등으로[94] 선조의 후궁인 인빈김씨의 사당인 저경궁儲慶宮의 상시제집사절목上諡諸執事節目과 동일하게 나타나고 있다.[95] 이때의 선례 때문인지는 몰라도 이후 육상궁에서 치러진 의례는 모두 저경궁과 동일하게 거행되었다.[96] 또한 저경궁에서 시행된 사례는 육상궁에도 그대로 반영하여 시호를 올리거나 축문의 글자를 변경하는 것까지도 참작하였다. 저경궁을 궁으로 봉한 뒤 시호를 가상하자 육상궁에도 휘덕徽德이라는 시호를 올렸으며, 저경궁이 부조지위不祧之位라며 육상궁의 축문도 선비先妣로 고쳐 쓰

---

93) 『영조실록』 영조 29년, 8월 5일(정해).
94) 『의주등록』, 「毓祥宮上冊印儀」, 장서각, K2-4795.
95) 『영조실록』 영조 31년, 6월 22일(갑자).
96) 『춘관통고』 권27, 「궁묘」, 육상궁.

게 하였다.[97] 즉 영조는 저경궁에 대한 추숭을 통해 육상궁의 추숭을 우회적으로 합당화시킨 것이다.

　　영조의 사친 추숭은 묘소에도 이어져서 소령묘를 원園으로 승격시키는 안원제安園祭를 9월 4일에 지냈으며, 9월 12일에 행행한 뒤 9월 13일 친제를 올리면서 원園의 완성을 대내외적으로 알렸다.[98] 당시 영조가 소녕원이 완성되자 행행한 9월 13일은 영조의 탄신일이기도 하여 거듭의 정례情禮가 잘 나타나고 있다.[99] 이후 영조는 숙빈에 대한 추숭에 박차를 가한 지 한 달 뒤인 10월 22일 숙빈최씨의 축문祝文에 사친私親을 선비先妣로 고쳐 칭하려 하였다.

　　영조는 육상궁毓祥宮에 이미 관제官祭를 지냈으니, 축문祝文에 사친私親이라 칭하는 것은 미안한 일이며, 선조先朝에서 내린 작호爵號를 고치는 것도 어려운데, 사가私家에서도 어머니를 선비先妣라 칭하므로 사친을 선비先妣라 고치고 싶다는 의도를 내비친다. 이에 지사知事 원경하元景夏가 "이아爾雅에 부모를 고비考妣라 하는데, 곧 상하의 통칭입니다. 선비先妣라 칭하여도 예의禮意에 무방하다고 생각합니다." 하니, 영조는 곧 바로 정호定號하라고 하였다. 그런데 예조판서인 홍봉한이 영의정 김재로金在魯와 좌의정 이천보李天輔와 상의하여 이르기를 "비록 여염의 사서士庶로 말하더라도 남의 후사後嗣가 된 자는 낳은 어버이에 대하여 고考라 칭하거나 비라 칭하지 못하니, 대개 그 높이는 것이 소후가所後家에 있는 것입니다. 더구나 지극히 엄한 국가의 예禮이겠습니까? 전하께서는 들어와 대통大統을 이어받고 위로 종묘를 받드시니, 이번 궁원宮園의 예는 오로지 근본을 잊지 않고 보답하시는 지극한 정성에서 나온 것입니다. 모든 예절에 관계되는 것

---

97) 『영조실록』 영조 31년, 12월 4일(계묘).
98) 『宮園式例』, 「昭寧園式例」, K2-2476, 장서각.
99) 『영조실록』 영조 29년, 9월 11일(계해).

은 지극하지 않은 것이 없어야 하겠습니다마는 비妣자에 이르러서는 이미 중한 바가 있으므로 병칭하는 것은 마땅하지 않을 듯합니다. 전하께서 사친 두 자에 대하여 끝내 미안한 바가 있으시다면 혹 선자先慈 또는 자친慈親이라 갈음하여 쓰시는 것이 예의에 어그러지지 않을 듯합니다."라고 하였다. 이에 영조는 "거자擧子의 호봉糊封에도 생부生父를 쓰니, 이제 이 비妣자에 무슨 병칭을 꺼릴 것이 있겠는가."라며 아쉬움을 표했지만 결국 신료들의 의견에 따라 선비先妣를 포기하고 선자친先慈親으로 대신하게 하였다.100)

그렇지만 영조는 숙빈최씨를 왕실 제례의 축문에 선비先妣라고 칭하려는 시도를 포기하지 않았다. 1755년(영조 31) 12월, 영조는 육상궁의 시호를 대신과 관각당상館閣堂上, 정부政府・육조六曹에서 휘덕徽德이라 의논하여 올리게 하였다. 그리고 영조는 "지난번에 비록 대신에게 묻긴 하였으나, '선자친先慈親' 3자는 고금의 전례典禮에 없는 것으로서 축문을 읽을 때에 늘 겸연쩍었다. 지금 시호를 가상加上할 때에는 죽책竹冊에 먼저 이정釐正해야 마땅하겠으므로 고故 상신相臣 이정구李廷龜의 『남궁록南宮錄』을 가져다 본즉, 그때의 하교 가운데 창빈昌嬪과 저경궁儲慶宮에 모두 선비先妣라 일컬었으니, 이는 실로 준행할 만한 것이었다. 『주례周禮』 춘관春官에 이미 일컬은 바 있으니, 금번 죽책문 및 모든 축문에 모두 '선비先妣'로 쓸 것이며, 저경궁은 '부조지위不祧之位'이니 역시 『주례』에 의하여 앞으로 축문에 있어 일체 '선비先妣'로 쓸 일을 의조儀曹로 하여금 거행하게 하라." 하였다. 이렇듯 영조는 창빈昌嬪과 저경궁儲慶宮에 선비先妣를 칭하고 있으니 숙빈 최씨에게 선비先妣라고 칭해도 문제되지 않는다는 논리로 결정하였다. 결국 영조가 왕세제王世弟 때부터 숙빈 최씨를 선비先妣로 칭하려던 숙원이101) 이때 와서 해결된 셈이었다.

---

100) 『영조실록』 영조 29년, 10월 22일(계묘).
101) 『승정원일기』 영조 20년, 3월 11일(기축).

나아가 영조는 육상궁의 축문에 '국왕소고國王昭告'라고 쓰게 하였다. 즉 이미 '선비先妣'라고 칭했으면 축문에는 마땅히 '자감소고子敢昭告'라고 해야 되는데, 왕의 축문에는 국왕이라고 하는 것이 옳다는 주장이었다.[102] 이에 육상궁 축문에 '자국왕모감소고子國王某敢昭告'라고 쓰고, 이후로 '손孫' 이라 칭할 때에도 이 예에 따라서 행하게 하였다.[103] 이는 육상궁의 지위를 왕후의 반열에 올린 것과 동일한 의미를 지니는 것이다. 그리고 숙빈에 대한 축문의 변경은 육상궁에서 동지제를 지내는 형태로 이어지기도 하였다.

본래 저경궁儲慶宮·육상궁 및 순회順懷·소현昭顯·민회愍懷·효장孝章·의소묘懿昭廟 등에 사중월四仲月의 삭제朔祭를 춘분·추분과 하지·동지에 행하기 때문에 궁묘宮廟에는 동지제冬至祭가 없었다. 그런데 11월 6일은 육상궁의 생신生辰이므로 영조가 만일 동향제冬享祭를 육상궁에서 친히 행하게 되면 반드시 이날로 옮겨서 행하여야 하였다. 1756년 영조는 육상궁만 동지의 제향을 거행하지 않았다 하여 예관禮官을 중추重推하라고 명하였다가 당시 예관禮官 김한철金漢喆의 '일정한 규례가 없다'고 주달한 것으로 하여 정침했었다. 그런데 1757년 이익정李益炡이 "각 능陵에 모두 동지제가 있는데, 소녕원昭寧園만 홀로 거행하지 않음은 궐전闕典이 됩니다."라고 하니, 영조는 새로 정례를 만들어 동지제를 지내도록 하였다.[104]

위와 같은 육상궁과 소녕원에 대한 영조의 관심은 식례式例로 정해져 책으로 인쇄하기에 이른다. 영조는 1753년(영조 29) 7월 구윤명具允明이 편찬하여 간행된 『궁원식례宮園式禮-육상궁소녕원식례毓祥宮昭寧園式例』의 어제御製 서문에서 후대 왕이 "소녕원의 식례를 고치는 것은 자신을 저버리는 것이니 준수하고 건드리지 말라."고 하여 육상궁과 소녕원에 대한

---

[102] 『영조실록』 영조 32년, 2월 1일(기해).
[103] 『영조실록』 영조 32년, 2월 6일(갑진).
[104] 『영조실록』 영조 33년, 11월 10일(무술).

심정을 잘 드러내고 있다.105) 영조는 『궁원식례』를 정서正書하게 한 뒤 2 책은 궁궐에, 2책은 예조에 봉안하게 하였다.106)

(2) 육상궁毓祥宮 행행과 의례

육상궁에 대한 영조의 심중은 행행으로 드러나게 된다. 행행은 국왕이 궁궐을 벗어나 거둥하는 것으로 사직과 종묘, 선대왕의 능침과 종친의 묘소, 외국사절의 영접, 온천 거둥과 사냥 등 다양하다. 그런데 그 행행의 목적지가 동일하게 반복되는 양상을 보이거나 전례 없는 행행이라면 당대 국왕의 의중을 일면 내포하는 것이라고 생각할 수 있겠다. 특히 영조가 숙빈최씨에게 한 것 같은 사친私親 추숭은 전례 없는 의례였으며, 사친 추숭에 의해 완성된 육상궁과 소녕원에 대한 영조의 행행은 자식된 효도의 정성을 드러내는 것 외에도 영조의 왕위 계승을 대내외에 지속적으로 선전하려는 모습이었다고 설명할 수 있다.

영조 재위 52년간 육상궁 행행 일자를 정리하면 252회의 기사가 나오는데,107) 이 중 왕세손인 정조의 섭행이 진행된 1775년 3월·11월·12월, 1776년 1월 7·25일 등 5회를 제외하면 영조가 재위시 육상궁에 행행한 횟수는 247회, 즉 247일이다. 그런데 행행 일자에서 영조 18년(1742) 3월 8일, 영조 35년(1759) 12월 13일, 영조 48년(1772) 3월 8일, 영조 48년 6월 8일 등 4일은 영조가 육상궁에 경숙經宿한 날이다. 육상궁 행행 일자에서 경숙經宿한 날은 대부분 다음날 궁궐에 환궁하거나 육상궁에 머문 기사가 나와 있는데 반해 이 4일은 기사가 연결되지 않고 있다. 그러므로 영조가 육상궁에 경숙한 다음날 궁궐로 환궁하는 4일자의 행행까지 포함시킨다면 실제 영조가 육상

---

105) 『宮園式禮-毓祥宮昭寧園式例』御製序, 장서각, K2-2477.
106) 『승정원일기』 영조 29년, 7월 8일(신유).
107) 『영조실록』과 『승정원일기』, 『御營廳擧動謄錄』의 일자를 정리하였다.

궁에 행행하여 체류한 일자는 전부 251일인 셈이다. 그리고 영조 29년(1753) 9월 11일에 두 번 진행된 육상궁 행행은 동일한 기사이지만 그 내용이 상이하여 2회로 간주하였으며, 영조 43년(1767) 3월 17일은 1일 2회의 행행이 이루어진 날짜이지만 행행지가 육상궁 한 곳이기 때문에 1회로 계산하였다.

그러므로 영조의 재위 52년에 251일을 계산하면 연간 4.8일로서, 즉 52년의 재위기간 동안 육상궁에 매년 5일 행행한 셈이다. 재위 52년에서 매년 5일이면 적다고 할 수 있지만, 영조의 육상궁 행행이 본격적으로 시작된 것인 재위 30년 이후로 계산한다면 1년에 11회 이상인 셈이다. 이렇듯 영조의 육상궁 행행이 자주 거행될 수 있었던 배경 중의 하나는 육상궁에 나아가는 절차가 다른 행행과는 다른 양상을 보였기 때문이기도 하다. 영조는 육상궁 행행을 가전하교駕前下敎의 형태로 거행하는 경우가 많았다. 대내에 예고된 능陵・원園 등에 행행하면서 시간과 장소에 구애받지 않고 심중의 변화에 따라 육상궁 행행을 거행했던 것이 다른 행행의 절차와 차이를 보인다.[108]

영조가 처음 육상궁에 행행한 일자는 기록상으로 재위 12년째인 1736년(영조 12) 3월 18일로서, 숙빈 최씨의 사당이 육상궁으로 승격되기 전인 숙빈묘淑嬪廟에 행행한 날이다.[109] 그리고 1년 후인 1737년 3월 15일, 다시 2년 후인 1739년 3월 12일에 이르러서야 1년에 2회 이상 정례적인 육상궁으로의 행행이 진행되고 있다. 이후 영조가 육상궁에 행행한 251회 중에서 매년 반복해서 행행이 거행된 동일한 날짜를 정리해 보면, 1월 1일 정조正朝, 숙빈의 기신忌辰일인 3월 9일의 전후, 영조의 탄신일인 9월 13일, 11월 5・6일경의 동향대제冬享大祭 등이다.

---

108) 『승정원일기』 영조 32년, 7월 3일(무진).
109) 현전하는 연대기 자료나 기타 자료상에서는 영조가 1736년(영조 12) 3월 18일 이전에 숙빈 최씨의 사당이나 묘소에 행행한 기록이 발견되지 않고 있다.

정조正朝의 종묘 행행은 한 해의 시작을 알리는 의식으로 대외적인 상징성이 짙은 의례였다. 영조가 태묘 행행을 거행한 다음 육상궁에도 행행을 한 것은 육상궁의 정치적 위상을 올려줌과 동시에 자신의 적통성을 보완하는 일환으로 진행되었다고 생각되는 부분이다. 영조가 정조正朝에 육상궁으로 행행한 것은, 1754년(영조 30)을 시작으로 1756년(영조 32), 1757년, 1760년(영조 36), 1761년, 1762년, 1763년, 1764년, 1765년, 1767년(영조 43년), 1768년, 1769년, 1770년, 1771년, 1772년, 1773년, 1774년, 1776년(영조 52년) 등 1754년~1776년 사이 모두 18회에 걸쳐 거행하였다. 특히 정조正朝에 육상궁에 행행하기 시작한 시점이 1753년 11월 육상묘가 궁宮으로 승격된 다음해부터라는 것이 주목된다.

숙빈의 기신忌辰일이 있는 3월 초의 행행은 국왕이라는 지위보다 자식된 도리로 효성을 다하는 의례 행사이기도 하였다. 영조는 숙빈의 기신일인 3월 9일 육상궁 행행을 재위 18년만인 1742년 3월 9일에 이르러서야 시도한다. 3월 9일의 육상궁 행행은 1742년(영조 12)을 시작으로 1744년, 1746년, 1748년, 1751년, 1754년, 1756년, 1757년, 1758년, 1760년, 1761년, 1762년, 1763년, 1764년, 1765년, 1768년, 1769년, 1770년, 1772년, 1773년, 1774년, 1775년(영조 51) 등 모두 22회에 걸쳐 거행되었다. 그 중 영조의 재위 36년인 1760년부터 서거하기 1년 전인 1775년까지는 지속적으로 육상궁의 기진忌辰일 행행에 임하고 있다. 특히 1763년은 영조의 나이 70세로서 육체적으로도 힘든 연령임에도 행행을 거행하는 것이다.

영조는 육상궁의 기신일과 함께 탄일에도 행행을 빠트리지 않았다. 영조는 11월 6일인 숙빈 최씨의 탄일을 기념하기 위한 행행을 11월 5·6일에 사이에 진행하였는데, 이 날들은 동향대제와 겹치기도 하였다. 본래 육상궁에는 동향제를 거행하지 않았는데, 1757년 영조의 명으로 소녕원昭寧園과 함께 정례를 만들어 동지제를 지내도록 하였다.[110] 영조의 육상궁 탄일 행행은 1742년(영조 18) 11월 6일을 시작으로 1747(영조 23), 1753년

(영조 29), 1754년, 1755년, 1756년, 1757년, 1758년, 1759년, 1760년, 1761년, 1762년, 1763년, 1764년, 1765년, 1766년, 1767년, 1768년, 1770년, 1771년, 1772년, 1773년, 1775년(영조 51) 등 모두 23회에 걸쳐 거행되었다. 육상궁 탄일 행행의 특징은 1753년부터 영조가 서거하는 1776년 전까지 거의 한 해도 빠짐없이 이루어졌다는 것이다. 육상궁의 기진일 행행과도 유사한 점이지만 탄일 행행도 영조는 연로해질수록 더욱 자주 거행하고 있다. 반면 영조는 자신의 탄일인 9월 13일의 육상궁 행행을 1754년(영조 30), 1758년(영조 34), 1759년 등 3회에 걸쳐 시행하고 있을 따름이다.

이와 같이 영조의 육상궁 행행은 기진·탄일 등 기념일과 같은 특정한 날짜에 걸쳐 반복적으로 진행되었음을 알 수 있다. 위의 영조 재위 52년간의 육상궁 행행 기사에서 누락된 연도는 1738년(영조 14), 1740년, 1741년 등 3년뿐이다. 이 3년도 육상궁 행행이 시작되던 초기에 있으므로 영조의 전체적인 육상궁 행행의 진행에서 차지하는 부분은 미미한 것이다. 그런데 영조 재위 16년(1740), 17년 사이에 육상궁 행행이 나타나지 않는 것은 당시 급변하고 있던 정치적 상황과 연결되는 부분이기도 하다. 영조는 보위에 오르기 전인 1722년(경종 2) 3월에 목호룡이 고변한 역모 사건의 물증 서류인 옥안獄案을 논의 끝에 불사르는 와중이었다.

이때 영조는 "경자년(1720) 이후에 삼종三宗의 혈맥血脈은 단지 황형皇兄(경종)과 내가 있을 뿐"이었다면서 무신난戊申亂의 진압과 과거 소론에 의해 집행된 일들을 비난하였다.[111] 그리고 자신의 입지를 강화하기 위해 경종보다 숙종의 혈손임을 강조하였다. 즉 영조는 "지난날 위로는 자성慈聖과 황형皇兄이 계시고 또 협찬協贊하라는 선왕(숙종)의 교지敎旨가 있었다."[112]

---

110) 『영조실록』 영조 33년, 11월 10일(무술).
111) 『영조실록』 영조 17년, 9월 23일(을유).
112) 『영조실록』 영조 17년, 9월 24일(병술).

면서 소론에 의해 거행된 경종 제거설의 근간인 목호룡 관련 사실을 부정하였다. 이에 의금부에 명하여 목호룡이 무고誣告한 옥안獄案을 불살라 버리게 하여, 자신의 입장을 정당화 하였다.[113] 이런 일련의 정치적 사변이 발생되고 진행되었던 시기가 영조 16년과 17년(1741, 신유년)이었으므로 영조의 육상궁 행행이 거행되지 않은 것을 미루어 볼 수 있다.

육상궁 행행의 연도별 횟수를 보면, 1771년(영조 47) 17회, 1770년 15회, 1763년 14회, 1764·1765년 13회, 1772년 12회, 1762년 11회, 1753·1767년 10회 등이며 그 외는 연간 9회 이하의 행행이 거행되고 있다. 이 중 1763년, 1764년, 1765년, 1770년, 1771년, 1772년 등 6년은 연간 12회 이상으로 매달 육상궁에 행행하였음을 보여준다. 특히 1771년은 육상궁 행행이 17회인데, 위의 기사에서 보면 2월 한 달 동안 거행된 행행이 7일이며, 그 중 2월 28·29·30일은 영조가 3일 연달아 육상궁에 행행하고 있다.

이미 앞에서 언급하였듯이 육상궁 행행 일자에서 2월은 특별한 기념일이 없는 달이다. 그럼에도 1771년 2월 한 달에 7일이나 육상궁 행행이 진행되고 있음은 국왕 자신의 감정이나 정치적인 배경이 있기 때문이 아닌가 짐작할 따름이다. 그런데 이런 가능성은 사도세자가 죽은 1762년(영조 38) 윤5월에 진행된 영조의 육상궁 행행을 보면 적어지게 된다. 영조의 행행 기사에서 1762년 윤5월의 육상궁 행행 일자는 2일과 19일이다. 사도세자가 죽은 것은 21일로 그가 죽기 2일 전에 부친인 영조는 생모의 사당인 육상궁에 행행하고 있는 것이다.

영조는 생전에 생모에 대한 효를 다하지 못함과 생모의 지위가 미천했음을 안타까워했기 때문에 사후에 사당과 묘소를 조성하고 시호를 봉작하는 것으로 자신의 마음을 드러냈다고 생각된다. 그래서 전례 없는 사친묘의 궁宮·원園 승격과 축문에 선비先妣라는 호칭을 써가면서까지 효성을

---

113) 『영조실록』 영조 17년, 9월 25일(정해).

다했다. 이런 영조가 아들의 죽음이 임박한 가운데 생모의 사당에 방문하는 모습은 쉽게 해석할 수 있는 역사적 사건이 아니라고 본다. 그러므로 위의 기사에 나타나는 행행 기사를 단순히 수치로만 해석하거나 도식화하는 것은 지양해야 할 것이다.

다만 1753년, 영조 재위 29년 이후 육상궁 행행이 매년 큰 폭으로 증가한 사실은 그 정치적인 배경을 해석할 수 있다고 본다. 영조는 1753년 6월 25일, 숙빈의 묘묘廟와 묘묘墓를 궁宮·원園으로 승격시킴과 동시에 숙빈 최씨에게 화경和敬이라고 추시追諡하였다. 영조는 사친인 생모를 왕비의 반열로 추숭하여 자신의 행행이 사적인 범위를 넘어 좀 더 왕실 의례에 적합한 형태로 이루어지게 한 것이다. 이러한 영조의 마음은 이듬해인 1754년 3월의 육상궁 행행에서 표현되는데, 이때 영조는 육상궁 행행을 매년 지속할 것임을 천명하게 된다.[114]

육상궁 행행은 육상궁이 경복궁 북서쪽에 위치하였기 때문에 소녕원처럼 도성을 벗어나는 행행이 아니었다. 주지하다시피 행행이란 국왕의 개인적 나들이에서 국가의 제사에 참여하는 공식 행사까지 광범위하게 적용되는 행위이다. 따라서 국왕에 관련된 대부분의 움직임이 행행의 범위에 포함된다.[115] 행행은 행차의 종류와 계절에 따라 조금씩 다르나 의장에 따라 크게 세 가지로 구분된다. 첫째는 대가의장大駕儀仗으로 조칙詔勅을 맞이하거나 묘사廟社 제향에 사용하였다. 둘째는 법가의장法駕儀仗으로 진전眞殿이나 문묘文廟에 작헌酌獻한다든지 선농사단先農射壇 등에 사용하였다. 셋째는 소가의장小駕儀仗으로 도성 내외를 거둥할 때 사용하였다. 따라서 궁궐 외의 거둥은 대가大駕·법가法駕, 궁궐 내에서의 거둥은 소가의장의 형태를 취했다고 볼 수 있겠다.[116]

---

114) 『승정원일기』 영조 30년, 3월 8일(무오).
115) 이왕무, 「1802년 순조의 嘉禮에 나타난 국왕의 행행연구」, 『장서각』 14, 2005, 173~175쪽.

영조의 육상궁 행행은 도성 내에서 거행했으므로 법가나 소가의장을 사용한 것으로 보면 되겠다. 그리고 육상궁 행행은 영조가 거처하던 창경궁으로부터의 거리가 10리 이내였으므로 경거둥京擧動에 속한다. 경거둥은 당일 출환궁出還宮이 가능한 거둥擧動으로 원거리 거동擧動과 달리 행행 절차의 많은 부분이 생략되었다. 이는 행행 목적지까지의 거리와 장소에 따라 정한 것으로 볼 수 있다.117) 그런데 경거둥에는 시위군 중에서 척후와 복병의 배치가 제외되는 것이 일반적이었다. 도성 내에서 이루어지는 행행은 동원되는 군영병만으로 충분히 시위侍衛가 가능했기 때문이다. 또한 도성 내에 어가를 위협할 만한 지역과 험준한 지형이 없다는 것도 한 요인이었다. 그럼에도 불구하고 영조의 육상궁 행행에는 척후와 복병의 배치가 나타나고 있다.

영조대 행행의 시위를 담당한 어영청의 『어영청거동등록御營廳擧動謄錄』을 보면, 고봉高峯 척후와 통로通路 복병처에 장졸將卒이 배치되고 있다. 이들은 행행로의 10리 내외에서 척후와 복병을 담당했는데, 영조가 육상궁에서 경숙經宿하는 여부에 관계없이 진행하였다. 척후와 복병은 주간에는 깃발을 들어 신호를 보냈으며 야간에는 등불을 이용하였는데, 일몰에 점등한 현등懸燈은 인정人定 후 조두천명ㅋ斗天明 뒤에 소등했다.118) 영조의 육상궁 행행시 동원된 척후와 복병에 동원되는 어영군은 영조 재

---

116) 『순조실록』 순조 27년, 2월 18일(갑자).
　　兵曹判書金魯敬啓言, 世子宮代理後, 儀仗謹依英廟朝乙未下敎, 用法駕儀仗矣, 自今日朝參時擧行, 而第鹵簿排班, 自有三等, 一曰大駕儀仗, 用於迎詔勑享廟社, 二曰, 法駕儀仗, 用於眞殿文廟酌獻及先農射壇, 三曰, 小駕儀仗用於城內外幸行矣, 小朝鹵簿, 若一例以法駕儀仗擧行, 無分等遞減之節, 必致掣礙, 乙未下敎後, 亦必有議到者, 而今無可考, 不可不及今釐正, 今亦依三等排班之例, 大朝鹵簿之用大仗時, 小朝用法仗, 大朝用法仗時, 小朝用小仗, 大朝用小仗時, 小朝用常時儀仗, 則隆殺適宜, 更無掣礙之端, 請以此永爲定式遵行從之.
117) 『摠戎廳幸行謄錄』 갑신, 2월 25일.
118) 『御營廳擧動謄錄』 권5, 계유, 11월 3일.

위 기간 동안 큰 변화 없이 유지되었다. 다만 동원되는 군병의 수치에 가감이 있었다.

아래의 〈표 Ⅲ-12〉와 같이 군병의 수치가 시기별로 가감되는 현상이 나타나는 것은 영조의 행행이 육상궁만을 대상으로 한 경우이거나, 능묘를 다녀오는 길에 육상궁을 들르는 경우가 있었기 때문으로 생각된다. 그리고 육상궁 행행에 동원된 군병은 군영의 대장이 수시로 돌아가며 대가의 전후상군前後廂軍을 담당하는 훈국군병을 인솔하였고, 어영청의 시위 군병은 3초哨, 수가隨駕 마병馬兵이 2초哨였으며, 금군禁軍은 3초哨가 동원되었는데, 전체적인 병력 규모는 보군步軍 5~6초哨, 마군馬軍 2~3초哨, 금군禁軍 3번番이었다.[119] 마군은 행행의 거리에 따라 동원되는 규모가 상이하였다. 마군 동원은 국왕의 경숙經宿 여부에 좌우되었는데, 원릉遠陵에 행행할 때는 마군이 4초였으며, 보군은 12초였다.[120] 이 외에 육상궁에서 경숙經宿하는 경우 궁의 담장 외에는 조두군刁斗軍과 순라군巡邏軍을 두어 순시巡視하게 하였다.[121]

〈표 Ⅲ-12〉 1750년대 毓祥宮 행행시 斥候·伏兵에 동원된 御營軍

연월일	哨官	軍官	牙兵	步軍	비고
1753. 11. 4	10員	43員	88名	133名	
1754. 9. 11				170名	
1755. 4. 11	13員	41員	72名	128名	
1756. 3. 9				99名	
1756. 11. 4	6員	45員	44名	152名	
1758. 3. 7	7員	42員	47名	152名	

※ 『御營廳擧動謄錄』, 권3~8을 정리하였다.

---

[119] 『御營廳擧動謄錄』 권3~9.
[120] 『승정원일기』 영조 32년, 7월 3일(무진).
[121] 『승정원일기』 영조 36년, 11월 5일(을사).

영조의 육상궁 행행이 시작될 때 어영청군은 송현동구松峴洞口 남쪽에, 금위영군은 순청巡廳 전로前路에 유진留陣[122]하였는데, 대가大駕가 육상궁에 들어가면 가후駕後 금군과 가전별초駕前別抄는 서금석교하로西禁石橋下路에 결진結陣했다가 환궁할 때 다시 시위진영을 이루었다. 이때 어영군은 중군中軍이 영솔하여 좌순청左巡廳 전로前路와 종묘동구宗廟洞口 전로前路에 결진했다가 환궁한 이후에 파진罷陣하였다.[123]

육상궁 행행의 절차가 경거둥이지만 그 절차는 일반적인 국왕의 행행과 큰 차이가 나지 않는다고 본다. 순조대의 휘경원 행행은 도성 내 행행과 같은 경거둥이었으므로 육상궁 행행의 절차를 짐작할 수 있다.[124] 순조의 휘경원 행행을 참조한다면, 육상궁 행행의 절차는 다음 7가지 단계로 나타난다.

① 擇日
② 軍令
   병조에서 궁궐부터 육상궁까지의 거리와 당일 환궁의 여부를 알림
③ 隨駕軍과 留營軍의 선정
   병조에서 행행에 참가할 군병을 선정할 것을 계함.
⑤ 隨駕軍兵의 복색과 군율, 절차, 출환궁시의 부대 동원 등을 정함
⑥ 幸行 전일 각 담당 부서로 傳令, 隨駕 군병에게 犒饋, 행행로 정비
   병조에서 軍號 마련, 隨駕·留都부대 이동
⑦ 육상궁 幸行

---

[122] 『승정원일기』 영조 31년, 6월 17일(기미).
[123] 『御營廳擧動謄錄』 권3~8.
[124] 이왕무, 「조선 후기 순조의 擧動과 행행에 대한 연구」, 『청계사학』 18, 2003.

위의 7절차는 도성 내 행행의 기본적인 형태로서 왕대를 막론하고 언제나 사용되었다고 볼 수 있다. ① 택일擇日, ③ 수가군隨駕軍과 유영군留營軍의 선정, ⑤ 수가군병隨駕軍兵의 복색과 출환궁시의 부대 동원, ⑥ 수가隨駕군병에게 호궤犒饋, 행행로 정비[125] 등의 사항은 영조의 육상궁 행행에 공통적으로 나타나는 사항이기도 하다. 그러므로 영조의 육상궁 행행의 절차는 순조대까지 그 형태를 변함없이 유지했음을 반증하는 것이기도 하겠다.

영조의 육상궁 행행은 도성 내의 행행인 경거둥이었으므로 행행로는 궁궐문을 경유하여 종로, 광화문, 경복궁지 등으로 이어지는 선상이었다. 궁궐 내에서의 이동로는 영조의 거처에 따라 조금씩 차이가 있는데, 창덕궁의 경우 인정문仁政門과 돈화문敦化門을 통해 나아갔다가 홍화문弘化門을 통해 거처인 창경궁으로 환궁하는 것이 일반적이었다.[126] 다만 영조가 승여소乘輿所에서 여輿를 타고 소주소小駐所[127]에서 연輦을 타기 위해 나오는 궁궐 내의 이동로는 빈양문賓陽門, 숭현문崇賢門, 자정문資政門, 만안문萬安門, 진선문進善門, 통양문通陽門, 연화문延和門 등으로 궐내에서의 거처에 따라 시기별로 상이하였다.

궁궐 외부의 행행로도 국왕이 거처하는 궁궐에 따라 차이가 있었다. 영조가 거처하던 궁궐인 경희궁과 창덕·창경궁은 동궐·서궐로 대칭되는

---

[125] 『승정원일기』 영조 26년, 6월 22일(계사).
傳于成範錫曰, 再明, 當爲親臨主第, 伸予感懷, 時刻, 以卯正三刻爲之, 步軍哨數, 依毓祥宮擧動時例, 八哨爲之, 馬軍着戰笠軍服, 一依三月例擧行, 摠兵侍衛守宮, 以初夏受點人爲之, 世子祗迎隨駕, 軒架鼓吹, 置之, 左承旨問安, 右承旨守營.
『승정원일기』 영조 33년, 3월 8일(기해).
傳于金器大曰, 毓祥宮明朝展拜, 少伸此懷, 時刻三嚴, 辰初三刻爲之, 禁御兩營留陣置之, 馬軍二哨步兵五哨禁軍二番擧行, 延禧門乘輦, 由弘化門, 分付儀曹.
『영조실록』 영조 38년, 8월 15일(을사).
(전략)詣毓祥宮後, 前廂導出敦義門外, 後廂留駐夜晝介路傍事.
[126] 『승정원일기』 영조 30년, 9월 10일(병술).
[127] 『영조실록』 영조 28년, 12월 5일.

지역에 위치하고 있다는 점을 감안한다면 영조의 육상궁 행행로가 상이함을 미루어 알 수 있다. 창덕궁과 경희궁에서 육상궁에 이르는 행행로는 다음의 그림과 같다.

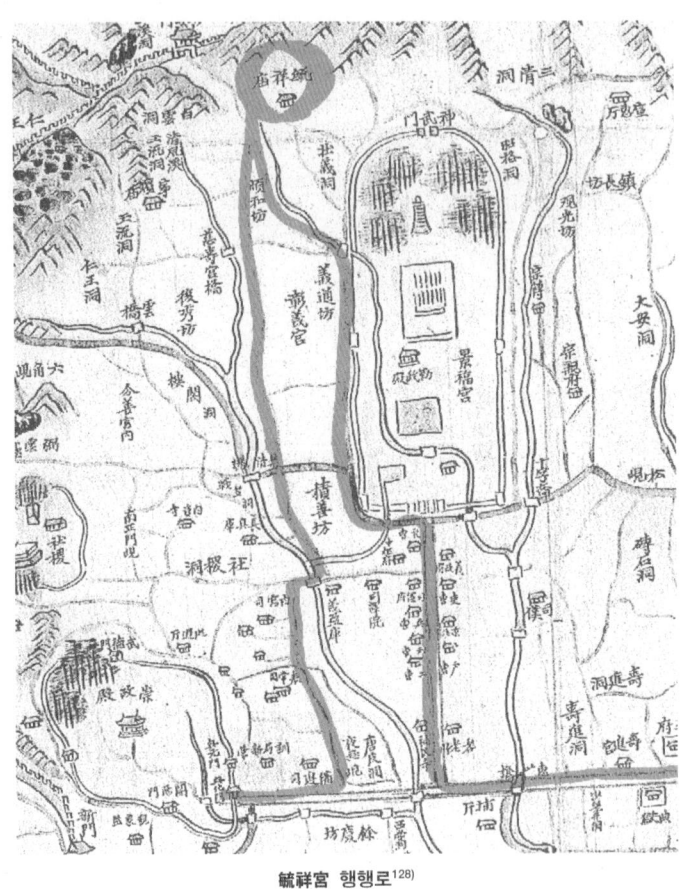

毓祥宮 행행로[128]

위의 〈그림〉에 나타난 행행로를 정리하면 다음과 같다.

---

[128] 경기문화재단, 『경기도의 옛 지도』, 2005, 15쪽.

【창덕궁】

敦化門 → 貞善坊路 → 把子橋 → 敦寧府 前路 → 鍾閣 → 惠政橋 → 三間井洞 → 六曹前路 → 景福宮址 → 彰義宮路 → 義通坊路·順化坊路[129] → 육상궁

창덕궁에서 육상궁으로 이르는 여정은 종로를 거쳐 경복궁지를 지나 도달하는 코스로 오늘날의 도로 사정과도 크게 차이가 나지 않는다. 반면 경희궁에서 나와 육상궁에 이르는 행행로는 거리상 창덕궁 쪽에서 나오는 것보다 단축되었다.

【경희궁】

興化門 → 비변사 前路 → 夜晝峴 → 內需司 前路 → 松簷橋 → 積善坊 → 彰義宮路 → 順化坊路 → 육상궁[130]

한편 국왕의 행행 일자가 정해지면 행행로를 지정하고 수치修治하게 된다. 행행로는 행행지의 위치에 따라 주정소晝停所, 주교舟橋의 설치가 이어지는데, 육상궁 행행과 같은 도성내 행행에서는 주정소와 주교가 나타나지 않는다. 다만 행행로에 남설濫設된 상점을 철거하여 길을 정비하는 일이 있을 따름이었는데, 육상궁 행행로가 도성내 중심에 위치한 곳으로 평소 경성민京城民이 자주 이용하는 곳이었으므로 도로의 상태가 양호했음을 짐작하게 한다. 이런 배경으로 영조의 육상궁 행행을 위한 도로의 조성이나 교량의 설치가 행행 이전에 나타나지 않았던 것이다. 그러므로

---

[129] 義通坊路와 順化坊路는 경복궁 좌측에 위치한 坊으로 서십자각에서 육상궁에 이르는 두 갈래 길이다. 彰義宮을 들르거나 출환궁시에 번갈아가며 이용한 길이었으므로 두 곳 모두 나타내었다.
[130] 儀註를 정리하여 도성도를 비교한 후 작성하였다.

영조대에 정해진 육상궁 행행로는 조선 후기까지 큰 변화가 없었을 것으로 생각된다.

영조는 위와 같은 행행의 과정을 거쳐 육상궁에 도착하여 의례를 갖추게 된다. 육상궁의 전배의展拜儀는 오례의에 규정된 종묘 전배와 마찬가지로 행사 전날에 액정서에서 육상궁 앞에 대차大次를 설치하는 것에서 시작하여 종친문무백관의 위차位次, 통례通禮가 국왕을 인도하는 부분까지 동일한 형태를 보이고 있다.[131]

이러한 의례 형태는 작헌례酌獻禮, 친제親祭에서도 동일한 양상을 나타낸다. 육상궁과 마찬가지로 소녕원의 전배의展拜儀도 오례의에 규정된 능원 전배와 유사하게 행사 전일에 전설사典設司가 원소재실園所齋室에 대차를 설치하는 것을 시작으로 삼엄체제를 통한 의장 행렬의 이동, 통례가 국왕을 인도하는 것까지 동일한 형태를 보였다.[132]

그런데 영조의 육상궁과 소녕원 전배의에서 주목되는 점은, 왕세손[정조]의 배종陪從이 이루어지고 있다는 점이다. 사직과 종묘대제에도 왕세손의 배종이 쉽게 나타나지도 않거니와, 능행이나 원행에서도 왕세손의 배종이 규정되어 있지 않은데 반해, 영조가 육상궁과 소녕원에 행행하는 의식에는 왕세손의 배종이 명시되어 있는 점은 그 시사점이 큰 것으로 보인다. 왕통을 잇는 왕세손 정조를 사친私親인 육상궁의 행행에 배종시키거나 제례를 섭행시킨 행위는 국왕의 정치적 입지의 강화는 물론이거니와, 왕실에서 차지하는 생모의 지위를 왕비의 수준 이상으로 승격시켜 영조가 가졌던 왕통의 혈통적 한계를 극복하는 결과를 상징적으로 대외에 드러낸 것이라고 생각된다.

이러한 영조대의 육상궁 행행은 정조·순조·헌종·철종 등의 후대 국

---

131) 『의주등록』, 장서각, K2-4795.
132) 『宮園式例』, 「宮園祭儀」, 「昭寧園 展拜儀」, 장서각, K2-2477.

왕대에서도 계속 이어지는데, 우연인지는 몰라도 정조를 비롯하여 철종대까지 정실 소생의 적장자로서 왕통을 이은 국왕이 나오지 않았기 때문에 영조와 같은 사친私親 추숭은 지속되었다. 영조 이후의 사친궁·원에 대한 행행 횟수는 각 국왕별로 차이가 나는데 다음의 〈표 Ⅲ-13〉과 같다.

〈표 Ⅲ-13〉 영조 이후 철종대까지 국왕의 私親 宮園 행행 수치

	육상궁	소녕원	경모궁	현륭원	경우궁	휘경원	계	재위년	년간
영조	251회	12회					263회	52	5회
정조	44회	2회	344회	11회			401회	24	16회
순조	26회	1회	95회	9회	26회	14회	171회	34	5회
헌종	12회		22회	2회	11회	2회	49회	14	3회
철종	11회		31회	3회	12회	6회	63회	15	4회
계	344회	15회	492회	25회	49회	22회	947회		

위의 〈표 Ⅲ-13〉에서 사친묘私親廟·원園 행행이 가장 잦은 국왕은 정조이다. 정조는 사도세자의 사당인 경모궁 행행을 344회 거행하고 있다. 정조의 재위년이 24년간이었음을 감안한다면 연간 14회 이상 경모궁에 행행한 것으로 매달 1회 이상인 셈이다. 정조는 즉위한 다음해인 1777년 1월 7일 사도세자의 사당인 경모궁景慕宮에 작헌례를 행하고 육상궁과 사도세자의 생모인 영빈 이씨의 사당인 의열궁義烈宮을 배알하였다. 경모궁 → 육상궁 → 의열궁으로 이어진 행행은 정조가 영조의 적통이며, 경모궁·육상궁·의열궁이 왕통을 잇게 한 혈맥이었음을 나타내고자 하는 정조의 의중을 잘 보여주고 있다.

정조는 재위 24년간 육상궁 행행을 44회에 걸쳐 거행하였다. 그 중 13회의 행행은 육상궁의 탄일誕日인 11월 6일경에 진행되었는데, 1790년 11월 5일은 다음날의 제사를 위해 경숙經宿하였으며 11월 6일에는 왕대비가

임한 것이 주목된다.[133] 정조 이후 순조를 비롯하여 헌종·철종대까지 역대 국왕의 육상궁 행행은 지속된다.

순조는 1803년 3월 3일부터 1834년 3월 13일까지 재위 34년간 육상궁에 26회 행행하였다. 순조는 영조와 정조가 탄일과 같은 특별한 일자에 행행한 것과는 달리 주로 3월에 육상궁 행행을 거행하였다. 1803년 3월을 시작으로 1808년, 1809년, 1820년, 1825년, 1826년, 1827년, 1828년, 1829년, 1830년, 1831년, 1832년, 1833년, 1834년 등으로 모두 14회의 행행이 3월에 집중되어 있는 것이 특징이다. 그리고 1819년 윤4월부터 1830년까지의 육상궁 행행에 효명세자가 배행하여 예를 행하고 있다.

헌종은 1837년 9월 20일부터 1848년 4월 13일까지 재위 15년간 육상궁에 12회 행행하고 있다. 헌종도 순조와 동일하게 특별한 일자에 육상궁 행행을 거행하지는 않았으며 주로 3·4월에 행행하고 있다. 이 점은 철종대에도 동일하게 나타난다.

철종은 1850년 4월 24일부터 1863년 2월 19일까지 재위 14년간 육상궁에 11회 행행하고 있다. 철종도 순조·헌종과 동일하게 특별한 일자에 육상궁 행행을 거행하지는 않았으며 11회의 행행에서 9회를 4월에 거행하였다.

이와 같이 영조 이후 정조부터 철종대까지 각 국왕의 육상궁 행행은 점차 그 횟수가 감소하고 있다. 영조대 육상궁 행행이 251회인 것에 비해 정조대는 반수도 되지 않는 44회, 순조는 그 절반 수준인 26회, 헌종은 그 절반인 12회, 철종은 11회 등으로 영조 이후 육상궁 행행이 급속히 감소 추세를 나타내고 있다. 반면 육상궁의 기신일이나 탄신일 행행이 거행되고 있으며 수치는 적어졌지만 육상궁으로의 행행은 이어지고 있다. 그런데 각 국왕대에 거행된 육상궁 행행의 수치는 국왕별 재위년수와 정치 상황,

---

133) 1790년은 정조 재위 14년째로 華城에 현륭원과 신도시를 조성하던 시기이기도 하다.

건강 상태 등을 종합적으로 검토한 후 설명되어야 할 것이다. 따라서 영조 이후 육상궁에 대한 국왕들의 행행 수치가 급감된 원인은 다각적으로 접근해야 하겠다.

다만 위의 〈표 Ⅲ-13〉에서 정조대 이후 각 국왕의 사친 궁묘宮廟 행행에서 지속적으로 진행되는 곳은 육상궁 외에 경모궁·현륭원, 경우궁·휘경원인 것에 주목할 필요가 있다. 특히 소녕원 원행은 순조 이후 단 1회도 나타나지 않는 것에 반해 순조의 생모인 수빈박씨의 휘경원 행행은 지속적으로 진행되는 것이 주목된다.

(3) 소녕원昭寧園 조성과 행행

대개 예법에서는 천자의 장례를 행한 곳을 능陵이라고도 하고 원園이라고도 하며, 제후왕諸侯王의 장례를 행한 곳을 역시 원이라고 하였다. 원이라고 하는 것은 천자나 제후나 모두 그런 칭호를 붙일 수 있는 반면 능의 칭호는 오직 천자에게만 해당되었다. 그래서 천자가 아니면 능이라고 부를 수가 없고, 제후왕이 아니면 원이라고 부를 수가 없었다. 반면 삼국시대에서 조선까지 역대 왕들이 능을 조성할 수 있었던 것은 고래부터의 관습이었기 때문에 논하기 어렵다고 보았다.[134]

이런 배경으로 숙빈최씨의 묘소를 원으로 한다는 것은 예법상 어긋난 것이었음에도 영조의 의지에 따라 진행되었음을 암시하는 것이다. 그리고 후궁의 묘소임에도 능참봉陵參奉을 배치하여 왕후능과 동급의 반열에 놓고 있었다.[135] 숙빈최씨의 묘소인 소녕원은 1753년(영조 29) 7월 11일 정자각을 세우는 것으로 시역始役하여 9월까지 역사役事를 마친 뒤 9월 4일 안원제安園祭를 지내고, 마침내 9월 12일 영조가 행행하여 9월 13일 친제를 올려

---

[134] 『箕谷先生集』 권17, 疏箚, 諫院請寢稱園箚.
[135] 『영조실록』 영조 29년, 6월 28일(임자).

원園의 완성을 고한다.136) 당시 영조가 소녕원의 완성과 더불어 행행한 9월 13일은 영조의 탄신일이기도 하여 거둥의 정례情禮가 잘 나타나고 있다.137)

그런데 영조의 소녕원 조성은 전적으로 국왕 개인의 의지로 관철시킨 것이다. 영조는 소녕원의 영건이 시작되기 전부터 원園의 관리를 위한 규정을 마련하고자 전례를 살펴 신료들과 의논하였다. 이때 영조는 숙빈최씨의 존호尊號와 선조先朝의 세실世室에 관한 것을 자신이 주관했으며 신료들 중에 누가 나섰느냐고 반문하면서 소녕원에 대한 『궁원식례宮園式例』를 작성하라고 명하였다.138) 이후 3년 뒤 『궁원식례』가 완성되자 영조는 감동監董한 여러 신하들에게 차등 있게 상을 내렸는데, 『궁원식례』에 기술된 궁원宮園의 의문儀文·도수度數가 대부분 왕비의 의례와 차이가 없었다.139)

그리고 영조는 소녕원 친제시 배종하는 신료들의 의례도 문제 삼았다. 1753년 9월 영조는 소녕원 원행을 앞두고, 원행 때 대신 이하 백관의 호종扈從을 금하라고 하였다. 그 이유는 이미 시호를 올리고 봉원封園하였으면 사체事體가 중하거니와, 군부君父가 제사지내는데 신자臣子는 절하지 않기 때문이라고 하였다. 이때 우의정 김상로金尙魯를 비롯한 신료들은 미처 참여하여 의주儀註를 듣지 못해 품정稟定할 수 없었다고 하자, 영조는 잘못된 것을 알면서 청대請對하지 않은 이유는 무엇이냐고 하였다. 이에 원경하 등이 대죄待罪를 청했는데도 영조는 오히려 언성을 높이며 "비단 이번 의주뿐이 아니다. 지난번 궁宮과 원園에 두 번 거둥하였는데, 배종해 간 여러 신하들은 다 벌여 서서 절하지 않았으니, 이것이 어찌 예禮이겠는가?"라고 힐문하였다.140)

---

136) 『宮園式例』, 「昭寧園式例」, 장서각, K2-2477.
137) 『영조실록』 영조 29년, 9월 11일(계해).
138) 『영조실록』 영조 29년, 6월 28일(임자).
139) 『영조실록』 영조 32년, 7월 10일(을해).
140) 『영조실록』 영조 29년, 9월 1일(계축).

이런 상황에서 누구도 소녕원에 대한 영조의 추숭을 방해할 상황이 아니었다. 오히려 좌의정 이천보李天輔·우의정 김상로金尙魯와 궁과 원에 배종해 갔을 때에 벌여 서서 절하지 않은 여러 신하들을 모두 파직하라는 하교가 내려졌다. 그러면서 영조는 이러한 조치가 자신의 개인적인 일이 아님을 다음과 같이 천명했다.

　　"오늘의 하교는 辭氣가 아니며 억누르는 것이 아니다. 여러 신하들이 비록 스스로 옳게 여기려 하더라도 어찌 될 수 있겠는가? 아! 임금은 임금답고 신하는 신하다운 의리가 어찌 나로 인하여 쇠퇴하겠는가? 이제 만약 용서하여 경계하지 않는다면 五倫이 이로부터 무너질 것이다. 두 번의 거둥에 배종한 여러 신하들 가운데에서 승지·사관·宗臣·蔭官·무관의 堂下와 留都한 將臣과 시위를 제외하고 임금을 따라서 절하지 않은 대신과 모든 신하들을 모두 파직하게 하고 儀註를 그르친 예관을 파직하여 서용하지 말라."141)

　　나아가 영조는 소녕원에 배종하는 신료들이 융복 차림으로 가만히 있었던 일을 두 번 다시 번복하지 않기 위해『대명회전大明會典』배제의陪祭儀를 상고하게 하였다. 영조는 "명나라 조정에서는 역대의 제왕묘에 친제親祭할 때에 배종하는 여러 신하들이 따라서 배례拜禮를 행하였다. 이제 소녕원에서 제사지낼 때에 수가隨駕한 백관百官이 융복을 입고 벌여 선 것은 매우 이를 데 없다. 그 임금이 배례하여 제사하는데 그 신하가 배례하지 않아도 되는가? 원園과 능陵이 다르므로 사배四拜는 안되더라도 재배再拜야 어찌 폐할 수 있겠는가?"라며 이후 소녕원 행행시 신료들의 배례를 정식화 했다.142) 이어 3일 후인 9월 4일 화경숙빈和敬淑嬪에게 시호를 올리

---

141)『영조실록』영조 29년, 9월 1일(계축).

고 봉원封園한 일을 태묘太廟에 고하고 반교頒敎하였다. 영조는 교문敎文에
서 소녕원 원행에 대한 감회를 다음과 같이 나타내었다.

"(전략) 돌아보건대, 이 미미한 몸이 基業을 이어받은 것은 또한 끊임없는
餘慶에 힘입은 것이다. 큰 기업을 길이 만세에 굳히셨으니 감히 이끌고 도
와주신 은혜를 잊으랴마는, 성대한 典禮를 오히려 30년 동안 늦추어 온 것은
대개 겸손하신 뜻을 본받은 것이다. 지난해에 廟墓의 號를 바쳤으나 마침내
顯揚하는 데에는 만족스럽지 못한 것이 있었고, 만년에 蔘荏의 편을 올 때마
다 돌보아 길러 주신 은혜에 보답하지 못한 것을 탄식하였다. 그래서 崇奉
의 전례를 거행하여 추모하는 정성을 대강 다하니, 竹冊과 銀章에는 이미
두 자의 아름다운 시호를 바쳤고, 丁字閣과 儀石은 만세의 吉岡에 修繕되었
다. 내가 奉獻하는 것은 太常에 명하여 갖추게 하고, 측량하여 세우는 것은
뭇 신하에게 飭勵하여 이루게 하니, 실로 경사를 도타이하여 복을 주신 데에
힘입어 이제 다행히 덕을 밝혀 조상에게 보답한 것이다."[143]

이와 같이 영조는 눈물을 지으며 몇 해 동안 경영한 일이 오늘에야
이루어져서 기쁘고도 슬프다는 감회를 드러내었다. 그리고 군병에 대한
호궤犒饋를 비롯하여 정시庭試의 시행, 죄인의 방출을 명하였다.
또한 영조는 예조 판서 홍봉한洪鳳漢의 계청啓請에 따라 소녕원의 수원
관守園官을 수봉관守奉官[144]이라고 고치게 된다.[145] 이제는 신료들이 자진해

---

142) 『영조실록』 영조 29년, 9월 1일(계축).
143) 『영조실록』 영조 29년, 9월 4일(병진).
144) 수원관은 선조대부터 나타나던 법전 외의 관직으로 사친, 세자빈, 후궁 등의 묘소에 배정하였다. 선조는 수원관을 守陵官으로, 侍園官을 侍陵官으로 칭하였다. 정조대에 이르러 수봉관이라는 명칭으로 정식 기재되게 되는데, 영조대에 수봉관으로 변경 이후 정착되게 된다.
145) 『영조실록』 영조 29년, 9월 7일(기미).

서 영조의 심중을 헤아려서 소녕원에 관한 일을 상정하게 된 것이다. 이런 신료들의 모습은 소녕원 친제에서 배행하여 전배하는 것에서 잘 나타났다. 10일 후인 13일 영조가 소녕원에 행행하여 친제親祭를 행하니, 문무백관이 배제陪祭하기를 의식대로 하였다. 이어 영조는 어제제문御製祭文에서도 감회를 드러냈다.

> "아! 지난 신축년(1721)에 拜墓하고 입궐하여 33년의 세월이 빨리 지나갔습니다. (중략) 이제 封園함에 따라 吉日을 가리도록 명하여 몸소 와서 정자각에서 친제합니다. 왕년에 힘들여 길러 주신 은혜에 대하여 만분의 일을 조금 갚는 것이니, 고개를 쳐들고 숙이며 배회하면 감회가 매우 절실합니다. (중략) 오는 길에 先陵을 지나 또 園에 전배하니, 저녁 구름을 멀리 바라보며 스스로 눈물을 삼킬 뿐입니다."[146]

제문에는 숙빈최씨의 사당에 이어 묘소도 후궁의 반열에서 왕비에 맞먹는 위치로 추숭한 감회를 잘 나타내고 있다. 이때 이후부터 영조의 소녕원 행행은 모두 10회에 걸쳐 거행되었다.

영조가 재위 52년간 251회의 육상궁 행행한 것에 비한다면 소녕원 행행은 10%도 되지 않는다. 물론 육상궁 행행이 재위 12년인 1736년부터 시작되었음을 감안한다면, 1753년부터 거행된 소녕원 행행의 수치가 적은 것은 당연한 일이다. 그렇지만 1753년부터 시작된 소녕원 행행의 회수를 살펴보면 매년 거행되는 경우가 영조 재위 34·35·36년뿐이며 재위 말년인 46년 이후로는 52년까지 단 한 차례도 이루어지지 않았다. 그리고 소녕원 원행에서 영조가 소녕원으로만 행행한 경우는 1753, 1760, 1766, 1770년 등의 4회 뿐이다. 더욱이 육상궁 행행에서처럼 탄일誕日이나 기일忌日

---

146) 『영조실록』 영조 29년, 9월 13일(을축).

등 기념일과 관련된 원행도 잘 나타나지 않고 있다.

　그에 반해 육상궁 행행은 영조가 서거하는 시기까지 거행되고 있기 때문에 소녕원의 행행이 육상궁에 비해 상대적으로 소홀히 진행된 것이 아닌가 하는 의구심이 들 정도이다. 특히 소녕원의 조성과 의례에 이르기까지 정성을 다하던 영조의 모습을 감안한다면 오히려 의심스럽지 않은 것이 이상하다고 할 정도이다. 다만 이러한 의문에 대한 답으로 제일 먼저 떠오르는 것이 소녕원의 위치라고 할 수 있다.

　소녕원은 육상궁과 달리 도성 밖인 양주군에 위치하여 거리상 지리적 접근성이 용이하지 않았다. 따라서 도성 안에 위치한 육상궁처럼 다른 곳에 행행을 했다가 당일에 가기는 어려웠다. 더욱이 도성 밖 행행을 위해서는 매번 도로의 수치修治, 가옥의 철거, 행행 시위군병의 동원 등 인적·물적인 부분도 감안할 수밖에 없는 실정이었기 때문에 육상궁처럼 잦은 행행을 하기에는 난관이 많았다고 하겠다.

　이와 함께 영조의 신체적 조건과 소녕원이 갖는 의례적 공간의 한계를 지적할 수 있다. 영조는 30여세에 보위에 올라 재위 29년인 60여세의 나이에 이르러 소녕원 조성과 행행을 거행했기 때문에 신체적으로 도성 외에 위치한 소녕원까지 원행한다는 것이 쉽지 않았음을 짐작할 수 있다. 그리고 소녕원은 묘소로서 정해진 제사일이 아니면 평소에 행행할 만한 이유가 없는 곳이기도 하였다. 더욱이 소녕원은 숙종의 후궁인 숙빈의 묘소였기 때문에 왕비의 지위에 맞게 행행을 자주 거행할 수 있는 입장도 될 수 없었다. 따라서 이러한 영조의 소녕원 행행의 특수성을 감안한다면 육상궁과의 차이점을 이해할 수 있으리라고 생각한다.

　그렇지만 영조의 소녕원 원행 의례는 여타의 능원에 행행하는 것과 전혀 차이가 없는 왕비급에 준하는 행행이었다. 다음의 소녕원 행행의幸行儀를 보면 잘 알 수 있다.

【昭寧園 親祭時 慶熙宮 出還宮儀】[147)]

하루전 전설사에서 大次를 원소내 제실에 小次는 園寢의 옆 동남서향으로 설치한다.

■ 출궁시

병조에서 建明門 앞에 鹵簿를 진설한다.

초엄에 留都百官과 陪從百官이 융복을 입고 朝房에 집결한다.

이엄에 시위대가 殿庭에 배열하고 司僕寺正은 숭정문 밖에 말을, 輿는 閤門 밖에 놓는다.

유도백관과 배종백관은 홍화문 밖에 侍立位, 호위관은 閤門 외에 도달한다.

左通禮가 합문에 와서 跪하며 中嚴을 청한다.

삼엄에 영조는 융복 차림으로 輿를 타고 崇政門 밖까지 나온다.

좌통례가 여에서 내리고 승마할 것을 청한다.

좌우통례가 대가를 인도하며 贊儀 2인이 이들에 앞서며 대가가 興化門 외에 이른다.

좌통례의 청에 따라 시위군의 승마와 作門을 위해 잠시 머문다.

유도백관과 배종백관은 대가가 이르면 鞠躬하고 지나면 平身한다.

대가가 움직이면 배종백관은 시위하며 유도백관은 남아서 각자 本司를 지킨다.

대가가 晝停所에 이르면 좌통례가 영조의 下馬를 청한다.

하마 후에는 좌우통례가 前導하여 幄次에 들어가고 배종백관도 각자 자리에 나간다.

좌통례가 영조의 승마를 청하여 다시 대가가 園所로 향한다.

園所에 이르면 좌통례가 다시 하마를 청한다.

[147)] 『의주등록』 장서각, K2-4796.

영조가 輿를 타고 좌우통례의 前導하에 大次로 들어간다.

좌통례가 中嚴을 청하며, 배종백관은 淺淡服으로 입고 먼저 紅門 밖에 동서로 배열한다.

좌통례의 인도로 영조는 黲袍를 갖추고 輿를 탄다.

좌우통례의 前導로 홍문 외에 이르면 배종백관은 鞠躬하고 대가가 지나면 평신한다.

배종백관이 北向하면 좌통례가 輿에서 내릴 것을 청한다.

좌우통례의 前導로 홍문 안으로 들어가서 展拜位에 북향하여 선다.

좌통례가 국궁 재배를 청하며 영조의 움직임에 배종백관도 동일하게 한다.

영조가 園上을 봉심하고 좌우통례의 전도하에 홍문 밖에 이른다.

좌통례가 輿에 탈것을 청하여 輿를 타고 大次에 이른다.

영조는 좌통례의 청에 의해 輿에서 내려 좌우통례의 前導에 大次로 들어간다.

■ 환궁시

초엄에 병조에서 鹵簿를 還途에 도열한다.

이엄에 배종백관은 융복으로 갈아입고 洞口에 나가 侍立한다.

좌통례가 中嚴을 청하며, 삼엄에 영조는 융복을 갖추고 좌통례의 전도에 輿를 탄다.

좌우통례의 前導로 나아가며 좌통례의 청으로 輿에서 내려 승마한다.

배종백관의 앞으로 지나면 시위군이 作門을 이루고 대가가 움직인다.

도성문에 이르면 유도백관이 동서로 배열하여 대가가 당도할 때 국궁하고 지나면 평신한다. 대가가 지나면 배종백관과 유도백관이 시위 반차를 이루어 환궁한다.

궁에 도착 후 좌통례는 해엄을 청한다.

隨駕 군병에게 犒饋.

위의 소녕원 행행의 幸行儀는 1760년(영조 36) 3월과 10월에 거행한 내용을 정리한 것이다. 3월 26일의 소녕원 원행은 명릉明陵에 친제를 거행한 뒤에 창릉昌陵으로 나아가 전배와 봉심을 하고, 이어 홍릉弘陵에 재배례再拜禮를 행한 다음, 고양高陽의 주정소畫停所를 거쳐 저녁에 도착한 것이다. 10월 1일의 원행은 충재蟲災로 원소園所의 사초莎草가 모두 말랐기 때문에, 영조가 친히 임하여 다시 사초를 고쳐 입히기 위해 간 것이다. 이 두 원행의 순서가 위의 소녕원 출환궁이다.

소녕원 원행은 노부鹵簿를 진설하고 삼엄에 맞추어 영조와 그 수행원들이 복장을 갖추고 가마와 말을 이용하여 거행하고 있다. 그리고 여타의 행행과 동일하게 배종백관은 시위군이 작문作門을 이룬 대가를 호종하며 유도백관은 궁성을 지키고 있다. 대가는 주정소를 거쳐 소녕원에 나아갔으며, 친제를 마치고 환궁할 때 도성문에 이르면 유도백관이 기다렸다가 배종백관과 시위를 이루어 돌아오는 형태를 취하고, 궁에 도착 후 해엄을 하여 행행을 마치는 일정이다. 이러한 행행의 동선과 의식은 조선후기 국왕의 행행에 동일하게 나타나고 있다는 점이[148] 소녕원 원행의 한 특징이라고 볼 수 있다.

영조에게 있어서 숙빈최씨가 사왕嗣王을 낳은 생모이기는 하지만 왕실 예법상 엄연히 후궁이기 때문에 왕비의 지위에 해당하는 의례를 거행할 수 없는 것이다. 그럼에도 불구하고 영조는 소녕원의 조성에서부터 관리, 원행에 이르기까지 묘소와 관련된 의례를 후궁의 지위를 넘는 위치로 거행하였던 것이다. 특히 국왕의 상징성은 물론 행행지에 함유된 의미를 대외에 드러내는 행행에 있어서도 영조의 소녕원 원행은 그 역할을 분명하게 나타낸 것이라고 하겠다.

이와 같이 영조의 소녕원 원행은 육상궁 행행과 같이 동일한 수준의

---

[148] 『의주등록』, 장서각, K2-4794~4797; 『續儀註謄錄』 장서각, K2-2135~2136.

의례를 보여 숙빈최씨의 위상을 격상시킴은 물론 대내외적 상징성을 제고시키고 있다. 그리고 영조 자신의 혈통적 한계도 동시에 해소시키려 했음을 짐작하게 한다. 결국 영조가 주도한 육상궁과 소녕원 행행은 사친私親의 상징성을 부각시킴과 동시에 자식으로서 효라는 의리를 매김할 수 있는 의례였다고 할 수 있다.

2) 원행園幸의 정례화와 능행과의 관계

조선의 국왕은 사직과 종묘, 선대왕의 능침, 문묘 등에 행행하면서 자신의 정치적 입장을 지지하고 안정화할 수 있는 상징적인 곳을 선택하여 행행하였다. 특히 광해군을 비롯한 철종까지의 국왕들이 사친私親 궁원宮園에 행행한 것도 동일한 맥락으로 해석할 수 있겠다. 그 중 영조의 육상궁·소녕원, 정조의 경모궁·현륭원, 순조의 경우궁·휘경원 행행은 대표적인 국왕의 사친 궁원 행행으로서 왕권의 상징성을 대내외에 부각시키기 위한 것이다.

영조·정조·순조의 사친 궁원 행행은 행행의 횟수와 정치적 관심 면에서 전례를 찾을 수 없을 정도로 전후의 국왕들과 차별성을 나타낸다. 조선 후기 국왕의 사친 궁원 행행은 1611년 8월 광해군의 성릉成陵 배알을 시작으로[149] 고종대까지 지속적으로 나타나지만, 사친 궁원의 성대한 조성과 잦은 행행을 통해 사친을 추숭한 경우는 영조·정조·순조 외에는 보이지 않는다. 더욱이 이들은 사친의 지위를 국왕과 왕비의 수준으로 추숭하려 했으며, 그 행행도 종묘와 능침의 수준으로 거행하였다. 이에 이장에서는 조선 후기 국왕의 행행에서 그 대상지에 따라 행행의 위상과 성격이 변화한다는 점에 착안하여, 기존 연구에서 많이 다룬 정조의 원행 대신

---

[149] 『광해군일기』 광해군 3년, 8월 18일(을유).

순조의 휘경원 원행을 중심으로 기술하고자 한다.

순조가 도성을 벗어나 행행한 것은 1803년 건원능·원능에 능행하면서 부터이다. 그리고 재위 4년만인 1804년 부친의 능침인 건릉과 조부의 묘소인 현륭원에 원행하였으며, 1834년까지 재위 35년간 거의 매년 능陵·원園·묘墓 등에 행행을 하였다. 다음의 〈표 Ⅲ-14〉는 1802~1834년 사이에 거행된 순조의 행행 일시와 장소이다.

〈표 Ⅲ-14〉 순조의 재위기간 행행 시기와 陵園

	社稷	宗廟	健元陵	昌陵	穆陵	崇陵	明陵	懿陵	元陵	健陵	顯隆園	徽慶園
02/08/09		○										
03/04/22		○										
03/07/25		○										
03/08/16			○						○			
04/02/08	○											
04/02/19							○					
04/04/02		○										
04/08/02		○										
04/08/29										○	○	
05/07/30									○			
06/02/20									○	○		
06/08/16									○			
07/03/02		○										
07/03/12			○						○			
07/08/28										○	○	
08/03/13				○								
09/02/13								○				
09/09/06							○					
10/01/06	○											
10/08/29										○	○	
11/02/13		○										

	社稷	宗廟	健元陵	昌陵	穆陵	崇陵	明陵	懿陵	元陵	健陵	顯隆園	徽慶園
11/03/10				○			○					
11/07/17		○										
12/01/20		○										
12/10/07			○									
13/01/26		○										
13/08/15		○										
14/08/15									○			
16/03/20		○										
16/08/19							○					
17/02/20		○										
17/02/27										○	○	
17/09/02							○					
18/02/20									○			
18/08/06		○										
18/09/04							○					
19/03/22			○						○			
19/04/04		○										
19/11/18		○										
20/09/11			○			○						
21/02/20										○	○	
22/02/20										○	○	
23/03/16												○
23/05/01		○										
23/07/28		○										
24/03/03												○
25/01/08		○										
24/04/04		○										
24/07/25		○										
25/02/12												○
25/09/10			○						○			○
26/02/22										○	○	

날짜									
26/08/28					○				
27/03/13								○	
27/08/19	○								
27/09/21		○				○		○	
28/02/22							○	○	
28/09/09					○				
29/02/27								○	
29/08/27			○						
30/02/28								○	
30/08/28	○								
30/09/06						○			○
31/02/19						○			○
31/08/19						○			
32/02/19						○			○
32/05/08									○
32/09/06		○		○			○		
33/04/06	○								
33/08/29								○	
34/01/19	○								
34/08/19	○								
34/09/17					○				

※ 『순조실록』, 『승정원일기』, 『일성록』, 『御營廳擧動謄錄』을 정리했으며, ○는 행행을 나타낸다.

위의 〈표 Ⅲ-14〉에서 순조는 1802년(순조 2) 8월 9일 정조를 종묘에 모시기 위해 친림하는 것을 시작으로, 1803년 8월 건원릉·원릉부터 본격적인 행행을 하고 있다. 이후 사직을 비롯하여 창릉·목릉·명릉·의릉·숭릉·원릉·건릉 등의 능침과 현륭원·휘경원 등 모두 12곳에 행행하고 있다. 시기적으로는 재위 2년인 1802년부터 1834년 서거하는 해까지 96회의 행행을 거행하였다. 대개 매년 2회 이상의 행행을 하고 있으며, 행행이 중지된 해는 상중인 기간과 1815년으로 모두 3년간이다. 순조의 행행이 많았던 곳은, 종묘 26회, 휘경원 13회, 원릉 10회, 건릉·현륭원·명릉 9회, 건원릉 8회 등으로 순서 된다. 그리고 순조가 친정親政을 하는 1804년의 행행은 5회로써, 재위 34년 중 가장 많은 행행이 한해에 이루어졌다.

1804년의 행행지는 사직·종묘·명릉·원릉·건릉·현륭원 등이다. 이때 행행한 능원陵園 등이 순조가 재위기간 주로 행행한 곳이다. 국왕의 능원 참배는 선왕의 묘에 직접 나아가 친제를 올리는 것으로 유교 국가에서 당연한 행사였다. 태조의 건원릉 행행을 제외하면, 숙종의 명릉·영조의 원릉·정조의 건릉 등은 순조를 기점으로 4대조까지 봉사하는 것을 연상케 한다. 다만 고조가 되는 의릉(경종)에 대한 능행이 제외되고 있다. 노론 집권세력의 정치적 관계 때문이지는 몰라도[150] 의릉에 대한 능행은 재위 9년 만에 시행했다가, 효명세자가 서거하는 1830년부터 연이어 4회 거행되었다.

순조는 의릉을 재위 10여년 만에 처음 방문하고, 20여년 뒤인 1830년에 두 번째로 능행한 것이다. 의릉은 오늘날 석관동에 위치하고 있어서 도성과의 거리상으로도 고양의 명릉, 구리의 원릉, 화성의 건릉보다 접근하기 쉬웠다. 1825년부터 휘경원 원행이 자주 거행된 것을 보더라도 의릉 능행이 적은 것은 경종의 정치적 위치 때문이라는 추측을 낳게 할 뿐이다.[151] 더욱이 순조의 왕위를 계승할 효명세자가 1830년 5월 돌연 서거한 후, 그해 9월부터 연속적으로 의릉 행행을 거행하여 당시 경종에 대한 정치적 해석을 뒷받침하고 있으나, 이런 인식을 증명할 논거가 없이 쉽게 결론지을 수는 없겠다.

---

[150] 국왕의 능행, 원행지가 집권세력과의 관계를 고려해서 정해졌는지는 알 수 없다. 다만 순조의 왕통은 정조 → 영조 → 경종 → 숙종 등으로 의릉에 대한 능행이 행행지의 선정 과정에서 누락된 것을 보고 추정할 상황이다.
[151] 당시 경종의 독살설과 영조의 왕위 계승에 대한 정치세력간의 논란이 순조대까지 이어졌다고 생각할 따름이다.

순조의 선대왕 능행에서 나타나는 또 다른 의문은 동일한 지역에 위치한 능침을 순회하지 않는 이유이다. 건원릉과 원릉은 동구릉[152]에 위치하여 두 곳을 동시에 능행할 수 있다. 그런데 〈표 Ⅲ-14〉에서 10회의 원릉 행행을 하면서 6회만 건원릉에 들렸을 뿐 나머지 3회는 제외되고 있다. 반대로 8회의 건원릉 행행에서는 6회만 원릉 능행을 함께 하고 있다. 또한 동구릉의 또 다른 능침인 선조의 목릉과 현종의 숭릉에는 1회만 능행하였다. 1825년 9월, 1827년 9월, 1832년 9월의 행행에서 건원릉 등에 행차한 것을 보면, 능행 당일에 2곳 이상의 능침에 갈 수 있다. 이처럼 동일한 능행 구역에서 두 군데 이상의 능침에 능행하는 전례가 있는데도 지켜지지 않는 셈이다.

그리고 오례의와 전례에 따라 일정한 행행의 횟수가 지속되지 않는 것도 의문이다. 먼저 종묘에 행행한 것을 보면, 〈표 Ⅲ-14〉에서 순조가 1802~1834년까지 거행한 종묘의 행행이 26회로 1.5년 꼴로 친림하였다. 상대적으로 사직을 비롯한 다른 능침들에 대한 행행의 횟수는 적게 나타난다. 이와 같은 행행 횟수의 차이는 기록상의 문제로 〈표 Ⅲ-14〉보다 실제로 더 많은 행행이 이루어졌다고 본다.[153] 종묘 행행 일시가 기록상으로는 보이지만, 국기재계國忌齋戒나 구기拘忌가 아닌데도 해당 일시의 행행 내용이나 변경 사항이 없는 경우가 있기 때문이다.[154] 또한 1815년 8월 10일의 종묘 행행이 비가 많이 내려서 연기된 것을 볼 때, 기후나 수행인원 등 행행 진행 과정상의 문제가 발생할 때 수시로 행행 일시가 변경된다는 것

---

[152] 건원릉을 비롯하여 문종의 顯陵·선조의 穆陵·인조와 순비의 徽陵·현종의 崇陵·경종비의 惠陵·영조의 元陵·익종과 왕비의 綏陵·헌종과 왕비의 景陵 등이 있다.
[153] 『御營廳擧動謄錄』에 순조의 종묘 展謁이 매년 봄과 가을에 언급되고 있으며, 종묘만이 아니라 다른 행행에서도 동일한 현상이 보인다. 『순조실록』의 1820년 9월 11일엔 숭릉 행행만이 기재되었는데, 1820년 9월 10일엔 건원릉이 포함되어 있다.
[154] 『御營廳擧動謄錄』 권25, 갑술 1월 17일, 7월 13일; 『御營廳擧動謄錄』 권26, 무인 1월 5일, 기묘 1월 5일.

을 알 수 있다.[155]

이와 함께 〈표 Ⅲ-14〉에서 순조 10년 8월 5일의 행행은 7월 1일자에 언급하고 있는데, 실제 당일에는 기록되어 있지 않다. 또한 순조 11년 7월에 군령을 내려 8월 11일 원릉·현릉 등에 능행을 거행하려고 했으나 별다른 이유 없이 취소되기도 했다.[156] 1812년 8월에도 건원릉의 능행을 9월 28일로 정하는 군령을 내렸음에도 신구군新舊軍의 교체를 이유로 10월 7일로 연기된다.[157] 따라서 행행의 일정에 대한 군령이 내려진 상황에서도 일시가 조정될 수 있음을 보여준다.

한편 〈표 Ⅲ-14〉에서 순조의 재위기간 동안 현륭원과 건릉에 거행된 9번의 행행 시기를 보면, 대개 2~3년 주기로 봄과 가을에 걸쳐 반복적으로 나타나고 있다. 달과 날짜도 2·8월의 20일대를 유지하고 있으며 일치하는 경우도 많다. 매년 행행 일시를 주청하는 예조에서는 각 능의 전알展謁을 봄에는 2·3월, 가을에는 8·9월로 정식定式하고 있다.[158] 그러므로 〈표 Ⅲ-14〉의 행행 시기는 예조의 정식과 정확히 일치하고 있는 셈이다.

1804년 8월부터 시작된 화성 능행은,[159] 선왕先王 정조의 능침에 간다는 효의 실천적 의미 외에 왕권의 상징성을 알리는 것으로도 생각되는 부분이다. 정조대의 기록으로도 알 수 있듯이[160] 화성 능행은 한강을 건너간다는 지리적 문제와 함께 재정 지출이나 수행인원의 구성 등에서 일반적인 능행의 범위를 초과하는 행사였다. 이런 점을 감안한다면 세도정치기로 접어든다는 순조 집권기, 화성으로의 능행은 신료들에 의해 반대되거나 제지되는

---

155) 『御營廳擧動謄錄』 권25, 을해 8월 10일.
156) 『御營廳擧動謄錄』 권24, 신미 7월 25일, 8월 11일.
157) 『御營廳擧動謄錄』 권25, 임신 7월 17일, 10월 1일.
158) 『대전통편』 「예전」, 제례조, 『御營廳擧動謄錄』 권19, 계해 8월 1일.
159) 정조는 재위 중 영우원과 현륭원 원행을 30회 이상 하여 자신의 행행이 선왕의 뜻을 계승하는 繼志述事의 일환임을 강조했다.(김문식, 「18세기 후반 정조 陵幸의 意義」)
160) 『원행을묘정리의궤』 권5, 재용.

것이 마땅할 것이다. 그럼에도 순조의 화성 능행은 별다른 반대 없이 집권 초기부터 시행되었다.

물론 세도정권은 외척벌열이 왕권보호를 명분으로 세도를 자처하며 권력을 독점한 정치형태였다.[161] 왕실행사가 정비되고 성대하게 거행된 영·정조대의 능행에 반해, 세도정치기의 시작이라는 순조대는 전례를 따르고 이를 주도하는 세도 가문의 정당성을 확보해준다는 성격이 강했다고 할 수 있다. 세도 가문의 입장에서도 그 권력자체가 국혼 관계를 통한 것이므로 국왕 권위의 외양적 위축은 결코 바람직하지 않았기 때문에 국왕의 위상을 과시할 수 있는 능행은 계속 존속된 것으로 본다.

이런 배경으로 국왕의 능행이 세도가문에 의해 주도되고 보호되었다고 볼 수도 있다. 그리고 국왕의 행행 의례儀禮가 의례적依例的 수준으로 집권층의 정치구도 아래에서 움직였다고 인식할 수 있다.[162] 그렇다면 조선왕조 전시기에 걸쳐 왕권보다 신권이 우세한 경우, 국왕의 의례는 의례依例 수준으로 격화되는 양상을 보여야 한다. 아니면 세도정치기에만 보여지는 특수한 양상일 것이다. 문제는 능행이 국왕의 권위와 권력의 강화를 야기한다는 일반적인 관점보다, 그 행행이 국왕의 정치 행태에서 차지하는 비중이라고 본다. 어떻게 행행이 의례화되고 지속적으로 한말까지 유지되는 안정적 구조를 가지게 되었는가? 유교 통치이념에 의한 정치술의 한 방안이었다고 보는 것도 중요하지만, 왜 능행은 국왕의 의지에 의해 거행되었

---

[161] 세도정권하의 국왕들이 왕권을 제대로 수행하지 못했다는 관점은, 혹 국왕권을 오늘날 시각으로 재단한 결과라고 생각된다. 조선왕조의 권력 형태를 국왕과 신권이라는 두 집단 간의 갈등으로만 접근한 결과라고도 하겠다. 즉 전통적인 국왕의 권위라고 할 때, 그 힘을 행사하겠다고 위협하거나 명령하지 않더라도 따르게 하는 권력 구조에 대해 생각할 필요가 있다. 그렇지 않으면 500여년이나 지속된 조선왕조의 지속성을 설명하기 어렵다.(James B. Palais, 「조선왕조의 관료적 군주제」, 『동양 삼국의 왕권과 관료제』, 국학자료원, 1998)

[162] 오수창, 「세도정치의 성립과 전개」, 『한국사』 32, 1997, 216~217쪽; 김세은, 「고종초기(1863~1876) 국왕권의 회복과 왕실행사」, 서울대 박사학위논문, 2003, 47쪽.

는가? 국왕의 의례적인 능행을 매번 신료들은 반대 의견을 개진하면서도 그 진행에는 왜 참여할 수밖에 없었는가? 등을 파악하는 것이 중요하겠다.

이외에 〈표 Ⅲ-14〉에서 순조의 화성 능행은 재위 28년 이후로 중지되고 생모인 휘경원으로의 원행 횟수가 23년부터 증가하고 있는 것이 주목된다. 선대왕의 능침에 행행하지 않고 휘경원에만 원행하는 경우도 다수 보인다. 1822년 수빈박씨가 죽은 다음해부터 순조가 휘경원에 원행한 것이다. 휘경원[163]은 창덕궁에서 흥인지문·동관왕묘를 지나 건원릉에 이르는 능행로에 위치하여 도로의 접근성이 좋았다. 그러므로 선대왕의 능침에 행행하고 도중에 들를 수도 있었고, 도성과 근접했기 때문에 순조가 자주 원행할 수 있었다. 순조는 1823년부터 1833년까지 13회의 휘경원 원행을 하고 있다. 휘경원 원행은 효명세자의 대리청정기에도 지속된다. 효명세자는 1824년 3월 순조와 함께 휘경원에 참배한 것을 시작으로 대청기간동안 연평균 2회 정도 역대 능원을 찾았다.[164]

휘경원에 대한 순조의 관심은 1822년 12월말로써, 휘경원의 수봉관守奉官 의망 단자에 참봉으로 한 것을 승정원에서 반려하는 사건부터이다.[165] 이때 홍문관에서는, 능릉에는 참봉參奉, 원園에는 수봉守奉이 있어서 능릉과 원園의 사체는 분명하게 다르므로 원관의 호칭을 능관陵官의 호칭과 같게 하려면, 관제官制의 혼란과 의절儀節이 손상된다는 주장을 하였다.[166] 더욱

---

163) 휘경원 綏嬪 박씨는 판돈령부사 朴準源과 原州元氏의 셋째 딸로 1770년(영조 46)에 탄생하였다. 1787년(정조 11) 정조의 빈으로 선발되었는데, 嬪號는 綏이고 宮號는 嘉順이다. 1822년 12월 26일에 昌德宮의 寶慶堂에서 卒逝하니, 향년 53세였다. 시호는 顯穆, 園號는 徽慶이다. 1823년 2월 27일 楊州 拜峯山 坐卯原에 장사지냈다. 슬하에 순조와 淑善翁主를 두었는데, 옹주는 永明尉 洪顯周에게 시집갔다.
164) 김명숙, 「19세기 反外戚세력의 정치동향-순조조 孝明世子의 代理聽政例를 중심으로-」, 『조선시대사학보』 3, 1997.
165) 『승정원일기』 순조 22년, 12월 30일.
166) 『승정원일기』 순조 23년, 1월 5일.

이 대사헌 권상신權尙愼은, 전례典禮는 국가의 모범으로 열성조列聖朝 400여 년 동안 지켜오던 것인데 국왕의 사정私情으로 무너뜨릴 수 없다고 하며, 정론正論을 강압적으로 누르지 말도록 하였다.[167]

반면 순조는 생시와 같이 효행을 하려는 자신의 행위에 더 이상 언급하지 않도록 하였다.[168] 이후 휘경원에는 순조의 효심이 통했는지 참봉이 원관으로 임명되게 된다.[169] 이렇듯 휘경원에 대한 순조의 관심은 전래되던 의례마저 변통시키는 양상을 보였고, 행행의 횟수에 있어서도 1823~1833년까지 13회로 다른 능침과는 달리 지속적으로 진행되어 순조의 각별한 마음을 보여주고 있다.

이처럼 순조는 재위 34년간 종묘와 능침 등에 봄·가을 반복적인 행행을 하고는 있지만, 매년 정례적인 행행은 실시하지 않았다. 사직과 종묘에 대한 제사는 섭행시켰다고 볼 수 있겠지만, 각 능침에 대한 친제는 부정기적으로 나타나기 때문이다. 예컨대 행행이 예고되면, 병조에서 군령으로 행행의 준비를 위해 미리 일시와 일정을 발표[170]하여 해당 부서와 인원이 움직이게 된다. 의장의 준비에서 도로를 수치修治하기 위해 가옥이 철거되고 교량이 보수되는 일까지, 관료부터 민인의 생활에 이르기까지 행행에 의해 영향을 받는다. 이런 상황에서 행행의 시행 일자를 수시로 변경한다면 국가의 공식 행사에 대한 이미지가 훼손될 수 있다.

그럼에도 자연재해, 국기國忌 등의 특별한 상황 없이 행행의 일시가 바뀌고 있다.[171] 따라서 국왕의 일상사를 담당하는 관료들에게 행행은, 궁궐은 물론 도성을 벗어나는 경우도 있기 때문에 행행 일시의 예측이 필요하

---

167) 『일성록』 권478, 순조 23년, 계미 정월 1일.
168) 『순조실록』 순조 23년, 1월 5일(을해).
169) 『순조실록』 순조 23년, 2월 3일(계묘).
170) 『御營廳擧動謄錄』 권23, 경오 7월 1일.
171) 『御營廳擧動謄錄』 권19~38.

다. 물론 국왕의 안전을 위해 미리 행행 일시와 장소를 알리지 않을 수도 있겠지만, 오히려 능행과 원행 등에 이용되는 도로와 호위군의 위치, 선발이 매년 동일한 지역과 군영이라는 것을 감안한다면 국왕의 경호적 측면은 관계가 적다고 보겠다.

결국 행행은 국왕의 전교에 따라 장소와 일시가 수시로 거론되고 결정되었다고 보인다. 행행의 일시와 장소를 예조에서 주청한 뒤, 일관이 정한 날짜에 거행하는 것을 두고 국왕과 관료가 상의해서 행행을 결정했다 말할 수도 있다. 그러나 이미 결정된 행행 일시가 국왕에 의해 변경되거나 정지되는 것을 보면, 오례의에 입각해서 이루어진 행행 체제가 국왕의 의지에 따라 움직인 셈이다.

또한 순조 재위년간 거행된 행행을 보면, 관료들이 자연재해나 농사의 풍흉에 따른 반대 의견을 제시하지, 행행 그 자체의 부당성을 거론한 적은 전혀 없다. 국왕이 거행하는 의식 중에 행행처럼 관료와 민인들이 일사불란하게 움직이는 경우는 흔치 않다. 그러므로 행행과 같은 공식 문화가 통치에 더 중요하기도 한 것이다. 민인을 비롯하여 지배 관료계층까지, 그리고 일상생활까지 쉽게 스며들 수 있고, 무의식적으로 자연히 일상적 관행화 된다는 것이 행행과 같은 의례가 지니는 장점이라고 생각된다. 왕위에 오른 이유와 배경이 무엇이든지 국왕이라는 상징성을 대내외에 알릴 수 있는 행행을 거행한다면, 권력 행사의 정도는 있을 수 있겠지만 권력의 핵이라는 지위를 정당화시키는 계기가 된다. 순조의 경우 11세에 왕위에 올라 정순왕후의 수렴을 거치게 되어, 왕권 행사에 제약을 받게 되지만 재위 4년인 1804년부터는 잦은 행행을 통해 국왕의 지위를 다지게 되는 것이다.

한편 순조의 행행에서 개인적인 의도가 반영된 것을 꼽는다면, 화성 능행과 휘경원 원행일 것이다. 〈표 Ⅲ-14〉에서 순조는 종묘를 제외하면, 재위기간 주로 부친인 정조의 능침이 있는 화성의 건릉과 생모의 묘소인 휘경원에 행행하였다. 정조의 능침인 건릉에는 효의왕후孝懿王后의 능침이 있으므로, 화성 행행은 부모와 조부를 모두 뵙는 것이기도 했다. 그런데 휘경원인 수빈박씨는 정비가 아닌 생모이므로 의례상 어머니인 효의왕후의 능침에 가는 것이 더 많아야 한다. 효의왕후의 능이 있는 건릉으로의 행행은 9회로 13회인 휘경원보다 적다. 생모에 대한 배려로 원園의 관리도 승격시킨 순조가 휘경원 행행을 더 많이 거행한 것은 오히려 당연한 것이기도 할 것이다. 그렇지만 조선이 유교를 국정의 중심 원리로 운영하면서 그 대표적인 의례를 민인의 생활까지 통제하는 구조 하에서, 국왕이 그 틀을 잘 지키지 않았다는 점이 의문이다. 물론 효심이라는 것으로 설명될 수도 있겠지만, 국왕은 일반 서인庶人과 달리 예법을 준수해야 할 지위에 있다고 할 때, 순조의 휘경원에 대한 지속적인 원행은 이해하기 힘든 부분이다.

이외에 순조가 자주 거둥한 휘경원은 궁궐로부터의 거리가 15리로 행행의 수행원이나 소용되는 재용에 큰 무리가 가지 않는 경거둥京擧動이었다. 당일 출환궁出還宮이 가능한 거둥인 경거둥은 원거리 거둥과 달리 행행 절차의 많은 부분이 생략되었는데, 거리와 장소에 따라 좌우된 것으로 보인다. 현륭원 원행과 비교하면 잘 알 수 있는데, 대표적으로 척후·복병 등의 배치 여부이다.[172] 휘경원 원행 때는 척후·복병·전어군 등이 제외되는 것이 일반적이었다. 도성과 근거리인 경우 경기도 지역의 군병을 동원하지 않고 도성내의 군영병만으로 시위가 가능했기 때문이다. 이와 함께 종로에서 홍인지문, 휘경원으로 이어지는 도로에 어가를 위협할 만한 지역과 험준한 지형이 없다는 것도 한 요인이었다. 이점은 휘경원의 행행 절차를 보면 쉽게 나타난다.[173]

---

172) 『摠戎廳幸膳錄』 갑신 2월 25일.
173) 『摠戎廳幸膳錄』 계사 8월 10·15일.

다음은 『총융청행행등록』에 기재된 1824년(순조 24) 3월 3일과 1825년 2월 12일에 거행된 휘경원 원행의 절차를 날짜별로 정리한 것이다.

- 1824년 3월 3일

① 擇日

② 軍令

　2월 25일: 병조에서 궁궐부터 휘경원까지의 거리와 당일 환궁의 여부를 알림

③ 隨駕軍과 留營軍의 선정

　2월 25일: 병조에서 행행에 참가할 군병을 선정할 것을 계함. 삼군영의 군병을 隨駕와 留營軍으로 정함

④ 留都軍의 領率자 선정

　2월 27일: 병조에서 留都大將 二望

　2월 27일: 병조에서 守宮從事官을 정함

⑤ 隨駕軍兵의 복색과 군율, 절차, 출환궁시의 부대 동원 등을 정함

⑥ 幸行 전날에 각 陵幸 담당 부서로 傳令, 隨駕 군병에게 犒饋, 도로정비

　3월 2일: 병조에서 軍號 마련, 隨駕・留都부대 이동

⑦ 徽慶園 幸行

　3월 3일: 徽慶園 展謁 親祭

- 1825년 2월 12일

① 擇日

　2월 7일: 예조에서 능침과 택일 등을 계함. 휘경원으로 日官이 택한 12일로 정함

② 軍令

　2월 7일: 병조에서 궁궐부터 휘경원까지의 거리와 당일 환궁의 여부를

알림

③ 隨駕軍과 留營軍의 선정

2월 7일: 병조에서 행행에 참가할 군병을 선정할 것을 계함. 삼군영의 군병을 隨駕와 留營軍으로 정함

④ 留都軍의 領率자 선정

2월 8일: 승정원에서 留都大臣 一望, 병조에서 守宮大將 二望

2월 9일: 병조에서 守宮從事官을 정함

⑤ 隨駕軍兵의 복색과 군율, 절차, 출환궁시의 도로 사항 등을 정함

⑥ 幸行 전날에 각 陵幸 담당 부서로 傳令, 隨駕 군병에게 犒饋

2월 11일

⑦ 徽慶園 陵幸

2월 12일: 徽慶園 展謁 親祭

『총융청행행등록』에서 1824년·1825년 두 해에 걸친 휘경원 원행에 대한 절차는 동일하게 대략 6단계를 거치고 있다. 첫째, 행행의 택일은 일관이 주청한 날짜가 정해지고 있는데 국왕의 건강상태, 국정國政의 변화, 환경 등에 따라 원행의 시기와 절차가 조정되었다.[174] 특히 가뭄·홍수 등의 재해나 농번기에는 행행을 미루거나 간략하게 거행했다. 행행을 간략하게 거행될 때는 도로의 정비와 철시撤市는 물론이고, 엄고嚴鼓, 의장儀章, 그리고 수가隨駕 군병까지 생략했다.[175] 재해와 더불어 질병과 유행병이 발생하였을 경우에는 당연히 행행이 취소되었다.[176] 둘째, 병조에서 군령軍令을 통해 행행 장소와 거리, 시간 등을 공시하고 있다. 당일 환궁하는 1일

---

[174] 『摠戎廳幸行謄錄』 기축 8월 1일.
[175] 『순조실록』 순조 9년 6월 9일(무술).
[176] 『순조실록』 순조 21년 8월 26일(계묘).

여정으로, 궁궐을 비워둔 채 도성 밖에서 유숙하는 경우는 거의 없었다. 셋째, 행행에 동원되는 군병의 선발이다. 행행에 참가하는 군영은 5군영에서 차출되는 것이 일반이었다.[177] 네 번째와 다섯 번째 사항이 정해진 후 행행에 동원되는 부대가 행행 전날 저녁에 이동한다. 이때는 계엄이 실시되어 궁궐 내외의 수비가 강화되었다. 그런데 행행에 동원되는 부대의 선정과 임무 배정은 국왕의 재가에 따라 변경될 수 있었다.[178] 또한 행행 장소에 따라 군병의 유진留陣 장소도 조정되었다.[179] 결국 정례화된 수가隨駕 인원의 체계는 있었지만, 군병의 동원, 배치와 임무 등은 국왕의 의도에 따라 수시로 바꿀 수 있었다.

위와 같이 순조가 원행의 시기, 장소, 수행인원 등의 선정에 주도적으로 나설 수 있는 상황에서 원행은 단순한 공식적인 의례 이상의 기능을 발휘했다고 생각할 수 있다. 원행이 진행되는 시간과 공간 속에서 국왕을 비롯한 민인民人들은 과거로부터 내려온 전통의 하나로 왕실의 의례인 행행을 인식하게 된다. 국왕의 행행으로 인해 국왕→관료→민인들의 동심원적 구도가 완성되면서, 원행의 참여 인원들 각자에게 신분과 지위를 재확인시키는 것이다. 그 중 국왕은 원행을 통해 왕권의 권위와 정당성을 공식적으로 드러내게 된다. 그러므로 능행과 함께 원행이 국가적 의례 행사로 끊임없이 시행될수록 국왕의 지위와 권한은 지속적으로 유지되고 계승되었다고 생각한다.

---

[177] 오수창, 「인조대 정치세력의 동향」, 『한국사론』 13, 1985.
[178] 『萬機要覽』 군정편 3, 총융청, 留陣.
[179] 『摠戎廳幸行謄錄』 임진 9월 2일조.

IV

능행시 시위侍衛와 궁궐의 숙위宿衛체제

1. 능행시 시위진법侍衛陣法과 능행로陵行路의 정비
2. 능행시 궁궐의 숙위체제宿衛體制와 유도군留都軍

IV. 능행시 시위侍衛와
궁궐의 숙위宿衛체제

1. 능행시 시위진법侍衛陣法과 능행로陵行路의 정비

1) 시위체제와 시위진법

능행은 수백 명의 군사들이 동원되는 대규모의 군대 행렬이다. 군사들의 움직임을 통제하는 것은 군법[1]이었다. 능행에 동원되는 마병馬兵이 말에서 내릴 때는 명라鳴螺를, 다시 말에 올라 탈 때는 취라吹螺를 사용하여 군사 작전과 동일한 양상을 보였다.[2] 그러므로 능행시 동원되는 군병을 움직인 진법에 대한 연구는 능행 행렬의 기본적인 모습을 살피는데 필요하며, 그러기 위해서는 먼저 조선의 군제軍制 변화를 살펴볼 필요가 있다.

조선의 중앙군이 정비되기 시작한 것은 1393년(태조 2) 9월부터이다. 고려말 이성계가 병권을 장악하기 위하여 설치하였던 삼군총제부三軍摠制府를 의흥삼군부義興三軍府로 개칭함으로서 본격화하였다. 이와 같은 삼군

---

[1] 『세종실록』 세종 3년, 6월 1일(임진).
[2] 『승정원일기』 숙종 10년, 8월 11일(갑진).

부三軍府 체제는 1394년 10월 한양으로 천도한 후에 그대로 적용되었으며, 이것이 오위제도 성립 이전의 중앙부대인 동시에 왕권과 수도를 방위하는 병력을 지휘·감독하는 최고군부로 등장하였다. 이 삼군부는 고려 군제인 10위 군을 중·좌·우군의 3군으로 나누어 귀속시키고 자체의 감독권은 물론 지휘권도 갖는 최초의 강력한 중앙군사체제였다. 그리고 왕자의 난을 거쳐 집권한 태종은 삼군부 체제 이외에 왕권의 보호를 임무로 하는 각종 특수 시위병을 탄생시켰다. 양반자제들 가운데서 믿을 수 있는 자를 선발하여 별시위別侍衛를 두었으며, 한양으로 천도한 후에는 친병親兵을 더욱 강화하여 내금위內禁衛를 설치하고 궁중에서 입직 숙위를 담당하게 하였다. 이 내금위는 비록 소수이지만 가장 정예로운 군대로 역시 양반층의 자제 가운데 신임할 수 있는 무예에 뛰어난 자들로 편성되어 금군禁軍의 역할을 했다.[3]

금군禁軍이란 중앙군이면서 국왕을 시위하는 왕권의 수호를 위한 부대를 의미했다. 금군이라는 명칭에서 드러나듯이 왕권을 정치적으로 군사적으로 뒷받침 하였다. 위와 같이 왕권의 강화를 추진하는 과정 속에서 여러 가지 금군적 특수병을 탄생시켰으며, 특수병들에 의하여 궁궐의 시위와 수도의 순찰이 담당되었고 국왕의 행행에는 이들 중앙군이 그 호위를 전담하게 되었다.

중앙군은 1450년(문종 원년) 6월에 오사五司로 개편되었다. 기존의 중앙군을 의흥義興, 충좌忠左, 충무忠武, 용양龍驤, 호분虎賁의 오사五司로 분속시켰으며 여기에는 지휘계통을 달리하는 각종 특수병들까지도 거의 모두 포함시켜 하나의 지휘체계로 묶어 놓았다. 오사五司 가운데 당번 2사는 입직을 담당하고 3사는 출직出直하는데, 출직하는 군사는 호군護軍의 영솔아래 도성의 행순行巡을 책임지게 하였다. 오사 편제는 고려 이래의 오군五軍,

---

[3] 박홍갑, 「조선초기 금군과 숙위체제」, 『조선시대의 과거와 벼슬』, 집문당, 2003, 317~337쪽.

오진五陣, 오위五衛의 계열을 잇는 전투 및 진법체제와 부합되는 것이며 특히 진법체제인 전·후·좌·우·중의 5군 편제와 직결되는 것으로 생각된다. 따라서 오사 편제는 중앙군 자체의 전투대형 편성과 진법체제를 고려한 부대편성의 일환이었다. 뿐만 아니라 갑사를 비롯한 모든 금군적인 존재였던 특수병들이 중앙군의 단일적인 부대편성을 이루게 됨으로서 잡다한 특수병의 임무가 하나로 귀일되는 현상을 제도화한 것으로 중앙군이 하나의 기구를 중심으로 그 힘을 집결시킨 것과 연관된 것이기도 했다.[4]

이러한 조선 전기의 군사체제는 임진왜란을 계기로 오군영체제로 변하게 되는데 국왕의 시위체제도 마찬가지였다. 국왕이 교외에 능행할 때 도성의 경비와 군병의 충당도 오군영군이 중심이 되었다. 예컨대 능행 때 교외의 제사를 올릴 제단 근처에는 훈련도감 군사를 둘로 나누어서 대장이 거느리고 진을 치고, 또 병조 군사 600명을 무장武將을 가려 뽑아서 거느리고 진을 치게 하여, 도감 군사와 안팎으로 진을 이루었다. 그리고 궁성宮城은 병조 군사 100명을 담장 밖에 있는 별장 2명에게 뽑아 주어 도감의 중군과 서로 호응하여 지키게 하였다.[5]

또한 1614년(광해 6) 광해군이 사직단에서 기우제를 지낼 때 시위군의 동원 체제를 보면, 새로 번을 설 군사 중에 각 차비差備와 호위 등에 부족한 수가 1,500여 명이었다. 이에 수원의 군사 400명을 급히 선전관을 보내어 징집하여 호위하게 했다.[6] 그리고 6년 뒤인 1620년(광해 12) 국왕이 영은문迎恩門에 나아가 애조哀詔를 맞이하고, 인정전으로 돌아와 조서를 선포하는 예식을 행할 때 참여하는 호위 장수의 선발 형태를 보면, 능행할 때의 사목事目 가운데 호위한 장수들의 단자를 기한 이틀 전에 입계하거나 혹은 하루

---

[4] 『서울육백년사』, 서울특별시사편찬위원회, 1996.
[5] 『광해군일기』 광해군 6년, 4월 22일(갑진).
[6] 『광해군일기』 광해군 6년, 4월 28일(경술).

전날 아침 일찍 입계하라는 규정을 어기고 있었다. 오히려 호위 장수의 단자를 영은문 행행 하루 전날 밤 입계하였으며 궁궐을 지킬 총관總管의 단자도 행행 당일 아침에 입계하고 있다. 상식적으로 생각해보아도 국왕의 안위를 책임지는 시위체제가 너무도 태만하고 소홀한 상황이었다.[7]

광해군은 이러한 시위체제의 약점을 보완하기 위해 새로 설치한 좌·우 포도 대장은 경덕궁慶德宮과 사직단 내외의 근처를 나누어 지키면서 각별히 살피며, 실제 좌우 포도대장은 창경궁·창덕궁·동궁東宮의 사면 담 밖을 밤새도록 일일이 순행하여 살피고, 궐내는 호위대장이 수궁장사守宮將士들과 함께 수직하고, 각 영 별장들과 합번하여 숙위하도록 하였다.[8]

광해군대 시위체제의 제일 큰 문제는 전란의 결과로 산일散逸된 상번上番 군병의 부족이었다. 상번군의 수효가 부족했기 때문에 잠시 거둥할 경우가 있으면 매번 경기도의 하번下番 군사를 불러 활용했다.[9] 그런데 호위할 군사를 강화와 수원 등 일부 지방에서만 누차 뽑아 민원이 제기 되었으며, 각자 군물軍物과 포장布帳을 가지고 와서 쓰게 하는 부담이 있어 문제가 되었다. 즉 훈련도감이라는 중앙군이 존재했음에도 도감의 포수를 활용하기 전에 경기 지방에서 군사를 징병하여 이용하였다.[10]

특히 광해군은 신변의 안전을 위해 훈련도감군의 동원에 적극적인 모습을 보일 정도로 시위체제에 깊은 관심을 보였다.[11] 그런데 광해군대의 시위체제는 인조반정을 계기로 완전히 바뀌게 된다. 인조는 반정이라는 명분을 걸고 무력을 통해 집권하였기 때문에 재위 초반부터 시위 체제의 개편을 단행했다. 국왕의 시위군과 궁궐의 수비체제는 반정군을 중심으로

---

7) 『광해군일기』 광해군 12년, 12월 25일(무진).
8) 『광해군일기』 광해군 13년, 9월 2일(경자).
9) 『광해군일기』 광해군 13년, 9월 3일(신축).
10) 『광해군일기』 광해군 13년, 10월 19일(병술).
11) 『훈국등록』, 장서각, K2-3398.

편성된 군영에 의해 조정되었다. 인조는 반정을 준비하면서 이귀, 신경진, 구굉, 구인후 등 무장들의 군병을 수합하였다. 이들은 창덕궁을 공격해서 수비군을 몰아내고 인조를 등극시키는데 결정적인 역할을 하였다. 그리고 이귀 등은 반정공신에 오르면서 자신들의 무력을 유지하기 위해 공적인 군대로 전환시키는데 그것이 바로 군영이었다.[12]

호위청의 경우 설립 초기 대장 2명과 당상 2명이 있었는데, 김류·이귀가 대장이었고 김자점·구인후가 당상이었다. 대장은 각기 군관 140명을 거느리고 있었는데 관에서 급료를 주는 사람은 60명이었으며, 당상은 각기 80명을 거느리고 있었는데 관에서 급료를 주는 사람은 30명이었다. 이후 반정공신인 이귀가 죽자 인조의 명에 의해 그의 아들인 이시백李時白이 대신 거느렸다. 그리고 김류가 죽은 뒤에는 그 병력의 절반을 구인후에게 예속시키게 하였다.[13]

그러므로 군영의 설치는 인조반정 이후 서인정권의 안정과 밀접한 관계를 가지고 있다. 물론 군영의 효시는 임진왜란의 와중에서 설립된 훈련도감이다. 그러나 훈련도감은 전란 중에 왜군의 침입에 대항하기 위해 설립된 순수 무력 집단이었던 반면에 인조 이후 세워지는 어영청 등의 군영은 공적 기능보다 사적인 기능이 강하였다. 특히 중앙군사력으로서의 군영이 특정한 정치세력의 정치권력과 밀착되는 것은 적어도 조선 전기에는 나타나지 않던 새로운 현상이었다. 이것은 조선 후기 정치체제가 당색黨色에 따라 좌우되는 특수한 형태였기 때문이다.

조선 전기의 정치체제는 왕권을 중심으로 하는 중앙집권적 성향이 높았다. 따라서 군사제도도 개병제皆兵制의 원칙 아래 병권이 병조판서를 거쳐 국왕에 이르는 체제를 보였다. 그러나 인조 이후에 설치된 오군영체제

---

[12] 『인조실록』 인조 24년, 4월 6일(임오).
[13] 『인조실록』 인조 26년, 3월 10일(을해).

는 군병의 대부분이 모병에 의지했을 뿐만 아니라 각 군영의 군권도 병조 판서와는 아무런 관련 없이 군영의 대장이 개개의 독립성을 가지고 국왕과 직접 연결되는 양상을 보였다. 더욱이 병조판서가 일개 군영의 대장을 겸하여 타 군영의 대장들과 동열同列에 지나지 않는 위치를 보이기까지 했다.[14]

이처럼 조선 후기 오군영 체제의 특수성은 인조의 반정에 동원된 군사력이 공적인 수단을 통해 모집되지 않고 사병적私兵的 성격을 지닌 사모군私募軍을 집권 후에 서인정권의 권력 배경으로 흡수하고자 한 것에서 그 원인을 찾을 수 있다. 그리고 인조반정 군사력의 정규병력화正規兵力化는 서인 정권의 사병적 기반을 공인하는 계기도 되었다. 또한 서인정권의 군영 장악에 대해 남인의 군권 쟁취 움직임이 지속되는 배경이 되기도 했다. 이외에 수궁대장 혹은 유도대장이라는 말이 등장한 것은 훈련도감을 중심으로 하는 오군영체제가 갖추어지는 1667년(현종 8)이기도 하다.[15] 이후 숙종과 영조대를 거치면서 오군영체제는 시위체제의 근간이 되었으며 철종대까지 지속적으로 이용되게 된다.

한편 능행의 대열에서 다수를 점하는 인원이 대가大駕의 시위를 담당하는 군병이었다. 이들 군병은 대가를 중심으로 전후좌우에 포진하여 국왕의 안위를 지키며 외부인의 침입을 경계하는 역할을 담당하였다. 능행은 군병들이 동원되던 군사훈련의 하나라고도 할 수 있다. 그러므로 시위군은 능행에서 국왕의 위의威儀를 드러내면서 안전한 여정을 이루기 위해서 진법을 이용하여 배치되었다.

국왕의 능행에서 사용되었던 진법은 정도전이 저술한 『진법陣法』[16]을

---

14) 이태진, 『조선후기의 정치와 군영제 변천』, 한국연구원, 1985.
15) 『현종개수실록』 현종 8년, 4월 11일(을묘).
16) 『태조실록』 태조 6년, 6월 14일(갑오).

조선후기까지 진법의 근간으로 사용하였다. 그리고 외적의 침입과 무기체제의 변화에 따라 진법의 형태가 추가되었다. 물론 진법의 세부사항은 임진왜란을 기점으로 큰 변화를 가져왔다. 시위진법에서부터 시위군의 휴대무기에 이르기까지 모든 부분에 걸쳐 그 체제가 변경되었다.

조선전기의 진법이 대부분 북방의 여진을 상대하기 위한 기병騎兵 위주의 전술이었던 반면 임진왜란시 왜군은 보병이 중심이 되는 단병전短兵戰을 위주로 전술을 구사하여 이를 방어하기 위해 조선군도 보병 위주의 진법을 도입하였다. 이때 도입된 진법은 척계광의 『기효신서紀效新書』를 기본으로 조선의 사정에 맞게 시대에 따라 조정되었다.[17]

진법의 변화와 함께 시위군의 휴대무기도 그에 맞추어 바뀌었다. 조선은 임진왜란을 겪으면서 조총의 위력을 체득하면서 그 중요성을 인지하였으며, 그에 따라 기병 위주의 무기체제를 보병의 조총체제로 변경하였다.[18] 조총은 15세기 이후 전세계적으로 화약병기 체제로 군대의 무기체제가 전환되던 시점에 전위적인 역할을 담당한 무기로서 그 효용성이 입증되고 있었다. 따라서 조선군이 임진왜란을 계기로 기병 중심의 전술체계를 조총을 중심으로 하는 보병체계로 바꾼 것은 당연한 수순이었다.[19] 이점은 조선후기 행행 반차도를 통해 시위군의 휴대무기가 후기로 갈수록 조총의 비중이 커지는 것에서 확인할 수 있다.

이외에 능행시 시위진법은 임진왜란 이후 설치된 훈련도감을 비롯한 군영의 설치와 군제의 변화에도 영향을 받았다. 그리고 임진왜란을 계기로 조선에 도입된 명나라 척계광의 『기효신서』를 중심으로 새롭게 기술된 『연기신편演機新編』, 『병학지남兵學指南』 등의 편찬은 인조 이후 현종대

---

17) 노영구, 「조선후기 병서와 전법의 연구」, 서울대 박사학위논문, 2002, 57~100쪽.
18) 이왕무, 「광해군대 화기도감에 관한 연구」, 『민족문화』 21, 1998.
19) 宇田川武久, 『東アジア兵器交流史の研究』, 吉川弘文館, 1993.

까지 무기체제는 물론 진법의 운영도 변화시켰다.[20] 또한 『병장도설兵將圖說』과 『병학통兵學通』의 편찬으로 영조와 정조대 이후의 진법이 오위진법을 중심으로 한 '삼병전법三兵戰法'의 확립을 가져오기도 하였다.[21]

그런데 조총을 중심으로 한 진법은 그 자체에 중대한 오류를 포함하고 있었다. 보병이 중심인 진법은 기동성에서 유연성이 없어서 기병을 중심으로 한 체제에 대적하기에 부족하였다. 그 결과 인조대 양차의 호란을 겪으면서 청나라의 기병을 상대하기 위한 마병馬兵 양성에 주력하였다. 이에 따라 조총을 중심으로 보병과 마병이 중심이 된 기병이 아우러지는 새로운 진법을 구사하게 되었다. 이것은 훈련도감에서 포수砲手 이외에 기병을 양성하는 것과 행행에서 포수와 함께 마병이 늘 동원되는 것에서 확인할 수 있다.[22]

이런 배경으로 조선후기 국왕의 능행에서 동원된 군병을 조정하던 시위진법은 기병과 보병을 아우르는 다양한 형태의 모습을 찾을 수 있다. 능행시 시위진법은 도로에서 가마를 중심으로 전후에 군병이 배치된다는 점에서 일반적인 진법에서처럼 방형方形이나 원형을 유지하기는 불가능했다. 행행의 대열이 주정소나 행궁에 머무는 경우에는 방형의 형태로 작문作門을 이루었으나 이동 중에는 대가를 중심으로 한 진법이 주로 구사되었다.

그 대표적인 진법으로는 오위진五衛陣, 육화진六花陣, 봉둔진蜂屯陣, 원앙진鴛鴦陣, 오마대진五馬隊陣 등을 들 수 있다. 이 진법들은 능행에서 오위진을 중심으로 나머지 진법들을 뒤섞어서 이용하였다.[23] 그런데 매번 진법대

---

20) 정해은, 『한국 전통 병서의 이해』, 군사편찬연구소, 2004, 179~240쪽.
21) 노영구, 앞의 논문, 196~215쪽.
22) 김종수, 「조선후기 훈련도감의 설립과 운영」, 서울대 박사학위논문, 1996.
23) 『승정원일기』 숙종 24년, 8월 16일(정사).
    李世華日, 自前陵幸時, 隨駕禁軍, 或以蜂屯作行, 或有狹輦作行, 或以五馬隊作行, 而蜂屯挾輦,

로 능행의 군진이 이루어지지는 않았다.²⁴⁾ 능행시 자연재해와 시위군의 훈련 정도에 따라 이루어지지 않은 경우도 있었지만 대부분 능행로의 상황에 따라 조정되었다. 능행로가 협소하거나 제대로 정비 되지 않았거나 농경지의 유무에 따라 시위진법이 변화되었다.²⁵⁾

예를 들어 능행로가 협소한 경우 대가를 중심으로 좌우로 시위군을 나눌 수 없었으므로 오마대진을 이용하였다.²⁶⁾ 오마대五馬隊는 협련군夾輦軍, 금군禁軍, 훈련도감 마군馬軍, 어영청 별초무사別抄武士 등 시위군이 시위군의 좌우에서 나가지 않고 오열종대를 이루어 나가는 것이다. 오마대는 오열종대를 이룬 진영이므로 능행의 좌우에서는 이룰 수 없는 대열이었다. 그래서 오마대는 주로 국왕의 가마를 중심으로 전후에 위치하여 대열을 이루었다.²⁷⁾ 오마대를 이루기 힘든 정도의 도로에서는 삼마대로까지 조정하였다.²⁸⁾

또한 오마대 진영을 펼치다가 능행로의 지형에 따라서 봉둔진²⁹⁾ 원앙진을 번갈아가며 진영을 이루기도 하였다.³⁰⁾ 그리고 훈련도감을 비롯한 오군영이 정비되어 이들이 본격적으로 능행의 시위군으로 참여하기 이전

道路不便, 依前以五馬隊, 分前後作行, 何如? 上曰, 依爲之.
24) 『승정원일기』 영조 6년, 10월 20일(을묘).
每致大駕之留駐, 事體極爲未安, 近來陣上不嚴, 五馬隊及駕鶯陣, 皆不成樣, 亦多絶湊之弊, 事甚駭然, 不可無, 申飭之道.
25) 『승정원일기』 영조 7년, 6월 11일(임인).
26) 『승정원일기』 영조 9년, 8월 7일(을묘).
上曰, 已有寧陵時例, 僅容五馬隊則好矣, 若道路狹隘, 事勢難便處, 則雖不容五馬隊, 從便修治, 毋至於害穀, 而亦必臨時修治之意, 分付畿營, 可也.
27) 『승정원일기』 영조 4년, 8월 7일(을유).
28) 『승정원일기』 영조 27년, 5월 7일(계묘).
上曰, 山路逶迤耶? 啓禧曰, 然矣. 上曰, 可爲五馬隊耶? 啓禧曰, 可爲三馬行矣.
29) 『승정원일기』 숙종 24년, 8월 16일(정사).
30) 『승정원일기』 영조 36년, 9월 30일(신미).
又傳曰, 今番扈衛軍官, 武德門北邊扈衛道路似狹, 五馬隊與元央隊, 觀勢爲之, 先廂行軍, 徐徐爲之事, 分付訓鍊都監龍虎營御營廳.

에는 금군이 오마대를 이루었다.31) 그러므로 능행시 시위진법에서 대가를 시위할 수 없는 상황에서는 오군영체제가 이루어지기 이전부터 진법의 변화가 있었음을 짐작하게 하는 것이다.

오마대진 이외의 진법인 육화진, 봉둔진, 원앙진을 보면 능행로와 그 주변 상황에 따라 진법을 변화해야 하는지 알 수 있다. 먼저 육화진은 당나라 이정李靖이 만든 것으로32) 현종대에는 이미 시위진법으로 익숙하게 사용하고 있어서 온행에서도 사용하였다.33) 육화진은 육화六花 모양으로 진을 이루는 것으로34) 대가를 중심으로 여섯 방향으로 군병이 일대를 이루어 나아간 것을 말한다. 원래 육화진은 천지운기天地運氣의 합하는 방향에 맞추어 시위군을 펼쳐서 그 속에서 다양한 전술을 구사하는 것을 의미하였다.35)

그런데 〈그림〉에서도 알 수 있듯이 육화진은 도성내는 물론 좁은 능행로나 농경지가 있는 곳에서는 사용할 수 없는 진법이다. 그래서 능행로가 넓거나 주정소에 있을 경우에만 펼칠 수 있는 진법이라고 볼 수 있다.

봉둔진은 봉둔蜂屯이라는 말의 뜻과 같이 벌이 뭉쳐 있듯이 기병이나 군사들이 수십 명씩 밀집된 형태를 말한다. 능행에서 봉둔진은 수십 명씩 모여서 흩어지지 않은 채 천천히 대오를 이루어 나가는 것이다. 따라서 오마대처

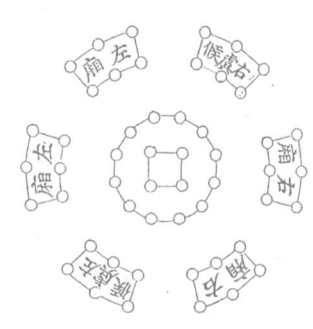

六花陣圖

---

31) 『승정원일기』 현종 8년, 4월 12일(병진).
32) 『숙종실록』 숙종 13년, 9월 21일(병신).
33) 『승정원일기』 숙종 13년, 9월 24일(기해).
34) 『현종실록』 현종 7년, 3월 29(기유).
35) 『승정원일기』 숙종 13년, 9월 24일(기해).

럼 흩어지거나 대열이 벌여지는 경우가 적었으며, 기병이 넓게 퍼지지 않고 좁은 진영을 이루는데 사용할 수 있었다.[36)]

그런데 봉둔진은 전체 시위군이 진영을 이룬 것이 아니라 시위군의 일부만이 거행하는 것으로 보인다. 1738년(영조 14) 영조의 태릉 능행에서는 전체 시위군이 봉둔진을 하지 않고 시위군의 일부만이 하였다. 시위군병의 선두인 선상군先廂軍은 원진圓陣, 훈련도감군은 방진方陣을 이루었으며, 후상군後廂軍인 금위영군만이 봉둔진을 하였다.[37)] 1778년(정조 2) 정조의 영우원永祐園 행행에서 세마대洗馬臺 주정시에 대가를 중심으로 가전군駕前軍과 가후군駕後軍, 금군이 좌우로 나뉘어 봉둔진을 이루어 배치되었다.[38)] 이렇게 시위군의 일부만이 봉둔진을 하는 것은 조선후기 국왕의 시위진법에서 항상 나타나는 현상으로[39)] 봉둔진의 특징을 나타내는 것이기도 하겠다.

원앙진도 봉둔진과 같이 능행로가

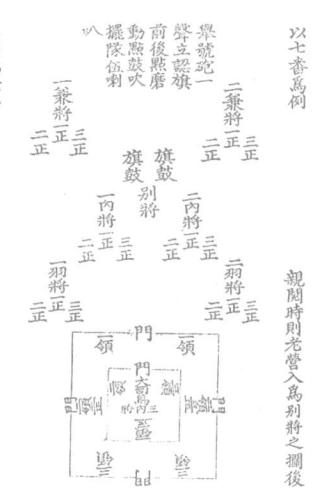

蜂屯陣圖

---

36) 『승정원일기』 영조 12년, 2월 3일(정묘).
尙絅曰, 壬申年光陵行幸時, 則駕後禁軍, 御營廳別抄武士夾輦, 而近來則皆以五馬隊作行矣, 大抵五馬隊, 則都監馬兵及禁軍, 次次先出, 大駕未發之時, 前隊則或在數十里外, 事甚虛疏, 昨與訓將相議, 以爲馬兵禁軍, 皆以蜂屯作行則, 似好矣. 上曰, 蜂屯者何耶? 尙絅曰, 數十相聚, 徐徐作行矣. 上曰, 雖蜂屯, 豈不先去耶? 尙絅曰, 相聚而不散, 勝於五馬隊, 然近來則不爲如是, 故新令有難遽出, 玆以仰稟矣. 上曰, 新令果爲重難, 依近例爲之, 可也. 尙絅曰, 駕後及別抄, 亦依近例爲之乎? 上曰, 然.
37) 『승정원일기』 영조 14년, 8월 19일(기해).
38) 『승정원일기』 정조 2년, 9월 3일(기축).
39) 『승정원일기』 영조 18년, 8월 16일(임인);『승정원일기』 영조 19년, 8월 20일(경오);『승정원일기』 정조 5년, 4월 9일(임자).

협소하거나 주정소의 주변에 시위군이 모두 주둔하지 못하는 경우 펼치는 진법이었다.[40] 그리고 능행시 오마대와 함께 번갈아가며 이용하던 진법이었다.[41]

그런데 원앙진은 진법의 규모에 있어서 좁은 장소에서 사용하지 못하는 것은 물론 농경지 훼손을 방지하기 위해 진법으로 사용하지 않기도 했다.[42] 따라서 주로 보병들이 원앙진을 이루어 나갔다.[43]

원앙진은 능행에서만이 아니라 궁궐에서도 이용되었다. 1772년 영조가 경희궁에서 향지영례를 행할 때 숭정전에 입번入番한 금군이 원앙진을 펼친 상황에서 각종 병기와 군장軍裝을 점검하였다.[44]

이와 같은 시위진법 이외에 정조대는 국왕이 직접 능행시 진법을 만들기도 하였다. 정조는 행행의 시위진법에 관심을 보이고 새로운 진법인 이진肄陣을 도입하였다. 정조는 능행시 봉둔진을 비롯한 다양한 진법을 펼치게 하면서 군영의 통솔을 통일된 진법 아래에 일원화 하려는 모습을 보였다. 정조대 편찬된 『이진총방肄陣總方』은 그 대표적인 산물이었다. 정조는 1781년 능행시 대가의 지근거리에 있는 무예별감의 수를 150명으로 증액하면서 이들을 훈련시키고 진형을 갖추기 위해 『이진총방』을 편찬하게 했다.[45]

『이진총방』에는 열성행오列成行伍, 소개문小開門, 열진列陣, 원진圓陣, 현무진玄武陣, 육화진 등 시위진법과 관련된 조항들이 실려 있다. 그 중 육화진은 능행시 시위진법으로 역대 국왕들이 자주 사용하던 진법으로 정조대에도 지속적으로 사용되었음을 보여주고 있다. 그리고 『이진총방』에는 선전관이 명을 받아 군진을 운영하고 있다. 선전관은 능행시 국왕의 명령을

---

40) 『승정원일기』 숙종 2년, 8월 26일(병자).
41) 『승정원일기』 영조 7년, 6월 11일(임진).
42) 『승정원일기』 영조 15년, 5월 28일(계유).
43) 『승정원일기』 영조 4년, 4월 19일(기해).
44) 『영조실록』 영조 48년, 10월 14일(을해).
45) 노영구, 「五衛 陣法의 복원과 『肄陣總方』」, 『문헌과 해석』 13, 2000.

받아 시위군의 움직임을 조정하던 직책이다. 『이진총방』에는 국왕이 선전관을 통해 기치를 세우고 신호를 보내며 현무진 등의 진법을 펼치고 있다.[46] 따라서 이 책은 국왕이 능행시 직접 시위진법을 운영하였으며, 시위군의 기거동작을 모두 파악하였음을 단적으로 보여주는 자료이다.

이상의 시위진법들은 오군영을 중심으로 능행의 시위군이 수시로 이용하던 것이다. 그러므로 오군영의 장병들은 평소에 다양한 진법을 습득하는 것은 물론 능행시 내려지는 명령에 일사불란하게 움직여야 했다. 그런데 능행시 수많은 시위군병이 다양한 진법을 동시에 펼친다는 것이 쉽지 않다. 평소의 훈련도 중요하겠지만, 다양한 진법을 정확히 인지한다는 것은 어려운 일이다. 이런 이유인지는 몰라도 능행시 대가를 중심으로 전후좌우의 군병은 정해진 군영에서 지속적으로 담당하는 것이 관행이었다.[47]

능행시 시위군에서 대가의 앞을 담당하는 전상군前廂軍(가전군駕前軍)은 훈련도감군, 후상군後廂軍(가후군駕後軍)은 어영청과 금위영군이 담당하는 것이 관례였다. 행행시 병조에서는 시위군병의 분담을 위해 능행 대열의 위치에 따라 군병을 배치해서 국왕의 재가를 받았다. 이때 대부분 전례에 따라 시위군의 배치가 이루어졌다.[48] 그러므로 시위군이 시위진법을 습득하는 것이 보다 단순하고 전문적이었음을 알 수 있다.

2) 능행로와 행궁行宮의 정비

국왕의 능행에 앞서서 준비되는 것이 능행로輦路의 정비였으며, 능행 이전에 『도로마련등록道路磨鍊謄錄』이 작성되었다. 국왕의 능행은 반드시

---

46) 『肄陣總方』 규장각, 규9950.(장서각, K3-306, K3-294)
47) 『승정원일기』 영조 12년, 2월 3일(정묘).
48) 『御營廳擧動謄錄』 권1~58; 『禁衛營擧動謄錄』 권1~5.

길을 깨끗이 청소한 후에 군병들이 대열을 이루어 나가야했기 때문이다.[49] 국왕의 능행은 기마와 가마, 도보 등 3개의 이동 방법을 선택해서 이동하며, 그 중에서 국왕이 탑승한 가마의 이동 속도에 따라 움직이는 것이 일반적이었다. 그런데 능행은 우천시에도 거행되는 경우가 있어서 능행로를 정비한다고 해도 비가 내리는 와중에 의장과 무기를 갖추어 대열을 맞추어 나가는 것은 용이한 일이 아니었다.[50]

더욱이 예상치 못한 날씨 변화로 비가 세차게 내리거나 도로의 사정이 좋지 않은 상태에서는 이동속도를 빨리하는 경우가 있다. 더욱이 국왕이 말을 탄 상황에서라면 말을 탄 사람들 외의 시위 군사나 배종 관원들은 빠른 행렬의 이동 속도에 맞추다가 넘어지고 의장 배열이 흐트러지기도 하였다. 1669년 현종이 자전 및 중전과 함께 온양 온천에 행행할 때 과천에서 진위로 가는 도중에 위와 같은 상황을 맞았다. 당시 승지를 비롯한 국왕의 측근에서 속도를 줄이고 행행 대열을 정비하길 요청하기도 했지만 비를 피하기 위해 멈추지 않았다.[51]

그러므로 능행로의 정비가 완비되었다고 해서 능행의 거행에 차질이 없다고는 할 수 없다. 다만 능행을 준비하는 과정에서 능행로의 정비에 대해서는 언제나 언급되는 부분이기 때문에 그 중요성이 크다. 왜냐하면 능행로는 백성의 생업 터전인 농경지와 가옥을 거쳐 가는 경우가 많았기 때문에 민원을 야기할 소지가 충분하였다. 따라서 농경지의 훼손을 막기 위해 도로가 협소한 곳은 행행 대열의 진법을 원앙대鴛鴦隊로 바꾸면서까지 나갔다.[52]

그런데 백성들이 국왕의 능행로 조성으로 입는 피해에 대해 적극적으

---

49) 『승정원일기』 숙종 33년, 8월 10일(기축).
50) 『승정원일기』 숙종 16년, 3월 11일(임자).
51) 『현종실록』 현종 10년, 3월 16일(기유).
52) 『승정원일기』 영조 7년, 8월 4일(갑오).

로 불만을 나타내지는 않았다. 오히려 능행을 거행하는 마음을 이해하려 했으며, 이런 백성들의 태도에 세금의 면세로 구휼救恤을 내리는 쌍방향적 접촉이 있었기 때문에 능행로는 언제나 민원의 재기 없이 무사히 완성되었다.[53] 더욱이 대가가 야간에 회란回鑾할 때에는 횃불이 필요했다. 도성에서 10리 외에는 지방관을 불러 횃불을 마련하게 했는데, 대부분 경기감영에서 담당하였다.[54] 이때의 횃불은 해당 지역민이 자비로 부담하였다.[55] 횃불이 아닌 법유法油를 이용한 등롱을 이용하기도 했다. 횃불은 연기가 발생하기 때문에 등롱을 이용했는데, 한번에 5,200개를 사용하였다.[56]

능행로의 정비는 도성내외를 막론하고 이루어졌지만 도성 밖의 도로와 교량을 수치修治하는 것이 주를 이루었다. 도성내는 종묘와 사직, 문묘, 사묘私廟 등의 행행이 자주 거행되어서 능행로의 정비를 대규모로 할 정도로 도로 상황이 나쁘지 않았기 때문이다.

반면 도성을 벗어나는 능행과 원행은 30리를 벗어나는 경우가 많아서 농경지와 산림, 하천을 지나는 것은 당연한 수순이었다. 예컨대 살곶이箭串을 지나 영릉寧陵으로 가는 행행로는 170여리로 모두 민전民田을 훼손해야 지나갈 수 있었다.[57]

다음의 〈표 Ⅳ-1〉에서 보듯이 역대 국왕의 능침이 도성을 벗어나 주로 경기도의 좌우에 산재해 있어서 능행의 노정路程이 보통 30리인 1식息 이상이었음을 알 수 있다.

---

[53] 『승정원일기』 숙종 17년, 9월 13일(갑자).
[54] 『승정원일기』 숙종 18년, 8월 5일(신묘).
兪健基, 以兵曹言啓曰, 在前陵幸時, 行路植炬, 十里內則工曹繕工監次知擧行, 十里外則京畿監營次知擧行, 而戊申年靖陵行幸時, 以此啓稟, 則只以江此邊待令, 而京畿則自前亦不植炬, 勿爲分付事, 命下矣, 今亦依此擧行乎? 敢稟. 傳曰, 已下敎矣.
[55] 『승정원일기』 영조 6년, 2월 27일(병인).
[56] 『승정원일기』 영조 7년, 7월 18일(기묘).
[57] 『승정원일기』 영조 4년, 8월 7일(을유).

〈표 Ⅳ-1〉 陵寢의 위치와 도성간 거리(里)[58]

	건원릉	후릉	헌릉	영릉	현릉	장릉	광릉	창릉	선릉	정릉	효릉	강릉	목릉	장릉	영릉	숭릉	명릉	의릉	원릉	건릉	인릉	경릉
위치	양주	豊德	광주	여주	양주	영월	양주	고양	광주	양주	고양	양주	양주	交河	여주	양주	고양	東部	양주	화성	광주	양주
거리	31	160	40	160	31	400	80	30	30	30	30	20	31	90	160	31	36	20	31	90	40	30

위의 〈표 Ⅳ-1〉에서 한강 이남의 헌릉과 선릉·정릉·건릉을 제외하면 모든 능침이 도성을 중심으로 양주와 광주에 집중되어 있다. 그리고 양주와 광주에서도 능침들이 경기 동북부의 동구릉과 서북부의 서오릉에 위치하고 있음을 알 수 있다. 또한 명종의 강릉을 제외하고 모든 능침이 30리 이상으로 하루를 모두 소비하거나 그 이상이어야만 능행할 수 있는 거리에 위치하고 있다.

일반적으로 도성을 벗어난 능행은 무장을 한 군대 행렬로서 하루에 1사舍(30리)를 가는 것으로 정해져 있었다.[59] 그런데 도성을 벗어난 능행로는 협소하였다. 정부에서 이용하던 관로官路조차 협소한 상황에서 능행로의 정비는 당연한 행행의 순서였다.[60] 그리고 도로를 정비하는 것도 쉬운 일이 아니었다. 그러므로 좁은 길을 넓히는 것에서부터 구덩이를 메우고 길의 흔적이 없어진 곳을 새롭게 만드는 것은 모두 능행 지역민이 담당할 일이었다.[61]

능행로의 정비에 동원된 백성들은 인근 30리 이내의 거주민이었다.[62] 그리고 능행로의 정비는 국왕의 가마가 지나가는 넓이를 감안하여 정해졌

---

58) 『西道陵園墓程途』(K2-2333)와 『御營廳擧動膽錄』, 『陵園墓解說』(K2-4421)을 정리하였다.
59) 『승정원일기』 숙종 14년, 2월 13일(병진).
   大臣備局堂上引見入侍時, 領議政南九萬所啓, 隨駕及留都兵, 尙未定奪, 故敢達矣, 古者人君, 吉行五十里, 師行三十里, 蓋以人衆旣多, 勢難疾行故也.
60) 『승정원일기』 영조 4년, 8월 3일(신사).
61) 『승정원일기』 영조 4년, 8월 7일(을유).
62) 『승정원일기』 영조 7년, 7월 16일(정축).

다. 교외郊外와 성내城內의 도로가 다르기는 했지만 가마가 지나는 넓이를 기준으로 능행로를 정비하였다.63) 능행로는 국왕의 가마와 행렬이 지나갈 수 있어야 했으므로 좌우 30보의 넓이를 만들어야 했다.64)

능행로의 정비와 관리는 지역 수령들이 담당하였다. 그런데 능행로가 수령들의 관리 소홀로 인해 능행의 여정이 예상보다 원거리가 되면 책임을 물었다. 예를 들어 역참의 배정의 간격이 길거나, 평지와 지름길을 돌아가서 야밤에 능행이 마치게 되는 경우 해당지역의 도신과 수령이 처벌되었다.65)

이렇게 정해진 능행로는 역대의 국왕들이 큰 변화 없이 반복해서 이용하였다.66) 그러므로 도성내의 대로大路를 제외하면 도성을 벗어나는 능행이든, 원행이든 특별히 능행로가 매번 별도로 정해지지는 않았다. 능행이 국왕별로 반복되어 진행되기는 하였지만 매일, 혹은 매달 동일한 경로로 이어지지는 않았기 때문에 평소에는 능행로를 정비하거나 통제할 이유가 없었다. 그래서 매번 지나가는 도로이지만 능행이 없는 경우에는 농경지로 이용되는 경우가 있었다.

이것은 이미 언급했듯이 민인들이 능행로의 정비로 인한 농경지와 가옥의 파손에 대해 민원을 직접 제기하지 않은 이유이기도 할 것이다. 매번 국왕이 능행이나 원행에 나서지 않는 상황에서 능행에 이용했던 도로는 민인들이 마음대로 농경지로 활용했기 때문이다.67) 1693년(숙종 19) 숙종의

---

63) 『승정원일기』 영조 4년, 8월 7일(을유).
64) 『御營廳擧動謄錄』 권1, 을미(1655) 9월 22일.
65) 『정조실록』 정조 21년, 8월 17일(계축).
66) 『승정원일기』 영조 9년, 8월 4일(임자).
67) 『승정원일기』 영조 9년, 8월 11일(기미).
傳曰, 自夫古昔道路田疇, 各有界限, 況有國則有園陵, 有園陵則有謁禮, 近年以來, 人心不古, 倖路大開, 東西大道, 亦皆犯耕, 曾以此申飭, 而昨日以黔巖晝停所事, 亦有下敎, 則三田渡路, 於古於今, 俱無駕幸, 則犯道起耕, 豈日異也, 而廣津路則驪州行幸, 纔過四年, 則晝停之處, 盡爲起耕云. 甘棠之詩, 古賢所致, 予雖凉德, 爲今東民數年前駐御之處, 任自起耕, 少無嚴畏之心,

후릉厚陵 능행에서는 능행로에 위치한 농경지의 농작물을 수확한 후에 도로를 정비하였다.[68] 그리고 영조의 경우 숙빈묘에 자주 행행했음에도 행행로를 특별히 정비하지 않아서 평소에는 논밭이 자리 잡고 있었다. 1739년 가을, 숙빈묘 행행에 나설 때, 행행로를 정비하다가 농사를 해칠 수 있다고 해서 산 옆의 밭이 없는 곳으로 길을 내어 가기도 했다.[69]

한편 조선후기 국왕들이 도성을 벗어나 사용하였던 대표적인 능행로를 보면 능행에 이용하였던 도로의 위치를 파악할 수 있다. 국왕별 능행로를 정리하면 다음과 같다.

■ 건원릉健元陵 능행로[70]

돈녕부 앞길 → 把子廛 石橋 → 宗廟洞口 앞길 → 板前屛門 앞길 → 蓮池洞口 石橋 → 於義洞口 앞길 → 東橋 → 홍인문 → 陽山守石橋 → 동관왕묘 뒷길 → 普濟院 앞길 → 僧房川 → 齊基峴 → 鍾巖 앞길 → 沙阿里 → 大院川 → 冷川 → 雨裝峴 → 禿山隅 → 懿陵洞口 앞길 → 小松溪 → 大松溪 → 廟洞 → 주정소 → 新防築川 → 泰陵火巢外 → 沙古介 앞길 → 忘憂里峴 → 礪石峴 → 茵匠里 → 罗古介 → 禿音三巨里 → 陵洞口 → 陵所

■ 명릉明陵 능행로[71]

興化門 → 夜畫古介 → 屛門 앞길 → 三間屛門石橋 → 景福宮洞口 앞길 → 惠政橋 → 雲從街 → 鍾樓 앞길 → 大廣通石橋 → 小廣通石橋 → 銅峴屛

紀綱所在, 極爲寒心, 前後道臣推考, 地方官竝從重推考, 纔經荐飢, 生民未蘇, 民雖無狀, 穀何辜焉, 刈未熟之禾, 予所不忍, 亦非體聖祖重農恤元之意, 陵幸吉日, 更以開月旬間推擇以入事, 分付該曹道臣, 亦體此意, 申飭地方官, 治道等事, 必於臨時, 亦勿廣治, 書畢讀之.

68) 『승정원일기』 숙종 19년, 8월 6일(정축).
69) 『영조실록』 영조 15년, 8월 10일(갑신).
70) 『御營廳擧動謄錄』 권22, 정묘(1807) 2월 8일, 「병조절목」.
71) 『御營廳擧動謄錄』 권41, 신축(1841) 8월 2일, 「병조관문」.

門 앞길 → 松峴 → 水閣石橋 → 崇禮門 → 才人巖 앞길 → 盖井洞石橋 → 新石橋 → 京營庫 앞길 → 出馬石橋 → 迎恩門 → 追慕峴 → 弘濟院 앞길 → 弘濟院石橋 → 大碌磻峴 → 小碌磻峴 → 梁鐵坪 → 延曙館基 → 磚石峴 → 黔巖 앞길 → 新石橋 → 新站 → 碑閣所 → 晝停所 → 新作峴 → 新村里 → 龍峴 → 昌陵洞口 앞길 → 敬陵洞口 앞길 → 順懷墓洞口 앞길 → 翼陵洞口 앞길 → 陵所

■ 원릉元陵 능행로[72]

돈녕부 앞길 → 把子廛 石橋 → 宗廟洞口 앞길 → 板前屛門 앞길 → 蓮池洞口 石橋 → 於義洞口 앞길 → 東橋 → 흥인문 → 陽山守石橋 → 동관왕묘 뒷길 → 普濟院 앞길 → 僧房川 → 齊基峴 → 鍾巖 앞길 → 沙阿里 → 大院川 → 冷川 → 雨裝峴 → 禿山隅 → 懿陵洞口 앞길 → 小松溪 → 大松溪 → 廟洞 → 주정소 → 新防築川 → 泰陵火巢外 → 沙古介 앞길 → 忘憂里峴 → 礪石峴 → 茵匠里 → 벌古介 → 禿音三巨里 → 陵洞口 → 陵所

■ 건릉健陵 능행로[73]

돈화문 → 把子廛 石橋 → 通雲石橋 → 鍾樓 앞길 → 大廣通石橋 → 小廣通石橋 → 銅峴屛門 앞길 → 松峴 → 水閣石橋 → 崇禮門 → 桃楮洞 앞길 → 靑坡橋石隅 → 栗園峴 → 羅業山 앞길 → 蔓川 → 舟橋 → 北紅箭門 → 中紅箭門 → 南紅箭門 → 鷺梁 → 行宮 → 龍驤鳳翥亭 → 長安峴 → 長生峴 → 蕃大坊坪 → 文星洞 앞길 → 始興行宮 → 始興堂 → 晝停所 → 華城行宮 → 鍾街 → 八達門 → 梅橋 → 上柳川 → 下柳川 → 皇橋 → 甕峯 → 大皇橋 → 迨瞻峴 → 安寧里 → 迨覯橋 → 萬年堤 → 陵所 洞口

---

72) 『御營廳擧動謄錄』 권26, 무인(1818) 2월 8일, 「병조관문」.
73) 『御營廳擧動謄錄』 권28, 신사(1821) 2월 1일, 「병조관문」.

■ 의릉懿陵 능행로[74]

1727년 1월 12일

돈녕부 앞길 → 把子廛 石橋 石橋 → 宗廟洞口 앞길 → 板前屛門 앞길 → 二石橋 → 初石橋 → 홍인문 → 陽山守石橋 → 동관왕묘 뒷길 → 普濟院 앞길 → 僧房川 → 齊基峴 → 鼓岩 앞길 → 沙阿里 → 大院川 → 冷川 → 石串之峴 → 禿山隅 → 陵洞 입구

■ 강릉康陵 능행로[75]

돈화문 → 把子廛 石橋 → 宗廟洞口 앞길 → 二石橋一初石橋 → 興仁門 → 陽山水口橋 → 東關王廟 뒷길 → 普濟院 앞길 → 齊基峴 뒷길 → 鼓巖 앞길 → 沙河里 앞길 → 內乫串之浮石東北邊 晝停所 → 乫串之峴 → 外乫串之 → 大松溪石橋 → 小松溪造橋 → 廟洞 앞길 → 泰陵洞口路 幕次 → 康陵洞口路 幕次

■ 장릉章陵 능행로[76]

興化門 → 夜晝古介 → 三間屛門石橋 → 惠政石橋 → 鍾樓 앞길 → 大廣通橋 → 小廣通橋 → 松峴 → 水閣石橋 → 崇禮門 → 蓮池邊 南關王廟 삼거리 앞길 → 靑坡石橋 → 乫隅 → 栗東山 → 羅業山 → 蔓川 → 露梁津 → 回農洞 後峴 → 古瓦幕里 → 高山峴 → 俗亭子 → 麻浦 → 方下串之 → 鞍峴 → 孤山 → 晝停所 → 鐵串之浦 → 馬乙池 → 眞木停 → 外加乙巨里 → 內加乙巨里 → 南山驛 → 陽川縣 → 舍浦 앞길 → 開苑山隅 大晝停所 → 握浦 → 天登 → 折斤石橋 → 吾洞峴 → 陵所

---

74) 『御營廳擧動謄錄』 권3, 정미(1727) 1월 28일, 「병조절목」.
75) 『御營廳擧動謄錄』 권1, 정묘(1687) 8월 17일, 「병조절목」.
76) 『御營廳擧動謄錄』 권2, 신미(1691) 8월 15일, 「병조절목」.

■ 선릉宣陵 능행로[77]

돈화문 → 把子前石橋 → 鐵物前石橋 → 鍾樓前路 → 大廣通橋 → 小廣通橋 → 松峴前路 → 水閣石橋 → 숭례문 → 蓮池邊前路 → 南關王廟三巨里前路 → 靑坡造橋乫隅前路 → 栗園山前路 → 羅業山前路 → 蔓草川瓦署後路 → 屯地里前路 → 西氷庫津頭 → 蠶室前路 → 南河里晝停 → 鴨鷗亭前路 → 靖陵火巢外前路 → 月峴 → 宣陵洞口前路 → 靖陵紅箭 → 宣陵幕次

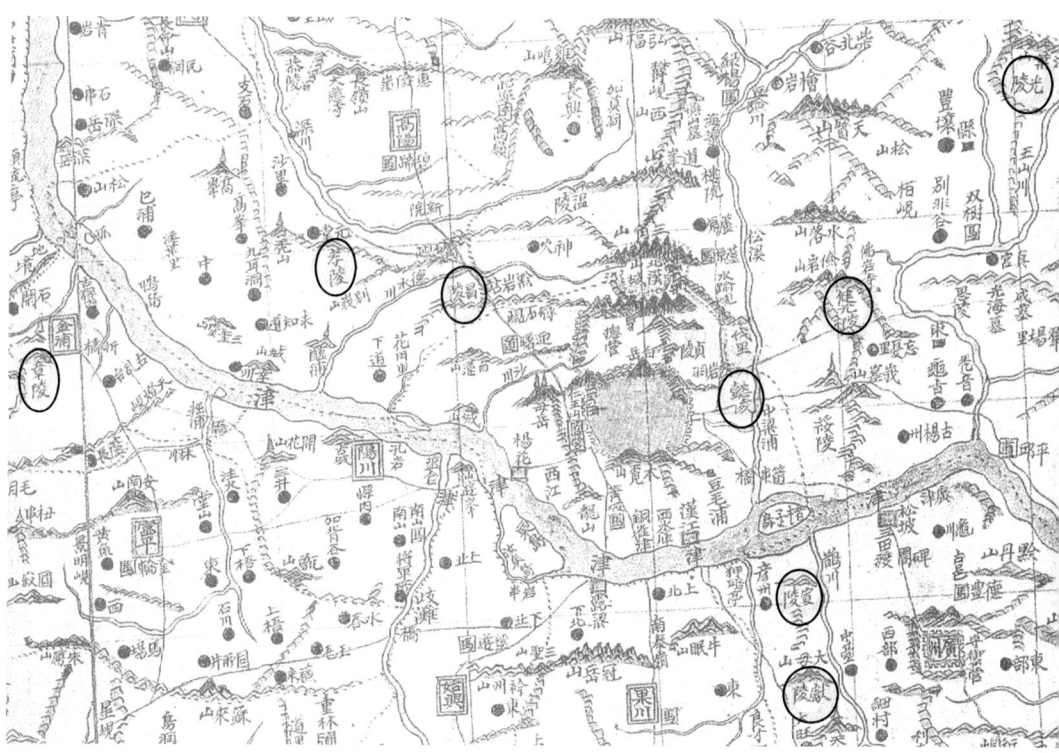

陵寢과 陵幸路[78]

---

77) 『御營廳擧動謄錄』 권2, 임신(1692) 8월 19일, 「병조절목」.
78) 허영환, 『定都 600년 서울지도』, 범우사, 1994, 26쪽.

위와 같은 능행로는 능행에 앞서 국왕에게 문서로 작성하여 보고되었다. 국왕에게 보고되던 능행로 보고문서에는 도로와 교량의 상황 및 정비, 행행 도중에 쉬는 주정소의 위치와 정비, 농경지 문제 등 능행로에 관련된 모든 것이 상세하게 작성되었다.[79] 그리고 능행을 앞두고는 관원을 해당 지역에 암행暗行시켜 횃불 설치와 능행로 정비 과정에서 발생되는 민폐를 살피도록 하였다.[80]

따라서 중앙과 지방에서 동시에 관리하던 능행로는 한번 정비한 전례가 있으면 그것을 후대 국왕대에도 다시 재확인하면 쉽게 이용할 수 있었다. 그런데 국왕별로 능행로는 큰 변화 없이 지속적으로 이용되었지만 일부분은 부득이한 일로 변경되는 경우도 있었다. 장마나 천재지변으로 매번 재력을 소모해가면서 능행로를 정비해야 하는 경우에는 변경하기도 했다. 숙종은 능행로의 정비를 마친 후에도 건조하면 먼지가 날것이며, 비가 내리면 진흙탕이 될 것이므로 굳이 도로 수치修治를 할 필요가 없다고 하였다.[81]

그리고 1781년(정조 5) 정조의 명릉 능행에서는 고양 경내境內의 충파소衝把所를 보축補築하는데, 그 역사役事가 매우 커서 번번이 저치미 100여 석을 사용하였지만 장마를 거치면 번번이 모두 무너져 버려서 결국 창릉昌陵의 화소火巢 안쪽의 길로 능행로를 변경하였다.[82] 이처럼 전체적인 능행로가 변경되지 않고 일부분만 바뀌고 있다. 그리고 능행을 거행하면서도 능행로의 정비는 지속되었다. 선전관이 앞서서 나갈 지역을 척후斥候한 후

---

79) 『승정원일기』 영조 12년, 2월 4일(무진).
80) 『영조실록』 영조 46년, 8월 29일(임인).
81) 『승정원일기』 숙종 20년, 8월 13일(무신).
    尹趾善啓曰, 孝宗朝陵幸時, 以道路修治之後, 旱則起塵, 雨則泥濘, 勿爲修治爲敎矣, 今此恭陵行幸之路, 本來平坦且廣, 險惡處外, 勿爲修治事, 分付, 可也.
82) 『정조실록』 정조 5년, 8월 13일(계미).

에 가마와 기병이 지날 수 있을 정도로 해당 지역의 도로를 흙으로 메워서 넓혀 지나갔다.[83]

그럼에도 불구하고 능행로의 정비는 수월하지도 않았으며 제대로 이루어지지 않아서 다리가 붕괴되기까지 했다. 1745년(영조 21) 영조의 장릉長陵 능행에서 심천교深川橋가 대부분 훼손되어 건널 수 없었다. 능행을 거행하기 이전에 해당 수령에게 능행로의 정비를 명령했음에도 제대로 복구되지 않은 결과였다. 이에 해당 수령들을 처벌하고 다리에 흙과 모래를 부어 임시로 복구하여 건널 수 있었다.[84]

그런데 이런 현상은 영조 이후에도 지속적으로 일어났다. 1789년(정조 13) 정조가 영릉永陵을 전알하기 위해 신원천新院川에 이르렀을 때 훈련도감 선상군先廂軍이 다리를 절반도 건너기 전에 다리가 무너졌다. 다행히 하천이 넓거나 깊지 않아서 인명을 잃지는 않았다. 이때 무너진 신원천의 다리는 1766년(영조 42) 영조가 교하交河의 고령古嶺에 행행할 때에도 무너진 전력이 있었다. 정조는 작년 가을에 능행로의 선창 일로 하여 도신과 수령을 귀양 보냈던 일이 있었다면서 이번에는 불문에 부치라고 하였다.[85]

이 사건들에서 공통적으로 알 수 있는 것은 도로를 연결하는 교량의 관리가 부실한 것과 동시에 지속적인 통행을 유지하기 위한 기구가 없었음을 알 수 있다. 사고가 발생하기 전에는 상태를 전혀 알 수 없었던 것은 물론이었으며, 국왕의 능행이라는 국가적 행사가 진행되어서야 그 문제가 노출되었다는 점이다.

한편 한강을 건너 선릉宣陵, 영릉英陵에 가는 경우에는 능행로의 변경

---

83) 『승정원일기』 영조 8년, 1월 18일(병자).
84) 『승정원일기』 영조 21년, 8월 19일(무오).
85) 『정조실록』 정조 13년, 2월 11일(무술).

이 수시로 일어났다. 강물이 불어서 도로가 잠기거나 유실되어 선착장의 위치가 변경되었기 때문이다. 이에 전례에 따라 강을 건넜던 곳을 지정하여 선착장으로 삼으려고 해도 해당 지역이 백성들의 농경지로 변해 사용하지 못하기도 했다. 그리고 영릉英陵처럼 원거리에 위치한 능침은 자주 행행하지 않아서 선착장은 물론 능행로조차 농경지로 사용하였다. 1733년(영조 9) 영조가 영릉英陵에 능행하려고 할 때 광진나루를 선착장으로 사용하려고 했으나 능행로를 사용한지 오래되어 주변이 농경지가 되었으므로 삼전도三田渡를 이용하였다.[86]

한강을 건너는 경우 이용되던 선박은 경강京江에 있던 것을 이용하기도 했지만 그 수요가 충분하지 못하면 황해, 충청, 강원 삼도 등지에서 나누어 모집해서 사용하였다.[87] 그리고 강을 도강하는 것에는 선박 이외에 부교를 이용하기도 하였다. 1693년(숙종 19) 숙종의 후릉厚陵 능행에는 임진강에 부교를 설치하였다.[88] 부교는 한강처럼 강폭이 넓지 않은 임진강에 주로 설치되었다. 물론 정조의 화성 원행에서 부교와 유사한 주교를 놓는 경우도 있지만 당시의 주교는 부교와 같이 임시적인 다리가 아니라 원행기간 내에 계속 사용되었다.

그런데 부교는 배를 이용하여 강을 건너는 것보다도 물력이 적게 들었다. 배를 이용하기 위해서는 가마와 말, 의장물들을 운반하고 정리하기 위한 선창의 설치가 필요하였다. 선창은 몇 백 척의 선박이 많이 동원될 뿐만 아니라 민력과 물력이 많이 소모되었다. 또한 선창에서 대가와 시위군이 떠날 때는 각 선박에서 응포應砲에 맞추어 출발하였으므로 그 진행과정이 부교를 이용할 때보다 복잡하였다.[89] 이에 반해 부교는 선박이 많이

---

86) 『승정원일기』 영조 9년, 8월 16일(갑자).
87) 『승정원일기』 숙종 18년, 8월 23일(병자).
88) 『승정원일기』 숙종 19년, 8월 3일(갑술).
89) 『御營廳擧動謄錄』 권3, 무신(1728) 8월 27일, 「병조절목」.

정조의 화성원행시 사용한 부교[90]

동원되지도 않아서 대박大舶 10여 척이면 놓을 수 있었다. 또한 부교는 선박을 연결하여 널빤지板木만 얹으면 되었으므로 백성을 동원하고 물력을 소모하는 것이 상대적으로 적었다.[91] 반면 부교가 설치되면 선박이 통행하지 못하는 가장 큰 난점이 있었다. 따라서 어느 것이 더 좋다고 판단하기에는 한계가 있다.

한편 도성을 벗어난 행행에서 가장 긴 행행로를 정비하는 것이 온행의 온행로였다. 온행은 부정기적인 행행이면서 가장 많은 인력과 물력이 소모되는 행사였다. 조선후기 국왕들이 주로 온행한 지역은 온양이었으며, 온행에 임했던 국왕은 현종, 숙종, 영조 등이 있으며 가장 오랜 기간 온양으

---

90) 『원행을묘정리의궤』, 주교도, 장서각, K2-2897.
91) 『승정원일기』 영조 9년, 8월 19일(정묘).

로 온행한 국왕은 현종이었다. 현종의 재위기간 거행하였던 온행을 보면 온행로의 정비와 행궁의 설치까지 모두 파악할 수 있다.

현종의 온행은 병조의 노정기路程記상으로 과천果川·수원水原·진위振威·직산稷山·천안天安 등의 다섯 곳의 행재소行在所를 거친 후 온양에 도착하는 여정이었다.[92] 온양까지의 행행 여정은 도성→과천→사근내沙斤乃 주정소晝停所→수원→진위振威 주정소晝停所→직산→직산·천안 주정소晝停所→온양 등으로 나타난다. 숙소와 주정소는 국왕에 따라 바뀌는 경우도 있지만, 온행로와 마찬가지로 한번 정해지면 거의 대부분 그대로 진행되고 있다.

온행의 하루 이동 거리는 50리 정도였다. 길행吉行은 하루에 50리, 사행師行은 30리가 기준이었기 때문이다.[93] 한강을 도하하고 5개의 고을을 거치는 시간은 최소 3일 이상이 소요된다. 또한 지형과 구로舊路의 변화에 따라 조정되기도 했다. 예를 들어 현종대는 노량진가의 모래사장은 모래가 깊어 말굽이 빠지기 때문에 말이 지나가기가 어렵다고 해서 용산의 큰길로부터 와서瓦署를 거쳐 서빙고로 이동하였다.[94] 이에 따라 1665년(현종 5)에서 1668년까지 4년 동안은 서빙고에서 강을 건넌 뒤에 양재역과 왜분현倭墳峴을 경유하였다.

어가가 한강에 이르면 강을 건너야 하는 대 역사가 기다린다. 정조대 행행 기록인『원행을묘의궤』에는 한강을 도하하는 방법으로 배다리가 이용되고 있는데, 현전하는 당시의 그림을 보더라도 주교의 제작은 비용과 인원의 동원에서 결코 쉬운 일이 아니었다. 더욱이 국왕 개인의 신병 치료를 위해 가는 원행에서 주교를 설치한다는 것은 대간에게 지적당하기 쉬운

---

[92] 『승정원일기』숙종 43년, 2월 29일(갑인).
[93] 『온행등록』정유 2월 28일.
　　(전략)盖吉行日五十里步行三十里, 古之制也, 五十里三十里之間, 無可止宿, 則不得不前進.
[94] 『현종개수실록』현종 6년, 4월 15일(신미).

부분이었다. 따라서 현종대 도강 방법은 선창船艙을 축조하지 않고 수행 인원이 각각 승선해서 건너는 형태였다. 다만 어가御駕가 한강을 건널 때는 4척의 배를 묶어서 그 위에 판자를 깔고 이용하였다.[95]

대가가 배에 오를 때에는 승선포乘船砲 세 발을 쏘고 배를 띄울 때에는 거정포擧碇砲 세 발을 쏘며 건너편에 도착하였을 때에는 하정포下碇砲 세 발을 쏘고 대가가 배에서 내릴 때에는 하선포下船砲 세 발을 쏘는 등의 순서로 강을 건넜다.[96] 국왕의 가마가 배로 이동할 때는 특별히 선창을 만드는 경우도 있지만 작은 배들을 이어서 임시 길을 만들기도 했다.[97] 즉 작은 배를 연결하여 길을 만들어 어가선御駕船에 닿도록 하였다.[98]

그런데 온행에 참여하는 수천 명의 인원이 일시에 강을 건너는 것은 쉽지 않았다. 따라서 온천에 행행하기 전날 저녁에 미리 각 사司의 하인은 승선시키고[99] 군병은 당일 호포號砲를 신호[100]로 배에 타게 하여 혼잡을 방지했다. 그 중에서 상사上司의 하인들이 마음대로 다투어 먼저 건너려 하거나 명령을 어긴 자가 있으면 상사의 하인을 물론하고 현장에서 무겁게 곤장을 때리기까지 했다.[101] 또한 온행 당일에도 수가隨駕 군병이 일시에 건너면 혼잡하게 되어 금군은 먼저 강을 건너게 하고 마병은 어가가 서빙고의 선소船所에 도착한 뒤에 대가 앞에 건너게 하였다.[102]

당시 여정상의 하루 이동 속도와 거리의 정확한 수치를 환산할 수는

---

95) 『승정원일기』 현종 10년 3월 9일(임인).
　　金澄, 以工曹言啓曰, 今此溫泉擧動西氷庫過涉時, 御駕假修粧, 一依丁未年例, 結船四隻排木鋪板上, 設把子之意, 敢啓. 傳曰, 知道.
96) 『비변사등록』 숙종 43년, 2월 10일.
97) 『숙종실록』 숙종 43, 2월 10일(을미).
98) 『비변사등록』 숙종 43년, 2월 10일.
99) 『승정원일기』 현종 9년 8월 14일(경진).
100) 『승정원일기』 현종 10년, 4월 18일(경진).
101) 『비변사등록』 현종 9년, 8월 14일.
102) 『비변사등록』 숙종 43년, 2월 29일.

없지만, 1717년(숙종 43) 온행에 의거해 보면, 진시辰時에 어가가 천안天安을 떠나 오시午時에 온천의 행궁行宮에 이른다는 기사를 바탕으로 천안에서 온양까지의 이동시간을 대략 4시간 전후로 파악할 수 있다.[103] 그리고 직산에서 모산을 거쳐 온양 행궁에 이르자면 60리 길이고 직산에서 천안을 거쳐 행궁에 이르는 데에도 역시 60여 리였다. 다만 천안 길은 매우 평탄하고 모산 길은 꽤 굴곡이 있어 피차 원근은 비슷하나 도로의 험하고 평탄함에 차이가 있었다. 모산을 거치게 되면 주정참晝停站을 별도로 설치하게 되어 민력이 소모되었다. 현종은 이러한 폐단을 방지하기 위해 온양에서 모산을 거쳐 직산에는 들리지 않고 곧장 소사所沙로 향하여 이내 진위에 당도하였는데 그 노정을 따져보면 90리이고 중간에 두 곳의 주정참을 설치할 뿐이었다. 그런데 주정참의 배설은 국왕의 체후를 염려하여 1일 1참站의 기준으로 정해졌다. 또한 하루에 두 번 주정晝停을 하면 길이 너무 멀어 회피하였다. 그리고 되도록 큰길로 행차하여 교통의 원활함은 물론이고 비를 만나더라도 편하게 갈 수 있게 결정하였다.

위와 같은 온행로의 사전 조사는 정리사整理使에 의해 준비되었다.[104] 정리사는 온행로의 넓이도 조사했는데, 1파把 반 이상으로 정했다. 왜냐하면 가교駕轎로 행차하면 좌우의 배종陪從과 호종扈從이 각각 세 줄이므로 열列을 지을 공간을 위해 길을 조성해야 했다. 만약 도로의 사정에 대해 미리 보고하지 않으면 해당 지방관을 문책하였다.[105] 그리고 새 길을 닦을 때 무덤이나 전답이 있더라도 필요한 부분은 수치修治하여 사용하였다. 무덤의 경우 양반과 노비의 구분 없이 도로 수치에 방해가 되면 그대로 수용하였다. 숙종의 정유년 온행 때 사근천沙斤川 주정소 근처에 있던 양반과

---

[103] 『숙종실록』 숙종 43년, 3월 8일(계해).
[104] 『비변사등록』 숙종 43년, 2월 12일.
[105] 『비변사등록』 숙종 14년, 2월 24일.

노비의 묘 10여 기가 100보 이내에 들어온다고 하여 이장하게 하였다.[106] 물론 이장 등의 비용은 회란回鑾 후에 지방 감사가 도로 수용분을 조사하여 보상하게 하였다.[107]

온행에 이용되는 교통수단은 연輦과 같은 가마도 있지만 말이 많이 이용되었다. 1717년 숙종의 온행에는 내구마內廐馬와 외구마外廐馬가 거의 200필에 달했다.[108] 온양에는 이들 말의 마구馬廐를 만들고 마판馬板을 깔아야 했는데, 위에서 언급한 것처럼 땔감의 소비분을 장만하기 어려운 상황에서 판자 감을 베어오기가 힘들었다. 그러므로 내구內廐는 모래와 흙을 섞어 단단히 다지고, 행궁 안팎의 어마구御馬廐는 파자把子를 중첩으로 펴고 위에다 공섬空石을 깔아 사용했다. 내・외구마 외에 역마도 많이 이용되었다. 온양으로 갈 때는 경기도의 역마를 입파入把하고 환궁할 때는 충청의 역마를 분정分定하였다.[109] 어가가 온천에 도착하기 전까지 수원 이남부터 어가가 경유하는 각 읍마다 유생・부로父老들이 수십 인이나 100여 인씩 곳곳에서 마주 나와 절하였으며, 온양에 이르게 되면 10리쯤 길 양쪽으로 인파의 줄이 끊이지 않고 이어졌다.[110]

온행은 행행의 일종으로 크게는 고대 중국에서부터 제도화된 순수巡狩에 포함시킬 수 있다. 국왕이 각 지방을 돌면서 민원을 듣거나 농사의 풍흉, 각 지역의 지형 등을 숙지하는, 즉 영토 내 정보 수집의 일환이 온행이라고 할 수 있다. 따라서 온행을 비롯한 행행에 임하는 국왕이나 행행로에 나온 백성들 모두 서로에게 필요한 상황이라고 판단할 수 있다. 현종과 숙종의 온행에서도 위와 같은 유형이 나타나는데, 산천제・민정 수습 등이

---

[106] 『비변사등록』 숙종 43년, 2월 24일.
[107] 『비변사등록』 숙종 43년, 2월 24일.
[108] 『비변사등록』 숙종 43년, 2월 10일.
[109] 『승정원일기』 숙종 43년 2월 16일(신축).
[110] 『현종실록』 현종 6년, 4월 21일(정축).

그것이다. 특히 백성들을 위로하고 실정을 묻기 위해 대가의 진행 속도를 늦추게까지 했다. 해당 지역의 인물에 대한 탐문과 충절·효행이 뛰어난 자들에 대한 제사와 시상도 겸했다.[111] 이 외에도 대가가 향교鄕校 앞을 지나게 되면 연輦에서 내린 뒤 알성謁聖을 하는 절차가 있다.[112]

위와 같이 행행에 따른 능행과 온행로의 정비와 함께 거론되던 것이 행궁과 주정소의 설치였다. 도성을 벗어난 능행은 시간과 거리상으로 식사와 휴식, 숙박을 위한 장소가 필요하였다. 일반적으로 도성을 벗어난 능행은 30리를 가게 되면 국왕의 옥체를 손상시키지 않기 위해 휴식이 필요하였다. 실제로 능행과 원행같이 원거리 행행을 하면 국왕만이 아니라 시위군도 육체적으로 힘들었다. 시위군이 소지한 무장과 의장의 무게와 이동거리로 인해서 길에서 넘어지거나 처지는 경우가 많았기 때문이다.[113]

특히 화성에 위치한 건릉과 현륭원에 대한 능행은 130리나 되는 길을 가는 것이었으므로 주정소와 행궁의 설치가 중요하였다. 1799년(정조 23) 8월의 현륭원 원행에서는 창덕궁에서 30리 되는 곳에 주정소, 주정소에서 20리인 과천에 행궁, 과천에서 20리인 사근평肆覲坪에 주정소, 사근평에서 20리인 화성에 행궁이 설치되었다.[114]

주정소는 도성으로 돌아오는 거리에 따라 소주정, 대주정이 설치되었으며, 어막차御幕次라고도 하여 국왕의 임시적인 거처로 주위에 수라간 등의 편의 시설을 동시에 두었다.[115] 그리고 주정소 이외에도 국왕이 임시로 거처하게 되는 능소陵所나 강가에는 장막을 설치하였다.[116] 장막의 설치는 군영의 군병 300명과 복마卜馬 80필이 동원될 정도이다.[117] 헌릉처럼 한강

---

111) 『현종개수실록』 현종 6년, 4월 15일(신미).
112) 『비변사등록』 숙종 43년, 2월 24일.
113) 『승정원일기』 숙종 24년, 8월 9일(경술).
114) 『御營廳擧動謄錄』 권17, 기미(1799) 8월 4일, 「병조절목」.
115) 『승정원일기』 숙종 24년, 8월 13일(갑인).
116) 『御營廳擧動謄錄』 권42, 임인(1842) 2월 2일, 병조.

을 건너서 가는 경우 강변이나 능소에서의 장막 설치는 당연하였다.[118]

그런데 행행에서 행궁과 주정소의 설치가 가장 큰 규모로 이루어진 것은 언제나 온행이었다. 온행은 그 기간이나 여정에서 볼 때 어떤 행행보다도 장기적이었다. 따라서 행궁과 주정소의 설치에 대한 내용도 제일 풍부하다. 그 중 온양 행궁을 기준으로 주정소와 행궁의 설치를 보면, 먼저 온양은 지세가 비좁아 대규모의 병력이 주둔하기 힘든 지리적 약점을 가지고 있었다. 온양의 지형상 다수의 군병이 행궁을 중심으로 진陣을 이루기에는 협소한 곳이다. 마군馬軍의 경우 병사와 말이 동시에 주둔할 공간이 필요하므로 민가와 전지田地의 훼손이 불가피했다. 행궁을 둘러싼 포장 주위의 형태는 진법의 기본인 방형方形 형태의 작문作門을 이루지 못했다. 장막 사이에 민가가 있어서 그곳을 공가空家로 한 뒤 호위군이 진주하는 형태였다. 주변의 넓이는 원형圓形으로 주변 600보, 방형方形이면 800보 정도였다.[119] 따라서 행궁 주변은 다수의 군병이 주둔하지 못했고, 마병은 교외에 진지를 구축해야 했다. 더욱이 온행이 없는 기간에는 건물과 도로의 보수·관리가 이루어지지 않아 황폐화 되고, 함부로 분묘가 조성되거나 수목이 크게 자라 진영을 갖추기 쉽지 않았다.

온양 행궁의 내부에는 어실御室이 있는데, 국왕과 대비 외에 자전 등의 동행에 따라 그 수가 증감되었다. 어실 외에 병 치료를 위한 탕실湯室을 두었는데, 전체적인 형태를 보면, 6칸 8작의 어실은 온천 서쪽에 있고, 온천 방은 8칸이었는데, 나머지 초사草舍를 합하면 100여 칸이었다.[120] 당시 어실御室의 세 모퉁이에 담을 두르고 담 밖에는 150여 칸이나 되는 임시 집을 지어 놓았다.[121] 현종 이후의 기록을 보면, 행궁行宮은 내정전內正殿

---

117) 『승정원일기』 영조 5년, 2월 8일(계미).
118) 『승정원일기』 영조 9년, 9월 4일(임오).
119) 『승정원일기』 현종 6년 4월 12일(무진).
120) 『현종실록』 현종 6년, 4월 21일(정축).

16칸·외정전外正殿 12칸·탕실湯室 12칸 등으로, 온천 주변이 산 지형임에도 행궁의 위엄은 갖추었다.[122]

그런데 온천 행궁은 온행 외에는 사용되는 경우가 없으므로 시간이 지나면 자연히 퇴색되어 증축의 역사役事를 야기하였다. 더욱이 온양으로 가는 여정에 속한 교량들에 대한 수리도 겸해야 했다. 이에 따라 온행이 거론될 때면, 온행으로 인한 해당 지역 주민의 동원과 역사役事에 따른 민폐를 이유로 반대 의사를 주장하는 것이 일반이었다.[123] 더욱이 온행에 참여하는 인원의 증감에 따라 수용인원을 위한 가사家舍의 증축은 물론 일반 민인民人이 집을 철거하거나 비워 주어야만 했다. 1665년(현종 6) 4월의 온행에는 충청감사가 어실 외에 150칸의 가옥을 증축하기도 했다.[124] 경과한 도로와 전답 중 손상된 곳은 환궁 후에, 거처했던 곳은 상경할 때 손실에 따라 보상하였다. 이에 대한 대책으로 선혜청宣惠廳에서 쌀과 콩을 지급해 주어 당장 호구할 수 있도록[125] 하였는데, 곡식의 지급은 등급에 따라 거행되었다.[126]

물력이 부족할 때는 담장을 설치하지 못하고 포장을 쳐서 이용했다. 지형이 낮은 곳에는 포장을 2층으로 치고 담이 있는 곳에는 홋포장을 사용했다. 포장은 훈국 등으로부터 수송하였다.[127] 행궁은 원래 장원墻垣이 있어 포장을 설치하지 않아도 무방했으나 연도의 숙소와 참站에는 관리가 소홀한 결과 혹은 지형상 포장을 해야 했다. 장원이 있어도 포장을 하는 경우도 있었는데, 직산은 어실의 동북쪽 장원 밖에 민가가 지대가 높은

---

121) 『현종개수실록』 현종 6년, 4월 15일(신미).
122) 『읍지 충청도-온양군읍지』, 아세아문화사, 1984, 371쪽.
123) 『현종실록』 현종 6년 8월 5일(무오).
124) 『현종실록』 현종 6년, 4월 15일(신미).
125) 『현종실록』 현종 6년, 4월 26일(임오).
126) 『현종실록』 현종 6년 5월 6일(신묘).
127) 『현종개수실록』 현종 6년, 4월 15일(신미).

곳에 있어 헐어버리기도 어려워 행궁이 보이지 않게 포장을 설치하였다. 소사와 사근천의 주정소에는 장전帳殿이 있고 또 내외의 작문을 설치했으므로 포성布城을 하지는 않았다.[128]

위와 같이 온궁과 주정소의 수치에 많은 물력이 소모됨에도 불구하고 온행 때마다 영건營建하는 일이 반복되었다. 이것은 온양 행궁과 각 행궁의 숙소에 대한 사후 관리에 문제가 있다는 것을 의미한다. 예를 들어 과천·진위 등 읍의 객사 중 예전에 어실로 사용하던 곳은 방의 온돌을 오래 동안 폐지하여 보수하기가 어려웠다. 다행히 아사衙舍를 새로 지어 이용할 수 있었으나 보수한 흙과 나무가 마르기 쉽지 않고, 새로 수리한 방에서는 흙냄새가 나서 어실로 사용하기에 적당하지 않았다. 연도 각 참站의 작문 안에 수라水剌를 배설排設할 가가假家와 작문 밖에는 백관이 머무를 가가도 만들어야 했다. 이러한 가가는 매년 새롭게 조성하기 어려워서 배종한 백관은 민가에서 머무르고 내의원內醫院·사옹원司饔院·옥당玉堂 등과 같이 궐내에서 입직하던 관원은 내작문內作門이 있는 아사衙舍와 향청鄕廳 등의 공해에 배정되었다.[129]

온행 때마다 수치된 온행로 상의 주정소와 숙소 중, 온양의 행궁을 제외하곤 평상시 공무에 사용할 수 있었다. 직산의 영소정靈沼亭과 천안의 화축관華祝館은 현종대에 지은 것으로 관사와 함께 모두 사객이 유숙할 수 있도록 하였다.[130] 결국 영건된 건물을 지속적으로 사용하지 않는 것만 온행 때마다 수치하게 되는데, 온궁만이 해당되었다.

이와 같이 능행로와 온행로의 정비와 함께 행궁과 주정소의 설치는 행행에서 항상 함께 거론되고 해결되어야 하는 부분이었다. 그러므로 능행은

---

[128] 『비변사등록』 숙종 43년, 2월 23일.
[129] 『비변사등록』 숙종 43년, 2월 24일.
[130] 『숙종실록』 숙종 43년, 4월 2일(병술).

국왕과 시위군의 준비 이외에 능행로의 선정과 정비만으로 이루어지는 것이 아니고 해당 지역의 지방관아와 지방민이 모두 참여해야 거행할 수 있었던 왕실행사였음을 시사해주고 있다.

2. 능행시 궁궐의 숙위체제宿衛體制와 유도군留都軍

1) 궁궐의 숙위宿衛와 수문守門

(1) 법전法典의 숙위와 수문 규정

궁궐의 숙위는 입직入直, 순행巡行, 시위侍衛 등으로 구분할 수 있다. 입직은 궁궐에 직숙直宿하는 것이며, 순행은 궁궐과 도성 내외를 순찰하는 것이며, 시위는 국왕의 행행시 그 주위를 경계하는 것을 말한다.[131] 입직, 순행, 시위는 해당 직위에 따라 그 시행 규모와 시간이 약간씩 차이를 보이지만 그 방법은 대체적으로 유사하다. 그리고 궁궐의 숙위에서 빼놓을 수 없는 부분이 수문守門이었다.

궁궐 숙위의 근간이기도 한 수문제도의 정비는 『경국대전』의 완성기인 성종대에 이루어진다. 수문을 담당하던 수문장이 처음 배정된 것은 1469년(예종 원년)으로 나타나고 있어서 예종 이전의 궁궐 수문은 재위한 왕들의 의지에 따라 별도로 정해졌다고 보는 것이 무방하겠다. 예종 때 정해진 수문장 제도는 법전에 그 규정이 정해진 이후, 한때 그 혁파가 주장되기도 하지만 조선 말기까지 그 근간을 유지하였다.

궁궐의 수문은 본래 서반西班 4품 이하가 윤번으로 담당하였는데, 수문장청守門將廳이 설치되면서 수문장(종6품) 5명, 수문장 참하(종9품) 18명을 두

---

[131] 『대전통편』 「병전」, 숙위조.

었다. 이 수문장 23명이 조선후기까지 큰 변화 없이 궁궐의 수문守門을 담당하였다.132) 임진왜란 이후 경복궁이 소실되어 창덕궁이 정궁正宮이 되면서 궁궐의 수문체제가 변화되지만, 그 형태는 법전의 내용과 큰 차이를 보이지 않는다.

조선 전기부터 법궁法宮인 경복궁의 숙위는 중앙군인 오위五衛에서 윤번으로 담당하였다. 이점은 조선 후기 법궁인 창덕궁에서도 지속된다. 오위에 대한 감독은 도총부에서 시행하였다. 도총부의 일일 근무 상황을 보면, 도총부의 입직入直은 당상관과 낭관 각 2명이 서는데, 당상은 표신標信이 내려올 때 수령하고, 낭관은 날마다 선인문宣仁門과 통화문通化門을 개폐할 때의 검사와 건양문建陽門 동쪽에 있는 번서는 군병 검사를 전담하여 거행하였다. 야간 순찰을 할 때도 건양문에서 여러 곳의 위장, 부장들이 시간을 맞추어 순찰하는 것과 각 문에 대하여 감찰한 뒤 이튿날 사고의 유무를 승정원에 보고하였다. 순찰시에 휴대하는 것이 어패御牌이다.133) 어패는 본부에 내려주는 패로 두 개인데, 하나는 당상관이 좌직坐直하는 곳에 영구히 보관하고, 하나는 신시申時에 번서는 낭관이 당상관에게 받아 가지고 야간 순찰 때에 차고 다니다가 다음날 아침에 반납하였다.

다음의 〈그림〉에서 수문장청은 돈화문과 금호문 사이에 있으며 오위소는 금호문 옆에 위치하고 있음을 알 수 있다.

---

132) 『대전통편』「병전」, 숙위조, 이후의 기술은 『경국대전』의 숙위조와 비교한 내용이다.
133) 『숙종실록』 숙종 12년, 9월 5일(병술).

창덕궁의 守門將廳과 衛將所[134]

[134) 「동궐도」, 고려대학교 박물관.

오위의 각 위장들은 위장소衛將所에서 근무하였다. 위장소에는 위장衛將 15명으로 문관, 음관, 무관의 당상관 3품 중에서 후보자를 선출하여 그 중 2명을 조사위장曹司衛將이라 칭하고 당해관청의 사무를 주관하게 하였다. 위장 아래의 부장部將은 25명으로 무신 참상參上 10명, 참외參外 14명, 남행南行 1명인데 내금위를 겸했다. 업무를 보조하는 서원書員은 위장외소衛將外所에 21명, 위장내소衛將內所의 네 곳에 9명, 부장청部將廳에 2명, 사령 및 각 명색名色의 하인은 외소外所에 18명, 내소內所 네 곳에 15명, 부장청部將廳에 7명이었다.

이들의 입직은 4개소의 위장과 부장 각 1명이 3일마다 번갈아 실시하되, 위장과 부장은 번番이 바뀌는 날에 명단을 임금에게 제출하였다. 수패受牌는 4개소의 위장소에서 각기 한 개씩을 받는데 번이 바뀌는 날마다 번을 나서는 사람이 먼저 들여놓고 번서는 사람이 뒤에 받아내었다. 부장소에서는 각기 한 개씩을 받는데 이것은 본래 들여놓고 받아내는 규정이 없고 교대하는 날에 번을 나서는 사람이 번서는 사람에게 직접 전하도록 하였다.

숙위 때는 위장 전원이 참가하였으며 부장은 다만 행행할 때에 도로의 정리, 명령의 전달을 담당하였다. 그리고 숙위에 따른 군호軍號의 수령은 매일 초저녁에 네 군데의 위장소에서 번서는 부장이 병조에 나아가 군호를 받아서 도총부와 네 곳의 위장소와 각 군영의 번서는 장관將官, 금군, 국출신자局出身者, 외병조外兵曹에 전하였다. 또한 국왕이 행행할 때에는 분군分軍 부장 1명이 국왕에게 나아가 군호를 받아 내병조에 전하도록 하였다.

숙위에는 일정한 장소에 배치하는 입직 외에 순경巡更이 있다. 궁궐 내에서는 위장과 부장이 군사 10명씩을 데리고 시간 배정대로 순행하였다. 이들이 수행한 병사의 숫자는 시대에 따라 차이가 있지만 그 시간대는 동일했다. 순경巡更에는 네 곳의 번서는 위장과 부장 1명이 각각 야간 순찰하는 기병 6명을 거느리고 사령과 아방직兒房直 각 1명이 순찰을 행하였다. 이들은 밤마다 초경 3점 초부터 부장과 위장이 서로 반대편에서 잇달아 출발하여 서로 돌아가며 끊임없이 순찰하였다.

예를 들어 창덕궁 동소東所의 부장이 초경에 출발했다면, 서소西所 위장衛將은 같은 시간에 출발하고, 2경에는 남소南所와 북소北所, 3경에는 동소와 서소, 4경과 5경에는 남소와 북소가 차례대로 이 방식으로 출발하여 파루를 칠 때까지 하였다. 그 경계는, 동쪽은 통화문까지, 서쪽은 영숙문 밖까지, 남쪽은 단봉문, 북쪽은 집성문 밖까지 이르도록 하였다. 이들 순경자는 번이 있는 초일에 시간별로 순경자의 명단을 작성하여 국왕에게 보고하였다. 이와 함께 부장은 번이 끝나는 날마다, 순찰 상황을 병조에 보고하고, 매월 5일부터 30일까지 도합 6회에 걸쳐 동소와 남소의 당직한 위장과 부장이 궁장 구역을 순찰한 의견을 승정원에 품의하였다.

순경에는 화재 및 도적을 방지하기 위해 요령을 치는 군사가 있었다. 매일 광화문의 호군은 초저녁에 병조에서 탁鐸과 군호를 받은 뒤, 인정이 친 뒤에 정병 2명으로 하여금 방울을 흔들며 궁성을 순행케 하고, 4면의 경수소警守所와 각 문에 차례로 전수傳授하여 끊임없이 돌다가 파루를 친 뒤에 그치게 하였다. 당시 궁궐에서 시간을 알리는 것은 좌경坐更이라고 하였다. 좌경은 궁궐의 보루각報漏閣에서 징과 북을 쳐서 시각을 알리는 것으로 밤의 시간을 초경, 2경, 3경, 4경, 5경으로 나누고, 경更을 다시 점點으로 구분하여 경에는 북을 점에는 징을 쳐서 시각을 알렸다. 제일 먼저 보루각에서 북과 징을 치면, 근처의 재점군再點軍이 이 소리를 듣는 즉시 북과 징을 다시 울려 차례로 시각을 알리는 것이다. 대궐의 수문교대식은 물론 숙직 교대도 이 신호에 따라 행해졌다.

이와 같이 궁궐의 숙위는 법전에 규정된 사항에 맞추어 시대적으로 변화되고 증감되는 시위군이 일사불란하게 움직였음을 알 수 있다. 물론 임진왜란의 여파로 법궁인 경복궁을 위시로 이궁인 창덕궁, 창경궁 등 경성京城의 모든 궁궐이 왜군에 의해 파괴되고 소실되어 숙위체제가 원활히 작동할 수 없었다. 그리고 궁궐의 수비나 국왕의 숙위체제 등 시스템의 재정립만이 아니라 산일散逸된 군병과 인원의 확충이 더 큰 문제였다. 이에 상응하여 등장한 것이 오군영이 주축이 되는 도성삼군문都城三軍門 체제였다.

(2) 오군영五軍營 체제와 궁궐의 숙위

오군영은 도성을 중심으로 경기 지역의 방어까지 담당하던 수도 방위군이었다. 임진왜란을 계기로 창설된 훈련도감을 위시하여 인조대 후금군後金軍을 막는다는 구실로 만든 어영청, 북한산성 방어를 위한 총융청, 남한산성의 방어를 위한 수어청, 그리고 훈련별대와 정초군精抄軍을 통합해 설립한 금위영 등이 그것이다.[135]

오군영은 임진왜란과 양차의 호란 이후 조선전기의 중앙군인 오위체제를 대체하는 수단으로 등장했다고 하지만 그 설립의 취지부터 큰 차이를 나타냈다. 어영청은 인조반정의 공신들이 사적인 무력기반을 조성하기 위한 수단이었으며, 금위영은 당쟁의 와중에서 정파의 이익을 위해 만들어진 것이었다. 더욱이 이들 군영은 모병募兵과 번상番上이 혼합되어 있어서 일원화된 통제가 되지 않았다. 그러므로 오군영은 오위체제가 병조판서→국왕 등으로 연결되던 군제와 달리 각 군영의 대장이 정치적 이해관계에 따라 각 당파에 소속되어 있는 형태를 보이는 사병적私兵的 성격이 농후하였다.[136]

그럼에도 불구하고 오군영체제가 완성기에 접어드는 숙종 이후 궁성의 숙위를 오군영에서 담당하게 했다는 것은 이들 군영 외에 궁성의 숙위에

---

135) 『만기요람』 군정; 김종수, 『조선후기 중앙군제연구』, 혜안, 2003; 차문섭, 「조선후기 중앙군제의 재편」, 『한국사론』 9, 국사편찬위원회, 1981; 최효식, 「어영청에 대한 일고찰」, 『군사』 5, 전사편찬위원회, 1982.
136) 김준석, 「조선후기 國防意識의 전환과 都城防衛策」, 『전농사론』 2, 1996; 이근호, 「숙종대 중앙군영의 변화와 수도방위체제의 성립」, 『조선후기의 수도방위체제』, 서울학연구소, 1998, 26~40쪽.

동원할 수 있는 중앙군이 없었기 때문으로 보는 것이 무방할 것이다.[137] 반면 숙종과 영조·정조와 같이 강한 통치력의 행사로 군영의 통제가 가능했기 때문으로 볼 수 있다. 이점은 숙종대 삼군문의 설치, 영조대 수성절목守城節目의 제정, 정조대 오군영을 장악한 정치세력을 견제하기 위해 장용영壯勇營을 설립한 것에서 잘 알 수 있겠다.

그런데 오군영 중에서 총융청은 북한산성, 수어청은 남한산성을 중심으로 움직였기 때문에 실제로 궁성의 숙위를 담당한 군영은 훈련도감, 어영청, 금위영 등의 삼군문이었다. 따라서 이들 삼군문이 중심이 되어 숙종대 성립되는 것이 도성삼군문체제였다.[138] 삼군문은 도성을 경계로 경기 지역을 분할하여 해당 지역의 축성築城과 착호捉虎 등을 담당하였다.

예컨대 훈련도감은 개성·고양·파주·가평·연천 등의 경기북부, 어영청은 양주·광주·음죽·용인·여주 등의 경기 동남부, 금위영은 김포·강화·안산·수원·남양 등의 경기서남부를 관장하였다.[139] 그러므로 삼군문은 도성의 방비는 물론 경기 지역의 방어까지 책임지던 조선후기 중앙군의 핵심이라고 볼 수 있다.

이런 배경으로 삼군문이 본격적으로 궁성 숙위를 전담하게 된 것은 영조대에 와서 이루어졌다.[140] 훈련도감, 어영청, 금위영 삼군문에서 궁성 숙위를 전담하게 되는 때는 1729년(영조 5) 초부터이다. 당시 영조는 효장세자孝章世子의 발인 때 궁성의 호위를 삼군문으로 하여금 거행하라고 명하였다. 물론 영조 이전에도 군영에서 발인시 궁성의 호위를 한 사례는

---

[137] 호위청은 그 규모나 실제 활동 사항이 5군영에 미치지 못해 제외하였다.
[138] 1682년(숙종 8) 금위영이 설립되면서 훈련도감, 어영청과 함께 삼군문으로 통칭되었으며 1704년(숙종 30) 공표된 釐正廳案에 따라 삼군문체제가 성립된다.
[139] 이근호, 앞의 논문, 56~60쪽.
[140] 조준호, 「영조대 수성절목의 반포와 수도방위체제의 확립」, 『조선후기의 수도방위체제』, 서울학 연구소, 1998.

있었다. 군영에서 궁성 호위를 담당한 것은 1645년(인조 23) 소현세자의 발인 때 훈련도감에서 거행한 것이 시초였다. 그렇지만 당시는 금위영·어영청 두 군문이 채 창설되지 않았기 때문에 삼군문체제와 같은 체계적인 궁성 호위는 아니었다.

아무튼 효장세자의 발인에 맞추어 병조에서 품지稟旨하여 삼군문이 궁성 호위를 담당하게 된 것으로부터 삼군문이 본격적으로 궁성의 숙위를 전담하게 된 것이다.[141] 이후 1743년(영조 19)의 국휼國恤 때에도 삼군문이 지속적으로 숙위를 담당했는데, 당시 창덕궁에서 훈련대장은 돈화문 밖, 금위대장은 금호문 밖, 어영대장은 선인문 밖에서 잡인을 막으며 파수把守에 임했으며 이러한 숙위 체제는 1757년(영조 33)에도 동일하게 나타나고 있다.[142]

그런데 영조대 정비된 군영의 궁성과 도성 방어 시스템이 안정적이었는가의 여부는 확신할 수 없다. 1760년(영조 36) 경희궁에서 훈련대장이었던 구선행具善行은 궁성의 방벽과 숙위 체제의 허술함을 지적하였다. 구선행은 궁성의 영선營繕을 맡은 자가 초솔草率하게 담장을 쌓았기 때문이라고 하면서, 삼군문이 이미 도성의 영선을 나누어 담당하였는데, 궁성은 바로 내성內城이므로 오군영에 나누어 주면 그 완성도가 높을 것이라고 하였다. 그리고 궁성의 숙위는 오군영에서 입직하는 군사를 분배하여 수직守直하게 하며, 포포鋪마다 5명이 돌려가면서 1경씩 순찰하여 연락이 서로 잇달아서 밤을 마치도록 경비하고 지키며, 장관將官은 남은 군사를 거느리고 그 담당 구역 안을 순회巡回하면 숙위 체제가 개선될 것이라고 보았다. 이에 영조는

---

[141] 『승정원일기』 영조 5년 1월 21일(병인).
權益淳, 以兵曹言啓曰, 取考謄錄, 則乙酉年昭顯世子喪發靷時, 禁御兩營未及創設之故, 今訓局軍兵, 六月十四日午後爲始, 宮墻扈衛, 十五日發靷後平明, 待標信罷陣矣, 今此發靷時, 似當依此例擧行, 令政院臨時稟旨, 分付三軍門, 何如? 傳曰, 令三軍門依例擧行.
[142] 『호위청등록』 권3, 정축 3월 26일.

구선행의 의견을 중요시 여겨서 임시변통인 절목 수준이 아니라 병조판서와 호조판서, 그리고 삼군문의 대장들이 입회하에 궁성을 측량하고 경계를 나눈 뒤에 바로 시행하도록 하였다.[143]

이후 새롭게 정비된 궁성 숙위의 한 예로 경희궁에 대한 궁성 파수를 보면 다음과 같다. 훈련도감이 담당한 경희궁의 자내字內는 홍화문 북변에서 출발하여 무덕문武德門, 어영청은 무덕문에서 숭의문崇義門, 훈련도감이 숭의문에서 홍화문, 남변은 금위영이 담당하였다. 그리고 훈련도감이 담당한 창덕궁의 파수를 보면, 궁성의 1칸은 8명, 2칸은 10명, 3~4칸은 15명, 5~6칸은 20명이 분장했으며, 해당 자내字內와 도감군은 돈화문 서변에서 명례문明禮門까지는 금호문의 입직군, 공북문拱北門 서변에서 집춘문集春門까지는 광지영군廣智營軍, 집춘문에서 통화문通化門 남변까지, 통화문에서 사복수문司僕水門 서변까지는 홍화문군이 담당이었다.[144]

이와 함께 1733년(영조 9)에 정해진 규례에 따라 훈련도감군의 창덕궁과 창경궁의 외장 순라는 장교 1명과 군병 5명이 초경부터 날이 샐 때까지 순행하였다. 금위영의 경우는 공북문에서 명례문까지였으며, 어영청은 집춘문 남변에서 통화문, 내사복시 앞 수문 모퉁이에서 동영, 내농포內農圃에서 돈화문 동쪽까지였다.[145]

궁궐내의 주야간 행순行巡을 보면 훈련도감은 건양문에서 세서각歲書閣, 누국漏局과 총부摠府의 뒷담에서 광정문光政門과 동용문銅龍門까지, 광정문 북변에서 명광문明光門과 홍화문까지를 숙위하였다. 금위영은 공북문에서 명례문까지로 훈련도감과 동일하게 장교 1인에 군병 5명이 초경부터 파루까지 순행하였다. 어영청은 월근문月覲門 동쪽에서 집춘문 북쪽, 집춘문에

---

143) 『승정원일기』 영조 36년, 8월 2일(계유).
144) 『만기요람』 권2, 훈련도감; 『訓局總要』 11 宮墻.
145) 『만기요람』 권2, 훈련도감.

서 상수문上水門까지였으며 군병수는 훈련도감·금위영과 같았다.146)

그런데 여기서 유의할 점은 궁성의 수비가 허술하다는 의견은 각 국왕 대에 언제나 제기되던 문제였다는 점이다. 정조 즉위초인 1777년 정조는 병조판서와 삼군문의 대장들이 궁성내에서 경更을 나누어 숙위하는 체제에 대해 신칙申飭하였다. 당시 영의정 김상철은 궐내를 순경巡更하는 일이 소홀하기 짝이 없다면서, 오위장五衛將들이 2경更 이후로는 더 돌지 않고 있으니 구례에 따라 사소四所의 오위장과 부장들이 나누어 맡아 번갈아 돎으로써 중단되거나 소홀하게 될 염려가 없도록 하라고 병조에 신칙할 것을 주장하였다. 그리고 앞으로는 위장衛將과 부장部將들이 규례대로 순경하는 외에, 훈련도감과 금위영의 입직장관入直將官들로 하여금 각기 그들의 군졸들을 나누어 거느리고 경更을 안배하여 윤번輪番으로 순경하게 함으로써 위장 및 부장들과 서로 안팎에서 호응이 되도록 해야 보다 숙위를 엄중하게 할 수 있는 방도가 될 것이라고 하였다.147)

이와 함께 궁성의 방벽도 새롭게 영선되었다. 정조는 숙위체제의 강화와 함께 궁궐의 담장을 수축修築하도록 하였다. 이때 궁성의 방벽은 도성의 사례대로 삼군문이 각기 관장하는 자내字內에 나아가 거행하되, 수축할 때에는 또한 도성의 규례에 의하여 호료戶料와 병포兵布를 획급劃給하도록 명하였다. 궁성의 수축은 정조가 명을 내린 당일 거행되었다. 정조는 이날 여러 장신將臣에게 명하여 궁성의 상황을 살펴보고 경추문景秋門 궁장宮牆부터 수축을 시작하도록 하였다.148) 물론 당시 정조가 궁성의 방벽을 수축한 배경은 전달에 발생한 암살시도 때문이었다.149)

그러므로 궁성의 숙위는 각 국왕대의 정치적 상황에 따라 새로운 체제

---

146) 『만기요람』 권2, 훈련도감; 『훈국총요』 11 궁장.
147) 『일성록』 정조 1년, 7월 29일(임진).
148) 『정조실록』 정조 1년, 8월 10일(계묘).
149) 정조대 숙위체제의 개편을 참고.

가 추가되거나 과거의 체제를 강화하는 것이 반복적으로 나타났다고 볼 수 있으므로 결국 숙위체제의 문제점은 통시대적으로 나타날 수 있는 숙위군의 기강 해이가 보편적이라는 것을 짐작하게 한다. 이 점은 정조대의 숙위체제 개편과 연결해 보면 잘 알 수 있겠다.

(3) 숙위체제의 개편

조선 후기 궁궐 숙위체제는 영조대 오군영에서 수도 경성京城의 수비를 구역별로 정해 담당한 것을 계기로 정조대에 안정화되는 경향을 보였다. 그렇지만 정조는 부친인 사도세자가 노론 정치세력에 의해 죽임을 당하고 자신도 보위에 오르기까지 신변의 위험을 여러 번 겪은 이유로 즉위 초부터 궁궐의 숙위와 국왕의 시위 체제를 강화하였다. 특히 정조는 즉위 초인 1777년 7월 28일 밤 경희궁 존현각尊賢閣에서 신변의 위험을 받고 새로운 숙위체제의 정비를 결심하게 된다.

당시 정조는 파조罷朝하고 나면 밤중이 되도록 글을 보는 것이 상례이었는데, 암살이 시도된 날 밤에도 존현각에서 책을 읽고 있었다. 존현각은 당堂과 폐陛의 계단이 없고 내외의 구분이 없어 시위에 취약한 곳이었다. 사건이 발생하던 당시, 정조의 곁에 있던 내시가 명을 받고 호위 군사들이 직숙直宿하는 곳에 가보니 주변이 텅 비어 아무도 없었는데, 갑자기 들리는 발자국 소리가 보장문寶章門 동북쪽에서 회랑回廊 위를 따라 은은하게 울려 왔고, 동시에 어좌御座 부근에 와서는 기와 조각과 모래를 던지는 일이 벌어졌다. 정조는 직접 환시宦侍와 액예掖隷들을 불러 횃불을 들고 수색하도록 했는데, 기와와 자갈, 모래와 흙이 흩어져 있는 등 침입자의 흔적이 있었다. 이에 정조는 금위대장禁衛大將이던 도승지 홍국영洪國榮을 입시하도록 했다. 홍국영은 사세가 다급하다고 여겨 신전信箭을 쏘도록 하여 연화문延和門에서 숙위하는 군사를 거느리고서, 삼영三營의 천경군踐更軍으로는 담장 안팎을 수비하게 하고 무예별감武藝別監을 합문閤門의 파수로 세우고

궁궐을 수색하였다. 그러나 이런 조처에도 범인은 색출하지 못했다.[150]

다음날 정조는 궁궐에 외부인이 침입한 것에 놀라며, 숙위체제를 바꾸고 거처를 창덕궁으로 이어하고자 하였다. 먼저 궁궐의 숙위는 삼군문三軍門의 대장이 수시로 순찰하며, 훈련도감과 금위영 두 영營의 입직入直 장관將官이 그 군사를 거느리고서 위장衛將·부장部將과 함께 안팎에서 야간 검문을 하고, 대궐 안의 순경巡更도 사소四所의 오위장과 부장을 그전의 규례대로 경更마다 나누어 배치하여 윤번輪番으로 순찰하도록 하여, 간단間斷이 생기거나 허술하게 되는 염려를 해소하려고 했다.[151] 그리고 경희궁은 조종조祖宗朝 한 때의 이궁離宮에 지나지 않으므로 오래 있을 곳이 못된다는 이유로 창덕궁 이어를 준비하였다. 이때 창덕궁은 수리 중이었고 영조의 혼전魂殿이 있어서 정조가 거처를 경희궁으로 한 것이었다. 이에 신료들은 창덕궁에 혼전을 마련하고 3년 내에 옮기는 것이 구애될 일이 아니며 숙종도 을묘년 5월에 경덕궁慶德宮으로 이어했다가 11월에 이르러서는 창경궁으로 이어하여, 3년이란 것에 구애하지 않았다며 창덕궁 이어를 주장하였다. 이에 정조는 당장 창덕궁으로 이어할 의사를 보이며 영조의 혼전은 문정전文政殿에 옮기고 진종眞宗의 신위神位는 위선당爲善堂에 옮기도록 했다.[152]

정조의 창덕궁 이어는 2주 만에 단행되었다. 이때의 창덕궁 이어에는 왕대비전王大妃殿·혜경궁惠慶宮·중궁전中宮殿도 함께 하였다. 정조는 연관練冠을 갖추고 효명전孝明殿에서 고동가제告動駕祭를 거행하였으며, 백포白布로 싼 익선관翼善冠과 백포로 된 도포와 띠로 고쳐서 갖추고 창덕궁으로 나아가 휘령전徽寧殿에 전배展拜하고, 명정문明政門 밖으로 나아가 왕대비전과 혜경궁의 연여輦輿가 이르자 지영祗迎하여 환내還內하였다. 그리고

---

150) 『정조실록』 정조 1년, 7월 28일(신묘).
151) 『정조실록』 정조 1년, 7월 29일(임진).
152) 『정조실록』 정조 1년, 7월 30일(계사).

곧이어 창덕궁의 호위 병력을 증가하였다. 주로 훈련도감군이 동원되었는데, 홍화문興化門의 군사 100명을 금호문金虎門으로 옮겨 들이고, 원래 내입內入하는 군사 100명을 홍화문弘化門과 숭의문崇義門으로 옮겨 들이며, 훈국訓局 출신 45명을 영숙문永肅門으로 옮겨 들이고, 동영東營의 군사 50명을 집춘영集春營으로 옮겨 들이며, 서영西營의 군사 50명을 광지영廣知營으로 옮겨 들이고, 북일영北一營의 마병馬兵 50명을 남영南營으로 옮겨 들이며, 신영新營의 칠색군七色軍 40명을 북영北營으로 옮겨서 숙위 병력의 증강과 시위체제를 새롭게 하였다.[153]

정조는 창덕궁의 숙위체제를 강화하면서 당시까지 경희궁 존현각에 침입한 범인을 잡아내지 못하던 우포도대장 이주국李柱國을 파직하고 구선복具善復으로 대신하였다.[154] 그리고 창덕궁 담장의 수축修築을 지시하였다. 궁궐 담장의 수축은 도성都城의 사례대로 삼군문三軍門이 각기 관장管掌하는 자내字內에 나아가 거행하되, 수축할 때에는 또한 도성의 규례에 의하여 호료戶料와 병포兵布를 획급劃給하도록 명하였다. 창덕궁 담장의 수축은 경추문景秋門 궁장宮墻부터 시작하도록 하였다.[155]

이러한 정조의 신속한 숙위체제 강화와 궁궐 숙위체제의 개편 때문인지 경희궁 존현각 침입자들이 8월 11일 복주伏誅되었다. 궁궐이 암살자들에게 침범되고 국왕의 안위가 위협되던 7월 28일부터 보름만의 일이었다. 경희궁에서 정조를 암살하고자 한 일당은 창덕궁에 재차 침입하려다 새롭게 변경된 숙위체제에 걸려든 것이다. 당시 사건을 공초를 중심으로 정리하면 다음과 같다.[156]

---

153) 『정조실록』 정조 1년, 8월 6일(기해).
154) 『정조실록』 정조 1년, 8월 7일(경자).
155) 『정조실록』 정조 1년, 8월 10일(계묘).
156) 『정조실록』 정조 1년, 8월 11일(갑진).

"(전략) 강용휘는 鐵鞭을 지니고 신은 예리한 칼을 지니고서 대궐로 들어 가다가 사람을 만나면 곧장 죽여버리고, 홍상범은 20명을 거느리고 그 뒤를 밟아 가며 變動을 살펴보아 대응해 가기로 언약하며, 약속을 정했었습니다. 7월 28일에 대궐 밖에서 강용휘와 제가 개장국을 사 먹고 나서 함께 대궐 안으로 들어갔는데, 姜繼昌이라는 別監과 姜月惠라는 內人을 불러 한참을 귀에 대고 속삭였습니다. 날이 또한 저물어서는 약방 맞은편의 問安所에서 강용휘는 어깨로 저를 올려 주고 저도 손으로 강용휘를 끌어 올렸는데, 강용 휘가 옷자락을 걷어 맨 데에서 모래를 움켜 주고서 함께 옥상으로 올라가다 존현각의 중류에 이르러서는 기왓장을 제치다 모래를 뿌리는 등의 도깨비 짓을 하며 사람들의 視聽을 현혹시켜 不道한 짓을 하려고 했습니다. 그런데 갑자기 대궐 안에서 물 끓듯 하는 소리가 들리고 수색이 매우 다급해졌기 때문에, 강용휘와 처마 밑으로 뛰어내려와 저는 報漏閣 뒤의 풀 속에 엎드려 있다가 날이 새서야 興元門으로 해서 도망쳐 나오고, 강용휘는 禁川橋로 향하여 水門桶을 제쳐버리고 빠져 나왔습니다.(중략) 7월 28일에 제가 差備 門에서 直宿할 때에 바야흐로 黃昏이 되었는데, 田興文이 戰笠을 쓰고 칼을 끼고서 저의 방에 와서 불러 하는 말이, 오늘 大內에서 자고 싶은데 아주 가까이 할 만한 데가 있느냐고 하였고, 이어 大殿의 차비문이 어디 있는지를 묻기에, 제가 '알아서 무엇 하려느냐?' 고 하자, 전흥문이 말하기를, '큰일 인데 어찌 경솔하게 누설할 수 있겠느냐? 뒤에 마땅히 저절로 알게 될 것이 다'고 했습니다. 제가 무슨 일로 칼을 끼고 있느냐고 묻자, 전흥문이 말하기 를, '존현각 위에 올라가야 되겠는데, 와서 접근하는 자가 있으면 찌르려는 것이다' 하고, 다시 대전의 차비문을 굳이 묻기에, 제가 책망하기를, '망령된 말은 하지 말라. 나까지 관련 되어 처형되겠다'고 하니, 전흥문이 말하기를, '염려하지 말라. 너에게는 상관이 없을 것이다'고 했습니다. 제가 말하기를, '일이 이미 이렇게 되었으니 마땅히 자네와 함께 하겠다' 하고서, 드디어 顯謨門 안쪽을 가리키면서 말하기를, '여기가 대전의 차비문이다' 하니, 전

홍문이 廣達門 곁을 두루 돌면서 쳐다보다 내려다보다 했습니다. 얼마 안되어 강용휘가 허리 뒤에 철편을 끼고서 왔고, 저를 시켜 그의 딸 강월혜를 불렀습니다. 그와 서로 주고받는 말이 모두가 흉패하고 부도한 말이었고, 또 말하기를, '만일에 다급한 일이 있게 되면 네가 나를 숨겨 주어야 한다'고 했습니다. 이때에 전흥문은 加設한 차비문 곁에 서 있었고, 照羅赤로 성이 황가인 자도 곁에서 보고 있었는데, 조금 있다가 이 두 사람이 각기 흩어져 갔고, 이날 밤에 과연 존현각 위의 변이 있었습니다."

위의 공초 내용을 보면, 정조 즉위 초 국왕과 궁궐의 숙위 상태가 잘 나타나고 있다. 먼저 경추문景秋門 수포군守鋪軍 김춘득金春得·김세징金世徵 등의 숙위에서 궁궐의 담장을 호위하는 군병이 밤에는 취침에 들거나 밖에 나와서 숙위하지 않으므로 담장을 넘는 것이 어렵지 않음을 알 수 있다. 전흥문은 7월 28일에 대궐 안으로 침입한 뒤 별감 강계창姜繼昌과 내인內人 강월혜姜月惠로부터 궁궐내의 숙위 상황을 파악하고 정조를 암살하려 했다. 그리고 강계창이 현모문顯謨門 안쪽 대전大殿의 차비문 위치를 알려주자 이들은 정조가 거처하던 존현각에 올라가서 기왓장을 제치고 모래를 던지는 등의 소란을 피워 궐내의 숙위군을 현혹시키려 하였다. 그런데 암살이 실패하고 침입자에 대한 수색이 있자 전흥문 등은 보루각報漏閣 뒤의 풀 속에 엎드려 있다가 다음날 홍원문興元門으로 해서 도망쳐 나오고, 강용휘는 금천교禁川橋로 향하여 수문통水門桶을 제쳐버리고 빠져 나왔다는 내용에서는 정조 즉위 초 궁궐의 숙위는 물론 국왕의 시위조차 해이한 상황임을 알 수 있다.

물론 정조를 암살하려는 무리가 궁궐내외에서 서로 결탁했기 때문에 쉽사리 침입할 수 있었다고 볼 수도 있겠지만 최소한 국왕의 안위를 위협하는 상황까지 발생했다는 것은 당시 숙위체제에 문제가 있었음을 보여준다. 더욱이 침입자를 잡기 위해 밤새 수색했음에도 궁궐 내에 잠복해 있던 전흥문 등이 쉽사리 궐문을 통해 빠져 나왔다는 것도 이해할 수 없는 부분이다. 궁궐과 같은 건축물의 숙위에서 문은 가장 중요한 단속처임에도 침입자에게 쉽사리 뚫렸다는 것은 내통자의 존재는 물론 숙위가 해이했음을 단적으로 나타내는 것이다.

정조는 일련의 암살 사건을 통해 신변의 위협을 감지하고 8월 11일 채제공蔡濟恭을 창경궁 수궁대장守宮大將으로 삼고 군영의 병력을 동원하여 궁궐 경비를 강화하게 했다. 그런데 궁궐의 호위가 언제나 수많은 군병을 동원하여 엄중하게 숙위하는 체제는 아니었다. 특별한 위험이 없고 별다른 위협 요소가 없는 체제가 이루어졌다고 하면 바로 엄중한 호위체제를 거두고 평상시의 숙위로 변경하였다. 군영병으로 대궐을 경비하게 한지 4일 만인 8월 14일 삼영三營의 중군中軍이 입직한 표하군標下軍을 거느리고서 신지信地만 파수하고, 삼군의 군병 각각 10명씩을 장관長官이 거느리고 경更마다 순위巡衛하는 것은 그만두게 하였다.[157]

한편 정조대 창덕궁 금군의 지휘체계는 숙위대장宿衛大將 → 위장衛將 → 부장部將 → 수문장 등으로 구분할 수 있다. 숙위대장은 숙위소에서 근무하며 입직入直하는 군병과 순라巡邏들의 사고 유무를 매일 보고받고, 3일마다 체대한 단자를 제출받았으며, 숙위소에서는 해방該房에 보내어 봉입捧入하게 하였다. 이러한 정조시기 숙위체제는 1784년(정조 8)에 제정된 「감문절목監門節目」과 관계가 깊다.

「감문절목」이 제정된 배경에는 정조 자신이 숙위에 대한 관심이 높았던 것에 있다. 「감문절목」은 정조가 궁궐의 대표적인 숙위인 수문守門에 관한 절목을 지정한 것이다. 이것은 정조가 즉위 초 직면하였던 존현각에 침입한 자객사건으로 호위의 불안에 따른 강력한 왕권의 확립을 위한 일환이라고 볼 수 있다.[158] 다음은 「감문절목」의 주요 내용이다.

---

157) 『정조실록』 정조 1년, 8월 14일(정미).

【監門節目】

　본래 坐直하는 승지가 閤門에서 朝夕으로 문안하였다. 그러므로 저녁 문안 후 자물쇠를 청하여 문을 닫고, 아침 문안 때 열쇠를 청하여 문을 열었는데, 근래에 이 규정이 없어졌다. 새롭게 만들 규정에는, 열쇠 내주는 것을 좌직 승지가 전담하여 보관하고, 자물쇠를 연 후에는 該房承旨가 주관하여 관장하되, 마땅히 수리해야 하는데도 수리하지 않으면 해당 승지를 의금부에 내려서 중히 감죄하고, 주서와 摠郎, 宣傳官, 司鑰 가운데서 해당 문을 관리하는 사람 역시 攸司로 하여금 勘斷하라. 병조에서 巡檢하면서 자물쇠를 확인하는 것은 본래 職掌이니, 건양문 동서를 경계로 하여 수문장・위장과 함께 같은 죄를 주고, 만일 파손된 곳이 있으면 즉시 와서 고하라. 이후로 성문과 궐문의 자물쇠는 호조 낭관이 감독해 만들어서 판서가 句檢하는 것을 일체 절목으로 만들어 啓下하라. 이렇게 정식하면 도총부 낭관이 돈화문을 관리하는 것은 아주 의미가 없으니, 선전관이 돈화문을 관리하고, 도총부 낭관은 통화문과 선인문을 관리하라. 각 문의 관할은 건양문 동서를 경계로 한다. 서쪽은 병조의 담당, 동쪽은 도총부 담당이다. 그러나 병조는 이미 궐내 각처를 관할하는 형편이니 건양문 동쪽도 총괄하여 감찰해야 한다. 소남문은 단봉문 수문장이 겸하고, 소동문은 선인문 수문장이 겸한다. 각문의 자물쇠에 만일 파손되어 고쳐야 할 곳이 있으면 해당 문의 수문장이 해소 부장을 안동하여 각각 그 字內에 가서 고하면 병조나 혹은 도총부의 낭청이 친히 가서 살피어 승정원에 고한다. 각문을 개폐할 때 감약은 돈화문과 요금문, 선전관은 단봉문, 주서는 금호문, 도총부 낭청은 홍화문과 선인문 및 통화문을 담당하되 각 해당문의 수문장 및 담당 사약이 안동하여 거행한다. 각처 水門의 중대한 열쇠를 해소에 보관하는 것은 일이 매우 미안하니, 남수각 수문은 돈화문 수문장이 겸관하고 북수각 수문은 요금문 수문장이 겸관

---

158) 『정조실록』 정조 8년, 5월 22일(병자).

한다. 세부사항은 아래와 같다.

① 各門의 개폐는 옛날 예대로 승정원이 주관한다. 자물쇠를 잠근 후에 열쇠는 坐直 下位가 친히 받아서 司에 보관한다. 그 출납은 자물쇠를 연후에 자물쇠와 열쇠를 해방 승지가 친히 받아서 보관하고, 申時 이후에는 上直 하위 승지에게 전해 보관하게 한다.
② 각문의 관할은 建陽門 동서를 경계로 한다. 서쪽은 서·남 兩所에서 분장하는데 병조의 담당이다. 동쪽은 동·북 양소에서 분장하는데 도총부 담당이다. 수문장은 각기 그 부근에 가는데, 小南門은 丹鳳門 수문장이 兼官하고, 小東門은 宣仁門 수문장이 겸관하는데, 만일 삼가지 않은 일이 있으면 엄법으로 勘處한다.
③ 각문의 자물쇠에 만일 파손되어 고쳐야 할 곳이 있으면 해당 문의 수문장이 該所 部將을 眼同하여 각각 그 字內에 가서 고하면, 병조나 혹은 도총부의 낭청이 친히 가서 살피어 승정원에 고하는데 고치는 절차는, 신시 이전에는 해방에서 관장하고, 신시 이후에는 좌직 승지가 관장한다.
④ 각문을 개폐할 때 監鑰은, 敦化門, 曜金門, 丹鳳門은 선전관이, 金虎門은 注書가, 弘化門, 宣仁門, 通化門은 도총부 낭청이 담당하되 각 해당 문의 수문장 및 담당 司鑰이 眼同하여 거행한다.
⑤ 병조 낭청 및 도총부 낭청이 夜巡할 때 각문의 자물쇠는 그 字內에 따라서 해당 수문장을 眼同하여 살피되, 小東門, 小南門도 일체로 照檢한다.
⑥ 각처 水門의 중대한 열쇠를 해소에 보관하는 것은 일이 매우 미안하니, 南水閣 水門은 돈화문 수문장이 겸관하고, 北水閣 水門은 요금문 수문장이 겸관하여, 파손된 곳의 수리와 照檢때 살피는 등의 절차는 다른 문의 예에 의해서 시행한다.

⑦ 성문과 대궐문을 잠그는 일은 사체가 중대하니, 지금을 시작으로 해서
자물쇠를 수리할 때에는 호조 낭청이 몸소 監造하고, 판서가 句檢한다.
⑧ 각문을 나누어 담당시키는 것이 비록 건양문 동서를 경계로 삼았으나
병조는 이미 궐내 각처를 관할하는 처지이니 경계를 정하였다 하여
마음을 놓아서는 안 되며, 건양문 동쪽 역시 총괄하여 검찰해야 한다.

위의 내용에서 먼저 알 수 있는 것은 임진왜란 이후 궁궐의 숙위체제가 당시에는 이미 형해形骸화 되었다는 점이다. 다만, 그 제도들을 유지하던 군직軍職은 남아 있어서 그들로 하여금 새로운 수문제도守門制度를 수행하게 하고 있다. 창덕궁 건양문을 기준으로 수문이 이루어지는데, 각 문마다 별도로 수문장을 배정하는 것이 보인다. 이것은 궁궐의 출입을 국왕이 직접 통제한다고 볼 수 있는 부분이다.

그런데 정조가 직접 수문에까지 관심을 가지게 된 것은 그 배경이 있다. 실록에는 「감문절목」이 발표되기 전에 수문에 대한 정조의 불만이 나타난다. 예를 들어 수문 군졸들이 통부通符를 가지고 궐문을 출입하는 사람들의 신상에 대해 병조와 당상에게 보고하는 것을 문제로 삼는 점이다. 국왕의 면대자를 일반 관리들이 아는 것을 꺼리는 내용으로 수문을 담당하는 군졸이 관여하지 못하게 하는 것이다. 또 다른 사항은, 수문장이 단순한 수문守門의 역할만이 아니라 궐내의 단속까지 담당하게 하는 점이다.

정조는 즉위 초부터 신변의 안전을 우선시 하여 군기를 항상 휴대하는 무관에 대해 큰 주의를 보였다. 따라서 이들 무관이 궐내의 내인들과 연결되는 것을 꺼려서 서로 말하는 것을 금하기도 하였다. 결국, 정조는 비망기를 내려, 수문장 등 궐내의 수호를 맡은 자들에게 무관이 내시와 내통하여 말하는 것을 단속하게 하였다. 당시 정조는 자신의 신변을 노렸던 이덕사李德師·류한신柳翰申·남태흥南泰興 등과 이경담李景聃·김수현金壽賢·김응택金應澤·이덕수李德秀·민덕태閔德泰·한경훈韓景勛 등 여러

환관들을 지목하였으며, 특히 무기를 소지하던 무신들에 대한 경계를 강화하였다.159)

정조는 수문장의 역할을 강조하며 국왕의 시위와 궁궐의 숙위를 책임지는 수문장이 외부와 내통하는 행위를 엄금하였다. 그런데 정조의 엄명은 오히려 수문장에 대한 권한을 증대시키는 효과를 가져온 것이라고 볼 수도 있겠다. 그리고 정조대 수문군의 특징은 화약 병기를 소지하였다는 점이다. 임진왜란을 계기로 소개된 조총을 비롯한 여러 화기는 조선 후기로 접어들면서 조선군의 기본 병기가 된다. 이점은 정조가 화성에 행차하는 능행도에 잘 나타난다.

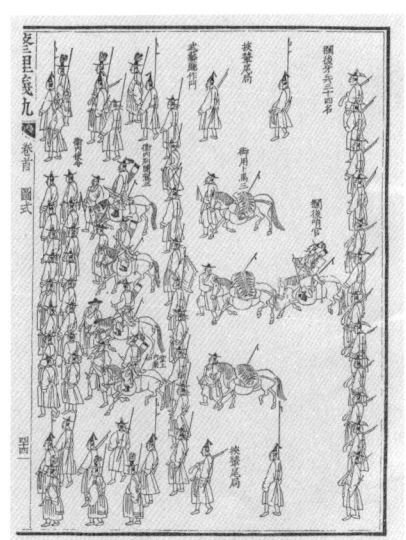 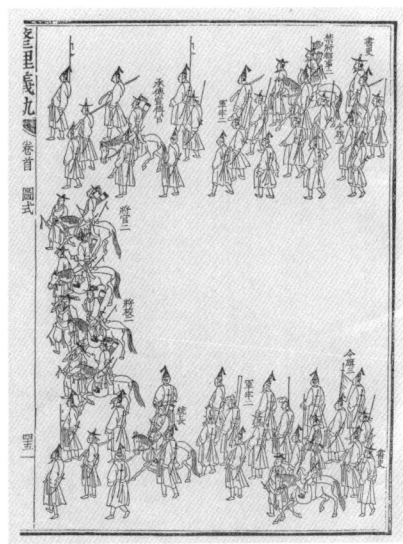

〈그림〉 화성 능행도의 시위군 군기160)

---

159) 『정조실록』 정조 9년, 5월 4일(임자).
160) 『원행을묘정리의궤』 반차도, K2-2897, 장서각.

위와 같이 화성능행도에는 국왕을 호위하는 군사들의 대다수가 조총을 휴대하는 것을 알 수 있다. 따라서 당시 창덕궁의 수문에서도 조총과 같은 화약 병기를 휴대하였음은 당연하다고 보겠다. 이와 함께 수문군에 있어서, 그 구성인원이 장용영에 소속되었을 확률이 높다는 점을 지적하고 싶다. 물론 현재까지 사료상으로 밝혀진 바는 없지만, 정조가 장용영을 설치한 정황을 참작할 때 자신의 친위군이었던 장용영의 내영군으로 하여금 창덕궁의 시위侍衛를 담당하게 한 것은 충분히 가능하다고 본다.

이와 같이 임진왜란을 계기로 새롭게 조성된 군영군을 바탕으로 정조대에 정비된 궁궐의 숙위체제는 조선말기까지 이어지게 된다. 다만 정조가 육성하고 신임했던 장용영이 해체되어 숙위 군병의 변경은 있게 되지만 기본적인 체제는 유지되었다고 하겠다. 따라서 조선 후기 궁궐의 숙위는 임진왜란을 계기로 설립되기 시작한 오군영체제와 영조대의 삼군문 수비체제, 그리고 정조대의 숙위 절목 등이 어우러져 완성되었다고 볼 수 있다.

2) 유도군留都軍의 편성과 숙위宿衛

(1) 유도군의 편성

국왕의 능행이 결정되면 병조와 각 군영에서 능행에 참여하는 시위 병력에 대한 내용과 함께 유도절목留都節目을 작성해서 보고한다. 유도절목은 능행시 편성하는 유도군의 구성 방법과 배치 현황 등이 포함되었다. 현재 유도절목은 『어영청거둥등록御營廳擧動謄錄』, 『금위영거둥절목禁衛營擧動節目』, 『총융청행행등록摠戎廳幸行謄錄』을 비롯한 장서각 소장 군영 등록에만 남아 있어서 능행의 한 부분을 담당한 유도군을 살피는데 중요한 자료이다.

유도군은 임진왜란 이후 조성되었던 5군영의 군병이 윤번제로 하였는데 주로 훈련도감, 어영청, 금위영 등 삼군문에서 담당하였다.[161] 이들은 국왕이 도성 밖으로 능행하였을 때 궁궐의 수비는 물론 도성내외의 수문

守門, 가항街巷과 행랑行廊 후로後路 등에서 잡인을 엄금하는 역할을 하였다. 먼저 『어영청거둥등록』(권1~12)에서 현종부터 정조대까지의 기록 중 유도절목의 주요내용만을 정리해 보면 다음과 같다.

【御營廳 留都節目】
○ 유도대장 2명을 선발하여 1명은 궐내를, 1명은 궐외에 留住
○ 능행 전날 未時경 유도대장의 領率로 유도군은 信地에 結陣 후 즉시 낭청이 승정원에 보고
○ 유도군은 능행 전에 궐문에서 도성문까지 좌우의 大小屛門과 伏兵處에 分派
○ 御駕가 도성을 벗어나면 移陣 상황을 유도대신에게 보고
○ 매일 도성 9門, 궁성 외 軍堡 27처, 도성 내외 巡邏 16牌, 남북 屛門 54處의 把守 보고

위의 유도절목을 보면, 유도군을 지휘하는 유도대장이 2명으로 나와 있지만 실제로는 1명이 차정되었으며 군영대장이 대부분이었다. 그리고 능행 때 도성 부근과 도성 내의 복병伏兵과 척후斥候는 유도군이 담당하였음을 알 수 있다. 이외에 나머지 사항은 각 국왕별로 큰 변화 없이 지속적으로 동일하게 거행되었다. 능행 전날 유도군이 집결하는 시각과 형태, 유도군의 복병처, 능행 기간 중 궁성과 도성의 파수 상황 보고 등은 변함없이 이루어지고 있었다. 이 중 유도군의 복병과 관련하여 그 세부사항을 보면, 복병은 모두 11처處로 어영군관御營軍官 11명, 도감마병都監馬兵 33명, 군병 165명(어영군 55, 도감포수 110)이 군관 1원, 포수 10명, 마병 3명, 어영군 5명으로 조를 이루어 진행했는데, 동소문외추유東小門外秋喩, 제기삼거리,

---

161) 『御營廳擧動謄錄』 권1, 정묘 8월 11일, 康陵 행행.

동관왕묘東關王廟삼거리, 수구문외守口門外삼거리, 전생서典牲署삼거리, 남
관왕묘南關王廟삼거리, 염초청焰硝廳삼거리, 서소문외西小門外삼거리, 신문
외新門外삼거리, 창의문외彰義門外삼거리, 도장동都莊洞 등인데 이 중 도장동
만은 군관이 아니라 초관哨官 1명이 배치되었다.162) 이들 복병처에서는 매
일 전날 근무사항을 보고했는데 그 보고문서의 양식은 다음과 같다.

【狀啓式】163)

外面 承政院 開折 臣 謹封 臣字下着御

內面 第三貼書我御

資憲大夫知中樞府事兼御營大將 臣柳

去夜 宮墻內外各營 宿衛及都城九門城外十處把守巡邏幷只無事爲白臥乎
事是良尒詮次

善啓向敎是事

大年號 某月某日 時

南小門 伏兵將 御營廳 哨官 李萬術

척후斥候는 17처로 북악北岳, 곡성曲城, 안현鞍峴, 만리현萬里峴, 잠두蠶頭,
위수실渭水室, 벌아치伐兒峙, 독서당현讀書堂峴, 왕십리후봉往十里後峰, 동관
왕묘후봉東關王廟後峰, 사하리고봉沙河里高峰, 전농후봉典農後峰, 돌고지후봉
乭古至後峰, 응봉鷹峰, 부석고봉浮石高峰, 원현후봉院峴後峰, 승방후봉僧房後峰
등이었다. 동원 군병은 어영별초무사御營別抄武士 17명, 군병 102명(금위군
34명, 도감포수 68명)이 매 처處에 군관 1명, 포수 4명, 금군 2명씩으로 조를
이루었다.164)

---

162) 『御營廳擧動膳錄』 권1~12.
163) 『御營廳擧動膳錄』 권1, 무진 8월 16일, 온양 행행.

그런데 온행과 같이 국왕이 장기간 궁궐과 도성을 비우게 되는 경우 유도군의 임무는 많아지고 그 기간도 길어질 수밖에 없었다. 1668년(현종 9) 8월 16일 현종이 온양에 온행을 가려고 할 때 유도군이 담당한 숙위처와 군병수 등을 보면 궁성은 물론 도성 내외의 문과 요처要處를 빠짐없이 파수하고 있다. 그 세부사항을 보면, 먼저 궁장宮墻 외 군보軍堡 27처處에 어영청군과 도감군이 번갈아가며 군병 3명씩 3일마다 찬직贊直하였다. 군보軍堡 27처處는 돈화문 서변西邊부터 군보장군보堡將(훈국초관訓局哨官 1명) 1명씩 1~14보까지 매 보堡에 포수 3명씩, 돈화문 동변東邊은 군보장군보將(금위초관禁衛哨官 1명) 1명씩 1~13보까지 매 보에 금위군 3명씩[165] 등으로 나뉘어 있었다.

도성 9문은 매 문에 영장領將 1명과 군병 10명씩 주야 교대로 파수하고 3일에 찬직贊直하였으며 영장은 초관과 군관이 윤회하였다. 도성 밖 10처의 매 처에 영장領將, 별마대別馬隊 2명, 군 10명씩 주야로 파수하였는데, 도성 밖 10처는 창의문외彰義門外 삼거리, 홍제원弘濟院, 약전현藥田峴, 전생서典牲署 근처, 벌아현伐兒峴, 독서당현讀書堂峴, 거현車峴, 고암鼓岩, 사하리沙河里, 도장동都壯洞 등으로 오늘날의 검문소 기능을 하였다. 이 도성 밖 10처處는 상호 긴밀하게 연락 관계를 가졌는데, 도장동에서 초관이 순패巡牌로 초경, 2경, 3경, 4경, 5경에 사하리로 전납傳納하면 차차 전해져서 창의문 복병장에게까지 오게 되어 보고하는 체제였다.

도성내에서는 군관 250명이 여항閭巷에 매일 밤 좌우포청의 입패군관入牌軍官 1명과 순라巡邏했는데, 도성을 좌우상하로 나누어 좌일패左一牌 11명, 상이패上二牌 12명, 하이패下二牌 12명, 삼패三牌 15명, 사패四牌 20명, 오패五牌 20명, 육패六牌 25명, 우일패右一牌 25명, 이패二牌 20명, 삼패三牌

---

164) 『御營廳擧動謄錄』 권2, 계유 8월 28일, 齊陵·厚陵 행행.
165) 『御營廳擧動謄錄』 권1, 무신 8월 16일.

20명, 사패四牌 20명, 오패五牌 15명, 육패六牌 10명, 칠패七牌 10명, 팔패八牌 15명 등의 조직으로 운영되었다. 이외에 도성의 9문인 남대문, 서소문西小門, 신문新門, 창의문彰義門, 북청문北靑門, 동소문東小門, 동대문, 수구문水口門, 남소문南小門 등에는 파수장 9명이 매 문門에 포수 10, 어영군 5, 금위군 5명씩 모두 180명과 조를 이루어 근무하였다.[166]

이와 같이 유도군은 국왕의 능행을 시위하던 군사에 못지않게 능행 기간 중 궁성과 도성의 안위를 위해 끊임없이 숙위에 임했음을 알 수 있다. 그리고 이러한 숙위 체제는 온행과 같이 국왕이 1개월 이상 도성을 벗어나는 경우에는 고된 임무였음을 짐작하게 한다.

특히 유도군을 한 개 군영이 전담하는 것이 아니라 수가군병隨駕軍兵과 마찬가지로 각 군영의 군병을 혼성하여 편성하였음을 알 수 있다. 1759년(영조 35) 영조의 명릉 능행시 유도군 1,690명의 구성을 보면, 어영청 중군 1명·종사관 1명·별장 1명·천총 1명·기사장騎士將 2명·초관 8명, 무군천총無軍千摠 2명·파총把摠 2명·초관 14명, 교련관 12명, 기패관旗牌官 2명, 별군관 9명, 삼청소임三廳所任 군관 4명, 어영청 군관 4명, 출신 군관 4명, 기사騎士 103명, 별무사 21명, 출번出番 별파진別破陣 20명, 경표하군京標下軍 543명, 어영청군 구번舊番 삼초三哨 341명, 어영청군 신번新番 오초五哨 593명 등으로 어영청과 훈련도감의 군병을 혼성하여 구성하고 있음을 알 수 있다.[167]

그러므로 국왕의 능행시 궁성과 도성의 방비는 각 군영에서 차출하여 편성한 혼성군이 중심이 되어 이루어진 유도군이 담당한 것이다. 즉 어느 일개 군영이 유도군을 전담하여 왕권을 위협하는 사태를 미연에 방지하기 위한 시스템이었다.

---

166) 『御營廳擧動謄錄』 권2, 계유 8월 28일, 齊陵·厚陵 행행.
167) 『御營廳擧動謄錄』 권7, 기묘 3월 25일.

한편 현종대부터 정조까지 숙위 체제에 동원된 유도군은 보통 1,000명 이상을 상회하여 국왕이 도성을 비우는 능행이 거행되면 경성京城은 군병이 사방에 주둔하는 군사 도시로 변화하였음을 보여준다. 다음의 〈표 Ⅳ-2〉는 현종부터 정조까지의 유도군 수치이다.

〈표 Ⅳ-2〉 국왕별 陵幸時 편성된 留都軍의 수치

王代	幸行 年月日	幸行地	軍兵數(名)	領率者
현종 2	1661년 8월 28일	寧 陵	1,631	어영대장
숙종 3	1677년 3월 17일	崇 陵	1,396	어영대장
숙종 10	1684년 8월 24일	崇 陵	1,535	어영대장
숙종 12	1686년 3월 16일	崇 陵	1,558	어영대장
숙종 16	1690년 8월 28일	徽 陵	1,880	어영대장
숙종 17	1691년 9월 1일	章 陵	2,000	어영대장
숙종 18	1692년 2월 26일	光 陵	3,113	어영대장
숙종 19	1693년 2월 20일	穆 陵	1,369	어영대장
숙종 19	1693년 8월 28일	齊陵, 厚陵	2,622	어영대장
숙종 20	1694년 2월 26일	獻 陵	1,356	어영대장
영조 5	1729년 8월 16일	敬 陵	1,356	한성좌윤
영조 27	1751년 8월 6일	明 陵	1,282	예조참판
영조 28	1752년 8월 25일	懿 陵	1,141	호조참판
영조 29	1753년 8월 9일	健元陵	1,388	행부사직
영조 29	1753년 9월 12일	昭寧園	2,041	어영대장
영조 30	1754년 7월 30일	明 陵	1,301	어영대장
영조 34	1758년 1월 25일	明 陵	1,425	총 융 사
영조 35	1759년 3월 26일	明 陵	1,690	어영대장
영조 35	1759년 9월 30일	懿 陵	1,102	금위대장
영조 43	1767년 8월 20일	明 陵	1,278	총 융 사
정조 9	1785년 2월 10일	泰陵, 康陵	1,441	어영대장
정조 9	1785년 9월 4일	明 陵	1,425	총 융 사

※ 『御營廳擧動謄錄』 권1~12와 『禁衛營擧動謄錄』 권1~5를 정리하였음.

위의 〈표 Ⅳ-2〉는 유도대장이 유도군을 영솔領率할 때의 기록을 정리한 것이다. 각 국왕별 유도군을 영솔한 자는 어영대장과 같은 군영대장이 대부분을 차지하고 있어서 유도군은 군영군을 동원하는 동시에 그 지휘는 각 군영의 대장이 담당했음을 알 수 있다.

그런데 〈표 Ⅳ-2〉에서 군영대장이 영솔하지 않는 경우가 있다. 1729년 경릉 능행의 한성좌윤, 1751년 명릉 능행의 예조참판, 1752년 의릉 능행의 호조참판, 1753년 건원릉 능행의 행부사직 등이다. 그 중 1751~1753년(영조 27~29) 사이의 유도대장은 홍봉한으로 영조의 신임을 받던 왕실의 외척으로 군영대장이 아님에도 유도대장이 될 수 있었음을 암시하고 있다.

그리고 각 국왕별 능행시 동원된 유도군의 평균적 수치는 1,400여 명에 달하고 있다. 물론 최하로 1,102명, 최고로 3,113명이 동원되는 시기도 보이지만 대부분의 시기는 1,400여명 정도를 유지하고 있다.

〈표 Ⅳ-2〉에서 1693년 숙종의 제릉齊陵·후릉厚陵 능행에 동원된 2,622명의 유도군에 대한 내용을 보면 다음과 같다. 동영입직파총東營入直把摠 1명·초관哨官 2명·별마대別馬隊 52명·군軍 108명, 신영입직별장新營入直別將 1원·초관 2원·별파진 22명·군 132명, 어영청군 2,161명(궁장宮墻 외 군보 27처 군 81명, 도성9문 파수장 9원·군 180명, 복병 11처 장將 11원·군 165명, 척후 17처 장將 17원·군 102명, 도성내 외순라 16패장·군 320명, 병문 파수 54처 장將 34원·군 184명), 훈련도감군 859명, 금위영군 51명 등 3,391명에서 각 영營 입직군 769명을 제외한 2,622명이다.[168]

이외에 유도군의 운영면에서 보면 능행지의 원근에 크게 관계없이 군병의 동원이 이루어지고 있다. 물론 다른 능침에 비해 원거리인 경기도 김포에 위치하던 원종元宗의 장릉章陵, 양주에 있던 세조의 광릉光陵 능행에

---

168) 『御營廳擧動謄錄』 권2, 계유 8월 28일, 齊陵·厚陵 행행.

는 2,000~3,000여 명의 군병이 동원되고 있지만 이런 몇몇 원거리 능행을 제외하면 큰 수치의 변화 없이 거행되고 있다.

그러므로 국왕의 능행시 궁궐과 도성의 수비는 전적으로 유도군에 의해 좌우되었음을 짐작할 수 있겠다. 다만 숙종(1692년)과 영조(1755년)대의 광릉 능행시 유도군의 수치가 1,000명 이상 차이가 나는 것이 의문시 되는데, 각 국왕별 능행시 유도군의 증감은 각 시대별 군영의 운영과 비교해보아야 밝혀질 수 있다고 본다.

이외에 이미 언급한대로 〈표 Ⅳ-2〉에서 유도군은 어느 한 군영이 전담하지 않고 있음을 확인할 수 있다. 다만 한 군영에서 유도군을 두 번 연달아 할 수는 있었지만 세 번씩은 하지 않았다. 가령 어영청이 연달아 유도군을 하게 되면 훈국·어영·금위 삼군이 수가隨駕하고 총융청에서 유도[169]하여 각 군영이 윤번 형태로 유도하였음을 알 수 있다. 이런 숙위군의 동원 형태는 행행시 수가隨駕 군병의 조성에도 동일하게 적용되었다.[170] 따라서 능행시 동원되는 군영의 무력을 국왕을 제외하면 누구도 좌우할 수 없는 상황을 만들었다.

(2) 유도대신留都大臣과 유도장신留都將臣

국왕의 능행이 결정되면 동시에 궁궐과 도성에 남아 숙위할 유도대신留都大臣, 수궁대장守宮大將, 유도대장留都大將 등이 선임된다. 유도대신은 유도대장, 수궁대장과 함께 행행에만 지정되는 직책이었다. 그리고 유도대신은 도성에 남아 군무를 제외한 일체의 업무를 총괄하던 대신으로 정승이 임명되었다. 유도대장은 궁궐의 주변에 군병을 주둔시켜 궁궐 외부와 경성京城을 수비하였으며 수궁대장은 궁궐 내부의 경비를 책임지고 빈

---

[169] 『御營廳擧動謄錄』 권1, 정묘 8월 11일, 康陵 행행.
[170] 『현종실록』 현종 9년, 8월 4일(경오).

청이나 남소南所에서 직숙直宿하였다.[171] 궁궐의 내부 경비를 담당한 수궁대장은 호위대장扈衛大將을 겸대한 국구國舅로서 계하啓下하는 것이 일반적이었다. 현종 때는 청풍부원군淸風府院君 김우명이 매번 수궁대장을 맡았으며 숙종 때는 경은부원군慶恩府院君 김주신이 담당하였다. 이처럼 국왕이 자리를 비운 궁궐과 도성을 책임지는 자리인 유도대신, 수궁대장, 유도대장은 당연히 국왕의 신임이 두터운 측근이나 외척이 담당하는 경우가 많았다.

그러므로 능행시 도성 및 궁궐을 수비하기 위한 책임자는 국왕의 최측근인 유도대신, 유도대장, 수궁대장이었다. 이 중에서 유도대신과 유도대장은 수도방위를 책임지고 수궁대장은 궁궐수비를 책임졌다. 그러나 이는 별개의 사안이라기보다는 서로 연관되는 문제였다. 수궁대장은 궁궐 내에서 숙직하면서 궁궐을 숙위한다고 하지만, 궁성 밖은 바로 유도대신과 유도대장이 시위하기 때문에 안팎에서 서로 시위하는 것이라 할 수 있기 때문이었다.

국왕의 능행 도중 궁궐에서 숙위하는 수궁대장에 대해서는 『대전통편』에 다음과 같이 나와 있다.

> "성 밖에서 밤을 지내는 거둥일 때 병조에서 계차한 수궁대장은 궐내에 직숙한다. 수궁대장이 계차한 종사관 1명은 궁장 내부를 순찰한다."[172]

위의 『대전통편』 조항에서 수궁대장은 말 그대로 국왕이 궁궐을 벗어나 능행에 나섰을 때 궁궐 내 적소에 임하여 수비를 책임지고 있다. 그리고

---

171) 『비변사등록』 숙종 43년, 2월 16일.
172) 『大典通編』, 兵典, 入直條.
　　城外經宿動駕時, 本曹啓差守宮大將, 直宿闕內, 大將啓差從事官一員, 巡察宮墻內.

『대전통편』에서는 수궁대장이 숙직할 곳으로 창덕궁의 도총부, 빈청, 남소를 지칭하고 있다. 특히 빈청은 정전과 정문 사이의 창덕궁내 중심공간이었으며, 금호문 안의 남소南所는 창덕궁 밖의 유도대신(유도대장)과 연결되는 중요한 숙위처였다.

〈그림〉 창덕궁의 守宮大將 宿直所[173]

---

173) 『東闕圖』, 고려대학교 박물관.

위의 그림은 수궁대장의 거처 중 하나인 빈청의 위치를 나타낸 것이다. 위의 그림에서 빈청은 인정전과 대조전 사이면서 종묘의 산줄기 앞에 위치하고 있어서 창덕궁의 남면에 위치하고 있음을 알 수 있다. 그리고 『대전통편』과 같은 법조문 외에도 1795년 정조의 을묘년 화성 행행에서도 수궁대장에 대한 기록이 다음과 같이 나오고 있다.

"수궁대장 1명을 차출하여 궐 안에서 숙위, 즉 숙직하게 하고 입직하는 衛卒들은 각별히 엄히 다스리며 종사관 1명을 스스로 뽑아 옆에 데리고 다니도록 할 것"

"수궁대장이 입직하는 곳은 남쪽에 있는 衛將房으로 하고 종사관은 部將房에, 위졸의 장은 금호문에 있는 哨官房에, 부장은 금호문 수문장방에 동시에 들어가고 차례가 되어 자리를 옮길 때는 전례에 따라 표신을 제하되 숙직이 끝난 다음에는 각기 자기 자리로 돌아가 입직할 것"[174]

『대전통편』과 정조의 을묘년 화성 원행과 비교하여 창덕궁내의 숙위소를 보면 수궁대장은 남면하여 궁궐의 중앙에 위치해서 사방문의 숙위를 명령하고 지휘하고 있다. 또한 시간대를 정하여 순번대로 자리를 옮기고 있어서 오늘날의 경호체제와도 큰 차이가 없음을 보여준다. 그리고 수궁대장과 유도대장의 차이는 다음의 기사에서 분명히 나타난다. 1761년(영조 37) 8월 영조가 명릉明陵에 행행했을 때 궁을 지키는 종사관從事官을 불러들여 말하기를, "위내衛內에서 시끄럽게 하는 자는 수궁대장에게로 보내고, 위외衛外에서 시끄럽게 하는 자는 유도대장에게로 넘겨주라."[175]고 하였다.

---

[174] 『원행을묘정리의궤』 권2, 절목.
[175] 『영조실록』 영조 37년, 8월 13일(기묘).

따라서 수궁대장은 궁궐내의 숙위만이 아니라 국왕의 능행 중에 국왕과 지근至近인 위내에서 발생한 일을 책임지고 있으며, 유도대장은 궁궐 밖에서 발생하는 일과 국왕의 능행 중에 호위 범위 외에서 발생하는 일을 담당했다고 할 수 있다.

반면 유도대신과 수궁대장을 지명하지 않고 국왕의 능행이 진행되기도 하였다. 1832년 5월 순조가 연경묘延慶墓에 나아가 친히 전작奠酌하기 위해 동가動駕할 때는 경거둥京擧動의 예로 하였다. 이에 순조는 경거둥이라고 하여 유도대신과 수궁대장을 모두 임명하지 않고 단출하게 능행을 준비하도록 하였다.[176] 당시 연경묘는 경종의 능침인 의릉 옆에 위치하고 있었으므로 홍인문을 지나 당일 환궁이 가능한 위치에 있었다. 그러므로 순조는 연경묘 능행에 임하면서 번거롭게 유도대신과 수궁대장 등 능행에 준비되는 행정적, 의례적 절차를 생략하도록 한 것이다.

이외에 수궁대장은 평소에 숙위대장이 그 역할을 담당하였다. 1777년(정조 1) 정조는 궁궐의 숙위를 정비하면서 숙위대장이라는 명칭과 그 역할을 거론한다. 정조는 숙위대장이 이미 궁궐 내부 각 곳의 숙위를 도맡게 되었으니 그 관할하는 방도에 있어서 마땅히 서로 유지해 가는 제도가 있어야 한다면서 다음과 같은 규정을 만들었다.

○ 衛將・部將・禁軍都監의 군병・각 문의 수문장・局別將과 밖으로는 궁궐 담장 밖에 三營에서 입직한 순라들이 날마다 사고 유무를 숙위대장에게 申報해야 한다.
○ 위장・부장・內三廳・금군과 金虎門・弘化門・建陽門 將官의 군병 및 局別將・有廳軍 등은 3일마다 체대한 單子를 숙위소에 내야하고, 숙위소에서는 該房에 보내어 捧入하게 해야 한다.

---

[176] 『순조실록』 순조 32년, 5월 5일(신해).

○ 도총부와 병조는 소속 관사들과는 다름이 있어서 또한 서로가 통지하지 않아서는 안될 것이니, 巡檢하는 등 일로 숙위소에서 거행하는 일과 관계되는 것 같은 것은 숙위대장에게 文移해야 함을 현저한 격식으로 삼도록 하라.[177]

위의 숙위대장에 관련된 사항을 보면 평소 궁궐내의 숙위를 전적으로 담당하고 있다. 따라서 국왕의 행행시 궁궐의 숙위를 책임지는 수궁대장은 숙위대장의 임무를 대리하는 양상을 나타내고 있다. 그래서 수궁대장과 숙위대장은 혹 명칭은 상이하나 동일한 임무를 뜻한 것이 아닌지, 아니면 행행시 수궁대장이 정해지면 숙위대장은 그 동안 그 임무에서 제외되는 건지 등의 의문이 제기된다.

그런데 국왕의 능행시 선정되는 유도대신, 수궁대장, 유도대장은 국왕의 신임이 있어야 선정될 수 있으며 이것은 각 국왕별 명단을 보면 쉽게 알 수 있다. 다음의 〈표 Ⅳ-3〉은 현종에서 정조대까지 행행지 중에서 유도대신, 수궁대장, 유도대장의 명단을 정리한 것이다.

〈표 Ⅳ-3〉 국왕별 留都大臣과 將臣[178]

국왕	시기	행행지	유도대신	관직	수궁대장	관직	유도대장	관직	비고
현종	1662. 9. 9.	건원릉	李景奭	영중추			洪重普		
현종	1668. 8. 16.	온 양	李景奭	영중추	金佑明	부원군	柳	지중추	
숙종	1717. 3. 4.	온 양	李 濡	판부사	金柱臣	부원군	李基夏	총융사	
영조	1727. 8. 16.	숭 릉	魚有龜	영돈녕	姜 鋧		李	부사직	
영조	1728. 9. 1.	靖 陵	張鵬翼						

---

[177] 『정조실록』 정조 1년, 11월 17일(기묘).
[178] 『御營廳擧動謄錄』 권1~17을 정리한 것이다.

국왕	시기	행행지	유도대신	관직	수궁대장	관직	유도대장	관직	비고
영조	1729. 2. 13.	順陵	李台佐	우의정	金始煥	공조판서	張鵬翼	한성좌윤	
영조	1729. 8. 16.	敬陵	李台佐	우의정	金始煥	공조판서	張鵬翼	한성좌윤	
영조	1750. 8. 20.	懿陵	趙顯命	영의정	元景夏	우 참 찬	具聖任	총 융 사	
영조	1751. 8. 6.	明陵	鄭羽良	판부사	徐	좌 참 찬	洪鳳漢	예조참판	
영조	1752. 8. 25.	懿陵	金典洞	판부사	趙載浩	이조판서	洪鳳漢	호조참판	
영조	1753. 8. 9.	건원릉	金在魯	영중추	金尙星	판 의 금	洪鳳漢	행부사직	
영조	1754. 8. 15.	明陵	金在魯	영중추	徐宗伋	행 사 직	洪鳳漢	우 참 찬	
영조	1755. 8. 4.	順康園	金尙魯	좌의정	申晩	이조판서	鄭汝稷	어영대장	
영조	1758. 1. 25.	明陵	兪拓基	영중추	徐命彬	전 판 서	鄭汝稷	총 융 사	유도대2
영조	1759. 3. 26.	明陵	兪拓基	영중추	申晦	전 판 서	鄭汝稷	도 정	
영조	1759. 8. 28.	明陵	兪拓基	영중추	申晦		鄭汝稷	도 정	
영조	1759. 9. 30.	懿陵	李天輔	판부사	李昌誼	판 돈 녕	具善復	금위대장	
영조	1767. 8. 20.	明陵	尹東度	영중추	趙明鼎	판 윤	金時黙	총 융 사	
정조	1785. 2. 10.	泰陵	李		趙時俊		李昌運	어영대장	
정조	1785. 9. 4.	明陵	洪		李命植	형조판서	金思穆	총 융 사	유도대2
정조	1786. 2. 25.	孝陵	金	영중추	李命植	행 사 직			
정조	1795.윤2. 8.	현륭원	金憙	판중추	趙宗鉉	행 사 직	金持黙		
정조	1798. 8. 29.	敬陵	蔡濟恭	판중추	鄭昌順	상 호 군	李	도 정	
정조	1799. 8. 19.	獻陵	沈煥之	판중추	洪良浩	대 호 군	李	행 호 군	

※ 비고의 유도대2는 유도대장이 2명 선정된 것을 말한다.

위의 〈표 Ⅳ-3〉은 현종부터 정조까지의 행행시 유도군을 영솔하던 인물들을 나타내고 있다. 먼저 주목되는 점은 유도대신이나 수궁대장, 유도대장들의 직위이다. 특히 유도대신의 경우 정승을 지낸 국가의 원로라는 점이 특징이다. 이것은 간접적으로 유도대신은 국왕이 신임하는 인물로 선정되었음을 의미한다고 하겠다. 영조대 유도대신인 이태좌, 김재로, 유척기 등은 유도대신에 반복적으로 선정되고 있는 것이 그 반증이라고 할 수 있다.

이러한 현상은 수궁대장과 유도대장에서도 동일하게 나타나고 있다. 수궁대장의 경우 영조대 김시환, 신회와 정조대 이명식이 반복적으로 임용되고 있다. 유도대장은 영조대 장붕익, 홍봉한, 정여직 등이 지속적으로 임용되고 있다. 이중 홍봉한은 정조의 외조로서 왕실과 지근인 인물이기도 하다. 수궁대장의 경우에도 국구國舅가 맡는 경우가 많았는데, 현종의 온행시 청풍부원군 김우명, 숙종의 온행시 경은부원군 김주신, 영조대 홍봉한 등이 대표적이다.

그러므로 국왕의 능행시 궁성과 도성을 숙위하는 유도군을 맡는 인물들은 국왕의 최측근이거나 왕실과 연결된 인척 인물이라는 것을 짐작하게 한다.[179] 이런 배경으로 국왕이 능행에 임해도 궁성과 도성을 안심하고 관리할 수 있었으며 이러한 체제는 역대의 국왕들이 지속적으로 이용했던 것이다.

(3) 유도군의 배치와 숙위

궁궐에는 동서남북의 기본적인 4문을 위시하여 동소, 서소, 남소, 북소의 4개 위장소衛將所 그리고 수비해야 할 중요 아문 등 숙위할 곳이 많았다. 조선 전기 예종대의 경우를 보면, 경복궁에 입직한 군사의 수는 2,163명으로 나타난다. 예종이 첩종疊鐘을 하여 궐내 입직 군사를 점검한 결과가 2,163명이었다. 따라서 조선초기부터 평상시에도 이 정도의 병력이 궁궐 안에서 입직하였을 것으로 생각된다.[180]

조선 후기 궐내의 입직군사는 아마도 이 숫자에서 크게 벗어나지 않

---

[179] 이왕무, 「조선시대 국왕의 온행 연구」, 『국사관논총』 108, 2006, 211~212쪽.
[180] 신명호, 「조선후기 국왕 행행시 국정운영체제 - 원행을묘정리의궤를 중심으로」, 『조선시대 사학보』 17, 2001.

앉을 것으로 생각되는데, 국왕이 도성 밖으로 행차할 경우에도 입직군사가 줄어들지는 않았을 것이다. 물론 조선 후기 법궁이 창덕궁임을 감안한다면 경복궁과의 비교가 문제가 될 수도 있겠지만 임진왜란과 양차의 호란 이후 오히려 궁궐수비를 위해서는 입직 군사가 늘어났을 것으로 예상할 수 있다.

1795년, 을묘년 정조의 화성 원행을 중심으로 궁궐 숙위 상황을 보면, 당시의 수궁대장 조종현趙宗鉉은 종사관과 함께 금군, 호위군관, 훈련도감 군사, 국출신유청군사局出身有廳軍士, 각문수문장各門守門將 등의 근무처를 순찰하였다. 화성 행행을 기록한 『원행을묘정리의궤』의 사례를 보면, 수궁대장 조종현은 병조의 생기省記를 가지고 궁내 각처의 근무상황을 순시하는 것으로 나타난다. 이들 금군, 호위군관, 훈련도감 군사, 국출신유청군사局出身有廳軍士, 각문 수문장들이 바로 궐내의 각처를 수비하는 실병력 및 현장 지휘관들이었다. 이들의 근무 장소 및 각 근무지의 수비 병력은 평상시의 경우와 크게 다르지 않다고 생각된다.

1793년 정조가 화성에 원행했을 때는 도성에 남아 궁궐을 숙위한 군영은 금위영이었으며 유도대장 김지묵金持黙이 영솔한 유도군의 총수는 2,798명이었다. 그 금위영의 중군이 상번군 1초哨 100명을 거느리고 조방朝房에서 숙위하였으며, 수어청의 수어사도 훈련도감 소속의 군병으로 도성을 수비하던 유영군留營軍 1초 100명을 거느리고 조방에 머물렀다. 이들은 정조가 화성으로 행행한 이후 도성에서 낮에는 궁궐의 각 문을 검문검색하고 야간에는 궁궐의 담장을 순찰하였다.

이러한 전례에 따라 1795년 화성 원행에서도 훈련도감의 중군이 예비병력 1초를 거느리고 창경궁 통화문 밖의 조방에서 숙위하도록 했다.[181] 1793년부터 1795년에 이르기까지 3년에 걸쳐 시행된 화성 원행에서 궁궐

---

181) 『원행을묘정리의궤』 권2, 절목.

의 숙위와 시위군은 장용영을 비롯한 군영 중심으로 이루어지고 있었다. 특히 궁궐의 외곽 수비는 군영의 중군 이상의 관원이 궁궐 바로 바깥에 위치하는 조방에 거처하며 담당하였다.

국왕의 능행시를 제외한 평상시의 궁궐 각처의 숙위병 근무지 및 숙위병력은 『만기요람』을 통해 살펴 볼 수 있다. 『만기요람』 군정편에 기재된 숙위체제를 보면, 창경궁을 기준으로 궁궐 안의 숙위에는 위장과 부장이 각각 군사 5명씩을 거느리고 경更을 나누어 순행巡行하고 있다. 이들은 명례문 안에서 통화문까지 그 숙위 범위를 삼아서 초경에 만일 동소東所의 위장과 서소西所의 위장이 순행한다면, 다음 2경에는 남소의 부장과 북소의 위장이 순행하는 순서로 돌려가며 순행하였다.

그리고 궁궐 밖에는 훈련도감, 금위영, 어영청 등에서 번드는 초관 1명과 군사 20명으로 경更을 나누어 순행하였다. 본래 창덕궁 사방에는 궁을 기준으로 정문인 돈화문 앞에 훈련도감의 분영分營인 남영南營, 창덕궁 서쪽에 금위영의 분영인 서영西營, 창덕궁 뒤 응봉 밑에 광지영廣智營, 창덕궁 집춘문集春門 밖에 어영청의 분영인 집춘영, 창덕궁 동쪽에 어영청의 분영인 동영東營 등 훈련도감, 금위영, 어영청 등의 삼군영에서 파견된 부대가 배치되어 있었다. 각 군영에서 파견된 부대가 주둔하던 분영은 경을 나누어 순행하였다. 남영은 초경, 서영은 2경, 광지영은 3경, 집춘영은 4경, 동영은 5경으로 하였는데, 보통 2차례 정도 순행하는 체제였다.

이외에도 궁궐 밖 담장에도 숙위군의 주둔처가 20개 있었다. 훈련도감 담당 구역에 6개소, 금위영 담당 구역 8개소, 어영청 담당 구역 6개소 등을 설치하고 있다. 이때 각 포舖마다 배치된 군병은 2명이었다. 그리고 훈련도감, 금위영, 어영청 소속의 패장 1명은 5명의 군사를 거느리고 각기 구역을 따라 밤을 새며 순찰하고, 3군영의 장관 각 1명은 5명의 군사를 거느리고 파루罷漏를 칠 때까지 담당 구역을 검찰하였다. 또한 각 군영의 장교와 군졸 각 1명씩을 선발하여 도순都巡하게 해서 궁궐의 내외를 삼군문의 군병

이 순찰하였다.[182]

위와 같이 평상시 궁궐의 숙위체제와 능행시를 비교해 볼 때 숙위 병력의 동원수를 제외하고는 큰 차이점은 나타나지 않는다. 국왕의 능행에 수가隨駕한 군병이 유도군과의 질적 차이가 나지 않는 이상 능행시 궁궐의 숙위는 평소의 시위 시스템을 토대로 지속적으로 이루어졌음을 예측할 수 있겠다. 다만 국왕이 자리를 비운 도성과 궁궐의 경비 태세가 수시로 보고되고 평소보다 많은 군영병이 각 처를 숙위한다는 점이 능행시 나타나는 현상이라고 볼 수 있다.

그렇지만 행행시 숙위체제가 평소와 전혀 다른 형식으로 진행되거나 변경되는 모습은 나타나지 않고 있다. 이점은 숙위군 편성의 한 과정인 병조의 생기省記 작성을 보아도 알 수 있다. 각 군영에서 숙위군을 편성하고 조직하는 반면 병조의 소관은 숙위 병력의 선발 및 이들의 근무지와 근무 날짜를 정하는 생기의 작성이었다.

병조의 생기는 야간암호인 군호軍號와 함께 야간수비상황에서 매우 중요하게 간주되었다. 군호와 생기는 본래 병조의 생기색省記色이 담당하였다.[183] 평상시의 군호는 내병조의 입직하는 당상관이 직접 써서 봉함하고 수결을 친 후 낭관에게 주어 신시申時에 승정원에 직접 바치게 하여 결재를 받았다. 확정된 군호는 궁궐 문을 잠글 때인 해가 질 때에 궁궐 안팎의 각 관청과 각 군영에 배분하였다. 생기의 경우도 낭관이 신시에 국왕에게 직접 바치게 하였다. 다만 국왕이 교외에 능행하였다가 밤을 지낼 때에는 다음날의 군호를 날짜별로 적어 미리 결재를 맡았다.[184] 이처럼 생기의 작성도 능행시 교외에 있는 국왕에게 재가를 받는다는 점을 제외하면 차이가

---

182) 『만기요람』 권2, 군정편, 巡邏.
183) 『만기요람』 권2, 군정편, 兵曹各掌 事例 省記色.
184) 위의 주.

없는 것이다.

그런데 유도군이 능행시에만 시행하는 일도 있었다. 유도군은 궁궐의 숙위와 도성의 방비와 함께 국왕의 능행시 행렬이 지나가는 곳에 검문소와 같은 병문을 설치하여 잡인을 단속하는 일을 담당하였다. 원래 도성내의 치안이나 행인의 단속은 포도청의 소관이었으나 포도청의 임무가 느슨해지면서 각 군영에서 책임지게 되어 능행시 병문을 설치하게 된 것으로 생각된다.[185] 1693년 숙종의 제릉 능행시 유도군이 담당하였던 병문의 내역을 보면 다음과 같다.[186]

○ 동편
　於花洞 병문: 군관 2, 국출신 2, 군 5
　洪繼寬 병문: 군관 2, 군 5
　馬前橋 병문: 군관 3, 군 5
　二石橋 병문: 군관 3, 군 5
○ 서편
　生鮮前[廛] 병문: 군관 5, 군 10
　壽進宮 병문: 군관 3, 군 5
　六曹洞口前 병문: 국출신 5, 군 15
　의정부 남변 병문: 국출신 2, 군 5
　司䆃洞 병문: 국출신 2, 군 5
　鍾閣隅 병문: 국출신 5, 군 15
　경복궁 동변 병문: 국출신 3, 군 5
　夜書古介 병문: 국출신 5, 군 10

---

[185] 『정조실록』 정조 1년, 7월 30일(계사).
[186] 『御營廳擧動謄錄』 권2, 계유 8월 28일, 齊陵·厚陵 행행.

大貞陵洞 병문: 군관 3, 군 5

西小門洞 삼거리 병문: 군관 3, 군 5

대광통교 남변 병문: 금위군 1

仇里介 병문: 금위군 2

倉洞 병문: 금위군 3

전의감동 병문: 금위군 2

七間 병문: 금위군 3

위의 도성 내 병문에 동원된 장군병將軍兵은 159명으로 어영청군이 군관 24명, 군 100명이며 국출신이 24명, 금위군이 11명이다. 그리고 각 병문에 배치된 군병은 15명이 넘지 않으며 대개 5~10명 선임을 알 수 있다. 군병이 15명 이상 배치되는 곳은 육조동구전六曹洞口前과 종각으로 인파의 왕래가 잦은 곳이므로 당연히 다른 곳에 비해 배치되는 군병이 많을 수밖에 없었다.

능행시 설치되는 병문은 궁궐을 기준으로 도성문에 이르는 길목까지 주요한 곳에 설치되었다. 병문은 국왕이 능행지로 갈 때와 회란回鑾시의 두 번에 걸쳐 설치되었다. 위의 각 병문이 설치된 곳을 보면, 육조동구, 종각, 서소문, 대광통교 등 주로 행인의 왕래가 많은 교차로이거나 삼거리여서 병문의 설치 기준이 행인의 통제가 용이한 곳임을 알 수 있다.

이와 같이 능행시 유도군의 숙위와 배치는 능행 당일과 회란시 설치되는 병문을 제외하면 평소의 궁궐 숙위체제와 마찬가지로 도성 각 성문과 성문 밖 군보, 궁궐 내부의 순찰과 궁궐 밖 궁장의 순라 등이 주를 이루고 있었음을 알 수 있다. 그리고 이 숙위군은 국왕이 궁궐에 거쳐 할 때를 기준으로 정해놓은 숙위처에 배치되었으며, 다만 능행시에는 숙위군의 수치가 증가한 것이 차이점이다.

V

능행 반차班次의 의장儀仗과 상징성

1. 행행 의장儀仗의 기원
2. 반차도와 의장 체계
3. 의장에 나타난 능행의 상징성

V. 능행 반차班次의
의장儀仗과 상징성

1. 행행 의장儀仗의 기원

1) 의장儀仗의 개념과 구조

　의장儀仗은 동서고금을 막론하고 왕조국가의 군주가 위의威儀를 갖추고 궁 밖으로 행차할 때 전후좌우에 두던 기치旗幟와 병장기를 말한다.[1] 의장이 등장하게 된 역사적 배경은 정확히 알 수 없으나 고대 국가에서 전쟁을 앞두고 각종 군기를 동원할 때 지휘자의 위치와 병장기의 위용을 드러내려는 의도에서 출현했다고 추정할 수 있다. 특히 의장은 군주의 존엄을 드러내고 신하들을 엄숙하게 하는 의미를 지녔다.[2]

---

[1] 의장을 갖춘 국왕의 행렬을 鹵簿라고 한다. 鹵簿는 국왕이 행행할 때 따르는 의장의 배열 순서를 말한다. 노부는 秦에서 시작하여 漢代에 그 이름이 정해졌는데, 大駕, 法駕, 小駕로 구분되었다. 원래 鹵는 큰 방패를 뜻하는데, 방패를 든 사람이 밖을 호위하는 것으로 그 차례를 적은 문서를 노부라고 한다. 唐代는 4품이상에게 노부를 주어서 군신이 모두 통칭하였다.(『大明集禮』 권45, 「鹵簿」)

[2] 『大明集禮』 권42, 總序.
　儀仗者, 所以尊君, 而肅臣也.

근대 이전의 동양에서는 교통, 통신수단이 원시적인 것이 일반적이었으므로 의장물이 효과적인 전달 매체의 역할을 담당하였다. 또한 수세기에 걸쳐 사용된 의장은 군주를 비롯한 구성원 전체에 걸쳐 친숙하게 사용되었기 때문에 그 효용성이 개념적으로도 자리 잡았다. 그 이유는 의장이 통치자의 권위를 최대한 반영하는 상징성을 포함하고 있어야 하며, 또한 일반 대중에게 인지되어 그 의미와 의지가 이해될 수 있는 공통의 커뮤니케이션이 이루어질 수 있어야 하기 때문이다.[3]

그러므로 의장의 개념성은 곧 상징[4]을 의미하는 것이다. 어떤 대상을 대외적으로 알리려는 의도에서 출발한 의장은 강한 상징성을 내포할 수밖에 없었다. 인간에게 어떤 의식이 생겨나면 의식에 대한 관심에 따라 의식을 다양하게 기술하게 되는데, 의장은 그 의식을 상징적으로 표현한 것이기 때문이다.[5] 그러므로 외면적으로 대상이 사회 구성원에게 의식적으로 인식되게 하기 위해 상징을 사용한다고 할 수 있다.

나아가 상징은 우리가 의식하고 있는, 그러나 말로 완전히 담아낼 수 없는 어떤 깊은 내면적 힘을 나타내는 자연발생적인 표현으로서 무의식으로부터 생겨난다. 그래서 상징들은 하나의 보편적 언어를 이루는데 그 이미지와 의미가 여러 문명과 여러 세기에 걸쳐서 비슷한 형태로 나타나기 때문이다. 아마도 상징이 인간의 정서와 공명하는 그 방식 때문에 쉽게 상징에 이끌린다고 생각된다.[6]

예를 들어 행행의 의장기에 그려진 용龍과 봉황鳳凰은 조선시대에 정립

---

[3] 허흥식 외, 『三足烏』, 학연문화사, 2007, 130~131쪽.
[4] 상징이라는 용어는 Symbol이라는 용어를 번역하기 위해서 만들어진 譯語로서 어원을 그리스어 Symbolon에 두고 있다. Symbolon의 의미는 識別標 혹은 認識票였다.
[5] 줄리언 제인스, 『의식의 기원』, 한길사, 2005.
[6] 朴成雨, 「음양의 상징성에 관한 연구 - 양극성의 상징과 관련하여 - 」, 원광대 박사학위논문, 2004.

된 형태인데, 조선의 용龍·봉鳳은 명·청시기에 정형화된 것에서 영향을 받았다. 그리고 용·봉의 형상도 왕조에 따라 차이가 나타났는데, 전국시대戰國時代와 진한대秦漢代는 기하학적 모습에서 사실적 형상으로 변했고, 남북조는 매끄럽고 기운이 생동하며, 당대는 풍만하면서 위엄이 있고, 송대는 공교工巧하면서 엄밀하며, 명과 청은 이전의 것을 모두 집대성 하였다.[7] 더욱이 서역과의 끊임없는 교류는 새로운 문양의 추가를 불러왔다.[8] 이러한 현상은 몇 백 년 혹은 그 이상의 시간에 걸쳐 진행된 상징화 작업의 결과라고 할 수 있다. 진실이 무엇인가라고 주장하기보다 무엇을 믿고 있다고 정당화시키는 것이 중요한 것이기 때문이다.[9]

의장과 깊은 상충적 관계를 가지면서 의장과 같이 상징체계가 개념적으로 나타나는 것이 음양오행陰陽五行과 천문, 역易이라고 할 수 있다. 상징의 하나인 음양오행은 광범한 이미지를 통해서 개념화되어 인간의 의식 속에서 재현되었다. 즉 상징은 보이는 부분을 통해서 보이지 않는 부분을 표현하는 것이며, 바꾸어 말하면 의식된 어떤 부분을 통해서 의식되지 않은 부분까지 합한 전체를 표현하는 것이다. 그러므로 음양오행과 같은 상징은 곧 실재를 지시한다기보다는 우리 마음속에 어떤 상像을 제시할 뿐이며 실재에 대하여 모호한 암시만을 던져 준다.[10]

음양오행의 기원은 동북아시아 역사와 같이 시작했다고도 생각할 수 있을 만큼 오랜 연원을 지니고 있다. 고대 동북아시아에서 인간과 하늘의 관계는 매우 밀접하게 연결되어 있었다. 인간의 생활에서 천문과 기후는 생명유지와 활동에 가장 큰 영향을 미쳤기 때문이다. 그것은 현전하는 선사유적을 통해 당시에도 태양의 운행을 고려해서 방위를 정하는 형태로

---

7) 王大有, 『龍鳳文化源流』, 동문선, 1994, 280~281쪽.
8) 權寧弼, 『실크로드 미술』, 열화당, 1997.
9) 스티브 브루스, 『사회학이란 무엇인가』, 동문선, 2006.
10) 朴成雨, 앞의 논문.

천체를 대하였다는 점에서 알 수 있다. 그리고 역사시대가 되면서 천체에 대한 개념은 좀 더 정밀하게 정리된다.

춘추 전국시기 유물 중에 1978년 하북성 증후을묘曾侯乙墓에서 출토된 칠기상자에는 기원전 5세기 후반의 것으로 뚜껑에 두斗가 새겨져 있고 그 주위로 28숙宿의 이름이 적혀있다. 그리고 양쪽에는 청룡과 백호와 같은 동물이 그려져 있다. 문헌상으로 28숙宿의 완전한 명칭은 『여씨춘추』에서 처음 나오는 것을 고려할 때,[11] 증후을묘曾侯乙墓 칠기상자의 천체 자료는 석기시대부터 인간이 천체 운행에 관한 의식을 가지고 있었음을 짐작하게 한다. 이후 천체에 대한 관심은 건축부분까지 이어졌다. 진시황대는 함양궁咸陽宮을 하늘을 본떠 만들었으며, 한대에 이르러서는 궁성의 건설에도 반영되어 장안성을 두성斗星이라고 부르기까지 하였다.[12]

본래 하늘의 현상을 관측한 점성술, 자연과 인간의 운행을 점치는 역易은 모두 지배자의 운명과 정치적 행위의 정당성을 미화하기 위해 만들어졌다. 천문 관측은 그것을 담당한 사람이 그들 나름대로의 방식대로 묘사한 것이며, 역易도 점술가에 의해 해석된 것이므로 결국 군주의 통치와 무관하게 작용할 수 없었다.

예를 들어 『사기』「천관서」에는 하늘을 중앙과 동서남북의 다섯 개 영역으로 구분하여 설명하고 있다. 하늘을 다섯 개의 영역으로 나누는 방법은 기본적으로 당시에 유행하던 오행사상의 영향으로 볼 수도 있지만 특히 중앙을 강조한다는 점에서 황제를 중심으로 하는 중앙 집권형의 전제 질서가 자리 잡는 상황에서 통치 지역을 경사京師와 사방四方으로 구분하던 전통적인 관념이 강조된 결과로 이해된다.[13]

---

11) 이문규, 『고대 중국인이 바라본 하늘의 세계』, 문학과 지성사, 2000, 25~52쪽.
12) 『三輔黃圖』(何淸谷 교주),「三輔黃圖校註」, 三秦출판사, 1995.
　　漢之古都, 高祖七年方修長安宮城 (중략) 城南爲南斗形, 北爲斗形, 至今人呼漢京城爲斗城是也.
13) 이문규, 앞의 책, 71쪽.

이와 함께 점성술은 별 중에서 수성(진성辰星), 금성(태백太白), 화성(형혹熒惑), 목성(세성歲星), 토성(전성塡星) 등을 오행성五行星으로 설명하였다.[14] 이 오행성은 태양계에서 지구와 가장 근접한 별들로 육안으로 관측이 가능하여 고대부터 쉽게 인식할 수 있었다. 그리고 오행성은 지구에서 바라 볼 때 일정한 궤도를 주기적으로 움직였기 때문에 인간의 관념을 상징화하기 좋은 대상이었다. 오행성의 운행주기와 속도, 운행을 반복하는 운행법, 주기와 위치에 따른 섬광의 차이 등은 하늘의 조화와 인간의 운명을 연결 짓는 자료로 활용되기에 충분하였다.

오행성은 흥망성쇠를 반복하는 왕조의 운명을 설명하기에 적합했으며 그에 따라 오행성에 연관된 오행사상이 다양하게 해석될 수 있었다. 하늘에 오성이 있듯이 지상에 오행이 존재하는 것이 당연한 순리이며, 인간은 하늘의 변화를 받아들여 지상의 생활을 영위해야 한다는 개념을 합리화시켜 나갔다.[15] 따라서 이런 과정은 왕정王政의 시행과 결과를 하늘의 변화와 일치시키며 자연스럽게 오행의 개념을 상징화하게 된다.[16]

위와 같은 천문과 오행에 관한 개념이 군주의 의장에도 반영되었다. 시대적인 차이는 있겠지만 송·원·명·청의 황제 의장에는 별자리를 그린 의장기가 포함되었다. 각종 의장기는 황제를 중심으로 좌측에 청룡기, 우측에 백호기, 남측에 주작기, 북측에 현무기를 두고 오행성五行星을 그린 깃발을 상생 관계에 따라 배열하였다. 또한 진대 이후 각 왕조에 해당하는 별과 그것이 상징하는 색깔에 맞추어 깃발의 색이 변화하였다.[17]

---

14) 『漢書』, 「律曆志」.
　　五星之合於五行, 水合於辰星, 火合於熒惑, 金合於太白, 木合於歲星, 土合於塡星.
15) 『史記』, 「天官書」.
　　太史公曰 (중략) 仰則觀象於天, 俯則法類於地 (중략) 天有五星, 地有五行.
16) 반고는 『한서』에 「오행지」를 편집하여 정사류에 오행사상을 정립하게 하였다.
17) 周는 火德으로 붉은색을, 秦은 水德으로 검은색을, 漢은 土德으로 황색을 숭상했다.(『사기』 권8, 「고증」; 『자치통감』 권7, 「秦記」)

이러한 의장물의 상징화와 오행에 맞추는 형태는 고려와 조선조에서도 나타났다. 고려시대는 조선에 비해 오행을 체계적으로 정리하여 국정에 운영하였다. 고려에서는 오행을 하늘의 움직임인 오운五運과 땅의 다섯 가지 물질인 오재五材(금목수화토金木水火土), 인간의 타고난 오성五性(인예신의경仁禮信義敬), 인간의 행동인 오사五事(모언시청사貌言視聽思) 등을 아울러 말하였다.[18] 고려는 이러한 개념을 정치에도 반영하여 홍수와 가뭄 등의 자연현상을 군주의 통치에 연관시키기까지 했다.[19]

또한 오행의 개념을 황제의 순행에 사용된 의장에도 이용하였다. 고려 황제의 법가의장에는 오행에 관련된 기치가 많이 나타난다. 먼저 오방기五方旗가 있는데, 오방기는 그 방색方色에 따라 배열되었으며 깃발 하나에 인장교引將校 1명과 협군사夾軍士 2명이 지지하였다. 그리고 의장의 중앙에는 오방용중기五方龍中旗 5개를 두어 각각 방위의 빛에 따라 세웠는데, 깃발 하나에 인장교 1명과 협군사 10명이 배치될 정도로 거대하였다. 또한 오색용기五色龍旗 2개를 좌우에 두었는데, 깃발 하나에 인장교 1명과 협군사 10명이 지지하였다.[20]

이와 함께 황제의 의장에만 보이는 황기린중기黃麒麟中旗, 백상대기白象大旗, 군왕만세중기君王萬歲中旗이 배치되어 있으며, 의장의 남쪽에는 주작중기朱雀中旗를 두었다. 조선에서는 황기린중기黃麒麟中旗와 백상대기白象大旗는 의장에 전혀 나타나지 않고 있으며 군왕만세중기君王萬歲中旗는 군왕천세중기君王千歲中旗로 되어 있다. 그러므로 고려국은 황제의 나라에 맞는 의장을 갖추고 있었음을 알 수 있으며, 반면 조선은 제후국의 반열에 맞추

---

[18] 『고려사』 권53, 「五行志」.
[19] 백성들에게 질병이 들면 그것은 겨울에 얼음이 얼지 않는 것과 같은 尙燠의 기상이상 때문이며, 이것은 결국 정치가 느슨해진 결과이므로 군주는 명철한 지혜로 이를 바로 잡아야 한다는 논리였다.(정구복 외, 『고려시대연구』 Ⅷ, 한국학중앙연구원, 2005, 8~11쪽)
[20] 『고려사』 권72, 「鹵簿」, 法駕.

어 의장을 두고 있다.[21]

　조선과 고려의 의장은 종류와 위치만이 아니라 그 크기에서부터 큰 차이를 보이고 있다. 의장 깃발에서 맨 앞에 위치하는 홍문대기紅門大旗 2기의 경우, 고려는 인장교 1명에 협군사 20명씩을 배치하고 있으며, 조선은 보통 1~3명이 지지하고 있어서 깃발의 규모면에서 큰 차이를 나타낸다. 또한 고려 의장기에는 도교의 신으로 추앙받는 서왕모대기西王母大旗[22]가 있어서 음양오행 사상이 깊게 관련되어 있음을 짐작하게 한다. 이외에 고려는 국교가 불교이기 때문인지 의장기에 사자기獅子旗가 있다. 그런데 사자기의 배열과 색깔은 오행에 따라 황사자기黃獅子旗, 적사자기赤獅子旗, 흑사자기黑獅子旗, 백사자기白獅子旗, 청사자기靑獅子旗 등으로 되어 있다.[23]

　이처럼 고려는 외래 종교와 사상을 혼합하여 의장기에 도입하고 있어서 다원적인 상징체계가 공존하였음을 알 수 있다.[24] 반면 조선의 의장은 명나라의 기준으로 배치하였다. 행행의 의장을 책임지던 예조에서는 의장의 연원을 중국에 두고 있다고 하였다. 예조에서는 조선의 의장과 문물은 모두 중국의 제도를 따르고 있으며 이에 따라 참고자료로『대명회전大明會典』을 이용하였다.[25] 조선왕조가 유교를 국시로 개창한 국가로서 명나라의 제도를 추종했다는 것은 당연한 결과일 것이다. 그러므로 행행의장의 경우에도 명나라의 것을 이용하려 했을 것은 충분히 짐작할 수 있겠다.

　그렇지만 실제로 조선의 의장은 명나라 외에도 고려의 것을 답습하였다. 태조가 등극할 때 의장을 갖추고 있었다는 기사를 보면, 왕조 개창시기 새롭게 의장을 만들 여력이 없었음을 짐작할 때 고려의 의장을 그대로 사

---

21)『고려사』권72,「鹵簿」, 法駕.
22) 서왕모대기는 조선은 물론 중국 역대 왕조에도 없으며 고려에만 나타나고 있다.
23)『고려사』권72,「鹵簿」, 法駕.
24) 김일권,「고려시대 다원적 至高神 관념과 그 의례사상적 배경」,『한국문화』29, 2002.
25)『인조실록』인조 4년, 윤6월 24일(갑자).

용했음을 알 수 있다.²⁶⁾ 그리고 의례 시작과 진행 상황을 알려주는 의장기의 위치와 기능도 크게 변하지 않았다. 고려와 마찬가지로 조선의 의장기는 방위의 색깔에 따라 기를 세웠으며 깃발과 금고金鼓의 움직임에 따라 의례 참여자들이 움직이도록 하였다.²⁷⁾

또한 명 이전의 왕조에서도 의장의 예법을 받아 들였다. 세종대에는 당나라의 제도를 고증하여 황후의 노부鹵簿에 산선傘扇과 화개華蓋의 수가 많은 것을 알고 중궁中宮의 의장에 공작선孔雀扇 6개, 푸른 일산과 붉은 일산을 각각 2개씩 더 마련하게 했다.²⁸⁾ 이렇게 정리된 의장은 그림으로 왕실에 보관하였는데 세종은 안견安堅에게 동궁 의장의 대소가의장도大小駕儀仗圖를 그리게 하였다.²⁹⁾

조선의 의장은 태종대에 개편되기 시작하였다.³⁰⁾ 태종은 조회朝會에 사용되었던 의장이 낡고 퇴색되었다면서 새롭게 제작하도록 지시하였다. 이후 의장에 대한 고증은 문헌을 통하거나 조선초부터 궁중에서 작성한 의장도를 참고하였다. 이에 따른 의장의 변화가 몇 번 나타나는데, 세종대『두씨통전杜氏通典』과「중궁거동도中宮擧動圖」를 참고하여 백택기白澤旗 2, 금장도金粧刀・은장도銀粧刀 2, 절節 4, 금월부金鉞斧 2, 금등金鐙 4, 금직과金直瓜 2, 은직과銀直瓜 2, 금횡과金橫瓜 2, 은횡과銀橫瓜 2개 등을 제조하여 노부에 추가 하였다.³¹⁾ 이때 완성된 중궁의 의장은 조선말기까지 지속되었다.

세종대에 의장의 수는 크게 줄어든다. 세종은 의장의 구성을 조정하기

---

26) 『태조실록』 태조 1년, 7월 17일(병신).
27) 『세종실록』 세종 3년, 6월 1일(임진).
28) 『세종실록』 세종 14년, 4월 26일(갑인).
29) 『세종실록』 세종 30년, 3월 5일(경인).
30) 『태종실록』 태종 11년, 6월 11일(경자).
   命新儀仗. 上曰, 於衙朝見儀仗年久無色, 須令新造, 語曰, 致美乎黻冕, 非敢好侈也, 且中國以我邦爲東夷, 則儀仗不可不新也.
31) 『세종실록』 세종 22년, 2월 22일(을미).

위해 고려의 의장을 비교하였다. 고려의 의장에 대한 자료는 김첨金詹의 집에 소장되었던 「의장도儀仗圖」였다. 이 책에 의하면 고려의 의장은 100여 개에 달하였으며, 세종은 그것을 참고하여 절반으로 줄이도록 하였다.32) 세종이 조선의 의장을 고려조에 비해 반으로 줄였다는 것은 역사적으로 큰 의미를 지닌다. 앞서 언급했듯이 고려는 황제국으로 그것에 걸맞는 황제 의장을 두었던 것이다. 반면 조선은 개국초부터 명과의 차등적인 관계가 우선이었으며, 이에 세종은 제후국의 반열에 맞게 의장의 수도 감소시킨 것으로 생각된다.33)

이와 같이 조선의 의장은 고려의 것을 계승하면서 변화되었다. 그리고 세종과 중종, 성종 등 왕실의 의례를 정립하던 시대를 지나 정착된 의장은, 왜란과 호란을 겪으며 산일散逸되고 축소되는 경우는 있었지만 대부분 큰 변화 없이 동일하게 유지되었다. 주목되는 점은 조선 초부터 국왕에 의해 진행되던 의장에 관한 논의가 후기로 갈수록 거의 사라진다는 점이다. 현전하는 연대기 자료상으로 보면 아예 언급조차 없는 국왕대도 많이 보인다.

또한 설령 의장에 대한 언급이 있다고 해도 새로운 의장을 첨가하거나 혹은 기존의 것을 줄이는 모습은 보이지 않는다.34) 그것은 현전하는 의궤의 반차도를 통해서도 증명되는 부분이다. 앞서 가례반차嘉禮班次와 부묘반차祔廟班次에 동원된 의장을 비교할 때 알 수 있듯이 인조 이후 국왕들의 의장은 큰 변화 없이 고종대까지 지속되고 있다. 그러므로 조선의 의장도

---

32) 『세종실록』 세종 13년, 7월 19일(신사).
33) 이성무, 『조선왕조사』 1, 동방미디어, 1998.
34) 국왕의 행행에서 기우제와 같이 비정기적이며 특수한 제사에 임할 때 의장을 대폭 줄이는 경우는 있었다. 1734년(영조 10) 영조가 사직단에 행행하여 기우제를 지낼 때 의장을 줄이고 日傘도 펴지 말도록 하였다. 이에 도승지 李德壽가 일산만은 펴도록 청하여 사용할 수 있었다.(『영조실록』 영조 10년, 7월 29일(임인))

그 자체가 지니는 상징성의 효과를 일찍부터 발휘했으며, 그 효용성은 조선후기에도 지속되었음을 짐작할 수 있다.

의장에서 그 상징적 기능을 제대로 드러내지 못하는 것은 몇 번이라도 바뀌는 것이 당연한 것이다. 그럼에도 조선초에 형상화된 의장이 별다른 지적 없이 지속적으로 사용되었다는 사실은 왕실 의례를 거행하는데 전혀 지장이 없었음을 보여준다. 그리고 왕실 의례를 집행하는 자들이 의장의 중요성을 알고 있었는지의 여부를 떠나서 한번 정착시킨 의장을 바꾸려는 시도조차 거의 하지 않았음을 알 수 있다. 왕실 의례는 법률적이고 정치적인 구조가 아니다. 그럼에도 의례는 왕실구성원에게 사고하고 행동하기를 촉구하는 형태로 움직였다.

의례를 통해서 구조 안에 있는 여러 가지 지위의 관계와 그런 지위를 가진 사람들 사이의 관계가 재구성되기 때문이다. 의례는 시간이 지날수록 안정적인 사회 구조체계를 양산하면서 다종다양多種多樣한 구조상의 역할 기능을 산출한다. 그로 인해 사람들이 자신의 위치는 왕조국가의 산물이며, 국왕과 왕실은 궁극적으로 일체의 행위를 초월한 권위를 가지고 있다는 생각을 가지게 된다. 그래서 의례 설행設行의 시간이 지나면서 의례진행의 종사자들은 순종과 침묵으로 일관하는 모습을 보인다. 의례는 시간이 지날수록 국왕을 비롯한 개인이나 집단에게 전통과 문화가 되는 것이다. 또한 국왕의 권위가 명백하게 규정되어 있는 구조적인 형태가 의무적으로 계속 수행하는 존재로 자리 잡게 되기 때문이다.[35]

이런 현상은 앞서 설명한 의장이 지니는 상징성 때문일 것이다. 조선조의 왕실 의례 집행자들이 의장을 중요한 대상으로 인식했는지는 몰라도 그들이 한번 의장물의 상징적 개념에 젖어들면서 더 이상 개선의 여지가 필요 없다고 생각했다는 것은 매우 중요한 것이다. 바로 이런 점 때문에

---

[35] 터너, 『의례의 과정』, 한국심리치료연구소, 2005.

왕실을 대표하는 상징인 의장은 왕조의 소멸기까지 계속되었다.

2) 행행과 의장의 의례적 관계

조선 왕조에서는 국왕과 왕실의 통치권위를 예적 질서로 표현하는데 주력하였다.[36] 예적 질서란 예측과 조절이 가능한 규정된 공간 내에서 의례적으로 강요되고 따르는 통치 지배구조를 말한다. 국가의 통치구조가 물리력을 통한 강제적인 지배 형태가 아닌 민인民人의 자발적인 순종을 유도하는 사회구조이다.

또한 조선은 농업 중심의 종법공동체宗法共同體 사회라고 볼 수 있어서 경제적으로 사람들을 서로 고립되게 하고 인격적으로 서로 의존하게 만들었다고 가정할 수 있다. 종법공동체는 유럽의 봉건제처럼 합의를 기초로 한 계약관계가 아니라 국왕과 같은 초인적인 권위에 추종할 수밖에 없는 사회구조이기 때문이다.[37]

조지프 캠벨이 말했듯이 모든 생활은 구조로 볼 수 있다. 조선사회를 비롯하여 사회관계가 이루어지는 인간의 모든 영역에서는 의식화된 절차가 그 의례의 주인공을 비개인적인 존재로 만들고 그들을 그 자신이 아닌 존재로 변형시킨다. 따라서 그들의 행동은 그들의 것이 아니라 사회 그 자체의 움직임인 것이다.[38] 어느 사회에서나 집단적 원칙과 규칙이 없는 상황은 곧 질서의 파괴와 사회구조의 파멸을 의미하는 것이 그 반증일 것이다.

이런 의미에서 국왕이 중심이 되어 거행하는 의례나 행행은 조선왕조

---

[36] 임민혁, 「조선초기 예치사회를 향한 수도한성 건설계획」, 『서울학연구』 27, 2006.
[37] 친후이(秦暉)·쑤원(蘇文), 『전원시와 광시곡』, 이산, 2000.
[38] 조지프 캠벨, 『신화와 함께 하는 삶』, 한숲, 2004, 63~81쪽.

의 사회구조를 정면으로 드러내주는 모형이라고 할 수 있다. 매년 정해진 기일에 동일한 공간에서 화려한 의장속의 변함없는 지배계층의 모습은 시간이 흐르면 흐를수록 민인들에게 사회공간의 의례화를 심성적으로 만들어내는 결과를 야기했다고 생각된다. 피지배자가 지배자의 권력 안에 내재된 형태를 자연스럽게 자리매김하는 현상이기도 하다.[39]

이런 현상은 단순히 몇 번의 행행과 일이년 사이에 발생할 수 있는 것이 아니다. 수십, 수백 년간 역대의 국왕들을 거치면서 천천히 사람들의 심성 속으로 자연스럽게 젖어 들어간 결과이다. 화려하게 그 상징성을 내뿜는 의장물을 지켜보지 않아도, 국왕이 가마 속에 있어서 잘 보이지 않더라도 이미 사람들의 심성에는 그 존재들이 각인되어 스스로 인식하게 작용하는 것이다.

역대의 국왕들은 이런 민인의 심성을 잘 파악하고 있었다고 볼 수 있다. 속칭 신권이 왕권과 대등한 관계에 있었다는 경종, 헌종, 철종대에도 국왕이 민인을 대면하는 행행은 지속적으로 이루어졌기 때문이다. 그래도 행행을 이용하여 자주 민인과 접한 국왕은 영조와 정조가 대표적이겠다. 영조와 정조는 어느 왕들보다 잦은 행행을 거행했으며[40] 이를 계기로 왕실의 권위는 물론 그 존재성을 더욱 더 깊게 신료와 민인들에게 주입시켰다고 생각된다.

행행의 대열이 지나가는 공간에서 국왕을 중심으로 민인에 이르기까지 의례화된 공간이 연출되기 시작한다. 행행의 의장 반차는 의례의 차별적인 질서를 형상화하는 도구로 작용하게 된다. 의장이 위치하는 방향은 예가 올려지는 최상위자인 군주를 기준으로 정해졌다. 권력과 지배구조의 공간을 축약적으로 재현하는 의장 배열에서 국왕은 항상 그 중심이었던 셈이

---

[39] 줄리언 제인스, 앞의 책.
[40] 이왕무, 「영조의 私親宮・園 조성과 幸行」, 『장서각』 15, 2006.

다.[41] 국왕을 중심으로 의장에서 가장 큰 상징성을 지닌 의장물이 위치하였으며 그것을 중심으로 하위 개념의 의장이 외적으로 퍼지면서 방사선 구조를 나타내었다.

아래 〈표 V-1〉의 행행 반차를 보면 어연御輦 부근에 둑기, 교룡기, 황룡기와 같은 국왕의 상징 의장기를 중심으로 전후에는 사방을 수호하는 사신기四神旗와 왕권을 상징하는 무구武具들을 두었으며 그 외곽으로는 호위 군사가 에워싸는 구조였다. 따라서 행행은 국왕을 중심으로 한 작은 동심원 형태의 구조를 지닌 정치적 공간이었다고 할 수 있다. 이러한 구조가 어떻게 작동했는지는 몰라도 왜 작동해야 하는 이유가 필요한 것과 같은 이치일 것이다. 일반적으로 사람들은 체제가 작동만 되면 그 원리와 이유는 별로 신경 쓰지 않는 인성을 지니고 있기 때문이다.

이와 같이 행행은 국왕을 중심으로 문관과 무관 관료층과 군인이 각각 정해진 의장 배열에 따라 집단을 이루어 대외적으로 만민에게 보이며 움직이던 조선왕조 지배 집단의 정형화던 모습이었다. 이 행행 집단전체의 결속을 주는 국왕의 목소리는 의장을 통해 공간에 시각적으로 나타나게 된다. 국왕의 모습은 눈으로 보이는 것만이 아니라 법과 의례와 같이 사회적 응집력을 발생시킬 수 있는 매개를 통해서도 충분히 전달될 수 있다. 그래서 행행에 이용되던 기치와 기물들은 국왕과 왕실의 존재를 말하는 의장물인 것이다.

행행의 대열 안에서 깃발을 날리며 지나가는 의장은 시각적인 상징 이상으로 사람들을 매혹시켰다. 고대부터 내려오는 음양오행의 상징을 내포하고 있는 의장물은 국왕과 신료, 민인들에게 작은 우주질서의 지상 재현이라는 착각을 불러일으킬 만 하였다. 왕조국가에서 누구나 태어나면서부터 천체에 떠 있는 해와 달, 그리고 그 주변을 맴도는 다섯 행성을 보면서

---

[41] 유일환, 「古代 中國에 있어서의 禮의 方位 問題(1)」, 『철학』 78, 한국철학회, 2004.

성장한다. 이러한 삶의 현장에서 천체, 곧 우주 질서에 대한 경외敬畏는 그 우주를 지상으로 재현한 왕실로 이어졌으며, 이러한 왕조질서에 대한 개념이 수시로 거행되던 국왕의 행행에 의해 조성되던 공간을 통해 민인들에게 주입되었다고 보는 것이다.

2. 반차도와 의장 체계

반차班次란 반행차제班行次第의 준말로 능행과 같은 행행 행렬에 동원되는 인원과 의장의 순서를 가리키는 말이다.[42] 이 반차를 그림으로 표현한 것이 반차도이다. 반차도는 왕실 행사의 한 과정을 도설한 그림을 말하며, 기치旗幟, 의장, 의물儀物, 수행원의 종류와 위치를 그린 행렬도가 대부분으로 의식에 동원된 관원과 의물의 정해진 위치와 순서, 숫자 등을 행렬도로 표현한 것이다. 또한 반차도는 행행과 밀접한 그림으로 행행의 구성은 물론 반차에 포함되어 있는 의장들의 상징성을 잘 보여주기도 한다. 그리고 그 상징성은 국왕의 권위를 대변해 주는 것이다.

---

[42] 『승정원일기』 숙종 20년, 8월 24일(기미).
　　傳曰, 自前大小擧動時, 駕後極其紛紜, 故今春獻陵幸行時, 因傳敎有變通之事矣, 今番謁聖擧動時, 別雲劍寶劍及侍衛諸將, 並陪從於駕後, 朝家之變通, 曾未一年, 不爲遵奉至此, 已極未安矣, 今觀陵幸時班行次第別單, 寶劍等, 又置於次行, 尤極不當, 使之改入, 曹啓曰, 命下矣, 今此陵幸擧動時 陪從班次磨鍊之際, 取考謄錄, 則自前侍衛諸臣, 皆在於駕後, 而獨於今春獻陵幸行時, 寶劍別雲劍侍衛, 在於駕前, 故未知其由, 問於下吏, 則此是因傳敎變通之事耶云, 則答曰, 別無捧承傳之事, 而其時判書在賓廳, 磨鍊以入云, 臣意以爲, 此出於一時變通, 而不知有定式, 不復啓稟, 只依舊例曚然磨鍊以入, 致勤聖敎, 臣之昏錯之失大矣, 不勝惶恐之至, 侍衛班次, 依獻陵幸行時, 磨鍊以入之意, 敢啓. 傳曰, 知道.

1) 의궤의 반차도와 행행반차도

조선왕조의 건국과 함께 거행된 수많은 왕실의 행사는 의궤를 비롯한 많은 문서와 책자에 기록되었다. 그 중 의궤는 대표적인 왕실 행사 보고서로서 의례 행사의 모범 즉, 궤범軌範을 말한다. 의궤는 조선에서만 편찬된 책으로 왕실 행사의 전말을 보여주며, 의례의 시대적 변화를 문자와 그림을 통해 시각적으로 전달해주고 있다.[43]

의궤는 조선초기부터 제작되었다. 1411년 태종은 예조에 종묘의 천신법薦新法을 상고하게 하면서 앵도櫻桃를 천신하는 것이 의궤에 기재되어 있으니 반드시 5월 초하루와 보름 제사에 겸행하게 했다.[44] 그리고 의궤에 없다는 이유로 대국제大國祭를 혁파하였다.[45] 또한 태종은 의궤를 상고하여 종친宗親과 대신大臣의 국장격례國葬格例를 정하였다.[46] 세종대에도 의례의 상고와 개정에 의궤가 자주 사용되었다. 1419년 정종의 상제喪制를 예조와 의례상정소儀禮詳定所에서 태조의 상장의궤喪葬儀軌를 참작하였으며,[47] 1425년(세종 7)에는 태종과 원경왕후의 상장의궤를 3벌씩 만들어 예조와 충주 사고史庫, 가각고架閣庫에 나누어 보관하여 의궤의 관리에 정식을 마련하였다.[48]

연산군대에도 대사례大射禮의 음식 수효와 술잔爵 수효를 사옹원으로 하여금 성종대의 의궤를 상고하여 장만하게 했으며,[49] 1566년 문정왕후의 상장의궤 제작에는 정현왕후의 의궤를 참고하게 하여 대대로 왕실의 행사

---

[43] 한영우, 『조선왕조 의궤』, 일지사, 2005, 31쪽.
[44] 『태종실록』 태종 11년, 5월 11일(신미).
[45] 『태종실록』 태종 11년, 7월 15일(갑술).
[46] 『태종실록』 태종 12년, 8월 28일(경진).
[47] 『세종실록』 세종 1년, 9월 27일(기사).
[48] 『세종실록』 세종 7년, 11월 24일(기미).
[49] 『연산군일기』 연산군 8년, 2월 28일(신미).

를 거행할 때 의궤를 중심으로 하였음을 알 수 있다.

이와 같이 조선의 건국과 함께 제작된 의궤는 왕실의 의례와 행사의 진행을 후대에 전달할 수 있는 매개로서 작용하였다. 또한 의궤에는 국왕의 행행을 비롯한 각종 의례 행사가 채색으로 그려져 있어서 정확한 행사의 진행을 가능하게 했다. 물론 채색화가 아니라 반차의 배위配位만을 글자로 표시하여 도표처럼 그려진 경우도 있지만 이것은 보조적인 수단이며 시각적인 한계가 있는 것이다.

그런데 조선왕조 건국초기부터 제작되었던 역대의 의궤들은 임진왜란과 양차의 호란을 겪으면서 모두 산일되어, 정부의 어느 관서에서도 의궤에 기재된 내용을 근거로 행사를 치를 수 없게 되는 지경에 이르렀다.[50] 심지어 1600년 병조에서 선조의 왕비였던 의인왕후懿仁王后 박씨의 산릉을 조성할 때 산릉과 관련된 의궤가 없어서 동원할 역군役軍의 수를 정할 수 없는 사태가 발생하기도 했다.[51] 따라서 조선전기의 의궤는 임진왜란을 전후로 모두 유실되거나 훼손되었음을 알 수 있다.

그럼에도 양차의 전란 이후 다시금 정국이 안정되는 시기에 접어들면서 과거의 전례대로 왕실의 행사에는 의궤가 매번 제작되었으며 그 내용이 규범이 되기도 하였다.[52] 숙종대를 거쳐 영조와 정조·순조대에는 다양한 의궤가 제작되었다. 특히 영조와 정조는 전래되지 않던 왕실행사를 구현하고 의궤로 작성하기도 했다.[53] 정조는 사직제를 거행하기에 앞서서 의식의 진행을 알기 위해 사직서의궤를 보려고 하였다가 사직서에 의궤가 없다는 사실을 알고 사직서의 제거提擧에게 제사지내는 의식·제단·관사 및 유래된 사실을 종류별로 나누어 편찬해서 사직서에 비치해 두라고 명하였다.[54]

---

50) 『선조실록』 선조 26년, 10월 4일(갑신).
51) 『선조실록』 선조 33년, 7월 1일(임인).
52) 『영조실록』 영조 27년, 12월 19일(신유).
53) 한영우, 앞의 책, 882~924쪽.

위와 같은 시대적 배경에 의해 현전하는 의궤들은 모두 조선후기의 것이 대부분을 차지하고 있다. 그 중에서 국왕의 행행과 직접 관련된 것은 국왕의 혼례에서 친영이 실린 가례와 원행을 기록한 것, 진찬과 진연 의궤 등을 예로 들 수 있다.55) 그리고 부묘시 종묘로 향하는 신주의 행렬도 행행의 한 형태로 볼 수 있다. 국왕은 서거 후에도 생시와 동일하게 대우한다는 것과 부묘의 행렬이 행행시와 동일하게 거행된 것을 감안한다면 부묘도감 의궤도 행행과 연관지을 수 있겠다.

한편 국왕의 행행은 국왕이 탄 말이나 가마를 중심으로 기치와 군기, 관원과 군병들이 각자의 지위와 위상에 맞게 열을 지어 나아갔는데 그 행렬을 반차라고 하였다. 반차란 넓은 의미로는 행행의 대열만이 아니라 관직상의 지위고하와 신분상의 우위를 도열하는 것을 말하기도 한다. 그러나 조선후기 연대기 자료와 각종 왕실 관련 기록에서 반차는 국왕의 행행에 동원된 사람들의 위치를 의미하는 것이다.

행행에 참여하는 사람들의 반차는 엄격하여 대소 신료가 각자의 지위와 소속에 따라 서로 넘지 못하였으며, 만일 반차를 어기고 대열을 어지럽히면, 유사攸司가 규찰糾察을 가하였다.56) 이러한 행행의 반차는 국왕의 다양한 의례 행사에 따라 매번 거행되던 행렬이었으므로 행사의 전말을 기록하던 의궤에 기록하거나 혹은 반차만을 그림으로 그린 각종 반차도를 작성하였다.

의궤에 실린 반차도는 의궤의 종류와 시대에 따라 다양하게 작성되었다. 의궤의 반차도는 행사의 일부나 전체를 채색화로 나타내었다. 반차도는 책례와 가례, 존숭과 존호, 부묘 등의 의궤에 주로 실려 있다. 이 의궤들

---

54) 『정조실록』 정조 7년, 1월 8일(경자).
55) 한영우, 앞의 책, 160~619쪽; 외교통상부, 『파리 국립도서관 소장 외규장각 의궤 조사 연구』, 2003.
56) 『태종실록』 태종 8년, 12월 4일(정축).

에 실린 반차도에는 행행이 아닌 반차만이 실려 있어서 국왕이 없는 경우도 있다. 그러나 반차도에는 국왕을 상징하는 교명, 보인, 책문, 신주, 기치 등이 의장물과 시위군에 의해 대열을 이루고 있어서 행행 반차도에 버금가는 자료로 활용할 수 있다.

그리고 반차도는 의궤에도 기재되었지만 등록에도 실려 있었다. 1661년(현종 2) 장렬왕후莊烈王后의 존숭도감 등록에 실린 반차도를 참고하여 고취의 위치를 조절하였다.[57] 그리고 예조등록에 기재된 반차도의 모습에 따라 왕자 이하의 반차와 복색을 결정하기도 하였다.[58] 또한 반차도의 내용은 왕실의 행사만이 아니라 『오례의』의 주요 내용을 선정해서 「오례의 반차도」와 「전좌도殿座圖」를 만들기도 하였다.[59]

반차도는 조선전기부터 등장하고 있다. 1470년(성종 1) 성종은 예종의 발인에 방상씨의 유무를 논하면서 "세조의 발인 때에는 5~6명의 중이 받들어 가지고 걸어가면 아미타불阿彌陀佛을 먼저 이끌고 갔는데, 지금 이것을 모방하여 하려고 한다."고 했다.[60] 따라서 적어도 성종 이전에는 발인반차도가 존재했음을 시사해주고 있다.

물론 태종대에도 조회에서 반차를 정하는 것에서 반차도가 존재했을 것으로 볼 수 있다.[61] 그리고 세종대에도 발인반차의 행렬을 설명한 것[62]과 의장의 수치를 정하는 와중에 고려시대의 의장도를 참고했다는 기록[63]에서 반차도의 제작이 성종대보다 먼저 시작되었음을 짐작할 수 있겠다. 그리고 발인반차도는 조선후기까지 지속적으로 제작되었다.[64]

---

[57] 『승정원일기』 현종 2년 6월 13일(경인).
[58] 『승정원일기』 숙종 14년, 12월 7일(병오).
[59] 『승정원일기』 영조 20년 8월 24일(무진).
[60] 『성종실록』 성종 1년, 1월 22일(신축).
[61] 『태종실록』 태종 3년, 6월 9일(을묘).
[62] 『세종실록』 세종 4년, 8월 22일(병오).
[63] 『세종실록』 세종 13년, 7월 19일(신사).

반차도 작성의 주목적은 세 가지로 볼 수 있다. 첫째는 국왕이 직접 왕실 행사의 진행 상황을 주관하거나 행사의 변천 과정을 알기 위한 자료로 사용하는 것, 둘째는 왕실 행사를 주관하는 관청과 해당 관서들에서 담당 업무를 확인하고 거행하는 것에 정확도를 높이기 위한 전거로 삼기위한 근거로 삼는 것, 셋째는 왕실 행사를 시작하기 전이나 끝낸 이후에 행사 참고용이나 후대 자료로 사용할 수 있게 하는 것 등이다.

일례로 1757년(영조 33) 영조는 정성왕후의 발인에서 반차도를 직접 보고 이용하려는 모습을 보였다.[65] 영조는 통명전通明殿의 여차廬次에서 발인할 때의 반차도를 올리게 하였다. 그리고 병조에서 의장 배치의 규정을 마련하면서 그 순서와 위치를 반차도에 의거해서 준행하도록 했다.[66]

이와 함께 왕조의 후대로 갈수록 왕실행사의 다변화로 인해 반차도의 제작과 종류도 증가하였다. 국왕의 가례에 따른 친영의식의 증가[67]와 상시도감上諡都監, 추숭도감追崇都監,[68] 존숭도감尊崇都監, 존호도감尊號都監, 천릉도감遷陵都監의 설치에 따른 반차도의 증가가 그것이다. 조선후기로 갈수록 사친의 추숭과 많은 상장례의 거행은 다양한 왕실행사 거행 도감의 설치와 반차도의 작성을 가져왔다. 이외에 반차도를 대외의 관서에 배포하는 것이 반차도의 제작을 증가시키는 일로도 작용되었다. 정조는 조하朝賀의 의식을 반차도를 통해 수정하면서 그 반포를 지시하였다.[69]

그런데 행행 반차도의 제작은 국왕마다 시기적으로 일정하지 않았던 것으로 보인다. 정조는 보위에 오르자마자 반차도를 제작하지 못하고 재위 4년이 지나서야 행행의 모습을 반차도로 제작하였다. 정조는 즉위년부터

---

64) 『순조실록』 순조 5년, 6월 1일(계축).
65) 『영조실록』 영조 33년, 4월 21일(임인).
66) 『승정원일기』 영조 52년, 1월 21일(계사).
67) 이왕무, 「1802년 순조의 嘉禮에 나타난 국왕의 幸行 연구」, 『장서각』 14, 2005.
68) 『승정원일기』 정조 즉위년, 7월 5일(갑술).
69) 『승정원일기』 정조 2년, 4월 20일(경술).

각종 반차도의 제작을 명하기도 했지만[70] 행행 반차도는 만들지 않았다.

정조는 선농단의 관예觀刈를 마친 후 비망기에서 행행시 반차도의 제작을 재위 4년 만에 처음 시작했다면서 반차와 시위를 반차도에 의거하라고 했다. 정조는 1년 전에 행행시 궁궐에 숙위소宿衛所를 설치하면서 병조 판서와 훈련도감에게 대궐 밖과 도성 밖의 행로行路에서는 한결같이 반차도의 법식에 의거하여 표신標信이 없으면, 해방該房 이외에는 내시나 근시를 막론하고 들어오는 것을 허락하지 말도록 하였다. 그리고 행행 중에 행막行幕에 나아가거나 혹 연輦에서 내릴 때가 있을 경우에는 승지·사관은 전대로 들어오는 것을 허락하되, 행로에서 연輦이 머물러 있을 때에는 만일 승지를 입시하게 하라는 명이 있더라도 반드시 표신을 기다려 들어오게 했다.[71]

또한 정조는 당시 제작한 반차도가 참작한 것이 1744년(영조 20)의 반차도라면서 선농단에 행행시 수가隨駕한 군병들의 위치와 출입 등을 반차도에 의거해서 거행하지 않은 것을 논의하였다.[72] 정조 이후에도 반차도는 계속 제작되어 왕실의 행사에 이용되었으며[73] 각종 의궤에도 반차도가 기재되었다.

그런데 현전하는 반차도에서 국왕의 행행이 가장 잘 묘사된 것이 친영이 나타나는 가례반차도이다. 가례반차도는 국왕과 왕세자의 것으로 별궁에서 신부를 데려오는 친영에 참여하는 반차 대열을 묘사한 것이다. 행행인 친영은 국왕의 경우 누락되기도 하지만 왕세자의 것은 대부분 포함되어 있으며, 숙종 이후의 국왕과 왕세자는 모두 친영을 거행하고 있다.[74] 특히

---

70) 『승정원일기』 정조 즉위년, 5월 15일(정해).
71) 『승정원일기』 정조 5년, 윤5월 8일(경술).
72) 『승정원일기』 정조 5년, 윤5월 9일(신해).
73) 『순조실록』 순조 5년, 6월 1일(계축).
74) 이왕무, 「1802년 순조의 嘉禮에 나타난 국왕의 幸行 연구」, 『장서각』 14, 2005, 177쪽.

가례는 왕실의 경사인 국혼國婚으로 행사의 규모가 성대하였다. 대표적인 조선후기 왕실의 가례는, 영조의 1759년(정순왕후), 순조의 1802년(순원왕후), 헌종의 1837년(효현왕후)·1848년(경빈김씨) 가례 등을 들 수 있다.

가례반차도는 가례 행사를 전후해서 제작된 것으로 보인다. 왕비가 궁궐로 오는 것에 관한 반차도[75]와 왕세자빈이 대궐에 이르는 반차도[76]는 예행연습이 필요한 성대한 행렬이었다. 이에 각 관서의 관원이나 시위 군병의 위치와 의장들을 미리 담당자들에게 주지시킬 필요가 있었으며 이때 사용된 것이 반차도이다. 그리고 가례를 마친 후에 당시의 행렬을 반차도로 작성하여 다음대의 국왕과 왕세자의 가례시 참고하게 했다.[77]

가례반차도 외에 왕실의 경사스런 행사는 진연과 진찬이 있으며 이때에도 반차도가 등장하였다. 물론 진연과 진찬의 반차도에는 국왕의 행행이 등장하지는 않는다. 진연과 진찬은 궁궐 내에서만 거행되던 왕실 행사였으므로 궁궐 밖으로 나가는 행행이 있을 수 없다. 다만 국왕과 왕실 구성원, 관료와 군병 등 행사 참가자들의 위차位次를 정하고 연습해야 했으므로 반차도의 작성은 필수였다.

진연과 진찬의 반차도에서 주목할 점은 왕실의 위차를 정확히 그림으로 보여준다는 것이다. 왕실의 위차는 곧 권력의 동심원을 그려 나타내는 것으로 각 시대의 권력 향방을 나타내는 것이다. 그러므로 행행과 같이 국왕의 위의威儀를 드러내고 왕실의 위엄을 표방하는 행사와 동일한 선상에서 볼 수 있기도 하다. 진연과 진찬의 반차도는 행사 때마다 전례를 참고하여 위차를 변경하기도 했으며,[78] 그대로 전번의 행사에 사용된 반차도를 모사하여 사용하기도 하였다.[79]

---

75) 『승정원일기』 숙종 28년, 9월 29일(정축).
76) 『승정원일기』 영조 3년, 9월 24일(정축).
77) 『승정원일기』 영조 20년, 1월 9일(정해).
78) 『승정원일기』 숙종 36년, 4월 20일(을묘).

물론 반드시 반차도에 의거해서 진연을 거행하지는 않았다. 행사가 거행되던 궁궐의 장소에 따라 반차의 변경이 있었기 때문이다. 창경궁의 통명전 주변과 같이 좁은 협곡이나 행사를 거행할 장소가 협소한 경우 전례에 관계없이 새롭게 조정되었다.[80]

이외에 반차도는 왕세자의 책례와 관례시 작성되기도 하였지만,[81] 무엇보다 많은 반차도를 기재하고 있는 것은 발인반차도와 부묘祔廟시 반차도이다. 발인반차도는 왕실에 국장이 생겼을 때 장례를 치르는 행사에 동원되는 인원과 물자의 수치와 위치를 나타낸 것으로 조선초기부터 사용하였다. 다만 발인반차에는 참여하는 인원이 다른 왕실 행사보다 많아서 반차도를 한 지면에 모두 그릴 수 없는 경우도 있었다.

1645년(인조 23) 예장도감에서는 발인 때의 반차를 그림으로 그렸는데, 전후상군前後廂軍의 사대射隊와 여사군轝士軍, 집사군執士軍 및 시위하는 대소인원들을 모두 다 그려낼 수 없어서 반차도의 지면을 짐작하여 숫자를 줄여서 그렸다.[82] 그리고 발인반차도는 평소의 왕실 행사와 달리 재궁梓宮이 나가는 상례喪禮로서 행렬의 전부前部와 후부後部에 고취鼓吹가 있을 수 없었는데, 평소의 반차도 작성대로 해서 오류가 생기기도 했다.[83]

그럼에도 발인시 반차도는 매우 중요한 역할을 했다. 부묘를 위한 연습에서 각종 의례를 절목으로 숙지하는 것은 쉬운 일이 아니었다. 따라서 대부분 반차도를 사용하여 발인의 순서를 연습하였다.[84] 그리고 발인의 연습에 이용하던 반차도는 1부만이 아니라 다양한 관서와 많은 인원이 사용하기 위해 여러 본을 만들어 사용하였다.[85]

---

79) 『승정원일기』 숙종 45년, 9월 23일(임진);『승정원일기』 영조 19년, 9월 10일(기축).
80) 『승정원일기』 영조 20년, 10월 3일(병오);『승정원일기』 영조 42년, 8월 23일(경신).
81) 『승정원일기』 영조 27년, 5월 6일(임인).
82) 『인조실록』 인조 23년, 6월 10일(신유).
83) 『승정원일기』 숙종 27년, 10월 26일(기묘).
84) 『승정원일기』 영조 8년, 7월 23일(정미).

또한 발인반차도는 행행에 참여하는 해당 부서에 따라 각각 구별되어 그려지기도 했지만 대열의 전체적인 모습을 나타내기 위해 한 장으로 하는 것이 일반적이었으며,[86] 전에 거행된 행사를 기록한 등록의 반차도에서 참고하여 작성하기도 했다.[87] 행사의 사전 연습은 3회 이상 거행되기도 했는데, 매번 반차도를 참고하여 행사 인원과 의장의 위치를 정하고 순서를 점검하였다.[88]

그러므로 반차도는 다양한 왕실 행사에 참여하는 국왕을 비롯한 왕족과 관료들의 권력 서열을 그림 상에 배열하여 가례와 발인 등의 의례를 거행할 때 각자의 지위를 인식하여 정확하게 위치와 동선을 익히게 하려는 것이었다. 따라서 반차가 나타나는 왕실의 행사에는 반차도가 그 이름에 맞게 행행의 대열에 참여하는 관원들의 위치를 배정하는데 전거로서 사용되었다.

1784년 가을 정조가 영릉永陵에 행차할 때, 내의원內醫院에서 자신들의 반차班次가 잘못되었다고 하였다. 내의원에서는 관례적으로 반차가 승정원의 뒤이면서 옥당玉堂의 앞을 차지하는데 잘못된 전례로 인해서 가장 뒤의 반열로 밀려났다면서 영릉 행행을 시작으로 하여 내각內閣의 뒤이면서 옥당의 앞에 있게 해달라고 하였다. 이에 정조는 병조에서 반차도를 바로잡도록 명하였다.[89]

그렇지만 반차도에 의해 행행 배열이 정해지고 예행연습을 했다고 해서 행행시 반차가 완벽하게 구성되어 움직이지는 않았다. 1780년(정조 4) 9월 정조의 영릉永陵 능행시, 출궁에 앞서서 반차도에 의거해서 각 관원의

---

[85] 『승정원일기』 정조 2년, 4월 15일(을사).
[86] 『승정원일기』 영조 7년, 7월 18일(기묘).
[87] 『승정원일기』 영조 즉위년, 11월 25일(을축).
[88] 『승정원일기』 영조 15년, 5월 6일(신해).
[89] 『정조실록』 정조 8년, 8월 9일(임진).

위치를 미리 선정했음에도 금군진禁軍陣이 승지의 앞에 오지 않고 승지가 금군진의 뒤에 위치하여 원래 정한 반차대로 하지 않는 모습을 보이는 경우가 있었기 때문이다.[90]

한편 의궤에서와 같이 발인 때에도 반차도는 전례에 맞추어 행사를 거행하는데 용이하게 사용되었다. 1805년 정순왕후의 국장에서 발인 때의 반차도는 1757년(영조 33)에 제작된 등록에 의거하여 작성되었다. 당시 예조에서는 발인에 임하는 국왕의 반차를 『오례의』와 『상례보편喪禮補編』에서 찾을 수 없어서 1632년(인조 10) 인목왕후仁穆王后와 1674년(현종 15) 인선왕후仁宣王后의 국휼 등록에 소가小駕로 했던 예에 의거하여 마련하였다 그리고 발인 반차도에도 소가小駕로 도가導駕하게 하는 것으로 다시 이정釐正하였다.[91]

이와 같이 국왕의 행행에서 반차도는 행사의 원만한 진행과 역사적 전거를 남기기 위해 제작되었으며 가례의 친영, 발인, 진연과 진찬 등에 나타났다. 현전하는 가례도감의궤에서 국왕의 행행인 친영 반차도는 조선전기부터 거행되었던 국왕의 행행이 어떻게 계승되었으며, 각 시대별로 어떻게 변화의 양상을 지니는지 보여주고 있다. 더욱이 의궤에 실린 반차도는 일반 행정관서의 반차도와 달리 국왕이 열람하던 것임을 감안할 때 그 정확성과 신뢰성이 높은 것이다. 그러므로 의궤에 실린 반차도를 통해 행행 의장의 구성과 시대적 변화를 살필 수 있으며, 그것을 통해 행행 의장의 상징성을 파악할 수 있다.

---

90) 『승정원일기』 정조 4년 9월 2일(정축).
91) 『순조실록』 순조 5년, 6월 1일(계축).

2) 능행 반차의 의장 구성

1744년(영조 20) 영조는 경희궁 홍정당에서 호조판서 김약로金若魯, 예조판서 이종성李宗城 등과 내연內宴 습의習儀에 대해 의논하면서 의장의 상징성과 의미를 천명하였다. 그리고 한나라 고조가 숙손통에 의해 궁중 의례가 갖추어지자 황제의 존귀함을 알았다는 사기의 고사를 인용하면서, 자신도 『오례의五禮儀』가 완성된 후 왕자의 존귀함을 알았다면서 내연內宴에 사용할 의장儀仗 등을 『오례의』에 준하여 설행할 것을 명하였다.[92]

의장儀仗은 고도의 상징성을 지닌 매개이므로 행행에서 국왕의 권위와 위의를 상징적으로 대변해준다. 조선전기부터 거행된 각종 행행의 반차에 나타나는 의장이 그것을 증명해주고 있다. 원래 반차는 행행의 대열만이 아니라 왕실의 각종 의례에 사용되던 의식용 기구의 배치를 의미하기도 했다. 그런데 조선초기부터 의장의 진열을 법식대로 하지는 않았다. 경복궁을 기준으로 의장은 근정전의 좌우에 벌여 놓는 것인데, 각 관사官司의 반차 뒤에 벌여 놓았다. 이에 세종은 동·서반의 북쪽, 일화문日華門과 월화문月華門의 길 남쪽에 동서로 서로 향하여 세 줄로 나누어 늘어서게 할 것이며, 모화관과 태평관에서는 뜰 안이 좁으니, 전례대로 벌여 서게 했다.[93]

그러므로 왕실에서의 의장은 조회나 사신의 영접, 진연과 진찬 등의 왕실행사 때 전각의 좌우에 진열하는 것과 그 의장을 행행시 시위군과 배열을 갖추어 행진하는 것을 말한다. 그런데 현전하는 반차도는 인조 이후의 것이므로 연대기 자료에 실린 발인반차도의 변화를 통해 반차도의 의장 구성 변화를 유추할 수밖에 없는 실정이다. 발인반차가 일반적인 국왕의

---

[92] 『승정원일기』 영조 20년, 9월 19일(계사).
[93] 『세종실록』 세종 15년, 10월 8일(정사).

행행 반차와는 그 성격이나 규모면에서 차이가 있지만 국왕의 행행 반차를 포함하고 있는 것은 분명하기 때문에 조선전기 국왕의 행행에서 반차에 포함된 의장의 변화를 살피기에 적당하다고 본다.

발인반차도에 대한 기록은 세종대부터 보인다. 1422년(세종 4) 예조에서 작성한 발인반차도에서 행행과 관련된 반차를 뒤에서 앞으로 나가는 순서대로 정리하면 다음과 같다.

    射牌 3
    旗・纛・錚・鼓
    槍牌1
    監察2
    文武官員
    王世子
    侍臣
    行首內侍
    備身扶策
    承政院
    忠義衛・別侍衛・節制使
    都鎭撫・三麾錚鼓・兵曹掌軍節制使・兵曹鎭撫
    槍牌
    標旗・兵曹鎭撫
    左右司禁・節制使・內禁衛・內侍衛・各番節制使軍官
    衣襨差備・內速古赤
    備身・笏
    司禁・丹槍步甲士・還刀步甲士・別笏・步甲士・別雲劍・還刀步甲士・丹槍步甲士・司禁

還刀步甲士・丹槍步甲士・素陽扇2・還刀步甲士・丹槍步甲士

還刀步甲士・丹槍步甲士

大駕

還刀步甲士・丹槍步甲士

內禁衛1・2番・丹槍光甲步甲士・環刀鎖子步甲士・素陽繖・環刀鎖子步甲士・丹槍光甲步甲士・內禁衛1・2番

內禁衛一二番・雲劍・內禁衛一二番

內禁衛三番・別闕達・內禁衛三番

忠義衛1・2番・尙瑞司・忠義衛1・2番

忠義衛3・4番・闕達・忠義衛3・4番

別侍衛左右一二番・吹螺赤・別侍衛左右一二番

國葬都監・殯殿都監

司禁2

仁壽府祿官

行首牽龍

內官

宮人

望燭內官20

望燭權務 480

炬火500

望燭・火鐵籠 40・望燭

後殿大旗・玄武旗・後殿大旗

靑陽扇2

白燭籠2

紅陽繖

上馬臺

靑燭籠2

紅燭籠2

假水精杖・金鉞斧

龍扇2

雀扇10

紅蓋2

鳳扇8

靑蓋2

金鼓2

假金鉞斧4・假銀鉞斧4

旌2・平兜鍪・旌2

旄節4

罕・畢

靑陽繖2

假金斫子4・假銀斫子

校椅

金骨朶子6・銀骨朶子6

金鼓

幢4

灌子・盂子

金粧刀2

校椅

銀粧刀2

君王千歲旗

金鐙10

碧鳳旗2

哥舒奉10

鼓字旗・金字旗

駕龜仙人旗2

令字旗2

熊骨朶子6

金・鼓

豹骨朶子6

玄鶴旗・白鶴旗

龍馬旗2

天下太平旗

角瑞旗2

角旗2

白澤旗2

朱雀旗

丁丑旗・丁亥旗

丁酉旗・丁卯旗

丁未旗・丁巳旗

朱雀旗・靑龍旗

白虎旗

金・鼓

玄武旗・黃龍旗

紅門大旗・紅蓋・紅門大旗

槍牌2

射牌3[94]

---

[94] 『세종실록』 세종 4년, 8월 22일(병오).

1457년(세조 3) 의경세자懿敬世子의 발인반차도는 다음과 같다.

烏杖10

忠贊衛

麒麟旗2

玄鶴旗・白鶴旗

熊骨朶子・豹骨朶子

令字旗2

金鐙・銀鐙

金立瓜・銀立瓜

金・鼓

雀扇2・靑蓋2・雀扇2

平時冊腰轝

諡冊腰轝

諡印腰轝

國葬都監2

紅燭籠

靑燭籠2

靑陽繖

白燭籠・香亭・白燭籠

內侍

靑扇2

火鐵籠20

國葬都監1

炬火300

望燭300

羽葆

香亭

銘旌

大轝

宮人

內侍

烏杖4

斂殯都監

國葬都監

宗親1・議政府1・六曹1・臺諫1

義禁府・鎭撫2[95]

조선전기 발인 반차에 동원되던 주요 의장을 보면 기치旗幟와 산선繖扇, 군기軍器 등 3종류의 58개가 있으며, 개별수치는 기재된 것을 정리한 것이다. 위의 반차 내용을 정리하면 다음과 같다.

○ 旗幟: 纛, 後殿大旗2, 玄武旗, 旌4, 旌節4, 罕, 畢, 哥舒奉10, 金骨朵子6, 銀骨朵子6, 幢4, 金鐙10, 君王千歲旗, 鼓字旗, 金字旗, 熊骨朵子6, 豹骨朵子6, 駕龜仙人旗2, 令字旗2, 玄鶴旗, 白鶴旗, 龍馬旗2, 天下太平旗, 角瑞旗2, 角旗2, 白澤旗2, 丁丑旗, 丁亥旗, 丁酉旗, 丁卯旗, 丁未旗, 丁巳旗, 朱雀旗, 靑龍旗, 白虎旗, 玄武旗, 黃龍旗, 紅門大旗2, 碧鳳旗2(39개)

○ 繖扇: 靑陽扇2, 紅陽繖, 靑陽繖2, 龍扇2, 雀扇10, 紅蓋3, 鳳扇8, 靑蓋2(8개)

---

[95] 『세조실록』 세조 3년, 11월 18일(무인).

○ 軍器: 假水精杖, 金鉞斧, 假金鉞斧4, 假銀鉞斧4, 假金斫子4, 假銀斫子, 金粧刀2, 銀粧刀2, 白燭籠2, 靑燭籠2, 紅燭籠2(11개).

위의 발인반차에 있는 의장은 그 이름과 위치, 수치가 국왕별 시대의 변화에도 불구하고 그대로 유지되는 특성을 보이고 있다. 기치의 경우 39개 중에서 현학기玄鶴旗만을 제외한 38개의 의장기가 조선후기까지 그대로 나타나고 있으며, 산선繖扇과 군기도 그대로 사용되었다. 물론 조선전기의 기치와 의장들의 형태를 파악할 수 없는 상황에서 기록의 명칭이 같다는 것을 토대로 동일한 것으로 보는 것은 위험할 수 있지만, 기치를 비롯한 의장이 지니는 고유의 상징성을 감안한다면 큰 변화가 없을 것이다.

여기서 조선전기 발인반차의 기록을 조선후기 의궤에 실린 영조 이후의 순조, 헌종, 철종의 가례 친영의 반차와 비교해보면 의장의 변화를 쉽게 알 수 있다. 영조와 순조, 헌종, 철종만을 비교하고 그 이외의 조선후기 국왕들을 대조하지 않는 이유는 국왕 재위시 친영 반차가 없기 때문이다. 영조와 순조, 헌종, 철종의 가례에 나타난 행행의 반차를 보면 다음의 〈표 V-1〉과 같다.

〈표 V-1〉 조선후기 국왕 嘉禮儀軌의 행행 班次儀仗[96]

	班次儀仗	영조(1759) 정순왕후	순조(1802) 순원왕후	헌종(1837) 효현왕후	철종(1850) 철인왕후
1	紅門大旗	2	2	2	2
2	白虎旗	1	1	1	1
3	玄武旗	2	2	2	2
4	朱雀旗	2	2	2	2

---

[96] 반차의 순서에 따라 의장을 정리했다. 현무기와 금월부 1개씩은 59와 62에 있어야 하나 앞서 있는 현무기와 금월부의 수치에 넣어서 혼돈을 막았다.

5	靑龍旗	1	1	1	1
6	丁巳旗	1	1	1	1
7	丁未旗	1	1	1	1
8	丁酉旗	1	1	1	1
9	丁卯旗	1		1	1
10	丁亥旗	1	1	1	1
11	丁丑旗	1	1	1	1
12	白澤旗	2	2	2	2
13	龍馬旗	2			2
14	角端旗	2			2
15	白鶴旗	2			2
16	三角旗	2	2	2	2
17	豹骨朶子	6	8	6	6
18	熊骨朶子	4	6	6	6
19	令字旗	2	2	2	2
20	金字旗	2			
21	鼓字旗	2	2	2	2
22	哥舒棒	10	8	8	10
23	金鐙子	4	6	4	10
24	銀鐙子	4	4	4	
25	銀粧刀	4	2	2	2
26	金粧刀	2	2	2	2
27	玄武幢	1	1	1	1
28	白虎幢	1	1	1	1
29	朱雀幢	1	1	1	1
30	靑龍幢	1	1	1	1
31	銀立瓜	2	4	2	4
32	金立瓜	4	4	4	2
33	金橫瓜	2	4	4	2
34	銀橫瓜	4	2	2	4
35	銀斫子	2	4	2	4
36	金斫子	4	4	4	4
37	罕	2	2	2	2

班次儀仗		영조(1759) 정순왕후	순조(1802) 순원왕후	헌종(1837) 효현왕후	철종(1850) 철인왕후
38	旄節	2	4	4	4
39	旌	4	4	4	4
40	金鉞斧	5	5	5	5
41	銀鉞斧	2	4	4	4
42	鳳扇	10	4	4	8
43	靑扇	2			2
44	陽傘	1	1(紅陽繖)	3(日繖)	
45	靑蓋	2		2	2
46	紅蓋	2		4	4
47	雀扇	10	4	4	8
48	龍扇	2	2	2	2
49	纛旗	1	1	1	1
50	蛟龍旗	1	1	1	1
51	黃龍旗	1	1	1	1
52	駕龜仙人旗	2	2	2	2
53	天下太平旗	1	1	1	1
54	碧鳳旗	2	2	2	2
55	君王千歲旗	1			
56	水晶杖	1	1		1
57	紅陽繖		1		1
58	日繖		1		1
59	繖扇		2	2	
60	後殿大旗	2	2	2	2

〈표 V-1〉의 조선후기 의궤에 나타난 행행 반차 의장의 수는 60여 개이다. 이 60여 개의 의장이 조선시대 국왕의 행행에서 주로 이용되던 의장의 기본적인 구성요소인 셈이다. 조선전기의 발인반차 의장도 비교하면, 기치旗幟에서 정旌, 필畢, 금골타자金骨朶子, 은골타자銀骨朶子, 현학기玄鶴旗, 각기角旗 등 6개가, 산선繖扇은 청양선靑陽扇과 청양산靑陽繖 2개가, 군기軍器

는 백촉롱白燭籠, 청촉롱靑燭籠, 홍촉롱紅燭籠 등 3개가 없어서 전체 11개의 의장이 의궤 반차에는 나타나지 않았다. 반면 의궤의 반차의장에서 새롭게 등장한 것은 삼각기三角旗, 은립과銀立瓜, 금립과金立瓜, 금횡과金橫瓜, 은횡과銀橫瓜, 양산陽傘, 교룡기蛟龍旗, 일산日繖, 산선繖扇 등 9개이다.

임진왜란 이후 영조 이전까지 국왕 가례의 친영 의장을 정확히 알 수는 없겠지만, 〈표 V-1〉에서 영조부터 철종대까지의 변화를 보면, 용마기, 각단기, 백학기, 금자기, 청선, 홍양산, 일산 등을 제외한 53개의 의장은 지속적으로 반차에 포함되고 있다. 물론 청개, 홍개, 산선 등이 1회씩 누락되고 있지만, 이것은 조선전기부터 대부분의 왕대에 그대로 사용되었으므로 누락된 왕대에 특수한 사정이 있었거나, 혹은 그림을 그릴 때의 오류이겠다. 이 점은 순조 이후 국왕들의 가례 친영 반차에 그림과 글자를 기입하는 형태가 각기 다른 것에서도 확인할 수 있다.

의장만이 아니라 행행에서 의장을 운반하는 양식에서도 발견되는 부분이기도 하다 조선전기 의경세자의 발인에서도 의장기를 휴대하는 형태와 인원수가 정해졌다. 이때 대기大旗는 1인이 잡고, 2인이 당기며, 2인이 좌우에서 떠받들었으며, 중기中旗는 1인이 잡고 2인이 당겼고, 소기小旗는 1인이 잡고 1인이 당기는 것으로 정해졌다. 이렇게 의장기의 크기에 따라 운반 인원과 형태를 갖추는 것은 위의 〈표 V-1〉에서 동일하게 확인할 수 있다. 따라서 조선전기에 규정된 반차의 내용이 후기에도 그대로 진행되었음을 알 수 있겠다.

그런데 반차도에서 각 국왕마다 행행 대열의 복색과 의장이 통일된 형태로 나타나지 않고 있다는 것에 주목할 필요가 있다. 이것은 행행시 반차와 복색 규정이 시기에 따라 변통되었음을 보여주는 것이기 때문이다. 『국조오례의』를 비롯한 다양한 의례서를 참고하고 편찬하던 조선왕조에서 행행시 사용하던 의장과 수행원의 복장을 일률적으로 의례화한 규정서가 없다는 것을 의미한다.

예를 들어 1793년(정조 17) 정조는 능행처럼 교외에 행행할 때는 시위와 배종陪從하는 백관들 모두가 군복을 입고서 어가를 호위하고, 도성 안에서의 행행과 전좌 때에는 별운검 이하 시위하는 자들만 모두 군복을 착용하도록 하였다. 또한 주립과 철릭을 입는 제도는 혁파시키려는 논의가 있었으나 연기되었다.[97] 이때의 논의가 확정적인 것은 아니었다. 이후 5년 뒤에 재차 행행시 복색 통일에 대한 논의가 있어났다. 당시까지도 대가를 수행하는 자들의 복색이 특별히 통일되는 규정이 정해져 있지는 않았다. 따라서 통일된 복장 착용을 바라는 논의가 재차 일어날 수밖에 없던 것이다. 그러나 정조는 전례대로 능행과 원행시 위내衛內와 위외衛外의 인사는 군복을 착용하고 동반과 서반은 융복戎服을 착용하는 것으로 결정하게 한다.[98]

이런 정조와 같은 행행 복색이나 의장에 대한 논의는 역대 국왕마다 반복되던 안건이었다. 행행을 앞두고 늘 재기되던 사안이었다. 특히 신료만이 아니라 국왕의 복장도 예외는 아니었다. 능행의 목적지와 환궁 여정에 따라 융복을 착용하는 여부가 자주 논의되었다.[99]

1651년(효종 2) 효종의 능행에 앞서 예조에서는 제사에 임할 때 재계하는 뜻에 맞추어 『오례의』에 따라 국왕은 익선관翼善冠에 곤룡포袞龍袍를, 백관百官은 흑단령黑團領 차림으로 정하고자 했는데, 1629년(인조 7) 등 인조대 능행시 전례는 국왕을 비롯하여 백관들이 모두 융복을 착용하였다면서 『오례의』가 아니라 전례를 따를 것을 주청하였으며 효종도 승낙하였다.[100] 숙종대에는 국왕의 복색을 능행시 어느 곳에 국왕의 행렬이 위치하느냐에 따라서 결정하였다. 국왕의 어가가 도성을 벗어나지 않았거나 가마를 세우

---

97) 『정조실록』 정조 17년, 9월 25일(을묘).
98) 『정조실록』 정조 22년, 8월 21일(임자).
99) 『御營廳舉動謄錄』 권1~58.
100) 『효종실록』 효종 2년, 7월 29일(갑진).

고 예정 장소에 도착하면 곤룡포袞龍袍와 익선관翼善冠을 착용했으며, 도성을 벗어나면 융복으로 바꿔 입도록 하였다.[101]

이처럼 『오례의』에 따라 규정된 행행시 복색이 시대에 따라 변경되고 있음은 물론 『오례의』의 규정을 준수하지 않는 것은 의장의 반차에서도 동일하게 적용할 수 있을 것이다. 그리고 행행에 의장이 도입된 유래나 그 기원, 양상 등을 놓고 본다면 고정된 의장 반차나, 혹은 변화되지 않는 의장은 존재할 수 없음을 알 수 있다.

3. 의장에 나타난 능행의 상징성

1) 의장기의 기원과 의미

(1) 의장기의 기원

의장기는 깃발의 하나로 그것을 지닌 사람의 위용과 존엄성을 대외적으로 드러내는 기능을 하였고 그 자체가 상징성을 내포하고 있기 때문에 능행 의장의 핵심일 수밖에 없다. 이에 의장기는 능행 의장의 대표로 의례를 진행할 때 국왕의 위의威儀와 지위를 상징하였다. 또한 의장기는 금고金鼓와 함께 군용軍容을 호위하거나 여러 장수를 지휘하던 기물이기 때문에 화려하고 아름답게 장식하는 것이 아니었다.[102]

의장기는 전쟁과 깊이 연관되어 있다. 원래 기旗는 수레의 상단에 싣고 다니면서 사용하였다.[103] 의장기 곧 깃발은 기치旗幟로도 불리는데, 기는

---

101) 『승정원일기』 숙종 3년, 3월 14일(경인).
102) 『인조실록』 인조 4년, 5월 12일(계축).
103) 『周禮訂義』 권48, 「中春敎振旅」.
　　旗皆謂之載者, 言載之於車上也.

기期와 같으며 치幟는 표標라고도 한다. 군왕이 정벌을 나서게 되면 기치를 만들어 士卒들에게 정벌이 있음을 그 깃발의 형상으로 알려 주었다. 그리고 군왕은 사졸들이 그 깃발을 보고 그 휘하에 이르기를 바랐기 때문에 기旗와 기期는 통용되었다고 볼 수 있다.[104]

또한 병법에 야간 전투에는 불과 북을 사용하였으며 주간 전투에는 깃발을 사용하여 군중의 이목으로 삼았다.[105] 그러므로 대부분의 깃발은 고대부터 군왕의 상징하는 표상으로 군사를 모으거나 정벌에 나설 때 사용한 것에서 유래되었음을 알 수 있다. 그런데 왕조가 안정이 되고 전쟁의 위협이 없는 태평시절이 되면서 의장기가 지니던 고유의 기능보다 군주를 표현하는 상징성만 남게 되었다.[106]

이외에 의장기는 왕을 비롯한 공경대부들도 사용할 수 있었다. 그들은 군사를 동원할 때 깃발을 세워서 자신들의 무리가 보고 뒤따르도록 하였다. 따라서 깃발의 기능은 그것을 소유한 자의 지위를 나타냄과 동시에 그 휘하에 있는 사람들이 어디서든지 보고 알 수 있게 하는 기능을 가진 것이다.[107] 즉 깃발은 그것이 소속된 인물, 관서, 지역에 따라 그것들이 지닌 고유의 임무를 상象으로 나타낸 것이다.[108]

이런 배경으로 국왕의 능행에 의장으로 깃발이 사용된 것은 군주의 위의를 드러내며, 집단의 이목을 집중시켜 통솔의 효용성을 높이는데 있었다. 그리고 의장기의 효율적인 운용을 위해 의장기마다 지니는 고유의 상징에 맞추어 행행 대열 내에서의 위치를 정하였다. 그 대표적인 의장기로

---

104) 『續古今攷』 권3, 「旗幟皆赤」.
   幟標也, 旗期也 (중략) 聖人作旗以象之, 有征伐則士卒期於其下也.
105) 『續古今攷』 권3, 「旗幟皆赤」.
   兵法夜戰多火鼓, 晝戰多旌旗, 軍中之耳目也.
106) 『尙書全解』 권38, 「君牙 周書」.
107) 『周官新義』 권11, 「春官」 4.
108) 『周禮詳解』 권24.

사신기四神旗인 청룡기, 백호기, 주작기, 현무기를 들 수 있다.109)

사신기인 좌측의 청룡기, 우측의 백호기, 남측의 주작기, 북측의 현무기는 사방의 방위를 의미하면서 동시에 국왕의 지위를 공간적으로 보호하고 있음을 시각적으로 나타내는 것이다. 고대 주나라부터 국왕이 친정親征을 하게 되어 행군을 하면 국왕을 기준으로 사방에 사신이 그려진 깃발로 방비하는 제도가 역대 왕조에 이르기까지 이어진 것을 의미한다.110)

조선시대 국왕의 능행 의장기에 늘 등장하는 사신기四神旗인 청룡기, 백호기, 주작기, 현무기도 그런 의미의 연장선에서 나타났다고 볼 수 있다. 더욱이 조선의 사신기는 한반도 역대 왕실 문화에서 쉽게 찾아 볼 수 있다. 고구려의 호남리湖南里 사신총四神塚, 통구 사신총, 강서대묘江西大墓, 강서중묘江西中墓와 백제의 송산리 6호분, 능산리 1호분 등에는 대표적인 삼국시대의 사신도들이 있다. 이 중 고구려의 통구 사신총과 강서대묘의 사신도는 화려함과 엄숙함을 겸비한 예술성이 뛰어날 뿐만 아니라 상징적인 표현도 완벽에 가깝다.111) 특히 통구의 5회분墳 4호묘와 강서대묘에 그려진 현무의 정형화된 모습은 조선시대와 비교해도 큰 차이가 없는 것으로 삼국시대에 이르러 사신도의 정립이 이루어졌음을 말해준다.112)

이와 같이 고대국가에서 정형화된 사신기는 자연히 고려시대의 의장기로도 활용되었다. 고려는 사신을 무덤 속 관의 사방 널에 조각하여 사용할

---

109) 『周禮傳』 권3, 「車制說」.
  凡旗物, 皆因統衆, 而用以表尊者, 故皆取其威武之義, 若以之辨方位, 則取象于二十八宿, 左青龍右白虎前朱雀後玄武也, 其無所統衆, 則用色而已.
110) 『續古今攷』 권3, 「旗幟皆赤」.
  天子軍行, 或親征, 宜當四面, 備此四旗之制也.
111) 이영훈·신광섭, 『고분미술』 1, 솔, 2004; 진영선 등, 『고구려벽화의 이미지 복원』, 고구려연구재단, 2005.
112) 사신도는 서역과 중원 문화의 교류로 형성되었으며 이것이 변경 지역으로 퍼져서 고구려 지역에 영향을 미쳤다고 한다.(李星明, 『唐代墓室壁畫研究』, 陝西人民美術出版社, 2005)

정도로 사신의 상징성을 받아 들였다.¹¹³⁾ 이점은 의장기에도 이어져 다양한 형태의 사신기가 이용되었다. 그런데 고려의 사신기는 조선과 같이 좌청룡, 우백호, 남주작, 북현무의 형태가 아니라 행행 대열 내에 산재해 있는 형태였다.

고려의 의장기는 조선과 달리 황제의 기치에 걸맞게 규모와 형태에서 독특한 점이 보인다. 고려에서는 국가 제례와 제천행사에 큰 기 10개를 세웠는데, 각각 그 방위의 색깔에 따라 신기神旗인 상기象旗, 응준기鷹隼旗, 해마기海馬旗, 봉기鳳旗, 태백기太白旗 등을 두었다. 용기龍旗도 다양하게 나타났는데, 백룡대기白龍大旗, 왕방용중기王方龍中旗, 적룡대기赤龍大旗, 황룡부도기黃龍負圖旗, 신룡함주기新龍含珠旗, 오색용기五色龍旗 등이다. 그리고 기치의 크기는 매우 넓어서 기마다 비단 수 필을 사용하였으며, 수레에 싣고 다녔다. 수레마다 붉은 옷을 입은 장위군仗衛軍 10여 인이 끌고 갔는데, 군주가 있는 곳을 차례로 안정되게 서 있었다. 기치의 사면에는 각각 큰 줄을 달아 바람에 대비하는데, 높이가 10여 장이었다. 기치가 서 있는 곳에는 사람들이 함부로 가지 못하였다.¹¹⁴⁾

고려의 의장기에서 상기象旗, 오색용기五色龍旗 등은 황제국인 대한제국에 가서야 나타난다. 그러므로 조선 이전 국가들의 의장기 변화상에서 고려는 수치상이나 형태, 상징성에서 중국 왕조와 대등한 위치에 있었음을 알 수 있다. 반면 조선왕조에서는 고려조의 의장기를 그대로 사용하기는 했지만 명과의 책봉 관계 성립 이후 제후국의 반열에 맞는 의장기들만 채택하였다. 예를 들어 고려시대 의장기에서는 군왕만세기君王萬歲旗¹¹⁵⁾였는데 반해 조선시대에는 군왕천세기君王千歲旗를 사용한 것만을 보아도 조선

---

113) 국립중앙박물관, 『우리 호랑이』, 1998, 20~21쪽.
114) 위의 주.
115) 『고려사』 권72, 「法駕」.

의 의장기가 제후국에 맞추어졌음을 알 수 있다.

군왕천세기만이 아니라 실제 능행에 사용된 의장기를 보면 대부분 명나라에서 사용되던 것이 많이 나타나고 있다. 둑기纛旗, 교룡기蛟龍旗, 사신기四神旗, 백택기白澤旗 등은 중국 역대 왕조에서 의장기로 채택한 것으로 조선에서도 그대로 사용하였다. 그렇지만 능행에 동원된 의장기 중에는 조선 고유의 상징성을 담고 있는 것도 보인다. 의장기는 그 기원이 동일하다고 해도 왕조와 지역에 따라 여러 명칭과 내용으로 변화되었기 때문이다.

마지막으로 능행 의장기의 특징으로 들 수 있는 점은 조선은 중국과 달리 의장기에 사용된 상징들의 기원에 대해 별다른 고민을 하지 않았다는 점이다. 실제로 조선에서는 중국과 같이 각 의장기에 사용된 서수瑞獸에 대한 심도 있는 서술을 하지 않아서 의장기마다 내력을 연구하는데 장애가 되고 있다. 그렇지만 의장기에 사용된 상징들에 대한 자세한 설명이 없다는 것은 행행의 의장으로 사용하는데 별 문제가 없었음을 간접적으로 나타내는 것이기도 하다.

의장기가 내포하는 내용을 정확히 인지하고 있는 지의 여부를 떠나서 의장기를 사용한 자들의 의도에 맞게 민인들이 풀이한다면 굳이 이론적으로 체계화할 필요가 없었던 것으로 보인다. 그러므로 국왕의 능행에 사용된 의장기의 기능과 연혁을 파악하게 된다면, 능행 반차에 사용된 노부의 실제 목적과 함께 조선후기 왕실 문화의 또 다른 한 면을 파악할 수 있겠다.

(2) 의장기의 내용과 상징성

의장기의 내용과 상징을 현전하는 조선후기 국왕 관련 의례 반차도를 중심으로 각종 의례서와 연대기 자료의 비교를 통해 살펴보고자 한다.

① 둑기纛旗

둑纛은 『이아爾雅』에 예翳라고도 하여 만구輓柩의 역역을 지휘하고 그 행렬의 진퇴를 바르게 하는 것이라고 하였다.[116] 옥편에는 우보당羽葆幢이라고 하여 도翿라고 하였으며, 모우旄羽로 만들어서 수레의 좌측 상단에 매단다고 했다. 그리고 리犛(야크)의 꼬리털로 만드는데 비騑(곁마)나 형衡에 두거나, 치雉의 꼬리털로 만드는데 좌측 참마驂馬[117]의 재갈 위에 둔다고 하였다.[118]

또한 둑기纛旗는 군중軍中의 대기大旗[119]로 군대와 관련이 깊다. 둑기의 신神은 군법軍法의 시조로서 예기 「왕제王制」에 천자가 출정할 때 마제禡祭를 지내는 것[120]에서 유래하였다.[121] 그래서 둑기는 군신軍神을 상징하는 것으로 기병과 마차에 이용되던 말에 대한 제사에서 유래되었다고 할 수 있다.

중원의 국가들이 북방 민족에게서 기병술이 도입되고 말을 적극적으로 전쟁에 이용하게 된 시기는 춘추전국시대이다.[122] 이런 배경으로 둑기는 전쟁과 관련하여 기병이나 전차에 사용하던 말을 제사지내던 것에서 기원

---

[116] 『周禮述註』 권8.
　　纛翳也, 以指揮輓柩之役, 正其行列進退.
[117] 말 네 마리가 끄는 수레.
[118] 『兩漢博聞』 권2, 「黃屋左纛」.
　　李斐曰, 天子車以黃繒爲蓋裏, 纛旄羽幢也, 在乘輿車衡左方上注之. 蔡邕曰, 以犛牛尾爲之如斗, 或在騑或在衡.
　　『康熙字典』 纛.
　　玉篇羽葆幢也, 亦作翿. 李斐曰, 纛旄羽幢也, 在乘輿車衡左方上注也 (중략) 應劭曰, 雉尾爲之在左驂當鑣上.
[119] 『강희자전』 纛.
[120] 『예기』 권5, 「王制」.
　　天子將出征, 類乎上帝, 宜乎社, 造乎禰, 禡於所征之地, 受命於祖, 受成於學.
[121] 『山堂肆考』 권157, 「祭旗纛」.
　　旗纛之神, 軍法之祖也.
[122] 디코스모 니콜라, 『오랑캐의 탄생』, 황금가지, 2005.

하여 점차 전쟁에 출정하는 상징으로 변화되었음을 짐작하게 한다. 이런 배경으로 둑기는 전장에서 출현하여 군대의 안녕과 출정의 승리를 위한 의식에 사용하였다.

둑기가 본격적으로 군주를 상징하는 것으로 이용된 것은 진한秦漢 교체기라고 보인다. 『사기』에는 유방이 항우와 전쟁을 치르면서 수레의 좌측에 독纛을 달고 다니는 것으로 나와 있다.[123] 특히 항우에게 패하여 영양滎陽에서 도망칠 때도 둑을 수레에 달아서 자신의 지위를 드러내고 있었다. 이후 한 대에 이르러 둑은 천자만이 사용할 수 있는 것으로 천하의 권력이 있는 곳과 천하의 근본에 관계된 사람을 지칭하게 되었다.[124]

나아가 둑은 군대를 통솔하는 것에서 벗어나, 둑이 있는 곳은 천자의 덕을 보좌하고 공을 드러내는 것이라고까지 해석되었다.[125] 둑기의 개념과 상징성이 확보되면서 역대 왕조는 지속적으로 둑기를 사용하게 된다. 후한後漢에서도 천자의 행행이나 정벌이 있을 때 의장기의 하나로 깃발 장대의 위에 걸게 되었다. 그리고 수양제가 요동을 공격할 때는 100명마다 둑기를 들게 하여 그 규모가 확대되었으며, 당대唐代에까지 이어졌다.[126]

둑기는 한漢·수대隋代를 거쳐 당唐에서도 천자를 상징하는 의장기로 6개가 행렬 좌우에 포함되어 사용되었으며,[127] 원대에도 의장 노부의 선두에 서게 된다.[128] 명나라에서는 12개가 행렬 좌우에 세워졌으며 매 기마다

---

[123] 『史記』 권7, 「項羽本紀」.
[124] 『史記』 권7, 考證.
　　非天子不可用也, 特以天下之權之所在, 則其人係天下之本.
[125] 『玉海』 권83, 漢黃屋左纛.
　　蔡邕曰 (중략) 聖人處天子之位, 黃屋左纛, 所以副其德彰其功也.
[126] 『大唐六典』 권16, 「衛尉宗正寺」.
　　後漢有纛頭, 每天子行幸及大軍征伐, 則建于旗上. 隋煬帝親征遼左, 每百人置一纛. 皇朝因而用之.
[127] 『山堂肆考』 권157.
　　唐遂建以旗節立以六纛, 宋則有旗節堂.

5명이 잡을 정도로 그 규모가 커졌다.[129] 또한 청나라에서는 둑기가 대소 두 종류가 있는데 소둑기小纛旗는 길이 5척 넓이 3척의 백포白布를 사용했으며 대둑기大纛旗는 7척, 8척으로 잡색포를 사용했다.[130]

이와 같이 둑기는 중국 역대 왕조의 성쇠와 동반한 천자의 상징물로 고려와 조선의 의장기에 포함된 것은 오히려 당연하다고 할 수 있겠다. 고려에서는 군대의 출동에 앞서서 둑기에 대한 제사를 지냈으며, 군사의 동원과 소집에 사용하였다.[131] 조선에서도 둑기를 군신으로 여기고 제사를 지내는 관행은 지속되었으며,[132] 둑소纛所를 설치해 보관하였다.[133]

둑기는 능행 노부 반차에서 국왕을 상징하는 의장기로서 맨 앞에 위치하였다. 이는 현전하는 의궤와 등록, 반차도에서 확인할 수 있다. 다만 세조대에 둑기가 교룡기 뒤에 서는 경우[134]도 있었지만, 이 경우는 국왕 앞에 처음으로 형명形名[135]을 진열하는 의식이었으므로 능행의 반차는 아니었다. 따라서 대부분의 능행 반차의 의장기 배열에서 둑기가 선두를 차지하였다.

반차도상에서 둑기의 형태와 위치는 시대적으로 큰 차이가 나타나지 않지만, 둑을 운반하는 의장군의 수는 변화가 있다. 영조가 1759년 정순왕후와 혼례를 올릴 때의 반차도[136]에는 둑이 교룡기 앞에 위치하고 있으며 기마인 1인이 마상에서 운반하고 있다. 이때 교룡기는 5인이 담당하고 있었다. 반면 순조가 1802년 순원왕후와 혼례를 올릴 때의 반차도[137]에는

---

[128] 『元史』 권79, 「輿服」 2, 儀仗.
[129] 『明集禮』 권42.
[130] 『欽定皇輿西域圖志』 권42.
[131] 『고려사』 권63, 길례 소사;『고려사』 권77, 「백관」.
[132] 『영조실록』 영조 30년, 6월 7일(을묘).
[133] 『승정원일기』 숙종 23년, 4월 12일(신유).
[134] 『세조실록』 세조 3년, 3월 15일(무인).
[135] 깃발과 북을 사용하여 군대를 지휘하는 것으로 그 규모에 따라 大形名과 小形名으로 구분된다.(『세조실록』 세조 5년, 12월 16일)
[136] 『英祖貞純后 嘉禮都監儀軌』 규장각, 규13103.
[137] 『純祖純元王后 嘉禮都監儀軌』 장서각, K2-2595.

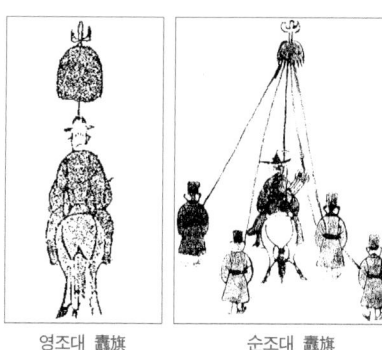

| 영조대 纛旗 | 순조대 纛旗 | 헌종대 纛旗 | 철종대 纛旗 |

〈그림〉 국왕별 둑기의 형태

　둑이 교룡기의 앞쪽에 위치한 것은 변함없지만 교룡기와 마찬가지로 기마 1인에 4명이 좌우에서 마상의 둑을 끈으로 연결하여 지지하면서 걸어가고 있다. 이런 둑의 변화된 양상은 헌종, 철종대까지 이어진다.

　반차 노부에서 둑기를 운반하는 형태가 변화된 것이 영조에서 순조대까지 40여년 사이라고 할 수 있다. 정조는 왕세자 때 혼례를 올렸으므로 제외하더라도 불과 반세기만에 둑의 양상이 바뀐 것이다. 둑이 변화하는 것과 함께 반차도 내에서 둑기와 교룡기를 그리는 형태도 바뀌었다. 영조 이후의 둑기는 교룡기와 함께 다른 의장기에 비해 공간적으로 2배 이상을 차지하고 있으며, 형태도 2배 이상 확대되고 있다.[138]

　이와 함께 조선의 둑기는 명의 것과 동일한 형태를 보인다. 다만 조선 후기에 제작된 둑기는 둑纛의 상단에 일자창이 아니라 삼지창을 세우고 있는 것이 차이점이다. 이런 형태는 교룡기에도 동일하게 나타나는데,[139] 청의 의장기가 소개된 이후 변화된 양상이라고 생각된다. 청의 의장기들은

---

[138] 회화사적으로 보면 전체적인 그림의 형태가 커진 것으로 볼 수도 있겠지만 다른 의장기에 비해 둑기와 교룡기가 상대적으로 더 크게 그려진 것은 또 다른 의미로 해석할 여지가 있겠다.
[139] 『國朝續五禮儀 序例』, 「軍禮」.

명대의 의장기처럼 일자창에 달려 있지 않고 둑纛 위에 의장품을 장식하고 있는 것을 아래의 그림에서 볼 수 있다. 그리고 청대의 둑기는 조선과 명의 것과 달리 둑纛의 끝에 화염이 양쪽으로 달린 끈을 드리운 형태이다. 또한 청의 둑기는 삼각기인대 반해 조선은 명의 둑기처럼 동물의 털로만 장식되어 있다. 따라서 둑纛의 경우 조선은 청의 형태를 수용하지 않고 명대의 것을 지속적으로 사용하였음을 알 수 있다.

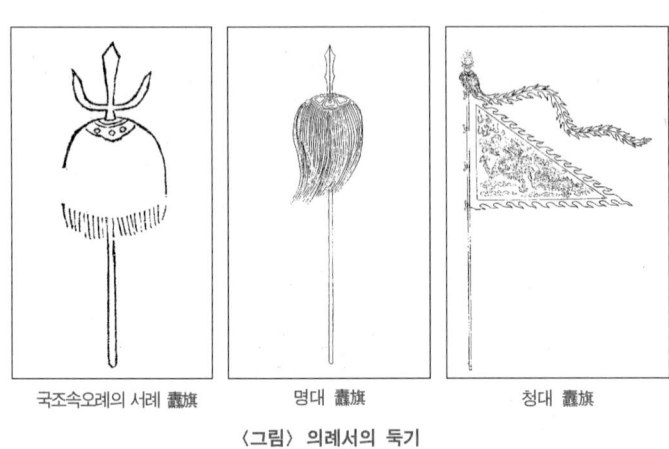

국조속오례의 서례 纛旗 　　　명대 纛旗 　　　청대 纛旗

〈그림〉 의례서의 둑기

② 교룡기蛟龍旗(交龍旗)

교룡蛟龍은 오행사상과 황룡처럼 한대 이후에 만들어진 서수瑞獸 개념에 의해 나타났다고 생각된다. 그리고 용의 이미지가 만들어지면서 나온 내용 중에서 용의 형제가 아홉인, 그 다섯 번째가 교룡이라고 한다. 이때의 교룡은 네 번째 용인 훼룡虺龍이 500년 살면 되는 것이라고 하였다. 또한 용의 몸에 비늘이 있으면 첫 번째 용인 응룡應龍이며 비늘이 서로 엉켜 있으면 교룡이라고 하는데, 교룡은 깊은 물속에서 태어나 산다고 믿었다. 그래서 교룡은 수중에 사는 생물의 신으로도 보고 있다.[140] 이외에도 교룡

---

140) 윤열수, 『용 불멸의 신화』, 대원사, 1999, 17~22쪽.

은 변화에 능한 용[141]이라고 해석하고 있어서 교룡의 이미지는 그 연원에 따라 다양하게 나타나고 있다.

그런데 능행의 의장기로 사용되는 교룡기는 위와는 다른 연원을 가지고 있다. 국왕의 능행에 늘 등장하는 교룡기는 그 형태부터 차이가 나고 있다. 교룡기는 하늘로 날아오르는 용과 땅으로 내려오는 용 두 마리가 그려져 있는 깃발로 기旂를 의미한다. 용이 스스로 하늘로 오르기도 하고 아래로 내려올 수도 있어서 항룡이 아니기 때문에 교룡이라고 한다.[142] 따라서 교룡기는 용이 마음대로 세상을 주유하듯이 천하에 군주의 군덕君德을 드러내는 것을 상징하였다.[143]

이와 연관되어, 『주역』에 「현룡재전見龍在田 군덕야君德也」라고 했듯이 교룡기는 군덕을 상징하는 것으로 승룡升龍은 군주의 도를 나타내며, 강룡降龍은 신하의 도를 나타낸다. 즉 나라에 군왕의 도가 있으면 용의 형상으로, 신하에게 도가 있으면 교蛟로 나타난다고 하였다.[144] 그래서 교룡이 의장기로 등장하는 의미는 군덕이 조정과 지방에 베풀어지고 있으며 군주와 신하가 일체가 되어 정치를 하고 있다는 것을 상징적으로 드러내 주는 것이다.[145]

---

[141] 『周禮訂義』 권84, 「中春敎振旅」.
　　交龍取其能變化, 熊虎取其有威, 龜蛇取其能自衛, 則鷹隼取其勁疾矣.
[142] 『周禮句解』 권6, 「春官宗伯」 下.
　　交龍爲旂, 旂畫龍者 取君德之用也. 熊虎爲旗, 旗畫熊虎, 取其猛毅也, 鳥隼爲旟, 旟畫鳥隼, 取其摯速也.
　　『周禮傳』 권3, 「車制說」.
　　交龍龍一升一降, 取其變化, 鳥隼取其摯疾, 莫敢櫻, 熊虎取其威猛, 不可犯, 龜蛇取其捍衛, 而不犯難.
[143] 『周官新義』 권11, 「春官」 4.
[144] 『周禮訂義』 권48.
　　交與蛟同, 諸侯於國有君道龍之象也, 入朝有臣道蛟之象也.
[145] 『周禮集說』 권5.
　　易曰, 見龍在田, 君德也, 龍利澤物美, 能養人其德則仁也, 交龍爲旂, 君德之用也, 諸侯建之則志君德也, 然諸侯在國則有君道, 在朝則有臣道, 以其君道故一龍升, 以其有臣道故一龍降焉, 此其其所以爲交龍之象.

이에 교룡기는 교룡交龍과 교룡蛟龍의 이미지를 혼합해서 보여주고 있다. 그리고 교交를 교蛟로 인식하기도 하였다.[146] 교룡이라고 단순히 하늘과 땅에 승강升降하는 용을 뜻하는 것이 아니라 다른 의장기처럼 교蛟라는 용을 상징한 것이며, 이 교룡이 승강하는 것이라고 보았다. 또한 의궤와 등록, 반차도에도 교룡蛟龍과 교룡交龍을 혼합해서 사용하고 있다.

교룡기는 둑기와 마찬가지로 군권軍權을 상징하였으므로 군사 통솔에 자주 이용되었다. 각 군영이 동원된 능행의 도중이나 대열大閱에는 교룡기를 기준으로 삼아 군사에게 명령을 내렸다. 예컨대 한강 백사장이 있던 노량鷺梁에서 대열大閱을 했을 때, 대각大角을 세 번 불고 교룡기 아래에서 각 영을 향하여 초요기招搖旗를 한 번 휘두르자 각 영의 대장이 인기認旗를 흔들어 응답한 다음 단기單騎로 달려와서 모였다.[147]

교룡기가 군권을 상징하게 된 배경은 나타나지 않으나 다른 의장기에 비해 특별한 대우와 관리를 했다. 먼저 효종대 능행에서 의순공주義順公主의 행차가 앞서고 대가大駕가 뒤에 서는 형태가 되자 전사대前射隊의 교룡기蛟龍旗가 중간에 있게 되는 일이 발생하니 교룡기를 전사대 바깥에 두게 하였다.[148] 그리고 숙종대 도성외 능행시 비가 내리는데도 기마旗馬가 약해 우구雨具를 제대로 갖추지 못하고 오히려 행렬에서 뒤처져 숭례문에 늦게 도착하는 일이 발생하자 해당 관원을 처벌하였다.[149]

위의 기사들을 통해 의장기에서 차지하는 교룡기의 위치를 짐작할 수 있다. 의장 반차에서도 이미 확인되지만 교룡기는 둑기와 함께 의장기의

---

146) 『周禮訂義』 권45.
鄭鍔曰, 九旗各畫物, 因物以立名, 胡爲日月熊虎鳥隼龜蛇, 皆取二物, 交龍則取一物而通雜帛, 又皆不取一物邪, 嘗讀鄒陽之疏, 觀交龍驤首之言, 竊以爲交者蛟也, 若謂畫龍一升一降, 則交龍驤首之言非矣, 以龜蛇鳥隼例而推之, 交龍宜作蛟龍.
147) 『정조실록』 정조 2년, 9월 2일(무자).
148) 『승정원일기』 효종 원년, 4월 21일(갑진).
149) 『승정원일기』 숙종 13년, 7월 23일(기해).

선두에서 국왕을 상징하였다. 국왕을 제외한 누구도 교룡기를 가로 막거나 그 상징 의미를 퇴색하게 하는 의장기의 구도 변경은 있을 수 없는 것이다. 따라서 왕실 구성원이 국왕의 능행에 동참한다고 해도 교룡기가 의장기로서의 기능을 발휘하지 못하는 사태를 막기 위해 원래 위치에서 벗어나게도 하고 있다.

또한 숙종대 능행에서 우천시 교룡기가 대열에서 뒤처진 것과 동시에 그 이유가 기마가 약해서 우구雨具를 제대로 완비하지 못한 것이 드러나 담당자가 처벌되고 있다. 반차도상에서도 교룡기는 다른 의장기들에 비해 상대적으로 규모가 장대하다. 행행 반차도에서 흔히 볼 수 있듯이 교룡기는 사람 혼자 운반할 수 있는 의장기가 아니었다. 교룡기는 1인 기마에 실린 채 4인이 좌우에서 중심을 잡는 형태로 움직였다. 이런 이유로 교룡기를 행행 의장기로 사용하기 전에 교룡기를 운반할 말과 사람들의 훈련이 필요하였다.

일반적인 의장기는 1인이 운반하기 때문에 별다른 연습이 필요 없었지만, 교룡기와 같이 기마가 동원되며 여러 명이 함께 움직이는 경우에는 사전 조율이 필요하였다. 이런 전례에 따라 능행시陵幸時 교룡기交龍旗의 봉지捧持를 연습하는 것은 상례였다.[150] 그리고 남한산성을 비롯한 능행로가 험준한 산악인 경우에는 말에서 내려 인부가 운반하는 형태를 취했다.[151]

이외에 교룡기는 국왕이 진찬進饌, 진연進宴 등 왕실 행사에 참여할 때마다 어전 앞에 두게 하였다.[152] 물론 행사 장소가 협소해서 문밖에 세우는 일도 있었지만,[153] 대부분 주행사가 열리는 월대 바로 앞에 두어 단상의

---

150) 『승정원일기』 현종 즉위년, 10월 20일(정미).
    李殷相, 以兵曹言啓曰, 在前陵幸時, 則交龍旗捧持馬, 例爲調習矣, 今亦依此, 出郊外, 捧持調習之意, 敢啓.
151) 『승정원일기』 영조 6년, 2월 11일(경술).
152) 박정혜, 『조선시대 궁중기록화 연구』, 471~563쪽.
153) 『승정원일기』 숙종 45년, 9월 27일(병신).
    趙榮福, 以兵曹言啓曰, 進宴時, 地勢狹窄, 儀仗輦馬, 設於崇賢門外事, 旣已定奪矣. 蛟龍旗, 亦

국왕과 연결선 상에 놓이는 효과를 이루었다. 이때 주목되는 부분은 교룡기의 특징이 행사와 장소에 따라 잘 나타난다는 것이다. 국왕이 참여하는 동일한 왕실 행사라고 해도 행행시 동원되는 의장기와 의장군이 갖추어진 곳이라야 교룡기가 등장하였다.[154]

그래서 진찬, 진연 등 왕실행사에서 교룡기가 등장하는 곳은 행행 의장기와 의장군이 함께 할 수 있는 근정전, 인정전, 명정전 등 법전의 앞이었다. 또한 교룡기가 등장하는 곳은 어김없이 둑기가 마주보는 위치에 서 있었다.[155] 반면 능행시 동원되는 의장군과 의장기가 모두 참석할 수 없는 강녕전, 통명전과 같이 장소가 협소한 곳에서 펼친 진찬, 진연에는 둑기와 교룡기가 보이지 않는다.[156]

즉 교룡기는 둑기와 같이 국왕이 군대를 통솔하는 의미가 상징화된 의장기인 것을 알 수 있다. 교룡기가 병권을 상징한다는 것은 능행시 동원되

『국조속오례의』 서례 교룡기

정조원행의궤 교룡기

정조원행의궤 교룡기

〈그림〉 의례서와 의궤의 교룡기

爲一體設於門外之意, 分付兵曹, 何如? 傳曰, 允.
154) 『進饌儀軌』 권1, 장서각, K2-2879, 「勤政殿進饌圖」.
155) 『進饌儀軌』 권1, 장서각, K2-2879, 「勤政殿進饌班次圖」.
156) 『進饌儀軌』 권1, 장서각, K2-2874, 「通明殿進饌圖」.

순조 가례의궤 교룡기　　헌종 가례의궤 교룡기　　철종 가례의궤 교룡기
〈그림〉 의궤의 교룡기

는 군병과 연관시킬 수 있는 부분이다. 또한 둑기 이외에 국왕을 상징하는 의장기를 기마로 운반하는 것은 교룡기뿐이라는 것도 군대와 연결되는 것이다.

③ 황룡기黃龍旗

용은 육상, 수상, 공중에 사는 모든 동물을 대표하는 영물로 칭송되었다.[157] 하은주夏殷周 이전의 용은 기원전 3,000년 전 앙소문화 시대에 출토된 채도문彩陶文에서부터 나타난다. 원래 용은 뱀과 유사한 모습으로 형상화해서 만든 상상의 동물이다. 그래서 하은주시대의 용은 보통 사룡蛇龍이 대부분이었으며 용의 몸도 뱀에 가까웠다. 물론『본초강목』,『설문』,『춘추좌전』등에 용의 형상에 대한 설명이 나오고 있지만 그 내용들은 모두 생김새와 성품에 대한 것으로 인간이 상상한 것이다.[158]

선진先秦시대의 용은 몸통만이 있고 어미魚尾를 둔 어형용魚形龍이었는데,

---

[157]『爾雅翼』권28,「釋魚」, 龍.
　　万物羽毛鱗介, 皆祖於龍.
[158] 윤열수,『용 불멸의 신화』, 대원사, 1999, 14쪽.

춘추전국시대를 지나 한대에 이르러 서역과의 교류가 빈번해지면서 용의 형상은 비천飛天에 맞추어 역동적으로 변했으며 네 다리가 만들어졌다. 몸의 형태도 은에서 서주, 춘추전국, 진·한대에 이르면서 직선형에서 곡선형으로 변했다. 특히 장건의 서역로 개척 이후 수입된 중앙아시아 말들의 힘찬 기세는 용마로까지 표현되어 용의 형상이 바뀌는 계기를 제공했다.[159]

이런 용의 역사적 변화상을 살피면, 용은 각 시대 정신이 반영되어 변화되었다고 생각할 수 있다. 처음에 뱀과 유사한 형상이 시대를 거치면서 뿔과 비늘, 다리가 부착되어 용이라는 상징적 개체를 완성시켜 나간 것이다. 용이 완성되는 과정은 동서 문화교류의 영향이기도 하면서 하은주에서 한대에 이르는 동안 인간들의 상상과 추구하는 이상이 집적되는 모습이었다고 본다.

그리고 한대에 음양오행설이 정립되면서 사방의 공간을 오색으로 채우게 되었다. 이에 용도 오행에 맞추어 황룡黃龍, 청룡靑龍, 적룡赤龍, 백룡白龍, 현룡玄龍 등이 등장하였다. 『사기』에 황제가 토덕土德을 갖추어 일어났으며 그에 맞추어 황룡이 나타났다는 말이 그것을 증명해 주고 있다.[160] 오룡 중에서 중앙에 해당하는 황룡은 제왕을 상징하는 지위를 지녔다. 황룡은 우두머리이자 사방의 정색正色을 나타내는 의미를 담고 있으며, 금룡金龍이라 불리며 황권을 상징하였다. 또한 황룡은 오행사상에서 토덕土德을 상징하여 중앙의 의미를 가지고 있었으며, 황제가 토덕土德을 지녀서 제위에 오를 때 황룡이 내응한다는 의미를 내포하고 있다.[161]

그러므로 황룡기가 나타나는 곳은 곧 황제가 있다는 의미를 대내외에 알려주는 결과를 낳기도 하였다.[162] 이외에 불교에서도 수많은 수호신으로

---

159) 渡辺素舟, 『東洋文樣史』, 富山房, 1971, 205~207쪽.
160) 위의 책, 204~224쪽.
161) 『史記』 권28, 「封禪書」 제6.
162) 『明史紀事本末』 권20, 「設立三衛」.
　　上以數百騎直前, 寇望見黃龍旗, 知上親在也.

다양한 용이 등장하는데 석가모니에 상응하는 용으로 반드시 황룡이 그려졌다. 그러므로 용을 사용하는 것은 국왕과 왕실로 제한되었으며 황룡은 제왕이 아니면 사용하지 못하도록 엄격히 제한되었다.[163] 국왕 행행의 의장기에서 황룡기가 빠지지 않는 것은 그것을 잘 반증해 주고 있다.

한반도에서도 용의 역사는 삼국시대 이전까지 올라가는데, 고구려와 백제의 고분벽화, 신라 무열왕릉 능비와 김유신 묘의 12지신상에 용이 묘사되었으며, 『삼국유사』에 계룡鷄龍, 적룡赤龍, 해룡海龍, 황룡黃龍, 어룡魚龍, 독룡毒龍, 청룡靑龍 등과 함께 교룡이 나타나고 있다. 이외에 이익의 『성호사설』「천문지부天文之部」에도 교룡에 대한 설명이 나타난다. 성호는 교룡이 성내어 싸우면 비를 내린다고 하여 물과 관련된 용으로 해석하고 있어서 한국역사상 용의 존재가 일찍부터 시작되었음을 짐작할 수 있다.[164] 특히 고구려 통구의 5회분 4호묘의 천장 벽화에는 사방의 사신四神과 함께 중앙에 황룡이 그려져 있어서 한반도 역사에도 일찍부터 황룡의 이미지가 인식되고 있었음을 보여준다.[165]

이런 배경으로 용하면 떠오르는 것이 왕권이며 권력자의 이미지였다. 용이 상상의 동물로 신성함과 경외감을 품게 만들며 외모의 장엄하고 화려함은 왕권을 상징하기에 충분했다. 더욱이 용은 물을 다스리는 능력을 가지고 있다고 생각했기 때문에 농경민에게는 절대적인 능력을 가진 존재였다. 이러한 용에 대한 관념들이 일체가 되어 권력의 이미지가 가능했던 것이다. 따라서 용은 만물 조화의 능력을 지닌 영물이며 권위의 상징, 그리고 벽사와 수호의 능력을 갖춘 영험한 서수瑞獸로 인식되어 왕실 이외의 일반에서는 사용이 금지되었다.

---

163) 王大有, 『龍鳳文化源流』, 동문선, 1994, 277~278쪽.
164) 윤열수, 앞의 책, 116~212쪽.
165) 고구려연구회편, 「고구려고분벽화」, 『고구려연구』 4, 학연, 1997.

조선시대 황룡은 국왕을 상징하는 대표적인 존재였다. 황룡은 왕실의 생활에서 쉽게 등장했는데, 국왕의 의복인 용포에 달던 둥근 보補에도 황룡이 수놓아졌다. 그리고 용을 사용하는 경우에도 그 사람의 지위에 따라 용의 발톱수를 달리했다. 용의 발톱 수가 잘 드러난 것이 예장禮裝에 착용하는 보補이다. 국왕은 곤룡포의 가슴과 등, 양쪽 어깨 위의 네 군데에 오조룡五爪龍이 수놓아진 보補를 달았으며, 사조룡四爪龍은 왕세자와 세자빈이 착용하였고, 삼조룡三爪龍은 왕세손이 달았으며, 대군大君은 흉배에 기린을 달아서 서로의 위상을 구분하였다.166) 또한 행행을 거행하면서 전설사典設司에서 설치하는 어막御幕은 용과 봉황을 그리고 동궁의 막차幕次는 삼조룡三爪龍을 사용하였다.167)

왕실에서 용과 같은 의장을 통해 서열을 매기고 구별하는 것은 국가 전체에도 적용되었다. 의장에 분별이 없어서 용과 같은 것을 복식이나 기용器用에 마음대로 사용하게 되면 국가의 기강이 해이해지고 상하가 서로 능멸하게 된다는 논리였다.168)

황룡기는 능행 노부에서 중앙의 국왕 가마 전면에 위치하며 독기, 교룡기 다음에 있었다. 다만 영조와 정조대에 새롭게 정리되는 성城 내외 행차시 의장배열 규정에 따라 성내에서는 황룡기가 누락되었다.169) 따라서 국왕의 능행 의장기에서 가지던 황룡기의 지위와 상징성은 영조와 정조대 이후로 조금 퇴색되었다고 생각할 수 있다.

황룡기는 조선전기에 황색 바탕의 사각기로 쌍용문雙龍紋인 2마리의 용과 청, 적, 황, 백 사채四彩의 구름무늬를 그리고 화염을 상징하는 헝겊인 화염각火焰脚을 달았다.170) 조선후기의 황룡기는 전기와 달리 쌍룡이 사라

---

166) 임영주, 『한국의 전통문양』, 대원사, 2004, 90~96쪽.
167) 『광해군일기』 광해 8년, 4월 23일(임술).
168) 위의 주.
169) 『春官通考班次圖』 續儀城內動駕排班之圖, 장서각, K2-2144.

| 『국조오례의』 서례 황룡기 | 『춘관통고』 황룡기 | 덕수궁 소장 황룡기 |

〈그림〉 의례서와 대한제국기 황룡기

지고 단룡單龍으로 그려졌으며 나머지는 동일하게 표현되었다.[171]

④ 천하태평기天下太平旗, 군왕천세기君王千歲旗

국왕의 능행 노부에서 황룡기 다음에 위치하는 천하태평기天下太平旗와 군왕천세기君王千歲旗는 송과 고려조에서 만든 의장기에서 유래했다고 생각된다. 이 두 의장기는 이전 시기에 나타나지 않다가 송 이후 명과 청의 황제 의장에 포함되었다. 그런데 송과 고려는 황제국을 표방했으므로 군왕천세기君王千歲旗 대신 군왕만세기君王萬歲旗를 의장에 두었다.[172] 그러므로 군왕천세기는 명과의 외교에 따라 결정한 제후국의 반열에 맞추어 제작한 의장기라고 할 수 있다.

국왕의 능행 의장기로 천하태평기와 군왕천세기는 조선전기부터 노부에 포함되었다. 능행 의장의 배열 속에서 일렬로 이어지는 천하태평기와 군왕천세기의 사이에는 가귀선인기駕龜仙人旗와 벽봉기碧鳳旗가 2개씩 있었

---

170) 『國朝五禮儀 序例』 권2, 「嘉禮」, 鹵簿.
171) 『春官通考』 권49, 「嘉禮」, 原儀鹵簿圖說.
172) 『大明集禮』 권45, 「鹵簿」.

다.[173] 이러한 천하태평기天下太平旗-가귀선인기駕龜仙人旗-벽봉기碧鳳旗 -군왕천세기君王千歲旗로 이어지는 능행 의장의 배열은 조선후기까지 지속된다.[174] 다만 영조와 정조대에 새롭게 정리되는 성城 내외의 의장배열 규정에 따라 성내에서는 천하태평기와 군왕천세가 누락되었다.[175]

천하태평기와 군왕천세기는 황룡기와 어연御輦 사이에 위치하며 각각 1인이 깃대를 잡고 움직이고 있다. 천하태평기와 군왕천세기는 둑기와 교룡기, 황룡기와 동일 선상에 배열되어 국왕의 의장기임을 알게 해준다. 그런데 송에서는 군왕만세기가 천하태평기보다 우선이었으며,[176] 명대에도 동일하게 운영하고 있는데, 조선과 다른 점은 군왕만세기가 천하태평기가 일직선상에 잇는 것이 아니라 병렬적이었다는 것이다.[177]

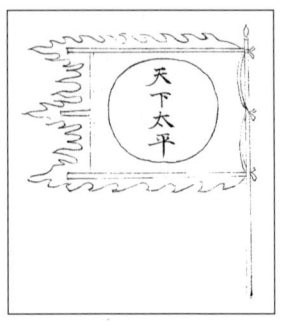

『춘관통고』 천하태평기

명과 청의 천하태평기는 붉은 바탕에 푸른색 화염각火燄脚이며,[178] 조선은 흰 바탕에 "천하태평"이라는 글자를 한 가운데에 쓰고 그 주변을 청, 적, 황, 백의 4가지 색으로 채색한 뒤 불꽃 모양의 기각旗脚을 만들었다.[179] 군왕천세기는 흰 바탕에 "군왕천세"라는 글자를 가운데에 쓰고 주변에 청, 적, 황,

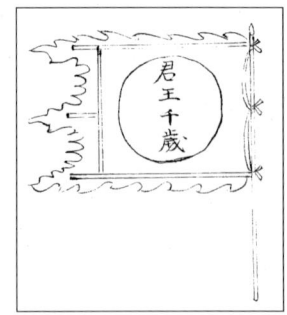

『춘관통고』 군왕천세기

---

173) 『國朝五禮儀 序例』 권2, 「嘉禮」, 鹵簿.
174) 『國朝續五禮儀 序例』, 「嘉禮」, 鹵簿.
175) 『春官通考班次圖』 續儀城內動駕排班之圖, 장서각, K2-2144.
176) 『宋史』 권143, 「儀衛志」.
177) 『大明集禮』 권42, 「儀仗編」.
178) 『欽定續文獻通考』 권97, 「천하태평기」.
179) 『國朝五禮儀 序例』 권2, 「嘉禮」, 鹵簿圖說.

백의 4가지 채색을 사용하며 불꽃 모양의 기각旗脚을 달았다.[180]

⑤ 가귀선인기駕龜仙人旗

가귀선인기는 조선초기부터 능행 의장기로 사용되었는데, 고려는 물론 송, 명 등의 의장에서는 보이지 않는 조선왕조 고유의 의장기이다. 가귀선인기는 조선전기부터 후기까지 행행 의장기로 2개가 행렬의 좌우에 배치되었으며 교룡기와 벽봉기 사이에 위치하고 있다. 다만 영조와 정조대에 정리되는 성城 내외 의장배열 규정에 따라 성내에서는 가귀선인기가 누락되었다.[181]

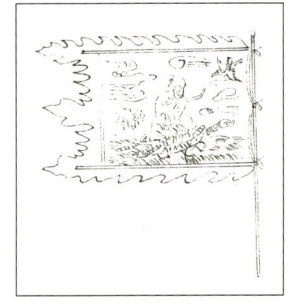

『춘관통고』 가귀선인기

그리고 가귀선인기의 내용과 형태, 색깔은 조선전기부터 후기까지 동일하게 나타난다.[182] 가귀선인기는 흰바탕에 선인을 그리는데 도관道冠을 쓰고 황색 저고리와 붉은 치마를 입고서 거북을 타고 있는 모습이며 그 위로 학이 날아가는 모습이다. 선인 주위에는 물결과 청, 적, 황, 백 사채四彩의 구름무늬를 그렸으며 불꽃 모양의 기각旗脚을 달았다.[183]

덕수궁소장 가귀선인기

---

180) 『國朝五禮儀 序例』 권2, 「嘉禮」, 鹵簿圖說.
181) 『春官通考班次圖』 續儀城內動駕排班之圖, 장서각, K2-2144.
182) 『國朝五禮儀 序例』 권2, 「嘉禮」, 鹵簿圖說; 『春官通考』 권49, 「嘉禮」, 原儀鹵簿圖說.
183) 『國朝五禮儀 序例』 권2, 「嘉禮」, 鹵簿圖說; 『궁중유물도록』, 「창덕궁 駕龜仙人旗」, 문화재관리국, 1986, 174쪽.

⑥ 홍문대기紅門大旗

홍문대기는 둑기와 교룡기를 제외하면 능행 의장기 배열의 선두에 위치하고 있다. 행행 의장기로서 선두에 위치한다는 것은 홍문대기의 의미를 공간적으로 의장 중에서 상위에 있음을 상징한다고 볼 수 있는 부분이다. 홍문대기라는 명칭에서 홍문紅門은 능이나 사당 앞에 세웠던 문으로 신성한 공간, 금지된 구역 등을 표시한 것으로 생각할 수 있다. 이와 함께 국왕의 행행은 군대 행진과 동일한 형태의 구성이었으므로 군진軍陣을 이룰 때 전후를 나타내는 문門인 문기門旗가 나타나고 있다.[184]

이런 배경으로 홍문은 신성한 공간과 군사적 기능을 아울러 포함했다고 보는 것이며 국왕의 행행 의장기에 그 개념을 도입하여 만든 것이 홍문대기인 것이다. 반면 중국 왕조에서 나타나는 홍문대기의 기원은 조선과 달리 천체와 관계되어 있다. 홍문대기는 홍문기紅門旗로도 불렸는데, 홍문기의 기원은 당에서부터 보인다. 당에서는 홍문기를 홍문신기紅門神旗로 표현하였으며 이 홍문신기는 천체의 별자리 숫자에 맞추어 28기를 제작하였으며 황제의 의장 좌우에 세웠으며[185] 이 의장기는 명나라까지 이어진다.[186]

송과 명의 황제 의장에서 홍문신기의 위치는 청룡기1, 백호기1, 오악기五嶽旗5, 오성기五星旗5, 오방룡기五方龍旗25, 오방봉기五方鳳旗25 다음에 자리하였다. 홍문신기의 다음에는 주작무기朱雀武旗1, 조둑皂纛12, 천일태일기天一太一旗1 등이 위치하였다.[187] 반면 조선에서는 둑기 → 교룡기 → 홍문대기의 순으로 둑기가 앞서고 홍문대기가 뒤에 나타나고 있다. 그리고 홍문대기의 위치와 색깔은 조선전기에서 후기까지 동일하게 나타나고 있

---

184) 국왕의 행행에서는 作門을 이루어 출입을 통제하였으며 이때 군기를 사용하였다.
185) 『玉海』 권83, 「車服」, 旌旗.
186) 『大明集禮』 권42, 「儀仗」.
187) 『玉海』 권83, 「車服」, 旌旗.

으며, 홍문대기에 그려진 청룡의 형태도 크게 변하지 않고 있다.[188]

홍문대기는 능행 의장기 배열에서 2개가 좌우로 나누어 행렬 좌우에 위치하던 의장기들을 인도하였다. 그런데 시대적으로 홍문대기의 크기와 운반 형태는 차이를 보이고 있다. 조선전기 대가노부의 홍문대기는 1인이 쥐고, 2인이 당기면서 나가고 있다.[189] 그런데 조선후기의 홍문대기는 1인이 도보로 운반하고 있어서 그 규모가 줄었다고 생각하게 한다.[190] 따라서 홍문대기는 조선초기부터 능행 의장기에 포함되었으며 배열의 위치도 변화지 않았지만, 조선후기로 오면서 그 상징성은 둑기와 교룡기에 비해 상대적으로 축소되었음을 알 수 있다.

『춘관통고』 홍문대기

홍문대기는 붉은 바탕에 구름무늬에 싸인 청룡을 그렸으며 청, 적, 황, 백 사채四彩를 사용하여 화염각을 만들었다. 그리고 깃대의 상단에는 별다른 장식이 없는 채로 장대에 검은 칠을 하였으며 원수圓首는 주칠朱漆을 하고 하단은 쇠로 장식하였다.[191] 이 형태는 조선후기에도 그대로 사용되었으며[192] 고종대에 적색 바탕에 청룡을 그리는 형태로 바뀌게 된다.[193]

덕수궁소장 홍문대기

---

188) 『國朝五禮儀 序例』 권2, 「嘉禮」, 鹵簿圖說; 『春官通考』 권49, 「嘉禮」, 原儀鹵簿圖說.
189) 『國朝五禮儀 序例』 권2, 「嘉禮」, 鹵簿 大駕.
190) 『國朝續五禮儀 序例』 「嘉禮」, 鹵簿.
191) 『國朝五禮儀 序例』 권2, 「嘉禮」, 鹵簿圖說.
192) 『春官通考』 권49, 「嘉禮」, 原儀鹵簿圖說.
193) 『大韓禮典』 권5, 「儀仗圖說」.

⑦ 사신기四神旗(四獸旗)

사신四神은 사령四靈 혹은 사수四獸라고 하며, 하늘의 별자리에 따라 구분한 동서남북의 사궁四宮을 나타낸 것이라고도 한다. 『이아爾雅』에 "사방에 모두 칠숙七宿이 있는데 각기 일정한 형태를 이루고 있다. 동방은 용의 형상을, 서방은 호랑이의 형상을, 남방은 새의 형상을, 북방은 거북의 형상"을 이루고 있다. 이들 네 짐승을 사신이라고 하였다.[194] 사신 개념은 춘추전국시대에 사방四方과 사시四時를 대표하는 상징물로 체계화 된 것인데, 성상星象 구획법인 28수宿 체계와 결합하면서 천계天界의 방위 수호신 역할을 겸하게 된다. 그리고 사신과 28수 체계의 개념적 결합은 후한대에 이르러 사마천에 의해 완성되었다. 이후 사신은 천계天界의 일원이면서 능묘의 주인을 보호하는 풍수적 기능까지 겸하게 된다.[195]

사신사상四神思想은 천지만물의 구성과 변화를 오행, 천문, 정치관 등과 연관시켜 이해한 결과이다. 그리고 사신사상은 풍수지리설에도 영향을 미쳐 길지인 명당을 중심으로 사방을 사신四神인 청룡, 백호, 주작, 현무로 지칭하였다. 그런데 사신은 고대로 올라 갈수록 비천飛天의 느낌이 강하여 몸체가 날씬하면서 가벼운 분위기를 조성하는데 반해서 조선시대로 오면서 무겁고 지상에 안착된 모습으로 변하고 있다. 이것은 사신의 개념이 후대로 내려올수록 인간세계의 사물과 연관 지어 정형화된 결과라고 하겠다.

_ 청룡기青龍旗

용은 조선시대 삶에서 매우 친밀한 존재이며 신령스런 동물의 대표적

---

[194] 『欽定禮記義疏』 권5, 「曲禮」 上.
   東七宿有龍形, 南七宿有鳥形, 西七宿有獸形, 北七宿有龜蛇形, 故各擧其象而配以方色.
[195] 김일권, 앞의 논문, 96~97쪽.

인 상징이었다. 홍수와 가뭄을 주재하는 수신으로서의 용, 바다에서 항해와 조업을 주재하는 해신으로서의 용, 사악한 것을 물리치고 복을 가져다주는 벽사의 능력을 지닌 용, 불법을 수호하는 호법신으로서의 용 등은 조선 사회에 존재하던 용의 대표적 모습들이다. 이에 왕실에서는 용을 국왕의 권위에 비유하여 여러 장식문양으로 활용하였으며 민간에서는 부적의 기능으로 사용하였다.[196]

용은 동의 청룡, 남의 적룡, 서의 백룡, 북의 흑룡과 중앙에 황룡인 오룡이 대표적이다. 그 가운데 청룡이 가장 많이 그려졌는데 구름 속에서 얼굴과 반신을 나타내기도 하고 때로는 쌍룡으로 표현되었다. 청룡은 기우제의 상징으로 사계절 가운데 봄을 관장하여 비를 내려 풍년을 기원하는 농악의 선두 깃발이기도 했다. 그리고 무속이나 설화 등에서 용왕의 상징으로 표현되었으며 무관의 칼이나 도자기에 청룡도가 일반적으로 사용되어 친숙한 대상이었다.[197]

이런 배경으로 능행 의장기에 청룡기는 조선초부터 포함되었으며 후기에도 지속적으로 사용되었다. 조선전기의 청룡기는 푸른 바탕의 청룡과 구름을 그렸으며, 청, 적, 황, 백의 4가지 채색을 사용하고 화염각을 삼면에 달았으며[198] 조선후기에도 그 형태는 변함이 없었다.[199] 다

명대 청룡기   청대 청룡기

---

196) 임영주, 앞의 책, 90~96쪽.
197) 윤열수, 앞의 책, 70쪽.
198) 『國朝五禮儀 序例』 권2, 「嘉禮」, 鹵簿圖說.
199) 『春官通考』 권49, 「嘉禮」, 原儀鹵簿圖說.

만 명·청대의 청룡기는 청룡이 수직으로 있는 반면 조선은 수평으로 위치하고 있다. 청대 청룡기의 용은 하늘로 상승하는 형태인데, 청룡은 양陽으로 승룡升龍을 상징하기 때문이었다.200)

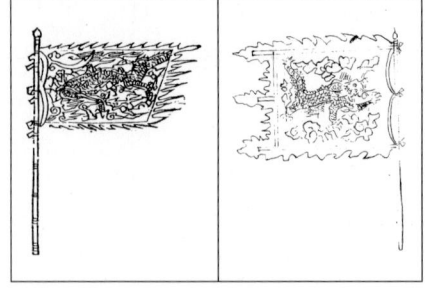

『국조오례의』 서례 청룡기   『춘관통고』 청룡기

능행의 배열에서 청룡기는 어연御輦을 중심으로 동쪽에서 홍문대기와 주작기 다음에 위치하였다. 주작기가 청룡기보다 우선 나타난 것은 주작이 남쪽을 방위하는 서수瑞獸이기 때문이다. 이에 따라 청룡기의 우측에 위치하던 현무기도 백호기의 뒤편에 있다. 따라서 청룡기를 비롯한 사신기는 어연을 중심으로 사방을 호위하는 공간에 정확히 자리 잡고 있다.201)

_ **백호기**白虎旗

백호는 흰 몸체의 호랑이로 서쪽 방위를 담당하던 신수神獸를 말한다. 호랑이는 서쪽을 담당하던 신수로 시간과 공간을 놓고 보면, 12방위와 12시 사이에서 동북방 방향과 오전 3~5시를 수호하였다. 호랑이가 신수에 포함된 것은 용맹함과 신성함을 지닌 동물계의 왕자였기 때문이다.202) 이는 호랑이를 동물 중의 중추로 여기고 북두칠성의 첫 번째 별인 추성樞星이라고 부른 것에서 알 수 있다.203)

특히 호랑이는 벽사辟邪의 힘 때문에 무武와 연관된 기물에 사용되었는

---

200) 『欽定禮記義疏』 권80, 「靑龍」.
201) 『春官通考』 권50, 「嘉禮」, 原儀鹵簿圖.
202) 『爾雅翼』 권19, 「釋獸」, 虎.
203) 국립중앙박물관, 『우리 호랑이』, 1998, 148~153쪽.

데, 무관 관복의 호랑이 흉배와 함께 능행에서 무관들이 호수虎鬚를 모자에 착용하기도 하였다. 나아가 사신기에서 용, 현무, 주작은 왕실 이외에 사용하는 것이 금지되었던 반면 백호는 공가公家에서도 그 사용을 용납하여 벽사의 기능을 민간에서도 이용하였음을 보여준다.[204]

능행 의장기에 그려진 백호는 용과 달리 머리에 뿔과 몸에 비늘이 없는 대신 몸에는 호랑이의 무늬인 호반虎斑이 묘사되고, 우모羽毛를 휘날리며 질주하는 형상이다. 백호기는 흰 사각 바탕에 적색 날개를 달고 하늘을 나는 백호와 청, 적, 황, 백 사채四彩의 구름무늬가 그려져 있으며 노란 화염각 달려있다.[205] 이런 백호기의 형태는 조선후기에도 그대로 유지되었다.[206] 다만 청대의 백호기는 호랑이와

명대 백호기   청대 백호기

『국조오례의』 서례 백호기   『춘관통고』 백호기

곰이 동시에 그려져 있는데, 주대부터 웅호熊虎가 서로의 장단점을 보완하는 동물로 여겼기 때문이다.[207]

능행의 배열에서 백호기는 어연御輦을 중심으로 서쪽에서 홍문대기와

---

204) 『광해군일기』 광해군 8년, 4월 23일(임술).
205) 『國朝五禮儀 序例』 권2, 「嘉禮」, 鹵簿圖說.
206) 『春官通考』 권49, 「嘉禮」, 原儀鹵簿圖說.
207) 『欽定禮記義疏』 권80, 「白虎」.

현무기 사이에 위치하였다. 현무기가 백호기보다 후열에 있는 것은 현무가 북쪽을 방위하는 서수瑞獸이기 때문이다. 이에 따라 백호기의 좌측에 위치한 주작기도 청룡기의 앞에 있다. 따라서 백호기를 비롯한 사신기는 어연을 중심으로 사방을 호위하는 공간에 정확히 자리 잡고 있는 것이다.[208]

_ 주작기朱雀旗

주작은 28수宿에서 남방 7수宿의 별들을 상징하는 것으로 능행 의장기에서 남쪽을 방위하였다. 그리고 주작이 남쪽을 담당한 또 다른 이유는 방어를 잘한다는 개념 때문이었다.[209] 주작은 고구려를 비롯한 시베리아 문화권에서 신조神鳥로 여겼던 까마귀가 변화된 형상이었다. 북방 유목민족이 숭배하던 현조玄鳥 문화가 남방으로 내려오면서 적조赤鳥인 주작으로 변형된 것이다.[210] 적조赤鳥가 된 신조神鳥 숭배사상은 주작으로 상징화되었으며 그 형상은 각 왕조마다 문화의 변화에 따라 약간의 차이가 발생한 것이다.

명대 주작기

조선초부터 주작기는 붉은 바탕에 세 머리가 달린 주작과 청, 적, 황, 백 사채四彩의 구름무늬를 그리고 화염각이 달려 있었다.[211] 이 형태는 조선후기에도 동일하게 보인다.[212] 그런데 주작에 머리

『국조오례의』 서례 주작기

---

208) 『春官通考』 권50, 「嘉禮」, 原儀鹵簿圖.
209) 『欽定禮記義疏』 권80, 「朱雀」.
210) 『삼국사기』 권14, 「고구려본기」 大武神王 3년조.
  黑者北方之色, 今變而爲南方之色, 又赤鳥瑞物也.
211) 『國朝五禮儀 序例』 권2, 「嘉禮」, 鹵簿圖說.
212) 『春官通考』 권49, 「嘉禮」, 原儀鹵簿圖說.

가 세 개 달린 형태의 의장기는 조선에서만 나타나고 있다.

더욱이 숙종 능침 조성시의 사신도에 그려진 주작은 의장기의 형태와 달리 붉은 몸의 주작만이 나타나고 있다.[213] 이외에 명대의 주작기는 닭의 머리에 공작의 꼬리를 단 새의 몸이며,[214] 청대의 주작기는 상하로 주작이 두 마리가 그려져 있으며 그 사이를 구름이 에워싸고 있다.[215] 그러므로 주작기의 형태는 시대적으로 차이가 나는 것은 물론 국가별로도 공통적인 모습이 보이지 않는다.

『춘관통고』 주작도

능행 의장기 배열에서 주작기는 어연御輦을 중심으로 동쪽에서 홍문대기와 청룡기 사이에 위치하였다. 청룡기가 주작기보다 후열에 있는 것은 청룡이 동쪽을 방위하는 서수瑞獸이지만, 동시에 주작은 남쪽을 방위하기 때문이다. 이에 따라 주작기의 우측에 위치한 현무기도 백호기의 뒤에 있다. 따라서 주작기를 비롯한 사신기는 어연을 중심으로 사방을 호위하는 공간에 정확히 자리 잡고 있다.[216]

_ 현무기玄武旗

현무는 다른 사신四神과 마찬가지로 별자리에 따라 정해진 방위를 지키는 서수瑞獸[217]로 능행 의장기의 북쪽을 담당하고 있다. 그렇지만 현무의 연원은 사신도가 완성되기 이전이라고 생각하는데, 그 이유는 현무 그 자체의 모습 때문이다. 현무기에 일반적으로 보이는 형태는 거북의 몸에 뱀

---

213) 『산릉도감의궤』 장서각, K2-2325.
214) 『大明集禮』 권43, 「儀仗」.
215) 『欽定禮記義疏』 권80, 「朱雀」.
216) 『春官通考』 권50, 「嘉禮」, 原儀鹵簿圖.
217) 『欽定禮記義疏』 권80, 「玄武」.

이 몸을 감고 있는 모습이다. 현무는 선귀旋龜라고 하여 뱀의 머리에 거북의 꼬리를 한 귀사龜蛇가 접합된 형태라고 하였다.[218]

현무기가 거북의 몸에 뱀이 뒤엉킨 모습이지만 초기의 현무는 두 동물이 분리된 모습인 것을 한대의 동경銅鏡에서 볼 수 있다.[219] 그리고 거북을 한대의 음양론에 입각하여 귀사이물龜蛇二物의 복합체로 볼 수도 있지만 그 원형은 거북이라는 점이 중요하다.[220] 무엇보다 현무는 뱀의 형상을 제외하면 그 생김새가 거북이기 때문이다.

현재까지 현무의 형태는 한나라 때 등장하여 완성되었다고 한다.[221] 그리고 거북의 몸에 뱀이 감겨진 형태의 현무가 나타나는 것은 중원문화와 서역문화가 융합된 결과로 보고 있다. 그 이유로 전한대의 현무는 거북과 뱀이 분리되어 있었는데, 서역과 문물의 교류가 많았던 후한대에는 복잡하게 꼬인 합체로 변형되었기 때문이다. 특히 후한대의 서역, 즉 중앙아시아에는 두 동물이 뒤엉켜 투쟁하는 주제의 동물양식 미술이 유행하고 있었던 것도 한 이유이다.[222]

그러므로 초기의 현무는 거북과 뱀이 나란히 있다가 후한 이후 뒤엉킨 모습으로 변형되었다고 하겠다. 그런데 현무기에서 주목할 것은 역시 거북이다. 거북은 개충介蟲의 우두머리로 악어와 같이 고생대에서부터 오늘날까지 생존하는 동물로서 그 생명의 지속성에 인간은 장수의 상징으로 일찍부터 주목하였다. 따라서 거북이 현무기의 상

명대 현무기

---

218) 『山海經』, 「南山經」, 旋龜.
219) 권영필, 『실크로드』, 열화당, 1997, 159~160쪽.
220) 이병도, 『한국고대사연구』, 박영사, 1976.
221) 渡辺素舟, 『東洋文樣史』, 富山房, 1971, 516~521쪽.
222) 권영필, 『실크로드미술』, 열화당, 1997, 159~160쪽.

징으로 나타나는 것은 오히려 당연한 결과라고 할 수 있다.

한반도에서 현무의 기원은 고구려까지 올라간다. 능행 의장기에 있는 현무의 형태는 거북이 등에 육각형 무늬가 새겨져 있으며 뱀과 거북의 머리 형상이 마주보고 있다.[223] 그런데 고구려 강서대묘의 벽화에서도 거북의 등이 육각형인 것은 물론 뱀이 거북의 몸을 감싸고 있는 것도 동일하게 나타난다.[224] 따라서 조선왕조 이전에 현무기의 형상은 이미 정립되었다고 할 수 있다.

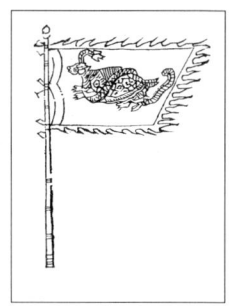

『국조오례의』 서례 현무기

국왕의 능행에서 현무기는 의장기 행렬 외에도 국왕의 가마 뒤에 후전대기와 함께 위치하고 있다. 이는 사신도의 배치를 능행에 그대로 적용한 사례이다. 국왕을 중심으로 남면인 능행 행렬 앞쪽에는 주작기를 두고 북면인 뒤쪽에는 현무기를 두었다. 이외에 현무기는 진陣의 후면을 담당하는 후문後門

『춘관통고』 현무기

을 담당하며 후군後軍, 후영後營, 후위後衛의 지휘를 상징한다.

현무기는 조선전기부터 검은 바탕의 사각기에 뱀이 거북의 몸을 감싸고 있으며 청, 적, 황, 백 사채四彩의 구름무늬를 그리고 노란 화염각이 달린 형태였다.[225] 이 모습은 조선후기에도 그대로 이어졌다.[226]

행행 의장기 배열에서 현무기는 어연御輦을 중심으로 서쪽에서 홍문대기와 백호기 후면에 위치하였다. 현무기가 백호기보다 후열에 있는 것은

---

223) 『春官通考』 권50, 「嘉禮」, 原儀鹵簿圖.
224) 고구려연구회편, 「고구려고분벽화」, 『고구려연구』 4, 학연, 1997.
225) 『國朝五禮儀 序例』 권2, 「嘉禮」, 鹵簿圖說.
226) 『春官通考』 권50, 「嘉禮」, 原儀鹵簿圖.

백호가 서쪽을 방위하는 서수瑞獸이며 현무는 북쪽을 방위하기 때문이다. 이에 따라 현무기의 좌측에 위치한 청룡기도 주작기의 뒤에 있다. 따라서 현무기를 비롯한 사신기는 어연을 중심으로 사방을 호위하는 공간에 정확히 자리 잡고 있다.[227]

⑧ 백택기白澤旗

백택기는 국왕의 능행에 늘 등장하던 기치로서 대가노부에 사용하였다. 백택기는 육정기六丁旗와 삼각기三角旗 사이에 위치하고 있었으며, 왕비의 의장에서는 홍문대기의 자리를 차지하기도 하였다.[228] 백택기의 형태를 보면, 정조대 백택기는 흰색의 사각기에 구름무늬와 백택을 그리고 청·적·황·백의 4채색 화염각火焰脚이 달려 있었다.[229]

그런데 중국의 백택기는 붉은색과 청색의 두기가 쌍으로 있으며, 기의 중앙에 백택을 그리고 세 개의 화염각이 있고 구름무늬에 수를 놓은 백택은 비상하는 자세로 조선과 차이를 보인다. 또한 길이는 6척 6촌, 넓이는 2척 9촌으로 깃발을 매단 대나무는 1장 3척 6촌에 주칠硃漆을 하였으며,[230] 백택은 머리가 호랑이로 붉은 머리털에 뿔이 달렸으며 몸은 용의 형상이었다.[231]

원래 백택은 택수澤獸라고도 하는데, 언어를 구사할 수 있으며 만물의 정신에 통달하였다고 한다.[232] 그래서 황제가 동해에 순수를 갔을 때 백택

명대 백택기

---

227) 『春官通考』 권50, 「嘉禮」, 原儀鹵簿圖.
228) 장서각 소장 『가례도감의궤』.
229) 『春官通考』 권49, 「嘉禮」, 原儀鹵簿圖說.
230) 『大明會典』 권151, 「儀仗」.
231) 『欽定續文獻通考』 권97, 「백택기」.
232) 『骈雅』 권7, 「백택」.

이 나타나서 백성을 위해 해로움을 제거할 것을 말했다고 한다.[233] 이처럼 백택은 군주가 행할 것을 직접 나타나서 알려주는 서수瑞獸로서 국왕이 제대로 정치를 펼치고 있음을 드러내주는 상징성을 내포하고 있음을 알 수 있다.

이러한 배경으로 백택기는 각 왕조마다 그 형태가 오랜 기간 크게 변하지 않은 채 사용되었다. 중국은 당·송·원·명에 이르기까지 동일한 형태의 백택기를 황제의 대가노부에 2개씩 사용하였는데, 청대에 이르러 백택과 깃발의 모양이 바뀌게 된다. 청대에 백택기는 황제의 대가노부와 법가노부에 사용되었는데, 1748년에 건륭 황제 재위시 백택기는 황색바탕의 삼각기로 구름무늬에 백택을 수놓고 화염각을 깃발 양면에 달면서 깃대의 머리에는 둑기와 같이 화염이 양면에 달린 줄을 드리웠다.[234]

청대 백택기

『춘관통고』 백택기

백택기는 고려조에서도 황제의 순행과 행차시 노부鹵簿에 사용되었다. 고려조의 노부에 사용된 백택기는 2개였으며 대기와 중기로 나뉘어 있었다. 그런데 고려는 군주의 행차시 사용하는 노부에 군왕만세기, 서왕모기西王母旗, 사자기獅子旗, 상기象旗 등이 포함되고 기치의 숫자가 송나라와 큰 차이가 없는 황제국의 의장을 갖추고 있었다.[235] 따라서 황제국인 고려의 의장 기치

---

233) 『大明集禮』 권43, 「백택기」.
234) 『皇朝禮器圖式』 권11, 「황제대가노부」.

는 송, 원과 큰 차이가 없었으며 백택기의 형태도 동일하다고 할 수 있겠다. 조선에 이르면 명과의 외교관계로 인해 제후국의 반열에 해당하는 의장을 마련하는데, 백택기는 그대로 사용하였다.

조선왕조의 백택기는 태조대부터 대한제국 순종대까지 의장 기치로 사용되었다. 각 시대별 형태는 조금씩 차이가 있지만 대부분 명나라의 사각형 깃발에 백택을 수놓고 화염각을 세 방향에 단 모습이었다. 다만 대한제국기 순종대에 이르러 청나라와 동일

덕수궁소장 백택기

한 삼각형의 깃발 모양에 백택이 있는 형태였다. 이것은 고종대에 대한제국을 선포하면서 황제국에 걸 맞는 의장 기치를 마련하면서 청조의 백택기를 모델로 삼은 것으로 생각된다.

백택기는 국왕의 능행에 빠지지 않고 등장[236]했는데, 국왕이 승하해서 3년 상을 치르고 종묘에 부묘祔廟하는 반차의 의장에도 나타났다.[237] 조선시대 백택기는 다른 의장기와 마찬가지로 시대적 변화가 크게 보이지 않는다. 백택기는 흰 바탕의 사각기에 백택과 청, 적, 황, 백 사채四彩의 구름무늬를 그리고 노란 화염각을 단 형태였다. 그리고 백택은 뿔을 달고 몸에 비늘이 있으며 물 위에 앉아있는 모습이다.[238]

---

235) 『고려사』 권72, 「鹵簿」, 法駕.
236) 현전하는 가례반차도에서 백택기는 왕비의 의장기 중에서 항상 맨 앞에 나타나고 있어서 백택기는 왕비를 상징하는 의장기임을 알 수 있다.
237) 『부묘도감의궤』 장서각, K2-2244.
238) 『國朝五禮儀 序例』 권2, 「嘉禮」, 鹵簿圖說.

⑨ 용마기龍馬旗, 삼각기三角旗, 각단기角端旗

하은주夏殷周 이전에 존재했다고 전해지는 전설상의 인물인 복희가 황하에서 용마가 등에 짊어지고 나온 팔괘를 받았다고 한다.[239] 이때 팔괘를 지고 나타난 것이 용마인데, 용마는 말 그대로 용과 닮은 말이거나 신성한 말로 생각할 수 있다. 그리고 팔괘를 소유한 사람이 군주였으며, 그 팔괘를 이용하여 세상을 통치했다는 상징성을 내포했다고 볼 수 있겠다.

용마기는 다른 의장기와 마찬가지로 시대적 변화가 크게 나타나지 않는다. 조선전기부터 흰색 바탕의 사각기에 용마와 청, 적, 황, 백 사채四彩의 구름무늬를 그리고 노란 화염각이 달린 형태였다.[240] 이 모습은 조선후기에도 그대로 이어졌다.[241]

『국조오례의』 서례 용마기

용마기와 삼각기, 각단기는 의장기 형태상으로는 유사하여 외관상으로 구별하기 어렵다. 삼각기는 흰색 바탕의 사각기에 삼각에 청, 적, 황, 백 사채四彩의 구름무늬를 그리고 노란 화염각이 달린 형태였다. 각단기는 흰색 바탕의 사각기에 삼각에 청, 적, 황, 백 사채四彩의 구름무늬를 그리고 노란 화염각이 달린 형태였다.[242] 이 모습들은 조선후

『국조속오례의』 서례 삼각기

---

239) 『尙書注疏』 권17, 「周書」.
240) 『國朝五禮儀 序例』 권2, 「嘉禮」, 鹵簿圖說.
241) 『春官通考』 권50, 「嘉禮」, 原儀鹵簿圖.
242) 『國朝五禮儀 序例』 권2, 「嘉禮」, 鹵簿圖說.

기에도 그대로 이어졌다.[243] 그런데 삼각기
와 각단기에 그려진 각단과 삼각은 모두 하
늘을 나는 용마의 형상을 보이고 있다.

특히 세 의장기는 능행 의장에서 백택기
다음부터 삼각기-각단기-용마기 등의 순
서로 좌우에 2개가 배열되어 있다. 따라서
외관상으로 세 의장기는 모두 용마기로 보
아도 무관할 정도로 착각을 일으키게 한다.
현재 용마 이외에 삼각과 각단에 대한 연혁
은 파악할 수 없어서 그 상징성은 용마의 한
부류로 볼 수밖에 없겠다.

『국조속오례의』 서례 각단기

⑩ 육정기六丁旗

육정기는 정축기, 정묘기, 정사기, 정미기, 정해기, 정유기 등을 말하는
것이며 사료상으로는 세종 이후에 나타나고 있다. 육정기는 현전하는 자료
상으로 명·청은 물론 주 이전의 역사에서도 나타나지 않는 것은 물론이
며, 고려와 삼국시대에도 보이지 않는 조선 고유의 의장기이다.

그런데 고려와 명·청대의 의장기에는 별자리를 상징하는 성수기星宿
旗와 역易의 괘사기卦辭旗, 천지자연을 표현한 오악기五岳旗와 운해기雲海旗
등이 있다. 따라서 조선의 육정기는 주역과 별자리에 연관되어 만든 것이
아닌가 생각된다. 다만 육정기마다 있는 사람의 얼굴과 부적에 대한 부분
은 파악하기 어려운 실정이다.[244]

---

[243] 『春官通考』 권50, 「嘉禮」, 原儀鹵簿圖.
[244] 민간신앙인 귀신숭배사상에서 나온 부적의 일종이라고도 한다.(백영자, 『조선시대의 어가
행렬』, 방송통신대학교, 1994, 215쪽)

〈그림〉『춘광통고』의 육정기

    육정기는 12개월 곧 1년을 단위로 구성되어 있다. 정축기는 12월로 중앙과 토土를, 정묘는 2월로 동방과 목木, 정사는 4월로 남방과 화火, 정미는 6월로 중앙과 토土, 정해는 8월로 북방과 수水, 정유는 10월로 서방과 금金 등을 상징하며 각각 짝수의 달을 상징하고 있다. 또한 12간지에 속하면서 각기 방위를 지키는 소, 토끼, 뱀, 양, 돼지, 닭 등의 동물들을 인간의 얼굴과 합해서 그리고 있다.[245] 정해기의 경우 중앙의 부적·축문을 두고 위에

---

245) 『國朝五禮儀 序例』 권2, 「嘉禮」, 鹵簿圖說; 『春官通考』 권50, 「嘉禮」, 原儀鹵簿圖.

는 사람의 얼굴을 두고 아래는 돼지의 머리를 배치하였다.

 능행 의장기 배열에서 보면, 어연御輦을 중심으로 좌측에는 청룡기 다음에 정사기-정묘기-정축기로 되어 있으며, 우측에는 현무기 다음에 정미기-정우기-정해기의 순으로 되어 있다.246) 그러므로 육정기의 주요 기능은 1년 12개월과 12간지를 연관시켜 각각의 방위에 맞추어 배열한 것으로 추정할 따름이다.

 ⑪ 기린기麒麟旗

 기린은 용이 암말과 결합하여 낳은 것으로 기麒는 수컷이며 린麟은 암컷이라고 하였다. 기린은 이마에 뿔이 하나 있으며 사슴 몸에 소의 꼬리, 말의 발굽과 네 다리에 화염 모양의 갈기를 하면서 하루에 천리를 달린다고 하였다. 『시경』에 "발이 있는 것은 차기 마련이며 이마가 있는 것은 들이받기 십상이고 뿔이 있는 것은 부딪치고자 하는데, 기린만은 그렇지 않으니 이것이 기린의 어진 성품이다."라고 하였다.247)

 그리고 『광아廣雅』에 "인을 머금고 의를 품고 있어서 울음은 종려鐘呂에 들어맞고 걸음걸이는 법도에 맞는다. 살아 있는 벌레를 밟지 않으며 돋아나는 풀을 꺾지 않고 함정에 빠지지 않으며 그물에 걸리지 않는다. 밝은 임금이 나타나 행동거지를 법도에 맞게 처신하면 나타나는데, 털 달린 짐승 360가지 가운데 기린이 그 우두머리가 된다."고 하였다.

 이런 배경으로 하은주시대부터 어진 성군이 세상에 나타날 때 먼저 그 모습을 드러내서 성군의 징조를 보인다고 하였다. 이후 역대 왕조에서는 이런 기린의 상징성을 지속해서 사용했으며 고려를 이어 조선에서도 의장기로 사용하게 된다. 그런데 기린기는 국왕의 행행 의장에는 없으며 왕세

---

246) 『春官通考』 권50, 「嘉禮」, 今儀大駕鹵簿排列之圖.
247) 『毛詩各物解』 권9, 釋獸.

자의 의장에만 나타나고 있다.[248]

⑫ 벽봉기碧鳳旗

　벽봉기는 푸른 봉황을 그린 의장기로 벽봉은 곧 봉황을 상징한다고 하겠다. 봉황은 신조神鳥로서 용이 생긴 이후에 나온[249] 서수瑞獸라고 하며 고대부터 신성한 길조로 여겼다. 『이아爾雅』에 봉鳳은 수컷이며 황凰은 암컷이라고도 한다. 봉황은 기린과 같이 성군이 출현하거나 태평성세에만 나타난다고 해서 보위에 있는 국왕의 성덕을 높이는데 이용되었다. 다만 의장기로서 벽봉기의 기능은 정확히 알려져 있지 않다. 다만 봉황의 기능을 이어 받은 것이 아닌가 생각될 따름이다.

　봉황을 신라의 시조 박혁거세와 알영왕비의 이야기에 나오는 계룡鷄龍으로 보기도 한다. 『삼국유사』에 의하면 자주색 알에서 태어난 혁거세 왕을 맞이한 후 왕후를 구하고자 했을 때 알영정閼英井가에 계룡이 나타나서 왼쪽 옆구리에서 여자 아이를 낳았는데 자태와 얼굴은 고왔으나 입술이 닭의 부리와 같았다. 월성 북쪽 내가에 가서 목욕시키니 그것이 빠졌다. 즉 봉황을 닮은 계룡의 출현과 함께 왕후가 세상에 나타난 것으로 볼 수 있는 것이다.[250]

　행행 의장기의 배열에서 벽봉기는 가귀선인기駕龜仙人旗와 천하태평기의 사이에 좌우로 위치하고 있다. 벽봉기는 황색 바탕에 푸

『춘관통고』 벽봉기

---

248) 『왕세자 가례도감의궤』 장서각, K2-2602.
249) 『爾雅翼』 권28, 「釋魚」, 龍.
250) 리영순, 『동물과 수로 본 우리문화의 상징세계』, 훈민, 2006, 66쪽.

른색 봉황인 벽봉碧鳳을 두고 청, 적, 황, 백 사채四彩의 구름무늬를 사면에 그렸으며 노란색 화염각이 달려있다.251) 이러한 벽봉기의 형태는 조선후기에 그대로 지속되었다.252)

⑬ 후전대기後殿大旗

후전대기라는 명칭은 조선왕조에서만 보이고 있으며 의장기의 전후를 나타내던 기능을 가졌다고 보인다. 후전대기는 국왕의 능행 의장기에서 어가의 후면에 자리 잡고 있어서 국왕을 상징하는 의장의 대미를 장식하기 때문이다. 후전대기는 검정 바탕의 사각기에 삼각에 청, 적, 황, 백 사채四彩의 구름무늬를 그리고 노란 화염각이 달려 있다. 그런데 조선전기의 후전대기는 현무기와 같은 거북과 뱀이 어울려 있는 형태였다.253) 조선후기에는 현무의 형태가 사라지고 구름 사이에 용이 그 자리를 대신하고 있으며 나머지 내용은 그대로 이어졌다.254) 위와 같이 두 가지 형태의 후전대기가 다음의 『춘관통고』에 실려 있다.

『춘관통고』 후전대기

『춘관통고』 후전대기

---

251) 『國朝五禮儀 序例』 권2, 「嘉禮」, 鹵簿圖說.
252) 『春官通考』 권50, 「嘉禮」, 原儀鹵簿圖.
253) 『國朝五禮儀 序例』 권2, 「嘉禮」, 鹵簿圖說.
254) 『春官通考』 권50, 「嘉禮」, 原儀鹵簿圖.

2) 의례 반차도에 나타난 의장의 종류

　조선시대 궁중에서 그림은 교훈과 도덕을 전파하는 치도治道의 수단으로 활용되었으며, 왕이 국정을 운영하고 관청이 업무를 수행하는데 시각자료로서 중요한 역할을 하였다. 왕의 지시에 의해 그려진 그림의 상당부분은 교훈과 도덕을 전파할 수 있는 감계화鑑戒畵였으며 궁중의 벽을 장식하는 그림들도 결국은 즐거움보다는 가르침을 얻을 수 있는 그림들이었다.[255]

　궁중에서 작성한 그림들은 왕실의 주요 행사인 오례에 관련된 것이 많았는데, 오례를 주관하는 국왕의 모습은 행행을 통해 드러나는 것이 많았다. 국왕이 오례에서 자주 행행에 임하던 것이 가례였다. 가례는 군주가 민인과 어울리며 즐길 수 있는 공간을 만드는 의례이다.[256]

　가례의 행사는 주제와 대상에 따라 세분화되는데, 종족과 형제들과 음식을 함께 나누는 식음례食飮禮, 혼례와 관례를 치르는 혼관례婚冠禮, 왕이 세자시 친구들과 활을 쏘는 빈사례賓射禮, 사방에서 조빙朝聘온 빈객과 어울리는 향연례饗宴禮, 사직과 종묘에서 제사 지낸 음식을 형제국에게 나누어 주는 신번례脹膰禮, 왕실의 외척인 이성異姓에게 예를 갖추는 하경례賀慶禮 등 6가지로 나누어진다.[257]

　조선왕조의 가례도 세종대에 『오례의』, 영조대 『속오례의』, 정조대 『춘관통고』 등으로 시대에 따라 정비되었다. 가례에서 공통적으로 나타나는 현상은 국왕의 행행을 들 수 있다. 가례의 주재자가 대부분 국왕이라는 점을 감안한다면 가례에 행행이 나타나는 것은 오히려 당연한 수순일 것이

---

[255] 박정혜, 『조선시대 궁중기록화 연구』, 일지사, 2000, 37쪽.
[256] 林尹, 『周禮今註今譯』, 권5, 「春官宗伯」.
[257] 『周禮句解』 권5, 「春官宗伯」, 春官宗伯 上.

다. 따라서 가례의 국왕 행행은 조선초부터 후기에 이르기까지 지속적으로 거행되었다.

그러면서 국왕이 행행을 거행하기 전후에 이용되거나 작성하던 것이 의궤도나 반차도였다. 의궤도는 행사의 한 과정을 적은 의주를 도설한 그림을 말하며, 기치·의장·의물·수행원의 위치와 종류를 그림 행렬도가 대부분을 차지하고 있다. 그리고 반차도는 의식에 동원된 인물과 기물의 정해진 위치와 순서·숫자 등을 행렬도로 표현한 것이다. 왕실 의례의 준행遵行은 복잡하고 대규모 행사였기 때문에 실수를 방지하기 위한 사전 준비와 전례 참고가 필수적이었다.

그 해결책의 하나로 반차도를 사용하였다. 의례의 진행 도중에 실의失儀할 것에 대비하여 그 내용을 반차도로 그려서 행사 준비 기간 중에 미리 왕에게 보이거나 참여자들이 직무를 숙지할 수 있었다.[258] 물론 의례의 준행은 행사를 담당하던 해당 관청에 보관하던 등록과 문서들을 통해 파악할 수도 있었다. 그렇지만 국왕이 열람하던 의궤에 실린 반차도만큼 포괄적이며 상세한 자료로서의 역할은 하지 못했다.[259]

국왕과 왕실 보관용으로 제작되던 의궤는 의례를 담당하던 해당 관청의 등록과 문서를 망라하여 정리하고 종합한 것이기 때문에 행사에 대한 내용이 객관적이며 정확하다.[260] 더욱이 실록과 같은 연대기 자료에는 의례 진행 기사가 흩어져 있거나 선후가 바뀐 경우도 있어서 행사의 전체 흐름을 보기가 쉽지 않다.

이런 배경으로 의궤도나 반차도는 조선전기부터 존재했다고 보인다.[261]

---

258) 『승정원일기』 숙종 27년, 10월 26일(기묘).
259) 박정혜, 앞의 책, 49~50쪽.
260) 한영우, 『조선왕조 의궤』, 일지사, 2005.
261) 『세종실록』 세종 22年, 2月 22日.
　　議政府據禮曹呈啓, 去壬子年, 以中宮儀仗之數不合古制, 乃增其數, 今考杜氏通典諸司職掌, 本

다만 전란으로 인해 현전하는 의궤도와 반차도는 인조대 이후의 것이다. 그 중 반차도는 조선후기 왕실에서 거행한 혼례, 장례 등의 행사를 연구하는데 필수적이며 행행시 의장물도 예외는 아니다. 현재 반차도는 의궤에 실려 있는 것이 대부분이며 시대별 능행시 동원되는 의장의 종류와 변화를 살피는데 필수적이다.

다음의 〈표 V-2〉는 현전하는 의궤 중에서 국왕의 가례에 나오는 반차도의 의장을 정리한 것이다. 국왕에 관련된 반차도는 여러 종류가 있지만 행행이 나타나는 것은 가례이기 때문에 능행시 의장의 변화를 살피기에 적합하다. 그러므로 국왕의 혼례에 제작된 의궤에 있는 반차도를 시대 변화에 따라 정리하면 능행시 사용된 의장의 종류와 형태, 수치의 증감을 추정할 수 있다.

〈표 V-2〉 嘉禮都監儀軌의 국왕 행행시 儀仗의 종류와 수치

의장물 \ 국왕	영조[262]	순조[263]	익종[264]	헌종[265]	헌종[266]	철종[267]	고종[268]
纛旗	1	1		1	1	1	1
蛟龍旗	1	1		1	1	1	1
黃龍旗	1	1		1	1	1	1
紅門大旗	2	2		2	2	2	2
靑龍旗	1	1		1	1	1	1

國中宮行幸古圖儀仗之數, 亦不準古制, 請加造白澤旗二, 金粧刀銀粧刀二, 節四, 金鉞鈇二, 銀鉞鈇二, 金鐙四, 金直瓜二, 銀直瓜二, 金橫瓜二, 銀橫瓜二, 銀交倚脚踏一副, 銀水鑵一, 銀水盆一, 以備鹵簿.

[262] 『英祖貞純后 嘉禮都監儀軌』 규장각, 규13103.
[263] 『純祖純元王后 嘉禮都監儀軌』 장서각, K2-2595.
[264] 『王世子 嘉禮都監儀軌』 장서각, K2-2677.
[265] 『憲宗孝顯王后 嘉禮都監儀軌』 장서각, K2-2596.
[266] 『憲宗孝定王后 嘉禮都監儀軌』 장서각, K2-2597.
[267] 『哲宗哲仁王后 嘉禮都監儀軌』 장서각, K2-2598.
[268] 『高宗明成王后 嘉禮都監儀軌』 장서각, K2-2599.

의장물\국왕	영조	순조	익종	헌종	헌종	철종	고종
白虎旗	1	1		1	1	1	1
朱雀旗	1	2		2	2	2	2
玄武旗	1	2		1	2	2	2
丁巳旗	1	1		1	1	1	1
丁未旗	1	1		1	1	1	1
丁酉旗	1	1		1	1	1	1
丁卯旗	1	1		1	1	1	1
丁亥旗	1	1		1	1	1	1
丁丑旗	1	1		1	1	1	1
駕龜仙人旗	2	2	2	2	2	2	2
天下太平旗	1	1		1	1	1	1
碧鳳旗	2	2		2	2	2	2
君王千歲旗	1	1		1	1	1	1
白澤旗	2	2	2	2	2	2	2
三角旗	2	2		2	2	2	2
角端旗	2			2	2	2	2
龍馬旗	2			2	2	2	2
白鶴旗				1	1	2	
豹骨朶	6	8	2	6	6	6	6
熊骨朶	6	6		6	6	6	6
令字旗	2	2	2	2	2	2	2
金字旗	2						
鼓字旗		2		2	2	2	2
哥舒棒	10	8		8	10	10	10
金鐙子	4	6	2	4	8	10	10
銀鐙子	6	6	2	4			
銀粧刀	2	2	1	2	2	2	2
金粧刀	2	2	1	2	2	2	2
玄武幢	1	1		1	1	1	1
朱雀幢	1	1		1	1	1	1

白虎幢	1	1		1	1	1	1
靑龍幢	1	1		1	1	1	1
銀立瓜	2	4	1	4	4	4	4
金立瓜	4	2	1	2	2	3	2
金橫瓜	2	4		4	4	4	4
銀橫瓜	4	2		2	4	3	2
銀斫子	4	4		4	4	4	4
金斫子	2	4		2	4	4	4
罕	2	1		1	1	1	1
畢		1		1	1	1	1
旄節	4	4	2	4	4	4	4
旌	4	4	2	4	4	4	4
金鉞斧	5	5		5	5	5	5
銀鉞斧	2	4		4	4	4	4
鳳扇	12	8		8	8	4	8
雀扇	10	8	4	8	8	10	10
龍扇	2	2		4	2	2	2
靑扇	2	2	2	2	2	2	2
水晶杖	1	1		1	1	1	1
後殿大旗	2	2		2	2	2	2
麒麟旗			2				

위의 〈표 V-2〉에서는 57개의 의장이 국왕의 혼례에 사용되었다. 의장은 의장기인 기치旗幟와 의장물인 산傘, 선扇, 당幢, 무구武具 등으로 나누어진다. 이중 기치가 29로 제일 많으며 무구武具 20, 당幢 4, 선扇 4 등이다. 위의 〈표 V-2〉에서 국왕의 혼례에 이용했던 57개의 의장을 보면 영조에서 고종까지 대동소이하게 큰 변화 없이 이어지고 있음을 확인할 수 있다. 물론 의장의 변화가 없는 것은 아니다. 학기鶴旗, 금자金字와 고자기鼓字旗는 수치상 1~2개 차이가 나며, 순조·익종·헌종대 연輦 뒤에

오던 청선靑扇이 산선繖扇으로 표시되어 있어서 의장의 형태가 조금 다른 경우도 있다. 그렇지만 기치를 비롯한 의장물이 고유하게 지니는 상징성을 전환시킬 만한 명칭과 순서의 변화는 나타나지 않고 있다.

다만 익종의 경우 왕세자인 시절에 혼례를 올렸던 관계로 국왕을 상징하는 의장에 반드시 포함되는 둑기纛旗와 교룡기蛟龍旗가 빠져있으며, 왕세자를 상징하는 기린기가 그 자리를 대신 차지하고 있다. 왕세자이기 때문에 의장의 수는 매우 축소되어 있다. 무엇보다 국왕의 권위를 상징하는 홍문대기와 사신기, 육정기六丁旗를 비롯하여 다수의 의장이 누락되어 있다.

그런데 익종의 가례 반차도에 나타난 의장의 수는 『춘관통고』의 「왕세자노부」와 비교하면 약간의 차이를 보인다. 『춘관통고』의 「왕세자노부」에는 기린기麒麟旗2 → 백택기白澤旗2 → 현학기玄鶴旗 → 백학기白鶴旗 → 가귀선인기駕龜仙人旗 → 표골타豹骨朶 → 웅골타熊骨朶 → 영자기令字旗2 → 은등자銀鐙子2 → 금등자金鐙子2 → 은장도銀粧刀 → 금장도金粧刀 → 금립과金立瓜 → 은립과銀立瓜 → 모절旄節2 → 정旌2 → 작선雀扇4 → 청선靑扇2 등으로 구성되었다.[269] 국왕의 가례 의장이 57개임을 감안하면 적은 숫자인 18개의 의장이지만 익종의 15개보다는 많은 숫자이다.

위의 〈표 V-2〉에서 익종의 의장은 기린기麒麟旗2 → 백택기白澤旗2 → 현학기玄鶴旗2 → 가귀선인기駕龜仙人旗 → 표골타豹骨朶2 → 영자기令字旗2 → 은등자銀鐙子2 → 금등자金鐙子2 → 은장도銀粧刀 → 금장도金粧刀 → 금립과金立瓜 → 은립과銀立瓜 → 모절旄節2 → 정旌2 → 작선雀扇4 등으로 15개이다. 『춘관통고』와 비교하면 백학기白鶴旗, 웅골타熊骨朶, 청선靑扇 등 3개의 의장이 빠져있으며, 현학기玄鶴旗와 웅골타熊骨朶가 2개씩으로 증가해 있다. 그러므로 왕세자 의장으로 정해진 의례 규정이 현실에서도 대부분 그대로 적용되고 있다.

---

269) 『춘관통고』 권50, 「嘉禮」, 왕세자노부.

〈표 Ⅴ-2〉에 나타난 반차 의장을 조선전기와 후기에 정리된 대표적 의례서인 『국조오례의』, 영조대 『국조속오례의』와 정조대 『춘관통고』의 국왕 행행시 노부[270]를 비교하면 국왕별 의장의 종류와 수치의 변화를 알 수 있겠다.

〈표 Ⅴ-3〉 儀禮書의 행행 儀仗 종류와 수치

국조오례의	수치	국조속오례의	수치	춘관통고	수치
		纛旗	1	纛旗	1
		蛟龍旗	1	蛟龍旗	1
		黃龍旗	1	黃龍旗	1
紅門大旗	2	紅門大旗	2	紅門大旗	2
靑龍旗	1	靑龍旗	1	靑龍旗	1
白虎旗	1	白虎旗	1	白虎旗	1
朱雀旗	2	朱雀旗	2	朱雀旗	2
玄武旗	2	玄武旗	2	玄武旗	2
丁巳旗	1	丁巳旗	1	丁巳旗	1
丁未旗	1	丁未旗	1	丁未旗	1
丁酉旗	1	丁酉旗	1	丁酉旗	1
丁卯旗	1	丁卯旗	1	丁卯旗	1
丁亥旗	1	丁亥旗	1	丁亥旗	1
丁丑旗	1	丁丑旗	1	丁丑旗	1
駕龜仙人旗	2	駕龜仙人旗	2	駕龜仙人旗	2
天下太平旗	1	天下太平旗	1	天下太平旗	1
碧鳳旗	2	碧鳳旗	2	碧鳳旗	2

270) 노부는 大駕·法駕·小駕가 있었는데, 영조대는 대가·소가의 의장만을 사용하고 법가의 의장은 처음부터 사용하지 않았다.(『영조실록』 영조 20년, 8월 14일(무오)) 大駕 의장은 詔勅을 맞이하고 廟社에 제향할 때에 사용하고, 法駕 의장은 眞殿이나 문묘에 酌獻한다든지 先農射壇할 때 사용했으며, 小駕 의장은 城 내외를 거둥할 때 사용했다.(『순조실록』 순조 27년, 2월 18일(갑자))

국조오례의	수치	국조속오례의	수치	춘관통고	수치
君王千歲旗	1	君王千歲旗	1	君王千歲旗	1
白澤旗	2	白澤旗	2	白澤旗	2
三角旗	2	三角旗	2	三角旗	2
角端旗	2	角端旗	2	角端旗	2
龍馬旗	2	龍馬旗	2	龍馬旗	2
玄鶴旗	1	玄鶴旗	1	玄鶴旗	1
白鶴旗	1	白鶴旗	1	白鶴旗	1
豹骨朶子	6	豹骨朶子	6	豹骨朶子	6
熊骨朶子	6	熊骨朶子	6	熊骨朶子	6
令字旗	2	令字旗	2	令字旗	2
金字旗	1	金字旗	1	金字旗	1
鼓字旗	1	鼓字旗	1	鼓字旗	1
哥舒棒	10	哥舒棒	10	哥舒棒	10
金鐙子	10	金鐙子	10	金鐙子	10
銀鐙子		銀鐙子		銀鐙子	
銀粧刀	2	銀粧刀	2	銀粧刀	2
金粧刀	2	金粧刀	2	金粧刀	2
玄武幢	1	玄武幢	1	玄武幢	1
朱雀幢	1	朱雀幢	1	朱雀幢	1
白虎幢	1	白虎幢	1	白虎幢	1
靑龍幢	1	靑龍幢	1	靑龍幢	1
銀立瓜	4	銀立瓜	4	銀立瓜	4
金立瓜	2	金立瓜	2	金立瓜	2
金橫瓜	2	金橫瓜	2	金橫瓜	2
銀橫瓜	4	銀橫瓜	4	銀橫瓜	4
銀斧子	4	銀斧子	4	銀斧子	4
金斧子	4	金斧子	4	金斧子	4
罕	1	罕	1	罕	1
畢	1	畢	1	畢	1
旌節	4	旌節	4	旌節	4

旌	4	旌	4	旌	4
金鉞斧	5	金鉞斧	5	金鉞斧	5
銀鉞斧	4	銀鉞斧	4	銀鉞斧	4
鳳扇	8	鳳扇	8	鳳扇	8
雀扇	10	雀扇	10	雀扇	10
龍扇	2	龍扇	2	龍扇	2
靑扇	2	靑扇	2	靑扇	2
水晶杖	1	水晶杖	1	水晶杖	1
後殿大旗	2	後殿大旗	2	後殿大旗	2
53종		56종		56종	

위의 〈표 V-2〉와 〈표 V-3〉을 비교하면, 국왕의 반차 의장의 종류와 수치는 의례서와 정확히 일치하고 있다. 〈표 V-2〉는 의장의 수가 57이지만 왕세자의 경우에만 나타나는 기린기를 제외하면 56이다. 그리고 〈표 V-3〉에 나타난 의장의 수치도 〈표 V-2〉에서 대부분 동일하게 나타나고 있다. 특히 세종대 정리된 『국조오례의』에 나타난 의장의 종류와 수치는 정조대에 이르기까지 큰 변화 없이 유지되고 있다. 물론 둑기纛旗와 교룡기蛟龍旗, 황룡기黃龍旗는 없지만 나머지 53종의 의장은 『춘관통고』의 의장 종류와 수치에 정확히 일치하고 있다.

따라서 조선후기 국왕의 행행 의장은 전기에 비해 둑기와 교룡기, 황룡기 3종류가 증가된 형태라는 것을 알 수 있다. 이와 함께 인조대부터 철종대까지 행행 의장의 변화를 의례서와 비교할 수 있다면 조선시대 능행 의장의 전형을 파악할 수 있겠다. 이에 본서에서는 『부묘도감의궤祔廟都監儀軌』에 기재된 부묘 반차 의장을 비교하고자 한다.

부묘祔廟는 조선초기부터 시행되어 대한제국기까지 거행된 유서 깊은 왕실의 의례였다. 부묘제는 1410년(태종 10) 7월에 거행된 태조와 신의왕후神懿王后의 종묘 부제祔祭에서부터 시작되었다.[271] 부묘제에는 가례 반차에서와 같이 각종 의장이 동원되었다. 그러므로 현전하는 부묘도감의궤에 기록된 의장을 가례도감의궤의 의장과 비교하면 국왕의 능행 반차 의장을 좀 더 자세히 파악할 수 있다고 생각한다. 다음의 〈표 V-4〉는 인조부터 철종에 걸쳐 진행된 부묘제의 반차 의장을 정리한 것이다.[272]

〈표 V-4〉 祔廟都監儀軌의 班次圖 儀仗의 종류와 수치

의장물 \ 국왕	인조	효종	현종	숙종	경종	영조	진종	정조	순조	익종	헌종	철종
紅門大旗	2	2	2	2	2	2	2		2		2	2
白虎旗	1	1	1	1	1	1	1	1	1		1	1
玄武旗	2	2	2	2	2	2	2	2	2		2	2
朱雀旗	2	2	2	2	2	2	2	2	2		2	2
靑龍旗	1	1	1	1	1	1	1	1	1		1	1
丁巳旗	1	1	1	1	1	1	1	1	1		1	1
丁未旗	1	1	1	1	1	1	1	1	1		1	1
丁酉旗	1	1	1	1	1	1	1	1	1		1	1
丁卯旗	1	1	1	1	1	1	1	1	1		1	1
丁亥旗	1	1	1	1	1	1	1	1	1		1	1
丁丑旗	1	1	1	1	1	1	· 1	1	1		1	1
黃龍旗	1	1	1	1	1	1	1	1	1		1	1
駕龜仙人旗	2	2	2	2	2	2		2	2	2	2	2
天下太平旗		1	1	1	1	1	1	1	1		1	1
君王千歲旗	1	1	1	1	1	1	1	1				
白澤旗	2	2	2	2	2	2	2	2	2	2	2	2
三角旗	2	2	2	2	2	2	2	2	2		2	2
角端旗	2	2	2	2	2	2	2	2			2	2
龍馬旗	2	2	2	2	2	2	2	2	2		2	2

---

[271] 『태종실록』 태종 10년, 7월 26일(신묘).
당시 부묘제에는 태종이 의장을 갖추고 종묘에 나아가 태조와 신의왕후를 종묘 제5실에 祔하였는데, 태종은 태조의 공덕을 칭송함과 동시에 생모인 신의왕후의 존재를 강조하고 있어서 부묘제를 통해 자신의 王統을 재차 확인하는 것으로 이용했음을 짐작하게 한다.
[272] 장서각 소장 부묘도감의궤(K-2255, 2240, 2227, 2232, 2234, 2239, 2261, 2269, 2243, 2264).

玄鶴旗		1	1	1	2	1	2	1	1	2	1	1
白鶴旗		1	1	1		1	1	1	1		1	1
豹骨朶	6	6	6	6	6	6	6	6	6	2	6	6
熊骨朶	6	6	6	6	6	6	6	6	6		6	6
令字旗	2	2	2	2	2	2	2	2	2	2	2	2
鼓字旗	2	2	2	2	2	2	2	2	2		2	2
哥舒棒	10	10	10	10	10	10	10	10	10		10	10
金鐙子	6	4	4	4	4	10	10	4	10	2	10	10
銀鐙子	4	6	6	6	6			6	6	2		
銀粧刀	2	2	2	2	2	2	2	2	2	1	2	2
金粧刀	2	2	2	2	2	2	2	2	2	1	2	2
玄武幢	1	1	1	1	1	1	1	1	1		1	1
白虎幢	1	1	1		1	1	1	1	1		1	1
朱雀幢	1	1	1	2	1	1	1	1	1		1	1
靑龍幢	1	1	1	1	1	1	1	1	1		1	1
銀立瓜	4	4	4	4	4	4	2	4	4	1	4	4
金立瓜	2	2	2	2	2	2	2	2	2	1	2	2
金橫瓜	2	2	2	2	2	4	4	2	2		2	4
銀橫瓜	4	4	4	4	4	2	2	4	4		4	2
銀斫子	4	4	4		4	4	2	4	4		4	4
金斫子	4	4			4	4	4	4	4		4	4
罕	1	1	1	1	1	1	1	1	1		1	1
畢	1	1	1	1	1	1	1	1	1		1	1
旄節	4	4	4	4	4	4	4	4	4	2	4	4
旌	4	4	4	4	4	4	4	4	4	2	4	4
金鉞斧	5	5	5	5	5	5	4	4	5		5	5
銀鉞斧	4	4	4	4	4	4	4	4	4		4	4
鳳扇	8	8	8	8	8	8	8	8	8		8	4
雀扇	10	10	10	10	10	10	10	10	10	4	12	10
龍扇		2	2	2	2	2	2	2	2			2
靑扇		2	2	2	2			2			2	2
水晶杖	1	1	1	1	1	1		1	1		1	1
碧鳳旗	2	2	2	2	2	2	2	2	2		2	2
後殿大旗	2	2	2	2	2	2	2	2	2		2	2
麒麟旗										2		

위의 〈표 V-4〉에는 부묘 반차에 54개의 의장이 동원되고 있다. 〈표 V-4〉에서 주목되는 점은 세 가지이다. 첫째는 국왕의 혼례시 행행에 동원된 의장과 큰 차이가 없다는 점이다. 둑기와 교룡기를 제외한 나머지 의장은 대부분 갖추고 있다. 둑기와 교룡기는 재위에 있는 국왕을 상징하는 것과 동시에 군권을 의미했기 때문에 부묘 반차의 의장에 제외되었다. 둘째는 왕대가 바뀌는데도 반차의 의장물 수치와 위치가 크게 변화되지 않은 것이다. 학기鶴旗와 등자鐙子 등을 제외하면 인조부터 철종대까지 동일한 수치가 나타나고 있다. 셋째는 첫째와 둘째의 결과에 따라 종묘에 부묘되는 국왕에 대한 의장 반차가 보위에 있는 국왕과 행행 의장기의 동원에 있어서는 동일하다는 점이다.

〈표 V-4〉의 의장에서 현학기와 백학기, 용선과 청선은 인조 이후에 나타나고 있다. 그런데 『국조오례의』를 보면 학기鶴旗와 선扇이 나오고 있기 때문에 인조대부터 의장에 포함되지 않았음을 알 수 있다. 또한 국왕별로 의장의 수치가 크게 변화된 것은 등자鐙子로서 금등자와 은등자의 수치가 바뀌거나 영조, 진종, 헌종, 철종처럼 금등자만이 있는 경우가 있다.

이외에 정조에게 홍문대기가 없는 것이 제일 의문시되는 부분이다. 정조대는 조선후기 중에서 왕권이 강했던 시기라는 평가가 있음에도 반차 의장에 홍문대기가 누락된 것은 물론 주작기와 금월부의 수치가 다른 국왕에 반해 적게 나타난다. 반면 왕권이 약화된 세도정치기라고 하는 순조 이후의 반차 의장은 선대의 국왕들과 비교해도 별 차이가 보이지 않는다.

그리고 진종과 익종이 동일하게 추존된 국왕임에도 진종은 홍문대기를 비롯하여 대부분의 의장이 갖추어져 있는 반면에 익종은 홍문대기는 제외하고도 30% 이하의 의장만이 있을 따름이다. 진종은 가귀선인기駕龜仙人旗만이 없다. 또한 진종과 익종은 왕세자였기 때문에 기린기가 있어야함에도 진종에게는 누락되어 있다. 진종과 익종에 대한 예우는 영조에서 순조사이에 진행되었으므로 왕권의 강약을 놓고 본다면 진종의 의장이 많고 익종이 적은 것이 이해되는 부분이다.

 그렇지만 익종은 왕세자였기 때문에 의장이 적은 것은 당연하며 진종이 오히려 의장의 규정을 어기고 있다고 생각할 수도 있다. 문제는 진종과 익종이 추존왕이라는 점이다. 그들은 재위하지 않았을 뿐이지 종묘에 부묘된 국왕인 것이다. 따라서 부묘 의장을 국왕의 반열에서 놓고 보면 진종이 정상적이다. 더욱이 익종이 대리청정을 한 왕세자였음에도 부묘의 의장이 진종보다 적은 것은 이해하기 어려운 부분이다.

 따라서 부묘의 의장은 크게 보면 가례의 행행 의장과 큰 차이를 보이지 않고 오히려 동일하게 나타나고 있으며, 작게는 각 국왕별로 변화가 나타나고 있다. 그럼에도 위의 〈표 V-2〉와 〈표 V-4〉를 통해서 유추할 수 있는 점은 조선후기의 국왕 능행 의장이 〈표 V-3〉의 의례서에 의거하여 대부분 지켜지고 있다. 수백 년의 시차가 존재함에도 능행 의장은 조선전기에 정리한 의례서에 기준하여 후기까지 이어지고 있는 것이다.

VI

결론

VI. 결론

　　조선왕조는 유교를 국가이념이자 통치의 수단으로 삼아 유교이념의 이상사회인 예치사회禮治社會를 건설하는 것에 목표를 두었다. 유교는 통치자와 피치자에게 사회구성원으로 존재하는 이유를 의례적儀禮的 질서 차원에서 설명하였다. 일반적으로 왕조국가에서 법 체제에 따라 피지배자들을 포상과 처벌의 강제적인 수단으로 하는 것과는 달리 도덕적으로 수긍해서 복종하게 하는 체제인 것이다.

　　더욱이 유교이념에서 이상적인 통치구도는 국왕과 신료, 인민간의 관계가 적대적인 갈등구조의 계급관계가 아니라 자연계의 움직임과 같이 사회구성원들이 각자의 지위에 따른 신분에 맞추어 의례를 행하는 것이다. 유교적 이상사회는 강제적인 법의 집행이나 처벌이 아니라 국가에서 제정한 전범典範을 사회구성원이 스스로 자발적으로 체득하여 상호간에 예禮로써 대하는 사회를 지향하였다. 또한 의례는 예측이 가능한 사회적 행위로서 의례의 거행에 참여하는 사람들은 물론 의례 행위의 영향을 받는 사람들에게 사회구성원으로서 자신의 위치를 재삼 확인시키는 역할을 하였기 때문이다.

　　이와 함께 의례儀禮는 한 사회의 문화적 현상으로 볼 수 있다. 한 사회의 문화가 바뀌는 과정은 정치, 경제에서 발생하는 여러 사건들보다 훨씬 속도가 느리고 지속적이다. 따라서 한 사회의 근본적인 개조란 어렵고 드문 일이다. 그런 개조를 위해서는 사회의 공유된 생각인 문화의 폭 넓은 변화가 필요하기 때문이다. 조선왕조의 의례체제가 수백 년간 반복되며 지속되어 사회구성원 모두가 그 절차와 내용을 몸에 익숙하게 하고 그 근본원리를 마음에 체득한 것을 보면 잘 알 수 있다.

이와 같은 유교의례의 하나가 조선시대 국왕의 능행이었다. 조선시대 국왕은 수시로 궁궐과 도성 밖으로 행행하였다. 국왕들은 건국초기부터 사직과 종묘의 제사, 능행, 원행, 열무閱武, 사냥 등을 위해 지속적으로 행행을 거행하였다. 국왕이 궁궐과 도성을 벗어난다는 것은 왕조국가에서 볼 때 상징적으로 큰 사건이라고 할 수 있다. 왕조국가에서 국왕 그 자체가 권력이며 만인의 상징이었음을 감안할 때 행행은 민인들에게 최대의 관심사였다. 특히 조선 후기에는 국왕의 행행이 있을 때마다 관광민인觀光民人이 등장하였으며 이들과의 만남, 대화가 이루어지기도 하였다.

행행은 국가의례를 반복적으로 설행하는 왕실의 행사에만 국한되지 않고 국왕과 민인간의 만남이 이루어지는 장이었다. 왕조국가에서 민인이 국왕을 만나는 것은 물론 일생에 한번 보기도 어려운 실정에서 행행은 국왕의 모습을 직접 근거리에서 볼 수 있는 기회였다. 더욱이 행행 지역의 평소 정치·사회적 문제나 개인들의 원소冤訴를 직접 국왕에게 상주할 수 있는 기회이기도 했다. 그리고 국왕이 신료들을 거치지 않고 직접 민인을 대면하여 그들의 목소리를 듣는 것도 통치권자의 너그러움을 표현하는 장이기도 했다.

이런 행행을 통해 국왕은 통치권과 정통성을 상징적으로 인정받는 효과를 불러올 수 있었다. 행행은 국왕이 대외적으로 왕실의 종통성宗統性과 권력자로서의 통치권을 확인할 수 있는 의례였다. 이에 조선의 국왕들은 누구라도 신체적 문제가 없으면 수시로 행행을 거행하였다. 국왕 개인의 기호에 따라 행행은 다양했다. 세조가 질환 치료를 위해 온양 등에 온행한 것이나, 연산군이 사냥과 주연酒筵·행락行樂 등을 위해 행행한 것이나, 정조가 효심으로 현륭원에 원행한 것 등은 모두 행행의 범주에 들어간다.

이와 같은 행행의 범주에서 능행을 보면 능행의 정치적, 사회적 성격을 보다 분명히 알 수 있다. 본서에서 논한 내용들을 정리하면 다음과 같다.

첫째, 능행은 오례의 대표적인 길례 행행이었다. 오례는 국왕이 길례吉禮의 제사, 가례嘉禮의 혼례, 군례軍禮의 대사례와 강무, 빈례賓禮의 외교사절 영접, 흉례凶禮의 발인과 부묘 등의 의례를 거행하는 것이다. 오례에서 길례는 국왕의 행행이 대표적으로 나타나는 국가의례였다. 길례의 행행은 국왕이 사직과 종묘, 문묘, 능침 등에 제사를 거행하기 위해 가는 것이며, 그 중 능행이 길례 행행의 대부분을 차지하였다.

능행은 다른 행행과 달리 조선후기로 갈수록 증가되고 변화되는 양상을 보인 행행이었다. 또한 능행은 국왕과 신료, 인민과의 관계를 도성의 내외에서 직접 보여줄 수 있는 국가적 정치행사였다. 조선왕조가 지향한 예치사회의 구조가 능행의 대열을 통해 대외적으로 드러나는 장이었기 때문이다. 화려한 의장물에 싸인 국왕의 능행 대열은 매번 인민들의 즐거운 관광觀光 대상이 되었으며, 이때의 능행 대열은 국왕을 기점으로 신료와 인민들의 의례적 차등관계를 분명하게 나타내 주었다. 그리고 능행 의례는 조선후기로 갈수록 반복되고 증가하는 양상을 보여서 인민들이 자연스럽게 통치자의 지배구도인 예치질서를 받아들이는 결과를 가져왔다. 따라서 능행은 국왕이 의례의 주재자로서 왕정王政이 유교 이념적으로 정당한 힘을 발휘할 수 있는 토대를 제공하였다.

또한 능행이 국가의례로서 장기적으로 거행된 배경에는 예서禮書와 법전法典의 행행 조항이 정비된 것에서 찾을 수 있다. 조선왕조의 대표적 예서인 『국조오례의』, 『국조속오례의』와 법전인 『경국대전』, 『속대전』, 『대전통편』에서는 능행의 시대적 변화와 함께 능행이 전범典範에 따라 정착되는 과정을 담고 있다. 이에 따라 조선의 국왕들은 예서와 법전에 의거하여 능행 의례를 장기적으로 반복해서 거행할 수 있었으며, 예서와 법전의 행행 규정은 능행이 왕조의 국가의례로 자리 잡는 근간이 되었다.

둘째, 능행은 왕실에서 국왕만이 주재자가 되어 거행하는 행행의례였다. 조선전기부터 대비와 왕비들이 발인이나 제사 때에 능행에 동행하려는 시도가 있었지만 신료들의 반대로 국왕만의 능행으로 거행되었다. 조선전기의 능행은 건원릉이 조성되면서 시작되었다. 태조가 조선을 건국하면서 4대조의 묘소를 능침으로 조성하였지만 재위기간 동안 단 1회의 능행도 거행하지 않았다. 이러한 현상은 후대의 국왕들에게 동일하게 나타나고 있다. 그러므로 능행의 시작은 태종대 건원릉이 조성되면서부터였으며, 이후 능침이 증가되면서 자연스럽게 능행 의례가 자리 잡았던 것이다. 능행은 조선후기로 갈수록 증가되는 추세를 보여서 동일한 능침에 대해 1년에 몇 번씩이나 반복적으로 거행되기도 하였다. 이에 따라 능행은 길례는 물론 어떠한 행행보다 자주 거행되는 양상을 보였던 것이다.

인조부터 철종까지의 능행은 시기와 능행지가 다양하여 의례에서 정한 일반적인 모습과 시대적으로 변화되고 특수한 모습을 모두 포함하는 다양한 양상을 나타냈다. 또한 국왕의 능행은 모든 선대 국왕의 능침에 대해 이루어지지 않았다. 물론 조선후기로 갈수록 대부분의 국왕이 태조의 건원릉과 4대조에 대한 능행은 지속하려는 유형을 보였다. 그렇지만 어떤 국왕을 비교하더라도 조선후기 전체를 일관되게 흐르는 능행의 경향성을 찾아보기는 어렵다. 다만 국왕별로 자신의 보위와 관련된 선대왕의 능침에 가는 경향이 짙게 나타났다. 이것은 영조와 정조를 비롯한 이후의 국왕에서 공통으로 보이는 부분이지만 당대의 정치적 역학관계를 보충해서 설명해야만 일반적인 현상으로 볼 수 있을 것이다.

국왕의 능침 이외에 국왕의 사친 원園에 대한 원행에서 능행의 변화 양상을 찾을 수 있었다. 원행은 영조의 사친 추숭에서 행행 의례로 정비되어 능행과 같은 양상으로 거행되어서 새롭게 능행의 유형에 포함되었다. 사친 추숭은 국왕이 후궁의 소생이거나 적통자가 아닌 왕위계승자들이 추진하였다. 이들은 사친 추숭의 수단으로 묘호를 올리는 것과 동시에 묘소를 원園, 사당을 궁宮으로 격상시켰다. 그리고 사친의 원園에는 능행과 동일한 형태의 행행인 원행을 거행하였다. 이때의 원행은 왕위 계승의 정통성을 대외적으로 확인하는 일환으로 거행되었는데, 영조 이후 국왕들의 원행이 증가하는 양상이 그것을 반증해준다. 따라서 원행은 능행이 시대적으로 변화하고 확대되는 한 모습으로 볼 수 있는 것이다.

셋째, 능행에 동원되는 시위군과 행행시 궁궐의 숙위는 법전과 의례의 절차에 따라 지속적으로 거행되었다. 능행시 시위군의 진법이나 이용하던 능행로의 설치는 시대의 변화와 상황에 따라 변경되는 양상을 보였으나 궁궐의 숙위체제는 『경국대전』과 『대전통편』에 기재된 조항에 맞추어 시대가 변화되어도 그 근간은 크게 변화되지는 않았다. 다만 임진왜란의 결과 경복궁이 소실되어 『경국대전』에 기재된 궁궐의 숙위체계가 새로이 법궁으로 지정된 창덕궁에 맞추어 변경되었다.

능행시 시위체제와 시위군은 조선후기 군제의 변화와 밀접하게 연관되어 있었다. 조선의 군제는 전기의 오위체제에서 임진왜란과 양차의 호란을 겪으면서 오군영 체제로 바뀌었다. 능행에 동원되는 시위군도 오위군에서 군영군이 담당하였으며 무기도 화약병기인 조총이 등장하였다. 무기체제와 시위군의 변화는 능행시 시위체제의 재편을 가져와 기병과 보병이 혼성되는 결과를 가져왔으며, 그에 따라 시위진법은 오위진五衛陣, 육화진六花陣, 봉둔진蜂屯陣, 원앙진鴛鴦陣, 오마대진五馬隊陣 등이 이용되었다. 능행시 진법은 기후와 능행로의 상태에 따라 조정되었다.

능행의 준비 과정에는 능행로와 행궁의 정비가 있었다. 능행로는 능침이 새롭게 조성될수록 새롭게 조성되었다. 그런데 조선왕실의 능침이 대부분 동구릉과 서오릉에 몰려 있어서 경기 외곽에 위치한 능침을 제외하면 한번 정해진 능행로가 그대로 유지되었다. 행궁도 동일한 양상을 보여서 능행 지역에 정해진 행궁이 지속적으로 이용되는 양상을 보였다.

능행시 궁궐의 숙위는 조선전기에 정비된 법전의 규정에 근거하여 조선후기에도 그대로 적용되었다. 궁궐의 숙위는 입직入直, 순행巡行, 시위侍衛의 규정에 따라 진행되었는데, 임진왜란 이후 소실된 경복궁을 대신하여 법궁으로 자리 잡은 창덕궁에 맞추어 이루어졌다. 또한 숙종 이후 오군영 체제의 확립에 따라 궁궐의 숙위군이 오위군에서 군영군으로 대체되었다. 능행시 숙위군은 유도군으로 불렸으며 유도대신留都大臣, 수궁대장守宮大將, 유도대장留都大將 등이 통솔하였다. 유도대신과 수궁대장은 주로 국구國舅가 임명되었으며 유도대장은 국왕이 신임하는 군영의 대장이 담당하였다. 따라서 능행시 국왕이 궁궐과 도성을 벗어나 있어도 정치적으로 안정된 체제를 유지하였던 것이다.

숙위체제는 정조대 발생한 암살기도에 따라 정비된 「감문절목監門節目」에 따라 강화되었다. 「감문절목」은 국왕이 궁궐의 수문守門을 직접 관리하는 체제였다. 수문의 지휘는 수문장이 담당하였으며 이들은 궁궐의 문만이 아니라 궁궐 내부의 이동자도 단속하였다. 정조대 숙위체제의 개편은 후대의 국왕까지 지속되어 국왕이 직접 신변의 경호와 궁궐의 수비를 지휘했던 것이다.

넷째, 능행 반차에 사용되던 의장은 국왕의 위의威儀와 상징성을 드러내는 시각적 기능을 담당하였다. 조선전기부터 후기까지 수백 년의 시차가 존재함에도 능행 의장은 조선전기에 정리한 오례의를 비롯한 의례서에 준거하여 지속되었다. 이것은 조선이 명과의 사대관계에 따라 제후국의 반열에 맞게 의장을 마련하였기 때문에 쉽게 변경할 수 있는 대상이 아니었다. 이외에 능행의장이 지니는 고유의 상징성 때문에 발생한 결과로도 볼 수 있다. 특히 의장기는 삼국시대와 고려조에서 이용하던 것을 그대로 사용하는 것이 있어서 국왕을 상징하는 것은 시대에 관계없이 변화되지 않는 역사성을 지니고 있음을 알 수 있다.

　결과적으로 국왕의 능행은 수백 년간 장기지속적인 통치행위의 하나로서 기능하였던 것이다. 능행은 국가의례로서 정치적으로는 국왕의 지위를 상징적으로 유지시켜 주었으며, 사회적으로는 신료를 비롯한 조선왕조의 모든 사회구성원에게 의례의 계층적인 질서체제를 인식하게 하는 매개로 작용했던 것이다.

사료

『高麗史』, 『朝鮮王朝實錄』, 『承政院日記』, 『日省錄』, 『備邊司謄錄』

『園幸乙卯整理儀軌』, 『社稷署儀軌』(K2-2157), 『昭顯世子 嘉禮儀軌』(K2-2592), 『英祖貞純后 嘉禮都監儀軌』(奎13103), 『純祖純元王后 嘉禮都監儀軌』(K2-2595), 『王世子 嘉禮都監儀軌』(K2-2677), 『憲宗孝顯王后 嘉禮都監儀軌』(K2-2596), 『憲宗孝定王后 嘉禮都監儀軌』(K2-2597), 『哲宗哲仁王后 嘉禮都監儀軌』(K2-2598), 『高宗明成王后 嘉禮都監儀軌』(K2-2599), 『山陵都監儀軌』(K2-2325), 『祔廟都監儀軌』(K-2227, 2232, 2234, 2239, 2240, 2243, 2255, 2261, 2264, 2269). 『進饌儀軌』(K2-2874), 『進饌儀軌』(K2-2879)

『儀註謄錄』(K2-4794~4795), 『拜陵儀註謄錄』(K2-4796), 『續儀註謄錄』(K2-2135~2136), 『溫幸謄錄』(K2-2896), 『禁衛營擧動謄錄』(K2-3288), 『御營廳擧動謄錄』(K2-3344), 『摠戎廳幸行謄錄』(K2-3383), 『扈衛廳謄錄』(K2-3392)

『經國大典』, 『大典通編』, 『國朝五禮儀』, 『春官通考』, 『大韓禮典』, 『萬機要覽』, 『宮園式例-毓祥宮昭寧園式例』(K2-2477), 『訓局摠要』, 『春官通考班次圖』(K2-2144), 『隷陣總方』(K3-306, K3-294, 규9950), 『西道陵園墓程途』(K2-2333), 『陵園墓解說』(K2-4421)

『禮記』, 『通典』, 『漢書』, 『史記』, 『元史』, 『宋史』, 『大明集禮』, 『明史紀事本末』, 『資治統監』, 『高麗圖經』, 『周禮今註今譯』, 『周禮句解』, 『周禮述註』, 『周禮訂義』, 『周禮詳解』, 『續古今攷』, 『尙書全解』, 『周官新義』, 『周禮傳』, 『兩漢博聞』, 『康熙字典』, 『玉海』, 『山堂肆考』, 『欽定皇輿西域圖志』, 『爾雅翼』, 『欽定續文獻通考』, 『欽定禮記義疏』, 『駢雅』, 『皇朝禮器圖式』, 『尙書注疏』

『三峰集』, 『國譯 谿谷集』, 『읍지 충청도-온양군읍지』 아세아문화사, 1984.

국내저서 및 역서

權寧弼, 『실크로드 미술』 열화당, 1997.
금장태, 『유교의 사상과 의례』, 예문서원, 2000.
기시모토 미오·미야지마 히로시(김현영·문순실 역), 『조선과 중국 근대 오백년을 가다』, 역사비평사, 2003.

김병준 외, 『아틀라스 중국사』, 사계절, 2007.
김옥근, 『조선왕조재정사』 2, 일조각, 1997.
김용숙, 『조선시대 궁중풍속 연구』, 일지사, 1987.
김종수, 『조선후기 중앙군제연구』, 혜안, 2003.
김택민 주편, 『譯註 唐六典』 상, 신서원, 2003.
김해영, 『조선초기 제사전례 연구』, 집문당, 2003.
디코스모 니콜라, 『오랑캐의 탄생』, 황금가지, 2005.
리영순, 『동물과 수로 본 우리문화의 상징세계』, 훈민, 2006.
마루야마 마사오, 『현대정치의 사상과 행동』, 한길사, 1997.
마르티나 도이힐러, 『한국사회의 유교적 변환』, 아카넷, 2003.
마크 에드워드 루이스(최정섭 역), 『고대 중국의 글과 권위』, 미토, 2006.
미조구찌유조 외, 『중국의 예치 시스템』, 청계, 2001.
박소동, 『국역 가례도감의궤』 민족문화추진회, 1997.
박정혜, 『조선시대 궁중기록화 연구』, 일지사, 2000.
백영자, 『조선시대의 어가행렬』, 방송통신대, 1994.
베네딕트 앤더슨, 『상상의 공동체』, 나남, 2002.
설혜심, 『온천의 문화사』, 한길사, 2001.
스티브 브루스, 『사회학이란 무엇인가』, 동문선, 2006.
王琦珍, 『중국 예로 읽는 봉건의 역사』, 예문서원, 1999.
王大有, 『龍鳳文化源流』 동문선, 1994.
柳肅, 『예의 정신』, 동문선, 1994.
윤열수, 『용 불멸의 신화』, 대원사, 1999.
이근호 외, 『조선후기의 수도방위체제』, 서울학연구소, 1998.
이문규, 『고대 중국인이 바라본 하늘의 세계』, 문학과 지성사, 2000,
이범직, 『한국중세예사상연구』, 일조각, 1991.
이병도, 『한국고대사연구』, 박영사, 1976.
이성무, 『조선왕조사』 1·2, 동방미디어, 1998.
_____, 『조선의 사회와 사상』, 일조각, 2004.
이영훈·신광섭, 『고분미술』 1, 솔, 2004.
이태진, 『조선후기의 정치와 군영제 변천』, 한국연구원, 1985.
임영주, 『한국의 전통문양』, 대원사, 2004
정구복, 『고문서와 양반사회』, 일조각, 2002.
정재식, 『한국유교와 서구문명의 충돌』, 연세대, 2005.
정해은, 『한국 전통 병서의 이해』, 군사편찬연구소, 2004.
조지프 캠벨, 『신화와 함께 하는 삶』, 한숲, 2004,
줄리언 제인스, 『의식의 기원』, 한길사, 2005.
차문섭, 『조선시대 군사관계 연구』, 단국대, 1996.
최종성, 『기우제등록과 기후의례』, 서울대, 2007.
최진옥, 『조선시대 생원진사 연구』, 집문당, 1998.
최효식, 『조선후기 군제사 연구』, 신서원, 1995.

친후이(泰暉)·쑤원(蘇文), 『전원시와 광시곡』, 이산, 2000.
터너, 『의례의 과정』, 한국심리치료연구소, 2005.
하워드 웨슬러(임대희 역), 『비단같고 주옥같은 정치』, 고즈윈, 2005.
한영우, 『정조의 화성행차 그 8일』, 효형, 1998.
_____, 『조선왕조 의궤』, 일지사, 2005.
한형주, 『朝鮮初期 國家祭禮 硏究』, 일조각, 2002.
허영환, 『定都 600년 서울지도』, 범우사, 1994
허흥식 외, 『三足烏』, 학연문화사, 2007.
C.E.메리암 저·신복룡 역, 『정치권력론』, 청아, 1987.

경기문화재단, 『경기도의 옛 지도』, 2005.
국립중앙박물관, 『우리 호랑이』, 1998.
문화재관리국, 『궁중유물도록』, 1986.
부산광역시사편찬위원회, 『國譯 萊營政蹟』, 1997.
서울특별시사편찬위원회, 『서울육백년사』, 1996.
외교통상부, 『파리 국립도서관 소장 외규장각 의궤 조사 연구』, 2003.
정구복 외, 『고려시대연구』, 한국학중앙연구원, 2005.
충남발전연구원, 『조선전기 무과전시의 고증연구』, 1998.

▢ 외국저서

David I. Kertzer, *Age structuring in comparative perspective*, Lawrence Erlbaum, 1989.
George L. Moss, *The Nationalizations of the Masses*, New American Library, 1975.
Ritual, Politics & Power, Yale University, 1988.
Splendid Monarchy: Power and Pageantry in Modern Japan, University of California Sandiego, 1996.
The Nationalizations of the Masses, New American Library, 1975.
『淸帝東巡』, 요녕대학출판사, 1991.
李星明, 『唐代墓室壁畵硏究』, 陝西人民美術出版社, 2005.
『淸代宮廷生活』, 삼연, 2007.
胡戟, 「煬帝西巡」, 『絲路訪古』, 甘肅人民出版社, 1982.
渡辺素舟, 『東洋文樣史』, 富山房, 1971.
宇田川武久, 『東アジア兵器交流史の研究』, 吉川弘文館, 1993.

▢ 국내논문

강신엽, 「조선시대 大射禮의 시행과 그 운영」, 『조선시대사학보』 16, 2001.
고구려연구회편, 「고구려고분벽화」, 『고구려연구』 4, 학연, 1997.
김경록, 「조선시대 사신접대와 영접도감」, 『한국학보』 117, 2004.

김동진, 「조선전기 講武의 시행과 捕虎정책」, 『조선시대사학보』 40, 2007.
김명숙, 「19세기 反外戚세력의 정치동향 - 순조조 孝明세자의 代理聽政例를 중심으로 - 」, 『조선시대사학보』 3, 1997.
김문식, 「18세기 후반 정조 陵幸의 意義」, 『한국학보』 88, 일지사, 1997.
_____, 「1779년 정조의 능행과 남한산성」, 『한국실학연구』 8, 2004.
김백철, 「조선후기 영조대 『속대전』 위상의 재검토」, 『역사학보』 194, 2007.
김성규, 「宋代 東아시아에서 賓禮의 成立과 그 性格」, 『동양사학연구』 72, 2000.
김세은, 「고종초기(1863~1876) 국왕권의 회복과 왕실행사」, 서울대 박사학위논문, 2003.
김영모·임의제, 「조선시대 종묘와 사직의 구성관념에 관한 연구」, 『한국정원학회지』 38, 2001.
김영하, 「신라시대 순수의 성격」, 『민족문화연구』 14, 1979.
김일권, 「고려시대 다원적 至高神 관념과 그 의례사상적 배경」, 『한국문화』 29, 2002.
김종수, 「17세기 훈련도감 군제와 도감군의 활동」, 『서울학연구』 2, 1994.
_____, 「조선후기 훈련도감의 설립과 운영」, 서울대 박사학위논문, 1996.
김준석, 「조선후기 國防意識의 전환과 都城防衛策」, 『전농사론』 2, 1996.
김지영, 「18세기 후반 국가전례의 정비와 춘관통고」, 『한국학보』 114, 일지사, 2004.
_____, 「조선후기 국왕의 행차 연구」, 서울대 박사학위논문, 2005.
김창현, 「고려 의종의 移御와 그에 담긴 관념」, 『역사와 현실』 53, 2004.
김해영, 「조선초기 문묘 향사제에 대하여」, 『조선시대사학보』 15, 2000.
나희라, 「신라의 국가 및 왕실 조상제사 연구」, 서울대 박사학위논문, 1999.
노영구, 「五衛 陣法의 복원과 『隷陣總方』」, 『문헌과 해석』 13, 2000.
_____, 「조선후기 병서와 전법의 연구」, 서울대 박사학위논문, 2002.
노용필, 『신라 진흥왕 순수비 연구』, 일조각, 1996.
都民宰, 「조서전기 예학사상의 이념과 실천」, 『유교사상연구』 12, 1999
도현철, 「조선의 건국과 유교문화의 확대」, 『동방학지』 124, 2004.
李範稷, 「國朝五禮儀의 成立에 대한 一考察」, 『역사학보』 122, 1989.
朴成雨, 「음양의 상징성에 관한 연구 - 양극성의 상징과 관련하여 - 」, 원광대 박사학위논문, 2004.
박충석, 「조선주자학: 그 규범성과 역사성」, 『국가이념과 대외인식 - 17~19세기』, 아연, 2002.
박현모, 「경국대전의 정치학: 예치국가의 이념과 실제」, 『한국정치연구』 12, 2003.
박홍갑, 「조선 초기 禁軍과 宿衛체제」, 『조선시대 양반사회와 문화』, 집문당, 2003.
배우성, 「정조년간 무반군영대장과 군영정책」, 『한국사론』 24, 1991.
_____, 「17·18세기 청에 대한 인식과 북방영토의식의 변화」, 『한국사연구』 99·100, 1997.
신명호, 「장서각 소장 자료와 종묘의 역사」, 『장서각』 4, 2000.
_____, 「조선후기 국왕 행행시 국정운영체제 - 원행을묘정리의궤를 중심으로」, 『조선시대사학보』 17, 2001.
신병주, 「영조대 大射禮의 실시와 大射禮儀軌」, 『한국학보』 106, 2002.
신영식, 「순행을 통해 본 삼국시대의 왕」, 『한국학보』 21, 1981.
심승구, 「조선시대 사냥의 추이와 특성 - 講武와 捉虎를 중심으로」, 『역사민속학』 24, 2007.
_____, 「조선시대 왕실혼례의 추이와 특성 - 숙종·인현왕후 嘉禮를 중심으로」, 『조선시대사학보』 41, 2007.
심재우, 「조선시대 법전 편찬과 형사정책의 변화」, 『진단학보』 96, 2003.
오수창, 「인조대 정치세력의 동향」, 『한국사론』 13, 1985.
_____, 「세도정치의 성립과 전개」, 『한국사』 32, 국사편찬위원회, 1997.

유미림, 「유교적 정치이상의 상실과 체제위기」, 『한국정치사상사』, 백산서당, 2005.
유일환, 「古代 中國에 있어서의 禮의 方位 問題(1)」, 『철학』 78, 한국철학회, 2004.
이　욱, 「조선후기 祈穀祭 設行의 의미」, 『장서각』 4, 2000.
이근호, 「숙종대 중앙군영의 변화와 수도방위체제의 성립」, 『조선후기 수도방위체제』, 서울학연구소, 1998.
이기동, 「문묘제례의 철학적 기반」, 『유교문화연구』 8, 2004.
이범직, 「조선시대 왕릉의 조성 및 그 문헌」, 『한국사상과 문화』 36, 2007.
이봉규, 「왕권에 대한 禮治의 문제의식」, 『철학』 72, 2002.
이성무, 「경국대전의 편찬과 대명률」, 『역사학보』 125, 1990.
이영춘, 「社稷祭의 起源과 變遷」, 『인하사학』 10, 2003.
이완재·김송희, 「조선초기의 유교적 국가의례에 대한 연구」, 『한국사상사학』 10, 1998.
이왕무, 「광해군대 화기도감에 관한 연구」, 『민족문화』 21, 1998.
＿＿＿, 「조선 후기 국왕의 호위와 행행」, 『장서각』 7, 2002.
＿＿＿, 「조선후기 순조의 擧動과 幸行에 대한 연구」, 『청계사학』 18, 2003.
＿＿＿, 「1802년 순조의 嘉禮에 나타난 국왕의 幸行 연구」, 『장서각』 14, 2005.
＿＿＿, 「영조의 私親宮·園 조성과 행행」, 『장서각』 15, 2006.
＿＿＿, 「조선시대 국왕의 온행 연구」, 『국사관논총』 108, 2006.
＿＿＿, 「조선후기 국왕의 幸行時 宮闕의 宿衛와 留都軍 연구」, 『군사』 62, 2007.
＿＿＿, 「조선후기 국왕의 都城內 행행」, 『조선시대사학보』 43, 2007.
이재룡, 「조선시대의 법제도와 유교적 민본주의」, 『동양사회사상』 3, 2000.
이태진, 「조선왕조의 유교정치와 왕권」, 『한국사론』 23, 1990.
＿＿＿, 「18세기 한국사에서의 民의 사회적·정치적 位相」, 『진단학보』 88, 1999.
李賢珍, 「仁祖代 元宗追崇論의 推移와 性格」, 『북악사론』 7, 2000.
李洪烈, 「洛南軒放榜圖와 혜경궁홍씨의 一周甲 - 수원 능행도와 관련하여 - 」, 『사총』 12·13, 1968.
이희중, 「17, 8세기 서울 주변 왕릉의 축조, 관리 및 천릉 논의」, 『서울학 연구』 17, 2001.
임민혁, 「조선초기 예치사회를 향한 수도 한성 건설계획」, 『서울학연구』 27, 2003.
임용한, 「조선 초기 儀禮詳定所의 운영과 기능」, 『실학사상연구』 24, 2002.
정두희, 「조선건국기 통치체제의 성립과정과 그 역사적 의미」, 『한국사연구』 67, 1989.
정재훈, 「隋 煬帝(604~617)의 대외정책과 천하 巡行」, 『중국사연구』 30, 2004.
정호훈, 「조선전기 법전의 정비와『경국대전』의 성립」, 『조선건국과 경국대전체제의 형성』 혜안, 2004.
＿＿＿, 「18세기 전반 탕평정치의 추진과『속대전』의 편찬」, 『조선후기 체제변동과 속대전』, 혜안, 2005.
조우영, 「예와 법의 정치사상 - 경국대전」, 『한국정치사상사』, 백산서당, 2005.
조준호, 「영조대 수성절목의 반포와 수도방위체제의 확립」, 『조선후기의 수도방위체제』, 서울학연구소, 1998.
池斗煥, 「國朝五禮儀 編纂過程1; 吉禮 宗廟·社稷祭儀를 中心으로」, 『釜山史學』 9, 1985.
＿＿＿, 「朝鮮前期 文廟儀禮의 整備過程」, 『한국사연구』 75, 1991.
진덕규, 「조선후기 정치사회의 권력구조에 관한 정치사적 인식」, 『19세기 한국 전통사회의 변모와 민중의식』, 민족문화연구소, 1982.
차문섭, 「조선후기 중앙군제의 재편」, 『한국사론』 9, 국사편찬위원회, 1981.
채미하, 「신라 종묘제의 수용과 그 의미」, 『역사학보』 176, 2002.
최효식, 「어영청에 대한 일고찰」, 『군사』 5, 전사편찬위원회, 1982.

한충희, 「朝鮮初期 國政運營體制와 國政運營」, 『조선사연구』 14, 2005.
한형주, 「조선초기 종묘의 五廟祭와 祭享儀式의 성립」, 『명지사론』 11·12, 2000.
James B. Palais, 「조선왕조의 관료적 군주제」, 『동양 삼국의 왕권과 관료제』, 국학자료원, 1998.

가

가귀선인기駕龜仙人旗　355
가례　57
가요　120
감계화鑑戒畵　375
「감문절목監門節目」　271
강무　54
개병제皆兵制　227
거가車駕　43
거가출궁車駕出宮　73
거가車駕　18
거동擧動　75
건원릉　141
경거둥京擧動　188, 217, 287
경모궁景慕宮　195
경성京城　266, 281
경수소警守所　260
경숙經宿　72, 86
경우궁　167
경종　155
계운궁啓運宮　173
관광觀光　63
관광민인觀光民人　119
관광인　137
광릉光陵　133
교룡기蛟龍旗　344, 380
『국조오례의』　50, 51, 128
국휼國恤　67, 263
군례軍禮　53
군영등록　26
군왕만세기君王萬歲旗　353
군왕천세기君王千歲旗　338, 353

군호軍號　259
궁원宮園　167
『궁원식례宮園式例』　198
금군禁軍　224
기곡제祈穀祭　96
기린기麒麟旗　372
기치旗幟　299
『기효신서紀效新書』　229
길례吉禮　41, 64
길행吉行　248

나

노부鹵簿　119, 205, 352
능원陵園　121
능행陵幸　21, 63, 80, 113, 131, 138, 141, 212, 213, 214, 238, 392
능행로輦路　235, 244

다

대가의장大駕儀仗　65
『대당개원례大唐開元禮』　32
『대명회전大明會典』　305
대사례大射禮　53
대소가의장도大小駕儀仗圖　306
도성　279
돌곶이石串　118
동교東郊　115
동뢰연同牢宴　60
둑기纛旗　70, 340, 380

찾아보기　|　405

□ 마

명릉　141
문묘文廟　106, 107

□ 바

반차　315, 342
반차도班次圖　312, 316, 377
발인發靷　54
발인반차도　324, 328
배릉의拜陵儀　128
「배릉의주拜陵儀註」　67
백택기白澤旗　366
백호기白虎旗　361
법가法駕　68
법가의장法駕儀仗　65
법궁法宮　83, 257
법전法典　76
벽봉기碧鳳旗　373
별궁別宮　60
병문　295
보루각報漏閣　260
봉둔진蜂屯陣　232, 233
부묘祔廟　174, 320, 383
빈례賓禮　52

□ 사

사냥　117
사묘私廟　145, 156
사신기四神旗　358
사직社稷　90, 91
사친私親　88, 145, 172
사행師行　248
삼군문　262
삼엄三嚴　73, 86
상징　300

생기省記　293
선릉宣陵　133
선창船艙　136, 137, 246
세도정치　213
소가노부小駕鹵簿　68
소가의장小駕儀仗　65
소녕원昭寧園　174, 197
소령묘昭寧廟　121
수궁대장守宮大將　271, 283
수문守門　85, 256, 271
수문장守門將　256, 275
숙위　84, 257, 263, 267
숙위대장　287
숙위소宿衛所　318
숙종　151, 153
순경巡更　259
순수巡狩　31, 251
순조　165
술직述職　31
시위侍衛　87
시위군　46

□ 아

알성謁聖　108
연경묘延慶墓　287
영릉寧陵　160
영소정靈沼亭　255
영조　158
예제禮制　39
예치사회禮治社會　17, 391
오군영五軍營　225, 261
오례五禮　18, 49
「오례의五禮儀」　40
오마대五馬隊　231
온천　132
온행溫幸　55, 119, 152, 247
왕릉王陵　114, 125
용마기龍馬旗　369

원릉　163
원묘園墓　142
원앙진　233, 234
원유遠遊　117
원행　202, 220
위장소衛將所　259, 290
유도군　280
유도대신留都大臣　283, 289
유도대장留都大將　283
유도장신留都將臣　283
유도절목留都節目　276
육상궁毓祥宮　106, 162, 174, 182, 187, 196
육정기六丁旗　370
육화진六花陣　232
융복戎服　67, 334
음양오행설　350
의궤　313
의례儀禮　17, 48, 391
의장儀仗　19, 45, 70, 299, 323
의장기　335
의장도儀仗圖　307
의장반차儀仗班次　115
이궁離宮　267
이어移御　20
『이진총방肄陣總方』　234
인조　144

□ 자

장릉莊陵　141, 148, 161
장용영　292
재숙齋宿　113
정조　163
조총　229, 275
존현각尊賢閣　266
종통宗統　23
주교　248
『주례周禮』　32
주작기朱雀旗　362

주정참畫停站　250
준천濬川　70

□ 차

척후斥候　278
천하태평기天下太平旗　353
철종　169
첩종疊鐘　290
청룡기靑龍旗　359
추숭追崇　172
『춘관통고』　128, 374
친영親迎　52, 56

□ 하

하련대下輦臺　108
행궁行宮　250
행행幸行　18, 20, 31, 34, 63, 79, 85, 87, 92, 101, 107, 110, 177, 182, 309, 315
행행로　193
헌종　169
현륭원　212, 252
현무기玄武旗　364
현종　149
호가扈駕　46
호위청　227
홍문대기紅門大旗　356
화성　291
화축관華祝館　255
환구단　65
황룡기黃龍旗　349
효종　146
후릉　154
후전대기後殿大旗　374
훈련도감　226, 264
휘경원　167, 190, 214, 218
흉례凶禮　54

찾아보기　|　407

조선시대사학회연구총서 **16**

朝鮮後期 國王의 陵幸 硏究
조선후기 국왕의 능행 연구

초판1쇄 발행 2016년 7월 5일

지은이 이왕무
펴낸이 홍기원

총괄 홍종화
편집주간 박호원
편집·디자인 오경희·조정화·오성현·신나래·이효진
　　　　　남도영·이상재·남지원·이서유
관리 박정대·최기엽

펴낸곳 민속원
출판등록 제18-1호
주소 서울 마포구 토정로 25길 41(대흥동 337-25)
전화 02) 804-3320, 805-3320, 806-3320(代)
팩스 02) 802-3346
이메일 minsok1@chollian.net, minsokwon@naver.com
홈페이지 www.minsokwon.com

ISBN 978-89-285-0934-8 94380
　　　978-89-285-0894-5 SET

ⓒ 이왕무, 2016
ⓒ 민속원, 2016, Printed in Seoul, Korea

저작권법에 의해 한국 내에서 보호를 받는 저작물이므로 무단전재와 복제를 금합니다.
이 책 내용의 전부 또는 일부를 이용하려면 반드시 저작권자와 민속원의 서면동의를 받아야 합니다.
이 도서의 국립중앙도서관 출판시도서목록(CIP)은 서지정보유통지원시스템 홈페이지(http://seoji.nl.go.kr)와
국가자료공동목록시스템(http://www.nl.go.kr/kolisnet)에서 이용하실 수 있습니다. (CIP제어번호: CIP2016015195)

책 값은 뒤표지에 있습니다.
잘못된 책은 바꾸어 드립니다.